I0220786

Der Fernsprecher und Funker Hilfsbuch

für die

Nachrichtentruppe und die Truppennachrichtenverbände

Mit M.-G. 34 als l. M.-G., der Maschinenpistole 38 und 40
und der Kraftfahrausbildung

Unter Berücksichtigung aller neuen Vorschriften
und inzwischen eingetretenen Änderungen

5. neubearbeitete Auflage

Von

Hasso von Wedel und Karl-Albert Mügge
Oberst i. G.
Abt.-Chef im OKW.
Major und Kommandeur
einer Panzer-Nachrichtenabteilung

1941

The Naval & Military Press Ltd

Published by
The Naval & Military Press Ltd
5 Riverside, Brambleside, Bellbrook
Industrial Estate, Uckfield, East Sussex,
TN22 1QQ England

Tel: +44 (0) 1825 749494
Fax: +44 (0) 1825 765701

www.naval-military-press.com
www.nmarchive.com

In reprinting in facsimile from the original, any imperfections are inevitably reproduced and the quality may fall short of modern type and cartographic standards.

Vorwort.

Alle neuen Vorschriften und inzwischen eingetretenen Änderungen wurden in der vorliegenden Auflage berücksichtigt und das Ganze neu gestaltet. Dabei sind überflüssige Angaben, die das Gedächtnis des jungen Soldaten unnötig belasten würden, sowie ausführliche Angaben über Ausmaße von Geräten und Bezeichnungen von Geräteteilen, soweit diese nicht für das Verständnis erforderlich sind, fortgelassen. Aufgenommen wurde dafür das für die neuzeitliche Ausbildung des Soldaten Wesentliche. Dagegen keine Bestimmungen, die voraussichtlich nur für die Dauer des Krieges Gültigkeit haben.

Unverändert aber blieb der Grundgedanke des Buches. Nichts Unnötiges soll es bringen. Das, was es bringt, soll einfach, klar und erschöpfend sein. Der junge Soldat ist dadurch stets in der Lage, sich das im Unterricht und im praktischen Dienst Erlernte an Hand des Buches ins Gedächtnis zurückzurufen und sich über alle Dienstobliegenheiten weiterzubilden.

Die Verfasser.

Vorbemerkung.

Da die allgemeine Ausbildung bei den einzelnen Waffen gleich ist, nur die Benennung ihrer Gliederungen und Dienstgradbezeichnungen wechseln, so steht in dem allgemeinen Teil der Ausbildung die Bezeichnung für Infanterie und in Klammer Artillerie bzw. Nachrichtentruppen.

z. B. Bataillon (Abteilung), Kompanie (Batterie), Komp.-Chef (Battr.-Chef), Feldwebel (Wachtmeister), Hauptweldwebel (Hauptwachtmeister).

Die für die betreffende Waffe gültigen Bezeichnungen sind:

für **Infanterie**: Bataillon Kompanie, Komp-Chef, Feldwebel, Hauptfeldwebel, Stabsfeldwebel.

für **Artillerie**: Abteilung, Batterie, Battr.-Chef, Wachtmeister, Hauptwachtmeister, Stabswachtmeister.

für **Panzertruppe**: Abteilung, Kompanie, Komp.-Chef, Feldwebel, Hauptfeldwebel, Stabsfeldwebel.

für **Nachrichtentruppe**: Abteilung, Kompanie, Komp.-Chef, Wachtmeister, Hauptwachtmeister, Stabswachtmeister.

Inhaltsverzeichnis.

Seite

VII. Gefechtsdienst.

VIII. Ausbildung im Nachrichtenverbindungsdienst.

IX. Das Pferd, Reit- und Fahrausbildung.

Die Kraftfahrausbildung.

Der Führer und Reichskanzler
und oberste Befehlshaber der deutschen Wehrmacht
Adolf Hitler

I. Der Soldat als Waffenträger der Nation.

Die Pflichten des Soldaten.

Um seine Stellung und seine Aufgaben im heutigen Deutschland ausfüllen zu können, muß der Soldat sich über die Grundlagen und den Sinn seines Soldatentums völlig klar sein.

Grunderkenntnis hierzu ist, daß die Wehrmacht kein Sonderleben führt. Sie ist ein lebendiges Glied ihres Volkes und ihres Staates. Jeder Staat und jeder Zeitabschnitt spiegelt sich wider in der Gestalt seiner Wehrmacht.

Die Wehrform der Nachkriegszeit wurde uns vom Feindbund durch das Versailler Diktat aufgezwungen. Das vornehmste Recht eines freien Volkes, das Recht der Selbstverteidigung und der freien Gestaltung seiner Wehrmacht, wurde uns damit genommen. Erst die Wiedereinführung der allgemeinen Wehrpflicht gab uns dieses Recht wieder.

Der Landesschutz ist und bleibt eine unbedingte Notwendigkeit für jedes Volk, das sich nicht selbst aufgeben will. Das ganze Streben der deutschen Wehrmacht war und ist deshalb darauf gerichtet, Deutschlands Grenzen zu schützen und zum mindesten zu verhindern, daß deutsches Gebiet in einem Konflikt zum Kriegsgebiet wird.

Diese ihre Aufgabe aber kann die Wehrmacht nur erfüllen, wenn sie stets vom Vertrauen des ganzen Volkes getragen wird. Staat und Wehrmacht gehören dem ganzen Volke, nicht nur einzelnen Volksteilen. Der Soldatendienst ist Ehrendienst an der deutschen Volksgemeinschaft.

Der hohe Beruf des Soldaten, den heiligen Boden des Vaterlandes unter Einsatz des Lebens zu schützen, verleiht berechtigten Stolz. Anmaßen von Sondervorrechten und Überheblichkeit gegen Volksgenossen widersprechen jedoch dem Wesen des Soldaten.

Adolf Hitler hat dem Soldaten seine klare Stellung und das stolze Recht wiedergegeben, alleiniger Waffenträger der im nationalsozialistischen Geiste wiedergeborenen Nation zu sein. Die Wehrmacht dient dem deutschen Reiche und ihrem Obersten Befehlshaber, Adolf Hitler, in unwandelbarer Treue.

Die Kraft, von der die Wehrmacht hierbei getragen wird, strömt elementar aus der Quelle eines starken Glaubens an Deutschland und sein Lebensrecht.

Die Geschichte hat uns in den Anbruch einer neuen Zeit hineingestellt. Wir Soldaten sind berufen, an entscheidender Stelle mitzuwirken am großen Werk der deutschen Zukunft.

Nur ein diszipliniertes Heer kann seinen Daseinszweck erfüllen. Die Wehrmacht hat die schwersten Proben der Disziplin in Deutschlands dunkelster Zeit, manchmal unter unsagbaren Belastungen, bestanden. Um so freudiger kann sie sich heute in vertrauensvollem Gehorsam zu ihrem Obersten Befehlshaber bekennen.

In enger Verbundenheit mit dem ganzen Volke steht sie in Manneszucht und Treue hinter dem Führer, der einst aus unseren Reihen kam und immer einer der Unsern bleiben wird.

Generalfeldmarschall
von Brauchitsch
Oberbefehlshaber des Heeres

Der verewigte Schirmherr des neuen Deutschlands, Generalfeldmarschall — Reichspräsident v. Beneckendorff und Hindenburg hat den deutschen Soldaten im Juni 1934 ihre Pflichten in 8 klaren Abschnitten vorgeschrieben.

Jeder Soldat muß diese 8 Abschnitte auswendig können:

„Die Pflichten des deutschen Soldaten“ haben folgenden Wortlaut:

1. Die Wehrmacht ist der Waffenträger des deutschen Volkes. Sie schützt das Deutsche Reich und Vaterland, das im Nationalsozialismus geeinte Volk und seinen Lebensraum. Die Wurzeln ihrer Kraft liegen in einer ruhmreichen Vergangenheit, in deutschem Volkstum, deutscher Erde und deutscher Arbeit.

Der Dienst in der Wehrmacht ist Ehrendienst am deutschen Volk.

2. Die Ehre des Soldaten liegt im bedingungslosen Einsatz seiner Person für Volk und Vaterland bis zur Opferung seines Lebens.

3. Höchste Soldatentugend ist der kämpferische Mut. Er erfordert Härte und Entschlossenheit. Feigheit ist schimpflich, Zaudern unsoldatisch.

4. Gehorsam ist die Grundlage der Wehrmacht, Vertrauen die Grundlage des Gehorsams.

Soldatisches Führertum beruht auf Verantwortungsfreude, überlegenem Können und unermüdlicher Fürsorge.

5. Große Leistungen in Krieg und Frieden entstehen nur in unerschütterlicher Kampfgemeinschaft von Führer und Truppe.

6. Kampfgemeinschaft erfordert Kameradschaft. Sie bewährt sich besonders in Not und Gefahr.

7. Selbstbewußt und doch bescheiden, aufrecht und treu, gottesfürchtig und wahrhaft, verschwiegen und unbestechlich soll der Soldat dem ganzen Volk ein Vorbild männlicher Kraft sein. Nur Leistungen berechtigen zum Stolz.

8. Größten Lohn und höchstes Glück findet der Soldat im Bewußtsein freudig erfüllter Pflicht. Charakter und Leistung bestimmen seinen Wert und Weg.

Ausgehend vom germanisch-deutschen Bluterbe weiß die deutsche Geschichte viel vom Sinn und Wert des persönlichen Eides zu berichten, der den kriegerischen Gefolgsmann, den Soldaten, in unbedingter Treue auf Leben und Tod an seinen Führer bindet.

Die Abschaffung des persönlichen Eides im Herbst 1918 war das beste Zeichen für die innere Fremdheit und Gegensätzlichkeit zwischen dem Geiste echten Soldatentums und dem Geiste des in den Nachkriegsjahren schrankenlos waltenden parlamentarischen Parteienstaates.

Die Einheit von Volk und Reich aber ist das Vermächtnis, das der in die Ewigkeit eingegangene Reichspräsident und Generalfeldmarschall allen Deutschen, besonders aber den deutschen Soldaten hinterlassen hat.

Der neue Eid des deutschen Soldaten auf die Person des Obersten Befehlshabers der Wehrmacht, unseres Führers und Reichskanzlers, läßt uns wieder die Kraft des persönlichen Eides spüren.

In der Zusammengehörigkeit von Wehrmacht und Führer beruht die Kraft des Dritten Reiches und die Bürgschaft für Deutschlands Zukunft.

In diesem Sinne sei der **Wortlaut des Fahneneides** verstanden:

„Ich schwöre bei Gott diesen heiligen Eid, daß ich dem Führer des Deutschen Reiches und Volkes, Adolf Hitler, dem Obersten Befehlshaber der Wehrmacht, unbedingten Gehorsam leisten und als tapferer Soldat bereit sein will, jederzeit für diesen Eid mein Leben einzusetzen."

Der bei der Einstellung geleistete Fahneneid gilt für die gesamte Dauer des Wehrpflichtverhältnisses, also auch nach der Entlassung aus dem aktiven Wehrdienst.

Truppenfahnen und Standarten.

Der Führer verlieh den Fußtruppen des neuen Heeres Truppenfahnen und den berittenen, bespannten und motorisierten Truppenteilen Standarten, die bei festlicher Veranlassung mitgeführt werden. Nachstehende Abbildungen zeigen Beispiele dieser Truppenfahnen und Standarten, die jeweils in den Waffenfarben gehalten und mit Silberstickerei verziert sind.

Infanterie (weiß)

Pioniere (schwarz)

Kavallerie (goldgelb)
Nachrichtentruppe (zitronengelb)

Panzertruppe (rosa)
Artillerie (hochrot)

II. Einführung in die allgemeinen Grundbegriffe des militärischen Dienstes.

1. Rechtsverhältnisse des Soldaten.

a) Eintritt, Versetzung, Entlassung.

Das Heer rekrutiert sich aus:

Mannschaften, die zur Erfüllung ihrer aktiven Dienstpflicht ausgehoben werden, und Freiwilligen. Beide Arten von Rekruten werden für die Dauer von **zwei** Jahren eingestellt.

Als Freiwillige werden nur sittlich, geistig und körperlich geeignete Leute vom 17.—25. Lebensjahr eingestellt, die die deutsche Staatsangehörigkeit besitzen, unbescholten und nicht Jude sind. Außerdem müssen sie unverheiratet sein und ihrer bisherigen politischen Einstellung oder Betätigung nach die Gewähr bieten, daß sie jederzeit rückhaltlos für den nationalsozialistischen Staat eintreten. Als Freiwillige werden im allgemeinen nur Angehörige der Jahrgänge eingestellt, die gleich alt oder älter als der dienstpflichtige Jahrgang sind. Nur in Ausnahmefällen können auch solche jüngeren Leute eingestellt werden, die besonders geeignet sind. ihrer Arbeitsdienstpflicht genügt haben und sich

a) von vornherein für den Fall, daß sie zum Unteroffizier ausgewählt werden, mit einer Verlängerung ihrer Dienstzeit einverstanden erklären,

b) für eine spätere Verwendung als Offizier des Beurlaubtenstandes in Frage kommen,

c) vor Beginn der Ausbildung für einen Lebensberuf ihrer Wehrpflicht genügen wollen.

Der Rekrut, gleichgültig ob Dienstpflichtiger oder Freiwilliger, wird durch einen Gestellungsbefehl zu dem Truppenteil, bei dem er ausgebildet werden soll, einberufen.

Die Zugehörigkeit zur Wehrmacht beginnt mit dem Tage des **Diensteintritts** (Gestellungstag) $0,^{00}$ Uhr. Jeder Rekrut erhält einen **Truppenausweis** ausgehändigt.

Die Rekruten werden innerhalb 10 Tagen nach dem Gestellungstag **vereidigt**.

Die **Dienstbedingungen** für die Soldaten ergeben sich aus den für das Heer gültigen Gesetzen, Verordnungen, Bestimmungen und Dienstvorschriften.

Versetzungen von einem Truppenteil zu einem anderen dürfen durch die zuständigen Vorgesetzten erfolgen:

a) aus dienstlichen oder disziplinaren Gründen,

b) zum Ausgleich von Härten bei Beförderungen,

c) wegen veränderter häuslicher oder wirtschaftlicher Verhältnisse, soweit dienstl. Gründe nicht entgegenstehen.

Falls ein Soldat aus einem der genannten Gründe seine Versetzung beantragen will, wendet er sich an seinen Kp.-Chef (Battr.-Chef).

Bei *Versetzungen auf eigenen Antrag* muß der Soldat die durch die Versetzung entstehenden Mehrkosten selbst tragen. Das Einverständnis hierzu muß schon im Versetzungsantrag erklärt werden.

Falls ein Antrag auf *Versetzung wegen veränderter häuslicher oder wirtschaftlicher Verhältnisse* gestellt wird, müssen alle diesbezüglichen Angaben von den zuständigen Zivilbehörden schriftlich bestätigt sein.

Die **Entlassung** des Soldaten aus dem aktiven Wehrdienst kann erfolgen:

a) nach Ablauf der aktiven Dienstpflicht,

b) nach Ablauf der freiwillig eingegangenen Dienstverpflichtung,

c) von Rechts wegen, wenn der Soldat wehrunwürdig wird oder mit Gefängnis von längerer als einjähriger Dauer oder gerichtlich zur Dienstentlassung verurteilt wird,
d) wenn sich herausstellte, daß nach dem Wehrgesetz oder seinen Ausführungsbestimmungen eine Einstellung nicht hätte erfolgen dürfen,
e) wegen Dienstunfähigkeit, wenn diese durch den zuständigen Sanitäts-Offizier festgestellt wird,
f) wegen unehrenhafter Handlungen, wie Kameraden-Diebstahl, Unterschlagung usw.,
g) auf eigenen Antrag.

Die Entlassung auf eigenen Antrag erfolgt nur wegen wirklich berechtigter, häuslicher oder persönlicher Verhältnisse (Übernahme des väterlichen Gewerbes, Notlage der Eltern u. a.), und frühestens nach Abschluß der Rekrutenausbildung. Der Soldat hat den Antrag schriftlich unter Schilderung der Gründe an seine Kompanie (Batterie) zu richten. Mit der Genehmigung zur Entlassung auf eigenen Antrag gehen alle Ansprüche auf Versorgung nach dem Wehrmachts-Versorgungs-Gesetz verloren. Unter Umständen kann der vorzeitig Entlassene zur Wehrsteuer herangezogen werden.

Am Entlassungstag wird der Soldat vom Truppenarzt untersucht. Der Soldat wird über seine Versorgungsansprüche belehrt.

Mit Ablauf des Entlassungstages gilt der Soldat aus dem aktiven Wehrdienst entlassen.

Eine etwa davongetragene Dienstbeschädigung hat er spätestens vor der Entlassung anzumelden.

An Entlassungspapieren werden ausgehändigt: Wehrpaß und Führungszeugnis.

Für den Fall, daß Soldaten auf Grund ihrer Leistungen und Persönlichkeit zum Unteroffizier geeignet und zur Weiterverpflichtung bereit sind, ist u. U. nach Beendigung des zweiten Dienstjahres eine längere Verpflichtung bis zur Gesamtdienstzeit von 12 Jahren möglich. Eine solche Verpflichtung auf 12 Jahre bietet jedem, der sie eingeht, die Möglichkeit, nach dem Ausscheiden aus dem aktiven Wehrdienst als Beamter oder im freien Erwerbsleben in eine gesicherte Lebensstellung zu kommen. Entsprechende Gesetze und Verordnungen haben hierzu die Grundlagen geschaffen. Sie bieten jedem, der sich zum Soldatenberuf eignet, einen starken Anreiz, sich auf 12 Jahre weiterzuverpflichten.

b) Unterkunft und Verpflegung.

Unverheiratete Unteroffiziere und Mannschaften werden kostenlos in Kasernen, in Baracken der Truppenübungsplätze usw. untergebracht oder bei Übungen usw. einquartiert. Verheiratete Unteroffiziere wohnen außerhalb der Kaserne und erhalten dafür Wohnungs- und Verpflegungsgeld.

Alle Unteroffiziere und Mannschaften sind zur Teilnahme an der Heeresverpflegung verpflichtet. Ausgenommen hiervon sind nur
a) Verheiratete im Standort, soweit ihre Familien im Standort wohnen,
b) Soldaten, die mit Genehmigung des zuständigen Vorgesetzten außerhalb der Kaserne wohnen,
c) Soldaten, die durch die zuständigen Vorgesetzten von der Teilnahme befreit sind. Diese Befreiung ist nur aus dienstlichen Gründen oder auf Grund eines militär-ärztlichen Gutachtens statthaft.

Die Verpflegung wird nur für die eigene Person, nicht für Familienangehörige, entweder in Natur oder in Geld gewährt.

Die Tagesverpflegung besteht aus der Brotportion und der Beköstigungsportion.

Die Brotportion in Höhe von täglich 750 Gramm wird dem Soldaten unabhängig von der Beköstigungsportion in einer oder mehreren Tagesportionen auf einmal ausgegeben. Von der Brotportion dürfen auch $^2/_3$ in Brot und $^1/_3$ in Weißbrot oder Brötchen verabfolgt werden.

Einer Tagesbrotportion von 750 Gramm entsprechen auch 500 Gramm Feldzwieback oder 400 Gramm Eierzwieback.

Soldaten, die mit ihrer bestimmungsmäßigen Brotportion nicht auskommen, können auf Grund eines militärärztlichen Zeugnisses eine Brotzulage erhalten.

Die Beköstigungsportion wird in zubereiteter Form als Morgen-, Mittags- und Abendkost verabreicht.

Es wird das Bestreben der Vorgesetzten sein, immer für eine gute Verpflegung ihrer Untergebenen zu sorgen. Wenn der Soldat auch auf die Höhe, Zusammensetzung und Zubereitungsart der Verpflegung keinen Einfluß hat, sondern sie dem sachverständigen Ermessen und der pflichtgemäßen Fürsorge seiner dafür zuständigen Vorgesetzten überlassen muß, so hat er doch das Recht, seinem Kompaniechef (Batteriechef) über mangelhafte Verpflegung eine Meldung zu machen oder ihm etwaige Wünsche vorzutragen.

Wird die Truppe bei einer Truppenübung mit Verpflegung einquartiert, so steht dem Soldaten Verpflegung nach dem Naturalleistungsgesetz zu. Bei unzureichender oder schlechter Kost wendet sich der Soldat an seinen Zug-, Kompanie- bzw. Geschützführer. Dieser wird dann für eine entsprechende genügende Verpflegung sorgen.

Das Verpflegungsgeld wird ausgezahlt, wenn der Soldat aus dienstlichen Gründen nicht an der Truppenverpflegung teilnimmt oder beurlaubt ist. Nimmt ein Soldat aus anderen Gründen und ohne besondere Erlaubnis der Kompanie (Batterie) an der Truppenverpflegung nicht teil, so wird das Verpflegungsgeld im allgemeinen trotzdem einbehalten.

Soldaten, die, ohne beurlaubt zu sein, ausnahmsweise von der Teilnahme an einzelnen Tagesmahlzeiten befreit werden wollen, müssen dies bei ihrer Kompanie (Batterie) so rechtzeitig beantragen, daß Unkosten im Küchenbetriebe vermieden werden. In diesem Falle kann ihnen der der betreffenden Mahlzeit entsprechende Teil des Verpflegungsgeldes ausgezahlt werden.

Für die Verpflegung von Lazarettkranken, Arrestanten usw. gelten Sonderbestimmungen.

c) Geldliche Gebührnisse und sonstige Rechtsverhältnisse.

Die Löhnung wird am 1., 11. und 21. Tage jedes Monats oder, wenn dieser auf einen Sonn- oder Festtag fällt, am vorhergehenden Werktage vorausgezahlt. Für selbstverschuldete Krankheit, Untersuchungshaft, Verbüßung von Freiheitsstrafen usw. gelten Sonderbestimmungen.

Jeder Soldat bedarf zur Heirat der Erlaubnis. Sie ist beim Kompanie-Chef (Batterie-Chef) zu beantragen.

Ebenso muß zu jeder mit Vergütung verbundenen Nebenbeschäftigung oder zum Betrieb eines Gewerbes Erlaubnis eingeholt werden.

Die Übernahme eines Ehrenamtes, wie z. B. Vormund, Pfleger, ehrenamtliche Tätigkeit im Reichs-, Landes- oder Gemeinde-Dienst darf ebenfalls nur mit Erlaubnis des Kompanie-Chefs (Batterie-Chefs) erfolgen.

Mannschaften, die über die aktive Dienstpflicht hinaus dienen und mit einer aktiven Wehrdienstzeit bis zu fünf Jahren entlassen werden, erhalten ein Führungszeugnis, ferner auf Antrag ein Fachleistungszeugnis, eine laufende Unterstützung und eine Dienstbelohnung.

Die laufende Unterstützung wird innerhalb des ersten Jahres nach der Entlassung gewährt, solange ein Arbeitsplatz nicht gefunden ist oder nicht nachgewiesen werden kann, oder wenn ein Arbeitsplatz ohne eigenes Verschulden einmal oder mehrere Male aufgegeben werden muß. Die laufende Unterstützung wird für eine aktive Wehrdienstzeit von weniger als drei Jahren längstens für 13 Wochen, bei weniger als vier Jahren für längstens 17 Wochen und bis zu fünf Jahren für längstens 26 Wochen von den Arbeitsämtern wöchentlich nachträglich gezahlt. Der Unterstützungssatz beträgt zurzeit arbeitstäglich 2,50 RM.

Die Dienstbelohnung wird als Anerkennung für den über die aktive Dienstpflicht hinaus freiwillig geleisteten Wehrdienst gewährt und durch den Truppenteil bei der Entlassung gezahlt. Sie beträgt bei einer aktiven Wehrdienstzeit von weniger als drei Jahren 200 RM., von mehr als drei Jahren 300 RM., vier Jahren 400 RM., viereinviertel Jahren 450 RM., viereinhalb Jahren 500 RM. und vierdreiviertel Jahren 600 RM.

Ferner werden diejenigen Mannschaften, die über die aktive Dienstpflicht hinaus dienen und dann entlassen werden, in Arbeitsplätzen bevorzugt vermittelt. Als Ausweis wird diesen Mannschaften ein Berechtigungsschein für bevorzugte Arbeitsvermittlung durch den Truppenteil bei der Entlassung erteilt. Die Vermittlung erfolgt durch die Dienststellen der Reichsanstalt für Arbeitsvermittlung und Arbeitslosenversicherung im Einvernehmen mit den Fürsorge- und Versorgungsdienststellen der Wehrmacht.

d) Heilfürsorge.

Die Soldaten der Wehrmacht haben Anspruch

auf freie ärztliche Behandlung,

auf freie Lazarettpflege und

auf den kostenfreien Gebrauch aller zur ärztlichen Behandlung notwendigen Arznei-, Verband- und Kurmittel.

Kostenfreie Zahnbehandlung wird nur gewährt, wenn sie nach Urteil des zuständigen Sanitätsoffiziers zur Erhaltung oder Wiederherstellung der Dienstfähigkeit notwendig ist.

Soldaten werden stets durch den zuständigen Sanitätsoffizier versorgt. Ein Heranziehen von Fachärzten erfolgt nur durch diesen San.-Offz.

Wenn ein Soldat schwer erkrankt und Eltern, Pflegeeltern, Ehefrau, Kinder, Geschwister oder ein sonst Nahestehender auf Veranlassung des zuständigen Sanitätsoffiziers herangerufen werden, so kann ihnen bei nachgewiesener Bedürftigkeit durch Vermittlung der Kompanie (Batterie) eine Beihilfe gewährt werden.

Scheidet ein Soldat wegen Krankheit aus dem Dienst, so übernehmen die zivilen Fürsorgestellen die weitere Behandlung nach den für sie gültigen Bestimmungen.

e) Beschwerdeordnung.

Jeder Soldat, der glaubt, daß ihm durch unwürdige Behandlung oder aus irgendeinem anderen Grunde von Vorgesetzten oder Kameraden ein Unrecht zugefügt ist, hat das Recht, sich hierüber zu beschweren.

Wer glaubt, sich beschweren zu müssen, tut jedoch gut, vorher den Rat eines Vorgesetzten oder eines älteren Kameraden einzuholen. Manche voreilige Beschwerde wird dadurch vermieden.

Falls eine Kränkung durch Vorgesetzte oder Kameraden Anlaß zur Beschwerde gibt, ist besondere Besonnenheit notwendig. Zwischen absichtlicher Kränkung und einer, oft wohlverdienten, scharfen Rüge ist ein großer Unterschied. Eine Zurechtweisung an sich bietet nicht Veranlassung zu einer Beschwerde, sondern zu dem ernsten Vorsatz des Soldaten, seinen Dienst künftig besser zu tun. Nur krankhaftes Ehrgefühl fühlt sich durch jedes, vielleicht harte Wort verletzt. Der Soldatenstand fordert große Genauigkeit und Selbstzucht im Dienste. Ohne eine gewisse Schärfe geht es dabei nicht ab. Ehe deshalb ein Soldat den Beschwerdeweg betritt, muß er ernstlich erwägen, ob in dem Verhalten des Vorgesetzten die Absicht einer Kränkung liegt. Gewinnt der Soldat nach reiflicher Überlegung die Überzeugung, daß er wirklich einen Grund zur Beschwerde hat, so bringe er sie vor im vollsten Vertrauen, daß der entscheidende Vorgesetzte ihm zu seinem guten Rechte verhelfen wird. Zeichen einer schlechten, unkameradschaftlichen Gesinnung ist es, wenn ältere Soldaten in leichtfertiger Weise einem jüngeren Kameraden zu einer unbegründeten Beschwerde zureden.

Für den Beschwerdeweg sind besondere Bestimmungen erlassen, die genau einzuhalten sind. Wer leichtfertig oder wider besseres Wissen eine auf unwahre Behauptungen gegründete Beschwerde vorbringt, wird streng bestraft. Ebenso ist der Soldat strafbar, welcher eine Beschwerde unter Abweichung von dem vorgeschriebenen Dienstwege oder unter Nichteinhaltung der festgesetzten Fristen anbringt. Wegen unbegründeter Beschwerde an sich wird niemand bestraft.

Wer sich beschweren will, nehme zuvor die Beschwerdeordnung zur Hand — sie kann auf der Schreibstube eingesehen werden — oder erkundige sich eingehend nach den notwendigen Formalitäten.

Grundsätzlich aber sei an dieser Stelle darauf hingewiesen, daß
- gemeinschaftliche Beschwerden mehrerer Personen verboten und damit strafbar sind und daß
- eine Beschwerde frühestens nach Ablauf einer Nacht, spätestens innerhalb von 7 Tagen angebracht werden darf.
- Ansprüche oder Ausstellungen an Besoldung, Bekleidung, Verpflegung und Unterkunft werden nicht auf dem Beschwerdewege, sondern durch eine Meldung an den zuständigen Vorgesetzten vorgebracht und von diesem geregelt.

f) Militärstrafrecht.

Denjenigen, der seine Pflicht verletzt, trifft die verdiente Strafe. Der Soldat untersteht wegen aller strafbaren Handlungen allein der Militärgerichtsbarkeit. Handlungen gegen die militärische Zucht und Ordnung, die keinem Strafgesetz unterfallen, können durch die Disziplinar-Vorgesetzten bestraft werden.

An **Disziplinarstrafen** können gegen Mannschaften verhängt werden:

1. Kleinere Disziplinarstrafen:
   a) Verweis,
   b) Dienstverrichtungen außer der Reihe, wie Strafexerzieren, Strafwachen, Strafdienst in der Kaserne, im Stall, auf Kammer, in den Schießständen, Antreten in bestimmtem Anzug usw.,
   c) Besoldungsverwaltung bis zur Dauer von 2 Monaten,
   d) Ausgangsbeschränkung, d. h. Verpflichtung zu einer bestimmten Stunde vor Zapfenstreich in die Kaserne zurückzukehren, bis zur Dauer von 4 Wochen.
2. Arreststrafen:
   a) Kasernen- oder Quartierarrest bis zu 4 Wochen,
   b) gelinder Arrest bis zu 4 Wochen,
   c) geschärfter Arrest bis zu 3 Wochen,
   d) strenger Arrest (kommt nur für Sonderabteilungen in Frage).

Als gerichtliche Strafen kommen in Frage:

Geldstrafen,

Freiheitsstrafen, wie Gefängnis, Festungshaft, Haft, Stubenarrest, gelinder Arrest, geschärfter Arrest.

Ehrenstrafen, wie Degradation, Entfernung aus dem Heere, Dienstentlassung, Aberkennung der bürgerlichen Ehrenrechte usw.

die Todesstrafe, insbesondere bei Vergehen vor dem Feinde, Fahnenflucht und unerlaubter Entfernung.

Es wird das Bestreben jedes ehrliebenden Soldaten sein, während seiner Dienstzeit das Beste in der Ausübung seines Dienstes zu leisten und dadurch jede Bestrafung wegen Unaufmerksamkeit, Nachlässigkeit oder Pflichtverletzung zu vermeiden. Wird ihm doch einmal auch wegen einer ungewollten und unbewußten, aus Abspannung oder Ermüdung, Vergeßlichkeit, Nachlässigkeit oder Fahrlässigkeit begangenen strafbaren Handlung eine **Disziplinarstrafe** auferlegt, so ist das kein Grund, den Mut sinken zu lassen. Aufkommende Unlust und Verstimmung muß er unterdrücken und einen doppelten Diensteifer an den Tag legen, um das Geschehene wiedergutzumachen. Seine Vorgesetzten werden dann auch bald sehen, daß seine Verfehlung nicht auf Gleichgültigkeit oder mangelndem Pflichtgefühl beruhte, und sein aufrichtiges Bemühen um treue und sorgfältige Pflichterfüllung erkennen. Hat der Soldat aber aus Leichtsinn oder mangelndem Ernst in der Auffassung seiner Pflichten bewußt und gewollt eine dienstliche Verfehlung begangen, so trägt der wahre Soldat männlich seine Strafe und zieht einen starken Schlußstrich unter sein bisheriges Verhalten. Er reißt sich zusammen und sucht durch treueste und gewissenhafteste Pflichterfüllung jede weitere Verfehlung und Bestrafung auszuschließen. Auch in diesem Falle werden seine Vorgesetzten nach geraumer Zeit ihr bisheriges Mißtrauen verlieren und dem Soldaten seine einmalige Verfehlung und Bestrafung nicht nachtragen.

Über sein Verhalten während der Verbüßung einer Disziplinarstrafe und die ihm dabei zustehenden Gebührnisse und Rechte wird der Soldat vor dem Antritt dieser Strafe eingehend belehrt.

Hat sich der Soldat einer militärgerichtlich zu ahndenden Straftat verdächtig oder schuldig gemacht, so wird gegen ihn das **militärgerichtliche Strafverfahren** durchgeführt. Es wird durch den zuständigen militärischen Gerichtsherrn verfügt und besteht im Ermittlungsverfahren und in der Hauptverhandlung vor dem Kriegsgericht, welche mit der Verurteilung oder Freisprechung des Angeklagten endet. Gegen das Urteil der ersten Instanz steht dem Verurteilten das Recht der Berufung zu. Wird der Berufung stattgegeben, so wird die Strafsache nochmals vor dem zuständigen Oberkriegsgericht verhandelt. Gegen das Urteil des Oberkriegsgerichts ist die Revision zulässig.

Über sein Verhalten vor dem Militärgericht (Kriegsgericht) und die ihm beim Strafverfahren zustehenden Rechte (Berufung usw.) wird der Soldat jedesmal eingehend durch das Gericht selbst und durch seinen Verteidiger oder u. U. auch durch seine unmittelbaren militärischen Vorgesetzten belehrt.

Bei Übertretungen oder Vergehen nach dem Reichsstrafgesetzbuch kann u. U. der Gerichtsherr auch ohne gerichtliches Strafverfahren eine Strafverfügung gegen den Beschuldigten erlassen. Gegen diese Strafverfügung kann der Soldat binnen 1 Woche Einspruch erheben, wonach dann die Strafsache vor Gericht verhandelt wird.

Soldaten haben auch Ladungen von Zivilgerichten als Beschuldigte, Zeugen oder Sachverständige Folge zu leisten. Sind sie dienstlich unabkömmlich, so ist dies der ladenden Stelle unverzüglich mit der Bitte um Terminverlegung mitzuteilen. Abwesenheit zur Teilnahme an Terminen rechnet nicht als Urlaub.

Soldaten als Zeugen dürfen über Umstände, die sich auf militärische Angelegenheiten beziehen, nur mit Genehmigung ihrer vorgesetzten Dienststelle aussagen.

g) Festnahme und Waffengebrauch.

Außer Dienst hat der Soldat die gleichen Rechte wie jeder andere Staatsbürger.

Er darf jede andere Person zur gerichtlichen Strafverfolgung festnehmen, wenn sie auf frischer Tat betroffen oder verfolgt wird und wenn sie entweder der Flucht verdächtig oder ihrer Persönlichkeit nach nicht sofort feststellbar ist.

Von der Waffe darf der Soldat Gebrauch machen, wenn es die Notwehr erfordert.

Notwehr ist diejenige Verteidigung, die erforderlich ist, um einen gegenwärtigen rechtswidrigen Angriff von sich oder einem anderen abzuwehren, ohne Unterschied, ob der rechtswidrige gegenwärtige Angriff sich gegen Leib, Leben, Ehre oder Eigentum richtet.

Im Dienst ist der Soldat außerdem zum Waffengebrauch berechtigt, um eine Störung seiner dienstlichen Tätigkeit zu beseitigen.

Die Waffe darf nur insoweit gebraucht werden, als es für die zu erreichenden Zwecke erforderlich ist.

Die Schußwaffe ist nur zu verwenden, wenn die blanke Waffe nicht ausreicht. Wird mit Waffen oder anderen gefährlichen Werkzeugen angegriffen oder Widerstand geleistet, so ist der Gebrauch der Schußwaffe ohne weiteres zulässig. Der Schußwaffe stehen Sprengmittel (Handgranaten, Sprengmunition, geballte Ladungen usw.) gleich.

Ist der Gebrauch der Schußwaffe zum Zerstreuen von Menschenansammlungen erforderlich, so hat eine Warnung vorangzugehen, deren Form der jeweiligen Lage anzupassen ist.

Schreitet die Wehrmacht **zur Aufrechterhaltung oder Wiederherstellung der öffentlichen Sicherheit und Ordnung** ein, so steht den hieran beteiligten Soldaten und Wehrmachtbeamten in Ausübung ihres Dienstes der Waffengebrauch ohne weiteres zu:

1. um einen Angriff oder eine Bedrohung mit gegenwärtiger Gefahr für Leib oder Leben abzuwehren oder um Widerstand zu brechen;
2. um der Aufforderung, die Waffen abzulegen oder bei Menschenansammlungen auseinanderzugehen, Gehorsam zu verschaffen;
3. gegen Gefangene oder vorläufig Festgenommene, die einen Fluchtersuch unternehmen, obwohl ihnen bei ihrer Übernahme oder Festnahme angedroht worden ist, daß bei Fluchtversuch die Waffe gebraucht werde;
4. um Personen anzuhalten, die sich der Befolgung rechtmäßiger Anordnungen trotz lauten Haltrufs durch die Flucht zu entziehen suchen;
5. zum Schutz der ihrer Bewachung anvertrauten Personen oder Sachen. Auch in diesem Fall hat dem Waffengebrauch, wenn die Lage es zuläßt, ein lauter Haltruf vorangzugehen.

In demselben Umfang steht der Waffengebrauch den Soldaten im **Wachdienst** zu.

Alle zum Wachdienst kommandierten Offiziere, Unteroffiziere und Mannschaften sind außerdem befugt, Personen **festzunehmen**, und zwar:

a) zur gerichtlichen Strafverfolgung

1. wenn jemand bei Ausführung einer strafbaren Handlung oder gleich nach derselben betroffen wird und seine Persönlichkeit nicht sofort mit Sicherheit festgestellt werden kann (bzw. wenn befürchtet werden muß, daß der Betreffende sich einer späteren Bestrafung durch Flucht entziehen würde).

   Besteht die strafbare Handlung in einem offenbaren Verbrechen oder einer Tat, deren Ungehörigkeit als allgemein bekannt vorausgesetzt werden kann, so ist ohne weiteres zur Festnahme zu schreiten. Handelt es sich dagegen nur um eine Polizei-Übertretung oder eine Handlung, welche der Dienstanweisung des

Postens zuwiderläuft, so macht der Posten bzw. die Streife zunächst in bestimmtem, aber nicht unhöflichem Tone darauf aufmerksam. Befolgt die Person das Verbot oder die Anordnung des Postens nicht sofort, so wird sie wegen Ungehorsams gegen den Posten bzw. die Streife festgenommen;

b) aus Schutz- oder Sicherheitsgründen

1. wenn die Festnahme zum Schutz der ihrer Bewachung anvertrauten Personen oder Sachen erforderlich ist;
2. bei einem Angriff, bei Tätlichkeiten oder Beleidigungen, auf Wache, Posten oder Streifen, deren Fortsetzung nur durch die Festnahme verhindert werden kann (bei Tumulten, Aufläufen, Schlägereien die Anstifter und Rädelsführer);

c) aus Gründen der Manneszucht, wenn Mannschaften

1. ohne gültigen Truppenausweis betroffen werden;
2. sich nach Zapfenstreich unberechtigt außerhalb ihrer Unterkunft aufhalten;
3. der unerlaubten Entfernung von der Truppe verdächtig sind;
4. das Ansehen der Wehrmacht erheblich schädigen.

Außerdem kann eine Festnahme erfolgen:

5. auf Befehl der Wachvorgesetzten;
6. auf schriftlichen Befehl eines untersuchungführenden Kriegsgerichtsrates oder eines Gerichts;
7. auf Antrag der Polizeibehörde, der Staatsanwaltschaft sowie einzelner Polizei- oder Sicherheitsbeamter. Der Posten bzw. Streifenführer hat sich in solchem Fall den Namen des betreffenden Beamten zu erbitten.

Bei der Festnahme einer Person sind alle unnötigen Redensarten sowie alle wörtlichen und tätlichen Beleidigungen zu unterlassen. Andererseits aber ist die Festnahme nötigenfalls, nach Maßgabe der Vorschriften über den Waffengebrauch, mit Gewalt zu erzwingen.

Die Festnahme selber erfolgt, indem der Streifenführer, Posten usw. dicht an die betreffende Person herantritt und derselben unter Handauflegen oder Berühren mit der Waffe ausdrücklich erklärt: „Sie sind festgenommen!" (Der bloße Zuruf: „Halt!" oder „Sie sind festgenommen!" ohne Handauflegen oder Berühren mit der Waffe genügt nicht.) Dem Festgenommenen ist sofort zu erklären, daß bei Fluchtversuch von der Waffe Gebrauch gemacht werden würde. Waffen und Werkzeuge sind ihm abzunehmen.

Auf Posten werden festgenommene Personen mit dem Gesicht nach der Wand in das Schilderhaus gestellt. Der Posten pflanzt das Seitengewehr auf und stellt sich so vor das Schilderhaus, daß er den Festgenommenen unter Augen hat. Er erweist keine Ehrenbezeigungen. Vorübergehende Soldaten und Zivilpersonen sind zu ersuchen, die Wache zu benachrichtigen. Soldaten kann der Posten dies befehlen. Ist eine Zivilperson festgenommen, so kann der Posten auch einen Polizeibeamten rufen lassen, wenn dies schneller zum Ziele führt.

Streifen nehmen den Festgenommenen in ihre Mitte, der Führer geht hinten. Festgenommene Soldaten werden nach der nächsten militärischen Wache gebracht. Das gleiche gilt für Zivilpersonen, sofern nicht eine Polizeiwache dem Festnahmeort näher liegt. Sind Zivilpersonen auf einer militärischen Wache eingeliefert, so ist die Polizei sofort zur Abholung aufzufordern.

Sobald die Festnahme erfolgt ist, steht der Festgenommene unter dem Schutz der Wache. Führt er Sachen bei sich, für deren Aufbewahrung er nicht selbst Sorge tragen kann, so ist die einstweilige Sicherstellung Sache

(Fortsetzung S. 27)

Die Vorgesetzten

Rangklasse der Offiziere

	Generale					Stabsoffiziere			Hauptleute oder Rittmeister	Leutnante	
	Dienstgrad					Dienstgrad			Dienstgrad	Dienstgrad	
Heer und Luftwaffe	Generalfeldmarschall	Generaloberst	General d. Inf., Kav., Art. oder Flieger	Generalleutnant	Generalmajor	Oberst	Oberstleutnant	Major	Hauptmann oder Rittmeister	Oberleutnant	Leutnant
Sanitätsdienst des Heeres	—	—	Generaloberstabsarzt	Generalstabsarzt	Generalarzt	Oberstarzt	Oberfeldarzt	Oberstabsarzt	Stabsarzt	Oberarzt	Assistenzarzt
Veterinärdienst des Heeres	—	—	Generaloberstabsveterinär	Generalstabsveterinär	Generalveterinär	Oberstveterinär	Oberfeldveterinär	Oberstabsveterinär	Stabsveterinär	Oberveterinär	Veterinär
Kriegsmarine	Großadmiral	Generaladmiral	Admiral	Vizeadmiral	Konteradmiral	Kapitän z. See	Fregattenkapitän	Korvettenkapitän	Kapitänleutnant	Oberleutnant z. See	Leutnant z. See

Rangklasse der Musikmeister / der Unteroffiziere / der Mannschaften

	Rangklasse der Musikmeister			der Unteroffiziere: Unteroffiziere mit Portepee				Fähnriche u. Unteroffiziere ohne Portepee			der Mannschaften		
Heer und Luftwaffe	Stabsmusikmeister	Obermusikmeister	Musikmeister	Stabsfeldw. (Stabswachtm.)	Hauptfeldw. (Hauptwachtmeister) der Truppe	Oberfähnr.	Feldwebel (Wachtmeister)	Fähnrich	Unterfeldw. (Unterwachtmeister)	Unteroffizier (Oberjäger)	Gefreiter*)	Oberschütze, Oberkanonier usw.	Schütze, Kanonier oder Flieger
Sanitätsdienst des Heeres		—	—		San.-Hauptfeldwebel der Truppe	Unterarzt	San.-Feldwebel	Fähnrich (i. San.-Korps)	San.-Unterfeldwebel	San.-Unteroffizier	San.-Gefreiter	San.-Obersoldat	San.-Soldat
Veterinärdienst des Heeres		—	—		Hufbeschlaglehrmeister	Unterveterinär	Beschlagmeister	Fähnrich (i. Vet.-Korps)	Beschlagschmied-Unterfeldw. (=Unterwachtmeister)	Beschlagschmied-Unteroffizier	Beschlagschmied-Gefreiter	Beschlagschmied-Oberschütze usw.	Beschlagschmied-Schütze oder Kanonier
Kriegsmarine	Stabsmusikmeister	Obermusikmeister	Musikmeister		Oberbootsmann (usw.)	Oberfähnrich z. See (usw.)	Bootsmann (usw.)	Fähnrich z. See	Oberbootsmannsmaat	Bootsmannsmaat	Matrosen-Gefreiter Matrosenobergefreiter Matrosenhauptgefr.	—	Matrose

*) Vorübergehend gibt es beim Heer noch Obergefreite und Stabsgefreite. Bei der Luftwaffe gibt es außerdem auch weiterhin Obergefreite und Hauptgefreite

Uniformen des Reichsheeres

General
kl. Ges.-Anzug
(auch Wehrmachtbeamte im Generalsrang)

Oberstleutn. (Inf.)
groß. Gesellsch.-Anzug

Hauptmann
Generalstab d. Heeres u. d. Kommandobehörden
Dienstanzug

Hauptwachtm
Nachr.-Truppe
Ausgehanzug

Unteroffiz.
Artillerie
Dienstanzug

Neu eingeführt ist für Offiziere und Wehrmachtsbeamte im Offiziersrang ein weißer Uniformrock

Kommandoflaggen an Gefechtsständen und Kraftwagen

Führer u. Reichskanzler

Der Chef O. K. W

Oberbefehlshaber des Heeres

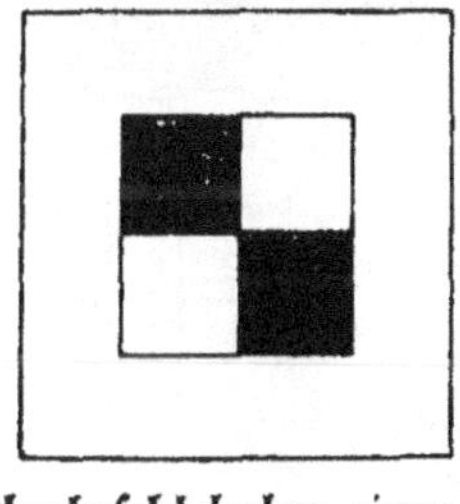

Oberbefehlshaber eines Heeresgruppen-Kommandos

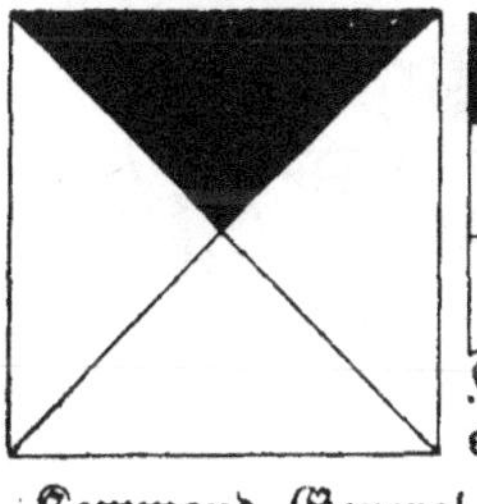

Kommand. General eines Korps

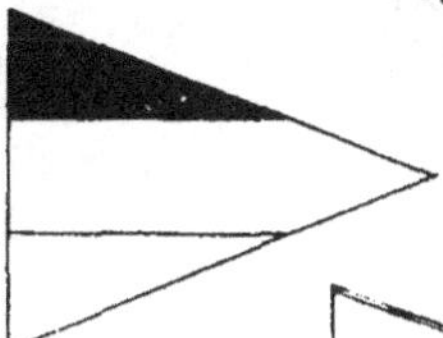

Kommandeur einer Division

Offizier oder Beamter des Heeres

Abzeichen am Waffenrock der Offiziere*) usw. Achselbänder

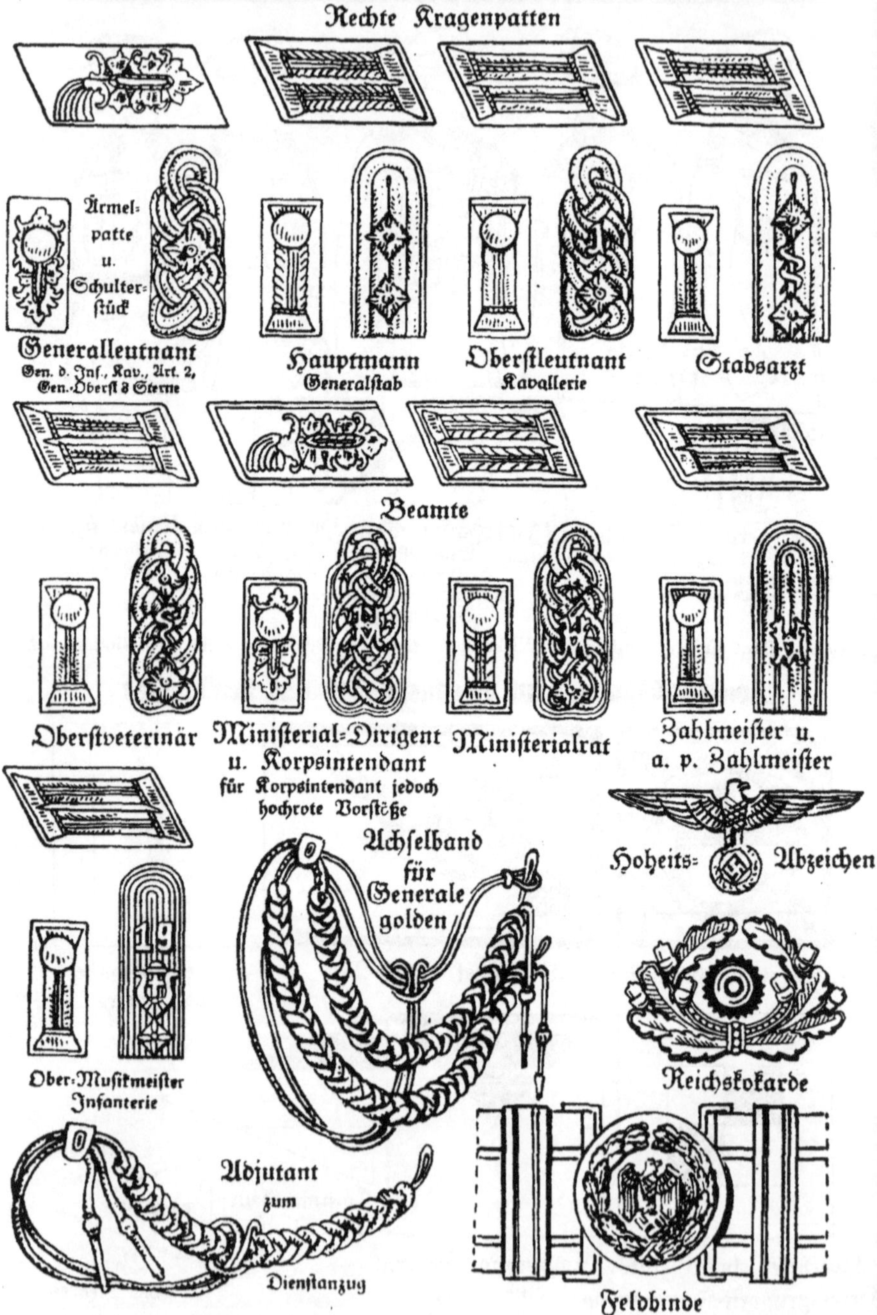

*) Reserve= u. Landwehroffiziere tragen unter den Schulterstücken unter der Waffenfarbe noch hellgraue Tuchunterlagen

Gradabzeichen usw. für Unteroffiziere und Mannschaften

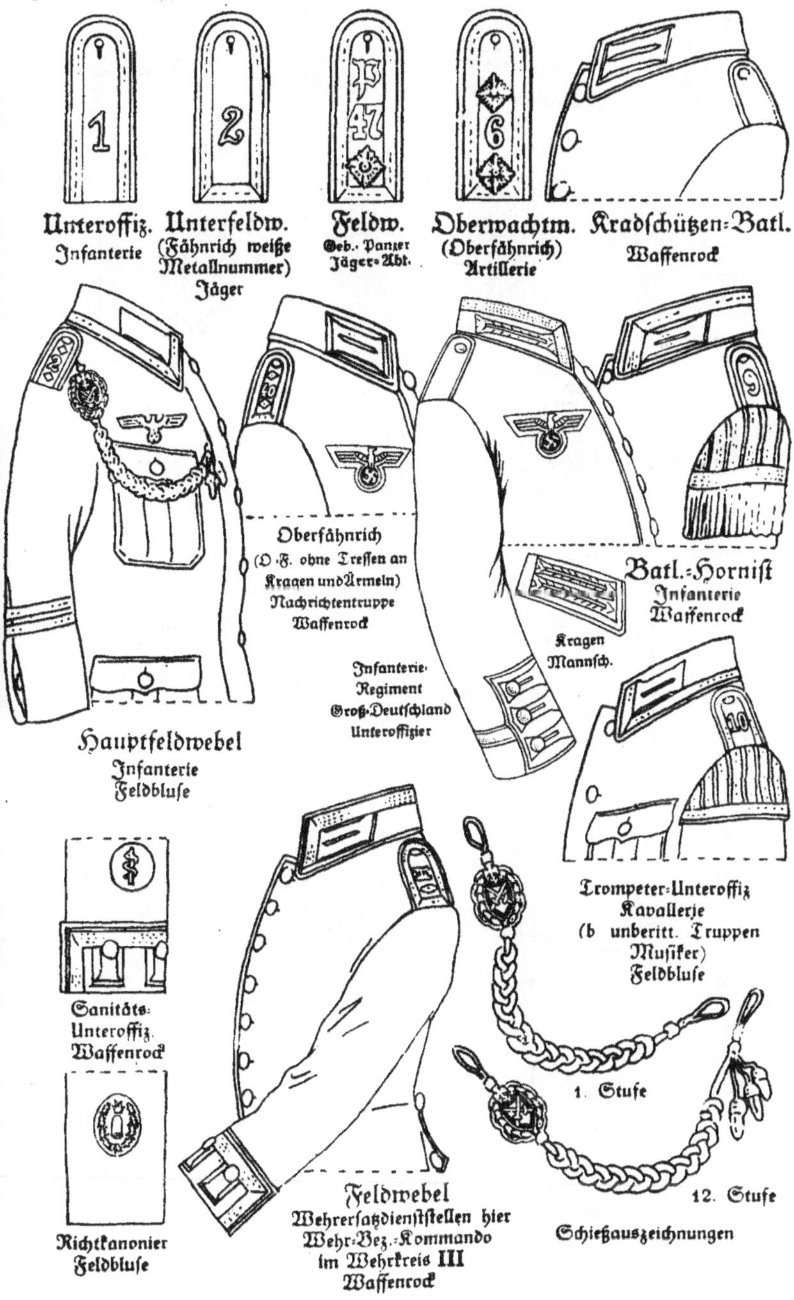

Neu eingeführt ist der Dienstgrad des Stabsfeldwebels. Der Stabsfeldwebel ist der rangälteste Portepee-Unteroffizier. Er trägt drei Sterne auf der Schulterklappe.

Dienstgrad- und Uniformabzeichen der Kriegsmarine

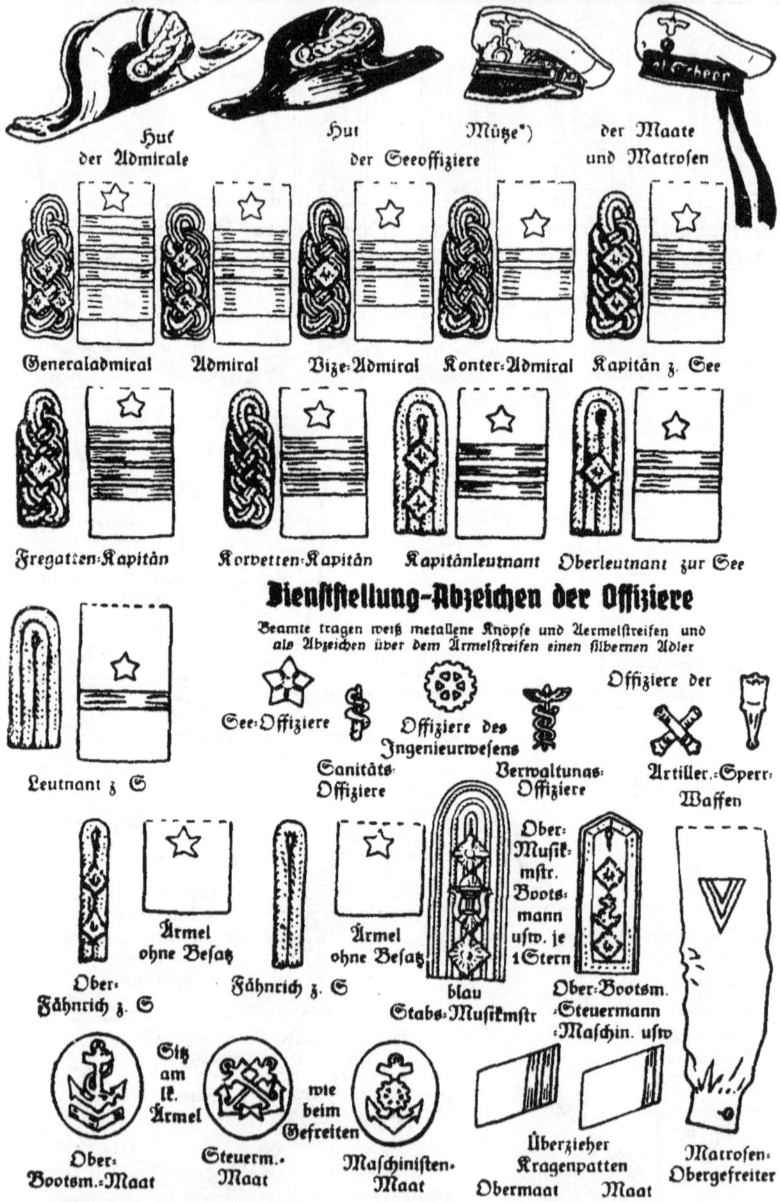

*) Feldwebelmütze mit schwarzledernem unbesticktem Schirm. Beamte haben an Stelle des Sturmriemens eine silberne Kordel.

Die Mütze zeigt die Schirmstickerei für Leutnante, Oberleutnante und Kapitänleutnante. Stabsoffiziere haben breitere, Admirale ganz breite Schirmstickerei.

Reserveoffiziere haben unter dem Dienststellungsabzeichen auf den Ärmeln je 2 kleine goldene Eichenblätter

Orden und Ehrenzeichen der heutigen Wehrmacht.

Eisernes Kreuz
II. Klasse

Eisernes Kreuz
I. Klasse

Ritterkreuz des
Eisernen Kreuzes.

Spange zur I. Klasse
des Eisernen Kreuzes
des Weltkrieges.

Großkreuz
des Eisernen Kreuzes.

Spange zur II. Klasse
des Eisernen Kreuzes
des Weltkrieges.

Kriegsverdienstkreuz
I. Kl. (silber).
(Ohne Schwerter für
Verdienste ohne
feindliche Waffen-
einwirkung.)

Kriegsverdienstkreuz
II. Kl. (bronze)
(Ohne Schwerter für
Verdienste ohne
feindliche Waffen-
einwirkung.)

Infanterie-
Sturmabzeichen.

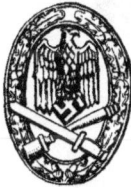

Sturmabzeichen.

Panzerkampf-
abzeichen.

Verwundeten-
abzeichen.

Weitere bekannte Orden und Ehrenzeichen der deutschen Armee und der Bewegung.

Eisernes Kreuz I. Kl. (II. Kl. mit schwarz-weißem Band). Weltkrieg.

Pour le Mérite.

Militär-verdienstkreuz.

Goldenes Partei-abzeichen der NSDAP.

Ehrenzeichen am Bande vom 9. November 1923. (Blutorden.)

Medaille zur Erinnerung an den 13. 3. 1938.

Medaille zur Erinnerung an den 1. 10. 1938 (mit Spange hierzu bei Teilnahme an der Besetzung Böhmens u. Mährens im März-April 1939.)

Spanien-Ehrenkreuz.

Dienstauszeichnung I. Kl. für 25jähr. Dienstzeit (vergoldet), für 18jähr. Dienstzeit (versilbert).

Dienstauszeichnung III. Kl. für 12jähr. Dienstzeit (bronziert), für 4jähr. Dienstzeit (mattsilbern).

Ehrenkreuz für Frontkämpfer. (Für nicht Frontkämpfer ohne Schwerter.)

Kommandoflaggen.

Flagge für den Stab einer **Reiterbrigade.**

Flagge für den Stab des **Artilleriekommandeurs einer Infanteriedivision.**

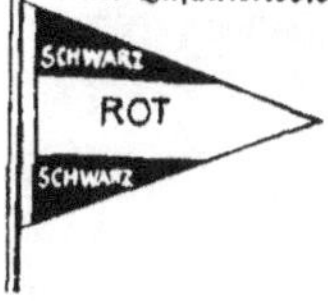

Flagge für den Stab eines Infanterieregiments.

Flagge für den Stab eines Infanteriebataillons.

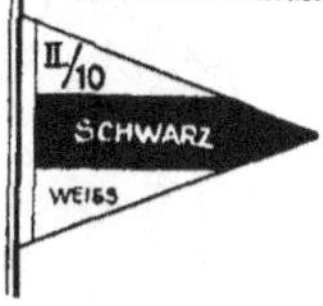

Flagge für den Stab eines Reiterregiments.

Flagge für den Stab einer berittenen Aufklärungsabteilung einer Infanteriedivision.

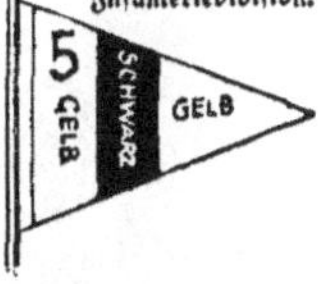

Flagge für den Stab einer berittenen Aufklärungsabteilung einer Kavalleriedivision.

Flagge für den Stab einer motorisierten Aufklärungsabteilung.

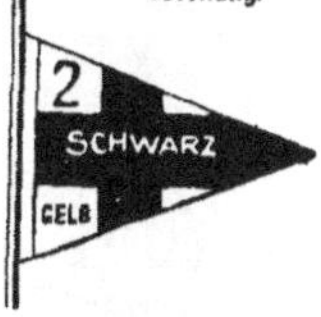

Flagge für den Stab eines Artillerieregiments.

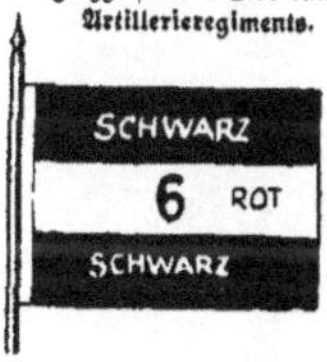

Flagge für den Stab einer Artillerieabteilung.

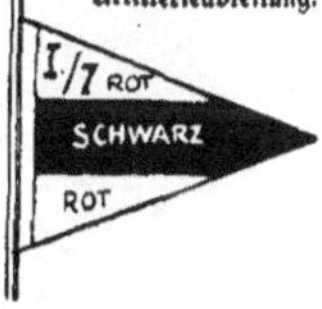

Flagge für den Stab einer Beobachtungsabteilung.

Flagge für den Stab eines Pionierbataillons.

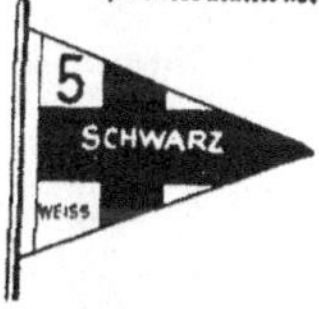

Stab einer **Panzer-Abw.-Abt.**

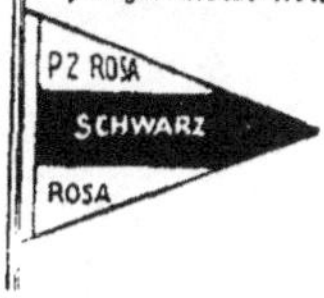

Flagge für den Stab einer Nachrichtenabteilung.

Flagge für den Stab einer Kraftfahrabteilung.

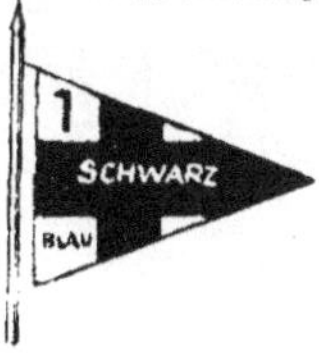

Flagge zum Bezeichnen der vorderen Linie.

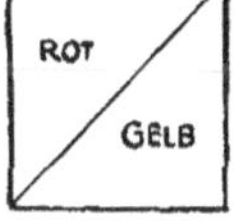

Seite zur eigenen Truppe.

Feindseite (Feldgrau **oder** Buntfarbenanstrich).

Dienstgrad- und sonstige Abzeichen der Luftwaffe

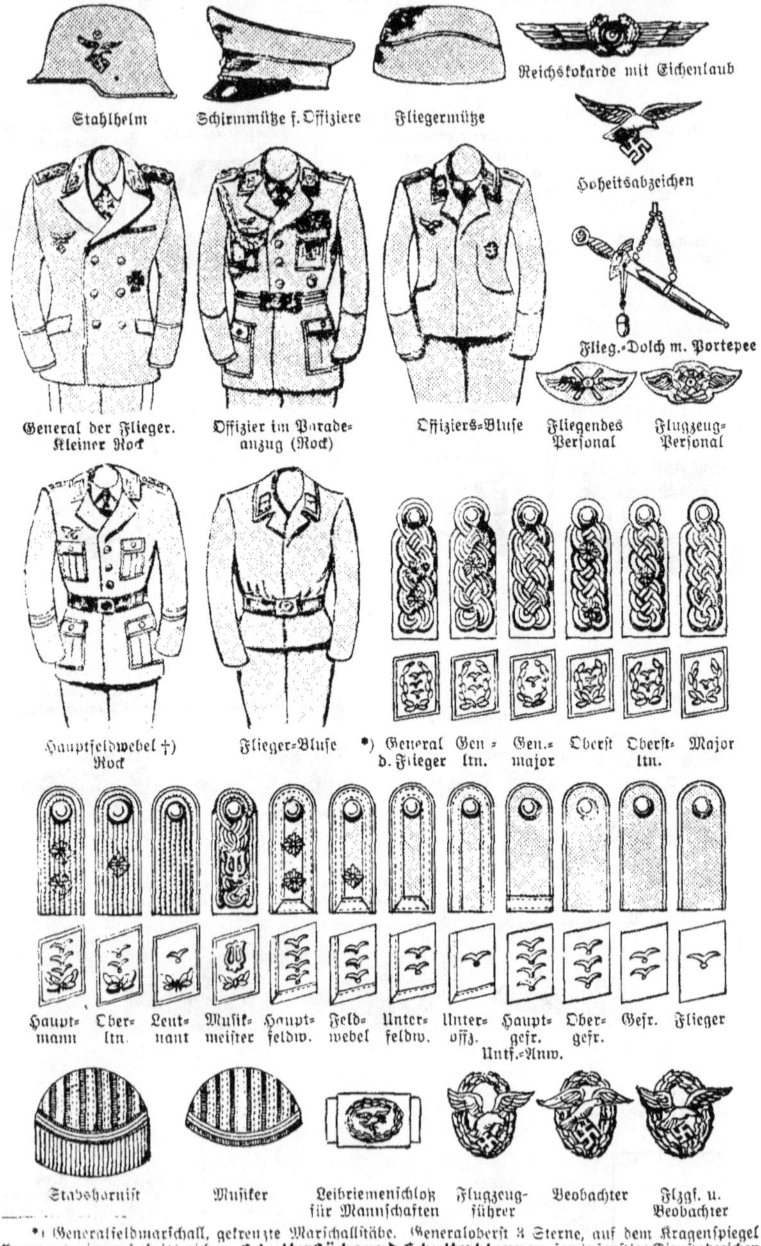

*) Generalfeldmarschall, gekreuzte Marschallstäbe. Generaloberst 3 Sterne, auf dem Kragenspiegel Kranz mit einem Hoheitszeichen. **Schulterstücke und Schulterklappen,** sowie sonstige Dienstabzeichen wie im Heere. **Waffenfarben** Generale und Regt. „General Göring" weiß. Generalstab karmesinrot. Reichs-Luftfahrtministerium schwarz. Flieger goldgelb. Flak hochrot. Luftnachrichten-Truppe hellbraun. [illegible]. Sanitätswaffe dunkelblau. E-Offiziere hellgrau als Nebenfarbe unter dem Schulterstück. Ingenieure rosa. Beamte dunkelgrün. Luftwaffen-Reserve hellblau.

†) Stabsfeldwebel haben 3 Sterne a. d. Schulterklappen.

der Wache. Festgenommenen Verbrechern sind sofort alle gefährlichen und verdächtigen Werkzeuge, sowie Papiere und Briefschaften, die sie bei sich führen, abzunehmen. Die Sachen werden an die Behörde abgegeben, an welche der Festgenommene überliefert wird. Der Wachhabende darf diese Papiere nur mit Genehmigung des Festgenommenen durchsehen.

2. Die Vorgesetzten und ihre Abzeichen.

Alle Offiziere und Unteroffiziere der Wehrmacht sind in und außer Dienst Vorgesetzte aller Mannschaften. Sie sind als solche berechtigt, den Mannschaften Befehle zu erteilen. Zu den Offizieren und Unteroffizieren rechnen auch die Sanitäts- und Veterinär-Offiziere sowie die Unteroffiziere des Sanitäts- und Veterinär-Dienstes.

Gefreiten oder Mannschaften kann vom Kp.-Chef (Battr.-Chef) die **dauernde Befehlsbefugnis** über einen bestimmten Kreis von Mannschaften übertragen werden. Jede derartige Übertragung muß allen Beteiligten dienstlich bekanntgegeben werden. Stubenälteste, Rekrutengefreite usw. erhalten so dauernde Befehlsbefugnisse und Vorgesetzteneigenschaften gegenüber ihrer Stube, ihrer Rekrutenabteilung usw. auch außer Dienst. **Vorübergehende Befehlsbefugnis** über einen bestimmten Kreis von Mannschaften kann jeder Vorgesetzte jedem Gefreiten oder Mann für eine bestimmte Dienstverrichtung übertragen. Der Soldat, der beauftragt wird, eine Abteilung vom Schießstand nach Hause zu führen, oder der als Spähtruppführer eingeteilt wird, erhält so Befehlsbefugnisse über die ihm zugeteilten Kameraden. Die Übertragung derartiger Befehlsbefugnisse wird von dem Beauftragten selbst jeweils den Beteiligten bekanntgegeben.

Ein allgemeines **Vorgesetztenverhältnis der Wehrmachtsbeamten** gegenüber den Soldaten besteht nicht. Soldaten haben jedoch die dienstlichen Anordnungen von Wehrmachtsbeamten, unter denen sie Dienst tun, zu befolgen.

Uniformen, Dienstgradabzeichen usw. zeigen die Tafeln auf den Seiten 19—22. Von den Mannschaftsdienstgraden tragen am linken Oberärmel des Waffenrocks, der Feldbluse und des Mantels auf bläulich dunkelgrünem Abzeichentuch aufgenäht:

a) Oberschützen usw.: 1 vierzackigen Stern aus Aluminiumgespinst,
b) Gefreite: 1 nach oben offenen Winkel aus Aluminium-Tresse,
c) Obergefreite und überzählige Obergefreite mit weniger als 6jähriger Gesamtdienstzeit: 2 Winkel,
d) Obergefreite mit mindestens 6jähriger Gesamtdienstzeit: 1 Winkel mit einem vierzackigen Stern,
e) Stabsgefreite (soweit noch vorhanden): 2 Winkel mit einem vierzackigen Stern.

Als Dienstgradabzeichen tragen außerdem alle Offiziere jeweils 2 Streifen, alle Unteroffiziere 1 Streifen, und zwar
am Sporthemd schwarze Streifen um den Halsausschnitt,
am Trainingsanzug weiße Streifen auf beiden Oberärmeln.

Truppengattungen des Heeres und Waffenfarben.

Das Heer setzt sich aus verschiedenen Truppengattungen zusammen, die äußerlich durch verschiedene **Waffenfarben** gekennzeichnet sind.

Die Waffenfarben sind an der Uniform jedes Soldaten an folgenden Stellen angebracht:

an der Feldmütze vorne neben der Kokarde,
an der Dienstmütze als Biesen um den Mützenrand und um den Besatzstreifen,
an der Feldbluse als Einfassung der Schulterstücke und bei Mannschaften und Unteroffizieren als Regiments- bzw. Abteilungs-Nummer, ferner als Längsstreifen in den Doppellitzen am Kragen,
am Waffenrock an den Schulterstücken bzw. -klappen als Kragen- und Ärmelpatten sowie als Biesen um Kragen und Ärmelaufschläge,
an der langen Ausgehhose als Biesen.

Die Waffenfarbe ist

Oberkommando der Wehrmacht, des Heeres und des Generalstabes karmesinrot.

Infanterie	weiß.	Nebeltruppe	bordorot.
Jäger und Gebirgsjäger	hellgrün.	Panzer-, Panzerjägertruppe	rosa.
Kavallerie	goldgelb.	Fahr- u. Kraftfahrtruppe	hellblau.
Artillerie	hochrot.	Sanitätsabteilung	kornblumenblau.
Pioniere	schwarz.	Wehrersatzorganisation	orangerot, mit römischen Nummern auf den Schulterstücken.
Nachrichtentruppe	zitronengelb.		

Beamte dunkelgrün mit einer zweiten Nebenfarbe um Kragenspiegel und Schulterstück, z. B.: Zahlmeister Nebenfarbe weiß. Techn. Beamte (Waffenmeister) Nebenfarbe schwarz. Unterkunftsbeamte Nebenfarbe hellbraun usw. Heeresjustizbeamte Nebenfarbe hellblau.

Außerdem werden die einzelnen Verbände auf den Schulterklappen bzw. -stücken durch Nummern und große Buchstaben in den Waffenfarben gekennzeichnet.

Es tragen alle Truppenteile ihre Regiments- bzw. selbständige Abteilungsnummern in arabischen Zahlen. Außerdem tragen

reit. Art.-Abt. ein R mit Nr.
Beob.-Abt. ein B mit Nr.
Krad.-Schütz.-Batl. ein K mit Nr.
die Kriegsschulen ein KS mit Anf.-Buchstaben des Standortes
die Unteroffizierschulen ein US. mit Anfangsbuchstaben des Standortes
Gruppenkommandos ein G mit Nr.
Divisionskommandos ein D mit Nr.
die Wachtruppe Berlin ein W
Pz.-Jäger-Abt. ein P mit Nr.
Aufkl.-Abt. ein A mit Nr.
Schützen-Regimenter ein S mit Nr., gelber Unterlage
die Waffenschulen ein S mit weißer Unterlage
die Lehrtruppen ein L
Korpskommando römische Nummern
M.-G.-Bataillone ein M mit Nr.
Radfahrbataillon ein R mit Nr.
Nebeltruppe N mit Nr.
Wehrersatzdienststellen ein lat. W mit römischer Nummer des Wehrkreises
Inf.-Rgt. Großdeutschland ein gotisches GD, dazu auf dem rechten Unterarm einen dunkelgrünen Streifen darauf gestickt „Großdeutschland".
Gebirgstruppen ein Edelweiß.

Offiziere des Beurlaubtenstandes (Res., Landwehr) tragen unter den Schulterstücken außer der Waffenfarbe noch eine hellgraue Tuchunterlage.

3. Ehrenbezeigungen, Benehmen gegen Vorgesetzte, Meldungen und Gesuche.

a) Ehrenbezeigungen des Einzelnen in Uniform werden erwiesen

dem Führer und Reichskanzler,
allen Vorgesetzten einschließlich der Wehrmachtsbeamten, sowie den ehemaligen Angehörigen des alten Heeres und der alten Marine in Uniform,
den Fahnen und Standarten, auch des alten Heeres.

Alle Ehrenbezeigungen sind schnell und straff auszuführen. Sie beginnen 5 Schritte vor und enden 2 Schritte hinter dem Vorgesetzten oder werden beim Betreten und Verlassen von Räumen erwiesen.

In öffentlichen Verkehrsmitteln, Wartesälen, Gasthäusern, Gartenwirtschaften, Theatern, Konzert-, Vortragssälen usw. ist eine Ehrenbezeigung zu erweisen, wenn Vorgesetzte und Untergebene sich auf Grußweite nähern. Die Ehrenbezeigung wird den Umständen entsprechend im Gehen, Stehen oder im Sitzen ausgeführt. Ehrenbezeigungen im Sitzen sind jedoch nur gestattet, wenn die Ehrenbezeigung im Stehen nicht ausführbar ist, z. B. im geschlossenen Fahrzeug, auf offenen Fahrzeugen in Bewegung, in niedrigen Kammern usw. Sonst erhebt sich der Soldat zum Erweisen einer Ehrenbezeigung.

Soldaten, die in einer Abteilung Dienst tun, erweisen einzeln keine Ehrenbezeigungen. Auch dürfen sie Zivilpersonen usw. im allgemeinen nicht grüßen. Nur wenn sich ein Soldat in einer in „Rührt Euch" marschierenden Abteilung befindet, darf er Zivilpersonen usw. auch einzeln grüßen.

Kraftfahrzeugführer, Radfahrer usw. erweisen Ehrenbezeigungen nur, wenn sie dadurch nicht die Verkehrssicherheit gefährden.

Ehrenbezeigungen zu Pferde werden im Schritt ausgeführt, wenn ein dienstlicher Auftrag dies nicht verhindert. Untergebene, die reitend Vorgesetzte überholen wollen, haben hierzu außer bei Truppenübungen um Erlaubnis zu bitten.

Meldereiter erweisen im allgemeinen keine Ehrenbezeigungen.

Wer einen Vorgesetzten zuerst bemerkt, macht seine Kameraden rechtzeitig auf das Erweisen einer Ehrenbezeigung aufmerksam.

Alle Soldaten, die außerhalb des Standortbezirks einem Vorgesetzten im Offizierrang begegnen, melden sich bei diesem. Dasselbe gilt für Soldaten als Führer von Abteilungen.

Ehrenbezeigungen des Einzelnen ohne Gewehr.

Ohne Kopfbedeckung.

Im Gehen wird die Ehrenbezeigung durch Vorbeigehen in gerader Haltung und Erweisen des Deutschen Grußes ausgeführt. Der Vorgesetzte ist frei anzusehen. Der gestreckte rechte Arm wird kurz nach vorn schräg aufwärts gehoben, Fingerspitzen der gestreckten Hand in Scheitelhöhe. Der linke Arm wird ungezwungen stillgehalten, ohne daß er den Körper berührt. Nach der Ehrenbezeigung wird der rechte Arm kurz in die Grundstellung genommen.

Im Stehen wird die Ehrenbezeigung durch Stillstehen mit der Front zum Vorgesetzten und Erweisen des Deutschen Grußes ausgeführt. Der Vorgesetzte ist frei anzusehen.

Bei Meldungen und Gesprächen mit Vorgesetzten wird der rechte Arm sofort heruntergenommen, die Grundstellung jedoch beibehalten. Beim Verlassen des Vorgesetzten wird die Ehrenbezeigung in gleicher Weise wiederholt. Wird bei Meldungen im geschlossenen Raum die Kopfbedeckung in der rechten Hand gehalten, so erfolgt die Ehrenbezeigung nur durch Stillstehen.

Mit Kopfbedeckung.

Im Gehen wird die Ehrenbezeigung durch Anlegen der rechten Hand an die Kopfbedeckung und freies Ansehen des Vorgesetzten erwiesen. Freier Schritt ist beizubehalten. Die rechte Hand wird kurz an die Kopfbedeckung gelegt, das Handgelenk leicht nach unten gewinkelt, die Finger wie in der Grundstellung. Zeige- und Mittelfinger berühren den unteren Rand der Kopfbedeckung etwa über dem äußeren Winkel des rechten Auges. Der rechte Ellenbogen wird etwa in Schulterhöhe gehoben, der linke Arm ungezwungen stillgehalten, ohne daß er den Körper berührt. Nach der Ehrenbezeigung wird der rechte Arm kurz in die Grundstellung genommen.

Im Stehen wird die Ehrenbezeigung durch Stillstehen mit der Front zum Vorgesetzten und Anlegen der rechten Hand an die Kopfbedeckung erwiesen. Der Vorgesetzte wird frei angesehen.

Bei Ehrenbezeigungen im Gehen und Stehen ist die Säbelscheide unter dem Ringband mit Zeige-, Mittelfinger und Daumen der linken Hand derart zu umfassen, daß Zeigefinger und Daumen sich berühren. Die beiden letzten Finger der linken Hand liegen hinter der Scheide. Der linke Arm ist still zu halten. Die Scheide liegt flach am Oberschenkel und ist so weit zurückgenommen, daß, von der Seite gesehen, der Bügel nicht über die Lende hinausragt. Der rechte Arm bleibt in der vorgeschriebenen Lage. Die Haltung des linken Armes und der linken Hand ist bei eingehaktem oder nicht eingehaktem Säbel die gleiche.

In geschlossenen Räumen wird, soweit die Mütze getragen wird, diese abgenommen, in der linken Hand gehalten und der deutsche Gruß erwiesen.

Ehrenbezeigung des Einzelnen **vor dem Führer und Obersten Befehlshaber** auch mit Kopfbedeckung ist stets der Deutsche Gruß.

Als Fahrer, Radfahrer oder Reiter sowie im Sitzen

werden Ehrenbezeigungen ohne oder mit Kopfbedeckung nur durch „Stillsitzen" erwiesen.

Bei Behinderung

durch Tragen oder Halten von Gegenständen usw. oder wenn die Raumverhältnisse die Ausführung des Deutschen Grußes verbieten, wird die Ehrenbezeigung nur durch Vorbeigehen in gerader Haltung, durch Stillstehen oder Stillsitzen erwiesen.

Ehrenbezeigungen des Einzelnen mit Gew...

erfolgen im Gehen durch Vorbeigehen in gerader Haltung, im Stehen durch Stillstehen mit der Front zum Vorgesetzten. Der Vorgesetzte wird frei angesehen.

Im Gehen wird bei „Gewehr ab" das Gewehr senkrecht, Mündung an der Schulter getragen. Beide Arme werden stillgehalten.

Bei „umgehängtem Gewehr" wird das Gewehr senkrecht gehalten, die rechte Faust umfaßt den Riemen in Brusthöhe, Daumen unter dem Riemen. Der linke Arm wird stillgehalten. Bei „Gewehr auf dem Rücken" und „Gewehr um den Hals" werden beide Arme stillgehalten.

Im Stehen wird bei „umgehängtem Gewehr", bei „Gewehr auf dem Rücken" und bei „Gewehr um den Hals" die Gewehrlage beibehalten. In allen anderen Fällen wird das Gewehr bei Fuß genommen.

b) Ehrenbezeigungen geschlossener Abteilungen werden erwiesen

dem Führer und Reichskanzler,
allen Offizieren in Uniform,
den Fahnen und Standarten, auch des alten Heeres.

Ehrenbezeigungen geschlossener Abteilungen werden nur innerhalb des Standortbezirks oder der Ortsunterkunft erwiesen.

Wehrmachtsangehörigen, denen keine Ehrenbezeigung der geschlossenen Abteilung zusteht, wird nur vom Führer einzeln eine Ehrenbezeigung oder ein Gruß erwiesen.

Marschierende Abteilungen zu Fuß erweisen die Ehrenbezeigungen im Exerziermarsch. Kommando: (aus dem Marsch ohne Tritt: „Im Gleichschritt!) — Achtung! Augen — rechts! (Die Augen — links!)" Auf „Achtung" beginnt der Exerziermarsch. Zur Beendigung der Ehrenbezeigung wird kommandiert: „Im Gleichschritt!", wenn ohne Tritt marschiert werden soll: „Ohne Tritt!".

Mit Fahrzeugen marschierende Abteilungen erweisen Ehrenbezeigungen auf Kommando oder Zeichen des Führers, das von Fahrzeug zu Fahrzeug weitergegeben wird. Es wird stillgesessen. Der Vorgesetzte wird frei angesehen.

Für **haltende Abteilungen** kommandiert der Führer: „Stillgestanden! Augen — rechts! (Die Augen — links!)". Der Vorgesetzte wird angesehen. Geht oder reitet er an der Abteilung entlang, so wendet jeder Kopf und Blick nach ihm, bis er zwei Schritte vorbei ist und wendet dann Kopf und Blick von selbst geradeaus. Die Ehrenbezeigung wird durch das Kommando: „Rührt Euch!" beendet.

Abteilungen mit Fahrzeugen erweisen im Halten die Ehrenbezeigungen auf Befehl des Führers sinngemäß.

Geschlossene **Abteilungen ohne Kopfbedeckung** erweisen die gleichen Ehrenbezeigungen wie geschlossene Abteilungen mit Kopfbedeckung. In diesem Fall erweist jedoch der Führer der Abteilung als Ehrenbezeigung den Deutschen Gruß, sofern auch er ohne Kopfbedeckung ist.

Wenn der **Führer und Reichskanzler** sich rastenden Verbänden und Einheiten *im Gefecht und auf dem Marsch nähert, erheben sie sich und grüßen gleich ob mit* oder ohne Kopfbedeckung mit dem Deutschen Gruß, während der Führer der Truppe mit dem Deutschen Gruß meldet.

Dies gilt auch für Bahntransporte. Wird die Truppe durch den Obersten Befehlshaber begrüßt, so antwortet die Truppe mit „Heil mein Führer".

c) Eine **Grußpflicht** besteht gegenüber allen Angehörigen der Wehrmacht, der Polizei und der Gendarmerie, den Forst-, Post- und Bahnschutzbeamten, den Beamten der Reichszollverwaltung, den Angehörigen des R.L.B., der S.A., der ꞩꞩ, des N.S.K.K., des N.S.F.K. und des R.A.D., den pol. Leitern der N.S.D.A.P. und den Amtswaltern ihrer Gliederungen, sowie beim Spielen des Deutschland- und Horst-Wessel-Liedes, beim Herantreten an Ehrenmale oder beim Betreten von Ehrenmalen und vor allen Leichenbegängnissen.

Der im Dienstgrad Niedere oder im Dienstalter Jüngere soll mit dem Gruß zuvorkommen. Es ist — insbesondere auch dem zu grüßenden Nichtangehörigen der Wehrmacht gegenüber — Ehrensache des Soldaten, jeden Gruß soldatisch stramm zu erweisen.

d) Achtung und Ehrerbietung, die der Soldat seinen Vorgesetzten schuldig ist, äußern sich außer in den Ehrenbezeigungen auch in seinem ganzen Benehmen ihnen gegenüber.

Ernste und bescheidene Zurückhaltung ohne Scheu und Befangenheit, Aufmerksamkeit und Zuvorkommenheit ohne Aufdringlichkeit und Kriecherei, stete Wahrung einer streng militärischen Form in Haltung, Bewegung und Ausdrucksweise sind die Grundbegriffe soldatischen Benehmens. Vordrängen, Liebedienerei und Schusterei sind unsoldatisch.

Im einzelnen gelten folgende **Regeln im Verkehr mit Vorgesetzten:**

1. Die Anrede eines Vorgesetzten erfolgt stets mit Herr unter Hinzufügung des Dienstgrades, z. B. „Herr Hauptmann, Herr Feldwebel" (Wachtmeister) usw. Spricht der Soldat von einem Vorgesetzten, so spricht er stets von dem „Herrn Hauptmann" bzw. „Herrn Feldwebel" (Wachtmeister) und nicht bloß vom „Hauptmann" oder „Feldwebel".
2. In der Unterhaltung läßt der Soldat zuerst den Vorgesetzten sprechen und unterbricht ihn nicht. Er schweigt, wenn ihn der Vorgesetzte unterbricht. Auf

Fragen antwortet er laut und deutlich, ohne zu schreien, ohne Phrasen und Redensarten, kurz, klar und bestimmt. Er blickt dem Vorgesetzten offen ins Auge.

3. Auf den Ruf eines Vorgesetzten antwortet der Soldat laut mit „Hier, Herr Hauptmann" bzw. „Herr Hauptfeldwebel" und eilt auf dem kürzesten Wege zu dem betreffenden Vorgesetzten. In drei Schritt Entfernung bleibt er stramm stehen (mit Gewehr ab!) und erwartet das Weitere. Ist der Vorgesetzte zu Pferde, so achtet der Soldat darauf, daß er durch das Herantreten nicht das Pferd erschreckt. Wird er entlassen, so geht er mit einer strammen Kehrtwendung. Im Gliede, auch im Rühren, spricht der Soldat nur, wenn er angeredet wird. Zwischen einem Vorgesetzten und dessen Abteilung hindurchzulaufen, ist unschicklich. Muß der Soldat einen Vorgesetzten begleiten, so geht er auf dessen linker Seite.
4. Will ein Vorgesetzter absitzen oder aufsitzen, so hilft ihm der Soldat dabei, indem er mit der linken Hand den rechten Bügel straff nach unten drückt und mit der rechten das Pferd am Backenstück des Zaumzeuges festhält.
5. Will der Soldat einen Vorgesetzten sprechen, der sich in Begleitung eines älteren oder höheren Vorgesetzten befindet, so hat er den letzteren zunächst um Erlaubnis zu bitten, z. B. mit den Worten: „Herr Hauptmann, gestatten Sie, daß ich den Herrn Leutnant spreche". Ist seine Angelegenheit nicht dringend, so wartet er in einiger Entfernung, bis die Vorgesetzten sich trennen oder ihre Unterhaltung unterbrechen. Weiß der Soldat nach einem Gespräch mit einem Vorgesetzten nicht, ob er schon gehen darf, so fragt er den Vorgesetzten danach z. B. „Herr Leutnant, haben Sie noch Befehle für mich?"
6. Bei Begegnung mit einem Vorgesetzten auf einem schmalen Weg oder Gang (Flur, Treppe), bittet der Soldat, vorübergehen zu dürfen, und erweist danach im Vorbeigehen seine Ehrenbezeigung. Auf engen Wegen macht er dem Vorgesetzten Platz.
7. Besucht der Soldat einen Vorgesetzten in dessen Wohnung, so läßt er sich durch das Dienstpersonal anmelden. Vor Betreten eines Zimmers hat er anzuklopfen und erst auf „Herein" einzutreten. Nach der Erlaubnis zum Eintreten öffnet und schließt er die Tür leise. Dann bleibt er im Zimmer neben der Tür stehen, Kopfbedeckung in der linken Hand und erweist den deutschen Gruß. Sein Anliegen oder seine Meldung bringt er erst vor, wenn er danach gefragt wird. Wird er entlassen, so geht er ohne Kehrtwendung und leise.
8. Betritt ein Vorgesetzter die Stube, so ruft der Soldat, der ihn zuerst erblickt, laut „Achtung!" Alles steht still mit Front zum Vorgesetzten, bis dieser abwinkt bzw. „Rühren" oder „Weitermachen" anordnet.
9. Die vom Soldaten seinem Vorgesetzten zu erweisende Aufmerksamkeit und Zuvorkommenheit zeigt sich u. a. darin, daß er dem Vorgesetzten die Tür öffnet und schließt, einen Stuhl anbietet (im Geschäftszimmer), in den Mantel hilft, das Streichholz zum Zigarrenanzünden reicht und in jeder Lage hilfreich beispringt.
10. Bei Bierabenden oder dgl. ist es unschicklich, Vorgesetzte zu Getränken einzuladen oder ihnen zuerst zuzutrinken.

    Trinkt ein Vorgesetzter einem Untergebenen zu, so steht dieser auf und trinkt stehend in gerader Haltung. Zurufe wie Prosit oder Bewegungen mit dem Glas unterbleiben.

e) Auch für den Schriftverkehr mit Vorgesetzten sowie für **Meldungen und Gesuche** gelten bestimmte Regeln.

Der Soldat schreibt in kurzen, klaren Sätzen ohne Fremdworte.

Die Unterschrift — in deutscher oder lateinischer Schrift — muß frei von Schnörkeln und so klar und deutlich sein, daß jeder sie lesen kann. Unleserliche Unterschriften verstoßen gegen den Anstand.

Alle Schriftstücke sind so zu schreiben, daß sie auch bei schlechtem Licht lesbar sind. Die Zeilen sollen gleichweit voneinander und nicht zu eng stehen.

Das erste Wort jedes Schreibens und jedes Absatzes wird eingerückt; auf jeder Seite oben und unten, sowie links (1. und 3. Seite) oder rechts (2. und 4. Seite) bleibt ein Rand frei, so daß alle Schriftstücke auch eingeheftet gelesen werden können.

Muß etwas geändert werden, so wird es deutlich durchgestrichen und das Richtige darübergesetzt, nicht radiert oder eingeklammert.

Nachstehende **Beispiele** können als Anhalt für das Abfassen von Meldungen, Gesuchen usw. dienen:

1. Beispiel:

Urlaubsgesuch eines Funkers.
(Falls mündlich nicht zu erledigen oder kein Urlaubsheft vorhanden.)
(Viertel- oder Achtelbogen.)

M.......
(Funker 2./N 42)

Stargard/Pom., 10. 11. 1940.

An
die 2. Kompanie.

Ich bitte um Urlaub vom 16. 11. bis 22. 11. 40 nach ....

Begründung: ....
....

M. ....

2. Beispiel:

Krankmeldung.
(Viertel- oder Achtelbogen.)

B.......
(Funker 1./N. 23.)

Neiße, 6. 5. 1940.
Breslauer Str. 21 I.

An
1./J.-N 23.

Meldung.

Ich bin an Grippe erkrankt.
Ärztliche und behördliche Bescheinigung liegen bei.
Voraussichtliche Dauer der Erkrankung 14 Tage.
Arzt: Dr. L...........
Ich werde in meiner Wohnung behandelt. (Oder: Ich werde morgen in das Standortlazarett Neiße überwiesen.)

B............

3. Beispiel:

Nichtdienstlicher Brief eines Funkers an einen Vorgesetzten.

Bad Kissingen, 15. 5. 1940
Heereskurlazarett.

Hochverehrter Herr Hauptmann!

Von meinem Kuraufenthalt in Bad Kissingen gestatte ich mir Ihnen Grüße zu senden. Ich traf hier Herrn Oberleutnant X., der mich bat, Grüße zu bestellen.

Heil Hitler
R.
Funker 1/N. 23.

4. Verhalten in und außer Dienst.

a) Kasernen- und Stubenordnung.

Das Zusammenleben vieler Menschen in Gemeinschaftsunterkünften, wie Kasernen, Baracken auf Truppenübungsplätzen usw. erfordert gegenseitige Rücksichtnahme. Mangelnde Reinlichkeit gefährdet und belästigt die Kameraden. Lärmen und Geräusche stören andere in der notwendigen Ruhe oder in ihrer Arbeit.

Für die Ordnung in den Kasernen, Baracken und in den Stuben sind deshalb überall örtlich verschiedene Anordnungen gegeben. Die strenge Beachtung dieser Anordnungen ist Gehorsams- und auch kameradschaftliche Pflicht.

Für jede Stube ist vom Kompaniechef (Batteriechef) ein **Stubenältester** bestimmt. Dieser ist für Ruhe, Ordnung und Sauberkeit in der Stube verantwortlich und wacht darüber, daß alle Vorschriften der Stubenordnung genauestens befolgt werden. Er ist in der Stube Vorgesetzter aller Stubenangehörigen. Der Stubenälteste bestimmt täglich einen Mann zum „Stubendienst" (Tagesdienst).

Der **Mann vom Stubendienst** läßt sich bei Antritt seines Dienstes sämtliche Stubengerätschaften in ordentlichem Zustande von seinem Vorgänger übergeben. Er besprengt die Stube, um den Staub niederzuschlagen, mit Wasser, fegt aus (stets nach der Tür zu), und zwar sorgfältig auch in den Ecken und unter den Lagerstätten, schafft den Kehricht fort, wischt Türen und Fenster, sowie die Stubengeräte ab, reinigt die Wassergefäße und besorgt das nötige Trink- und Waschwasser. In manchen Truppenteilen wird täglich ein besonderer Soldat zum „Wasserdienst" eingeteilt. Der Mann vom Stubendienst hat im Winter nötigenfalls den Ofen zu heizen. In unmittelbarer Nähe des Ofens dürfen im Winter keine Gerätschaften aufgestellt werden. Der Mann vom Stubendienst darf, nach Erfüllung aller ihm obliegenden Verrichtungen nur ausgehen, wenn er die Erlaubnis dazu erhalten und für einen Vertreter gesorgt hat.

Während des Reinigens der Stube müssen zu allen Jahreszeiten Fenster und Türen geöffnet werden. Im Sommer sind die Zimmer außerdem fleißig zu lüften.

Verlassen alle Mannschaften die Stube, so hat der Mann vom Stubendienst sie zu verschließen und den Schlüssel an den hierfür befohlenen Platz zu hängen. Diese Pflicht fällt sonst dem die Stube zuletzt verlassenden Manne zu.

Für die Reinigung der Flure, Treppen, Höfe usw. werden ebenfalls Mannschaften bestimmt. Ihre besonderen Pflichten werden ihnen jeweils vom Stubenältesten oder Korporalschaftsführer bekanntgegeben.

Falls der zum Stuben-, Wasser- oder Flur- usw. Dienst bestimmte Mann mit Arbeit überlastet ist oder mit seiner Arbeit trotz Bemühens nicht fertig wird, ist es kameradschaftliche Pflicht der anderen Stubenangehörigen, zu helfen.

Im übrigen haben alle Stubenbewohner die selbstverständliche **Pflicht,** selbst **für Ordnung und Sauberkeit** in ihrer Stube **zu sorgen.**

Das Ausklopfen der Tabakspfeifen, Fortwerfen von Zigarrenresten erfolgt nur in die Kohlenkasten, das Auswerfen des Speichels nur in die mit Wasser gefüllten Spucknäpfe. Aus den Fenstern darf nichts hinausgeworfen, nach der Straße zu auch nichts hinausgehängt werden. Bei nasser Witterung sind vor dem Betreten der Stube die Füße zu reinigen.

Jedes Beschädigen und Beschmutzen der Wände, Türen, Fenster, Ofen, Tische, Bettstellen und des Fußbodens ist untersagt. Jeder Mann ist für den von ihm angerichteten Schaden verantwortlich.

Die Spinde müssen stets sauber und ordentlich sein. Bei Nacht, während der Putzstunde, sowie bei Abwesenheit der Soldaten müssen sie verschlossen sein.

Für die Ordnung in Spinden ist die **„Spindordnung"** maßgebend. Ungereinigt dürfen weder Bekleidungs- noch Ausrüstungsstücke verwahrt werden. Luftlöcher in der Spindtür dürfen nicht verklebt werden.

Geld und Wertsachen dürfen niemals im Spinde aufbewahrt werden. Derartige Wertsachen trägt der Soldat, auch bei Nacht, stets bei sich.

Scharfe und Platzpatronen in den Stuben oder Spinden aufzubewahren, ist verboten.

Ist nach einer Übung, nach der Wache usw. das Benutzen der Lagerstätten am Tage gestattet, so darf dies nur in den dazu festgesetzten Stunden geschehen. Die Fußbekleidung ist dabei abzulegen; die Betten sind nach dem Ruhen sofort wieder in Ordnung zu bringen.

Den Soldaten ist verboten, Angebote von Personen oder Firmen zum Absatz von Waren und zur Vermittlung von Geschäften jeder Art in der Truppe anzunehmen oder auszuführen.

b) Körperpflege.

Der Soldat hat die Pflicht, seine Gesundheit und Leistungsfähigkeit zu erhalten.

Reinlichkeit des Körpers ist von großer Bedeutung für die Gesundheit. Kalte Abreibungen und Bäder erfrischen und stärken den Körper.

Alle Morgen wäscht sich der Soldat mit kaltem Wasser und Seife Gesicht, Hals, Ohren, Brust und Hände. Das Hemd wird hierzu bis auf die Hüften herabgelassen.

Nach dem Waschen trocknet der Soldat sich tüchtig ab, um ein Aufspringen der Haut zu vermeiden.

Nach jedem Exerzieren oder jeder Übung, wobei er staubig geworden, hat der Mann sich gleichfalls zu waschen, sobald er abgekühlt ist.

Die Hände sind so oft sie schmutzig geworden, namentlich vor jedem Essen, nach jeder Putzstunde, zu waschen.

Zur Erhaltung der Gesundheit ist eine regelmäßige Pflege des Mundes und der Zähne unerläßlich. Auch ist daran zu denken, daß krank werdende Zähne durch sachgemäße zahnärztliche Behandlung lange Jahre erhalten werden können. Eine solche zahnärztliche Behandlung ist jedem Manne leicht zugänglich (Meldung im Revier).

Mindestens wöchentlich einmal, in der Regel des Sonntags, muß der Soldat ein reines Hemd und eine reine Unterhose anziehen. Die Fußlappen oder Strümpfe sind mindestens alle 3 Tage oder, sobald sie naß bzw. schmutzig geworden, zu wechseln.

Der Soldat trägt sein Haar kurz geschnitten, gut gekämmt und gebürstet. Im Sommer wäscht er seine Haare außerdem mehrmals mit Wasser und Seife.

Der ordentliche Soldat erscheint zu jedem Dienst gut rasiert. Selbstrasieren macht unabhängig vom Barbier und spart Geld.

Waschsachen, Zahnbürste, Kamm und Bürste müssen stets sauber gehalten werden.

Von besonderer Wichtigkeit für den Soldaten ist die **Fußpflege.** Der fußkranke Soldat ist dienstunbrauchbar.

Zur Fußpflege gehört im Sommer tägliches Waschen und Abseifen der Füße in kaltem Wasser, im Winter mindestens 3 mal wöchentliches Waschen möglichst in warmem Wasser. Nach jeder Waschung sind die Füße tüchtig trocken zu reiben. Die Fußnägel werden von Zeit zu Zeit beschnitten.

Wer an Schweißfüßen leidet, muß unter allen Umständen seine Füße täglich mit kaltem Wasser und Seife waschen und so oft wie möglich reingewaschene Strümpfe anziehen. Einstreuen von Schweißpulver ist empfehlenswert.

Wer sich eine Blase am Fuß gelaufen hat, darf sie nicht selbst aufstechen oder -schneiden. Sie wird vielmehr vom Arzt oder vom Sanitätsunteroffizier beseitigt.

Wer sich leicht durchreitet, kann dem durch ein kaltes Sitzbad und leichtes Einfetten mit Salizyltalg vorbeugen. Wer sich durchgeritten hat, muß sich in Revierbehandlung begeben.

c) Verhalten bei Erkrankung, Urlaub, Kommandos.

Fühlt sich der Soldat ernstlich **krank**, so hat er dies morgens beim Wecken dem Unteroffizier vom Dienst und seinem Korporalschaftsführer, während des Tages dem Hauptfeldwebel (Hauptwachtmeister) oder seinem Korporalschaftsführer oder dem Leiter des jeweiligen Dienstes zu melden. Die genannten Vorgesetzten veranlassen dann seine Vorführung vor den Truppenarzt zur Untersuchung. Der Truppenarzt entscheidet auf Grund seines Untersuchungsbefundes, ob der Soldat dienstfähig ist, ob er geschont werden und wie er sich dabei verhalten soll, oder ob er als revierkrank zu behandeln bzw. ins Lazarett zu überführen ist.

Der Versuch, sich durch Vorschützen eines Unwohlseins oder einer Krankheit dem Dienste zu entziehen, ist unehrenhaft. Auf der anderen Seite soll aber der Soldat eine Krankheit auch nicht aus Furcht vor der ärztlichen Untersuchung oder dem Lazarett verschweigen. Die Verheimlichung einer ansteckenden Krankheit wird bestraft.

Auf jeden Fall sofort zu melden sind ernstere Verletzungen an Füßen, Händen und Fingern, Eiterbeulen, Geschwüre, Hautausschlag, Augenentzündungen und Augenverletzungen, Durchfall, Verstopfung, starke Halsschmerzen, heftigere Stiche in Leib und Brust, Blutspucken, Schmerzen in der Leistengegend und vor allen Dingen Geschlechtskrankheiten. Diese machen sich bei ihrem Beginn kenntlich durch kleine Pickel oder Schwellungen am Glied, sowie durch Ausfluß aus der Harnröhre und Brennen oder Stechen beim Urinlassen. Wer Geschlechtskrankheiten verheimlicht, kann mit Gefängnis bestraft werden.

Bei allen Erkrankungen muß sofort gemeldet werden, ob Dienstbeschädigung vorliegt, damit sofort ein Protokoll darüber aufgenommen werden kann.

Die ihm für sein Verhalten während der Krankheit gegebenen Vorschriften hat der Soldat genau zu befolgen. Im Krankenrevier und Lazarett hat er sich streng der Revier- und Hausordnung und den Anweisungen des Sanitäts- und Verwaltungspersonals zu fügen.

Erlaubt es sein Krankheitszustand, so hat er vor dem Abgang ins Lazarett seine Bekleidungs- und Ausrüstungsstücke usw. bei den zuständigen Funktionsunteroffizieren gut verpackt und mit einem beigegebenen Verzeichnis abzuliefern. Ebenso hat er sich bei seinen unmittelbaren Vorgesetzten bis hinauf zum Kp.-Chef (Battr.-Chef) abzumelden. Nach seiner Rückkehr aus dem Lazarett hat der Soldat sich bei den genannten Vorgesetzten wieder zu melden und seine abgelieferten Sachen zu holen.

Kranke Kameraden im Lazarett zu besuchen, ist eine Pflicht der Kameradschaft. Der Soldat hat sich, wenn er zu diesem Zweck das Lazarett betritt, bei dem Polizei-Unteroffizier zu melden und auf Verlangen vorzuzeigen, was er dem Kranken etwa mitbringt.

Beim **Urlaub** unterscheidet man Erholungs-, Sonder-, Sonntags- und Nachturlaub. Ein Anspruch besteht für den Soldaten nicht. Alle Urlaubsarten werden vom Kp.-Chef (Battr.-Chef) nur gewährt, wenn die hierfür erlassenen Bestimmungen und die dienstlichen Belange es zulassen.

Von ordnungsmäßig erteiltem Urlaub, gleich welcher Art, kann der Soldat aus dienstlichen Gründen jederzeit zurückgerufen werden.

Für Urlaub nach dem Auslande gelten Sonderbestimmungen, die von Fall zu Fall bei der Kompanie (Batterie) erfragt werden müssen.

Für jede Urlaubsreise wird von der Kompanie (Batterie) ein Urlaubsschein ausgestellt.

Soldaten im 1. Dienstjahr steht kein Erholungsurlaub zu, Soldaten im 2. Dienstjahr kann bis zu 14 Tagen Erholungsurlaub gewährt werden.

Sonderurlaub darf zu Ostern, Pfingsten, zu Weihnachten und Neujahr gewährt werden. Auch in besonders begründeten dringenden und unaufschiebbaren Familienangelegenheiten sowie zur Hilfeleistung bei unaufschiebbaren landwirtschaftlichen Arbeiten (Ernteurlaub) kann Sonderurlaub beantragt werden.

Im übrigen können die Vorgesetzten Sonderurlaub für besondere hervorragende Leistungen und zur sportlichen Betätigung bewilligen.

Sonntagsurlaub wird von Sonnabendnachmittag nach Beendigung des Dienstes bis Sonntagabend erteilt.

„Alle Soldaten im 1. Dienstjahr sind dem Zapfenstreich unterworfen, d. h. sie müssen zu bestimmter Zeit*) in der Kaserne sein, Mannschaften im 2. Dienstjahr dürfen bis 24.00 Uhr ausbleiben. Auf Antrag kann darüber hinaus jedem Soldaten vom Kompaniechef (Batteriechef) Nachturlaub bis zu einer bestimmten Stunde oder bis zum Wecken**) erteilt werden. Er erhält dann als Ausweis einen Nachturlaubsschein.

Urlaub wird in der Regel schriftlich unter Angabe der Art, Dauer und des Ortes, gegebenenfalls auch des Grundes bei der Komp. (Battr.) beantragt. In dringenden Fällen z. B. Tod von Angehörigen usw. kann auch der älteste anwesende Offizier des Truppenteils Urlaub genehmigen."

Vor Antritt jedes Urlaubs (außer Sonntags- und Nachturlaub) gibt der Soldat seine sämtlichen Sachen, die er nicht mitnimmt, auf Kammer bzw. an den zuständigen Funktionsunteroffizier ab. Dann meldet er sich bei seinem Korporalschaftsführer, Hauptfeldwebel (Hauptwachtmeister) und Kompaniechef (Batteriechef) ab. Vom Hauptfeldwebel (Hauptwachtmeister) erhält er hierbei seinen Urlaubsschein. Nur gegen Vorzeigen des abgestempelten Urlaubsscheines wird von der Fahrkartenausgabe des Bahnhofes eine Militärfahrkarte verabfolgt, die für 1½ Pf. pro km zur Benutzung der 3. Klasse der Personen- und Eilzüge berechtigt. Benutzung von Schnell- und D-Zügen ist nur in Ausnahmefällen zulässig. Nötigenfalls müssen zur Militärfahrkarte die entsprechenden Zuschläge gelöst werden.

Für die Dauer des Krieges gelten besondere Reisebestimmungen.

Jeder Beurlaubte hat durch Angabe seiner genauen Urlaubsanschrift auf der Schreibstube dafür zu sorgen, daß ihn während des Urlaubs Befehle usw. erreichen können.

Während seines Urlaubs darf der Soldat nie vergessen, daß nach seinem Aussehen und Auftreten sein ganzer Truppenteil, ja das ganze Heer beurteilt wird. Im Kriege hat er sich bei dem Standortältesten des Urlaubsortes zu melden.

Er muß deshalb besonders sorgfältig auf seinen Anzug und die gegebenen Anzugsbestimmungen achten. Schiefer Mützensitz, offener Mantel, heraushängende Uhrketten, unvorschriftsmäßige, schmutzige oder zerrissene Bekleidungsstücke bezeichnen den liederlichen und ungehorsamen Soldaten. Wer bestrebt ist, seinem Truppenteil und der Wehrmacht Ehre zu machen, wird derartige Verstöße vermeiden. Für den Urlaub nach der Reichshauptstadt Berlin gelten besondere Bestimmungen, die der Soldat vor

---

*) Im Sommer und Winter 22.00 Uhr. Vorverlegung des Zapfenstreiches auf eine frühere Zeit kann von dem Disziplinarvorgesetzten von Fall zu Fall angeordnet werden.

**) „Wecken" ist der Zeitpunkt des Weckens der Kompanie. Den Zeitpunkt befiehlt der Kompaniechef (Batteriechef).

Urlaubsbeginn genauestens zu kennen hat. Bestimmte Stadtviertel sind für den Soldaten verboten.

Bei seiner Rückkehr vom Urlaub meldet sich der Soldat wieder bei den Vorgesetzten, bei denen er sich abgemeldet hat, zurück und nimmt die abgegebenen Sachen wieder in Empfang.

Erkrankt ein beurlaubter Soldat, so meldet er dies entweder selbst oder durch einen Angehörigen dem Kommandanten bzw. Standortältesten oder der Ortsbehörde, behufs Aufnahme oder Beförderung in das nächste Standortlazarett. Sollte dies nicht möglich sein, so zeigt er entweder selbst, durch einen Angehörigen oder durch die Ortsbehörde seine Erkrankung seiner Kompanie (Battr.) schriftlich an, wobei er in den beiden ersten Fällen eine ärztliche Bescheinigung und eine Bescheinigung der Behörde über die Unmöglichkeit, den Rückweg anzutreten, beilegen muß.

Nur wenn bei plötzlicher schwerer Erkrankung ein Sanitätsoffizier nicht rechtzeitig erreichbar ist, kann ein Zivilarzt vorübergehend in Anspruch genommen werden. Diesem muß jedoch mitgeteilt werden, daß die Behandlung aus Reichsmitteln bezahlt wird.

Wird ein Soldat auf der Rückreise ohne Verschulden durch Zugverspätung usw. aufgehalten, so hat er sich von dem betreffenden Bahnhofsvorsteher eine Bescheinigung zu erbitten.

Eine Verlängerung des Urlaubs ist im allgemeinen nicht angängig. Nur bei sehr dringenden Veranlassungen, z. B. Tod oder lebensgefährlicher Erkrankung eines ganz nahen Familien-Mitgliedes, kann Nachurlaub erbeten werden. Dem Gesuch, welches nicht an die Person des Kompanie-(Batterie-) Chefs sondern an die Kompanie (Batterie) zu richten ist, muß eine amtlich beglaubigte Bescheinigung beigefügt sein. Dieses Gesuch muß so zeitig abgehen, daß der Soldat, falls der Nachurlaub nicht bewilligt wird oder ihn die Antwort auf sein Gesuch nicht rechtzeitig erreicht, noch mit Ablauf seines Urlaubs zurückkommen kann.

Im Felde wird je nach Möglichkeit „Kriegsurlaub" gewährt. Der Urlauber erhält einen Wehrmachtsfahrschein, der zur kostenlosen Benutzung der Eisenbahn berechtigt.

Eigenmächtige Urlaubsüberschreitung wird mit Freiheitsstrafe bis zu 6 Monaten, im Kriege unter Umständen mit dem Tode bestraft.

Jedes **selbständige Kommando** ist ein Zeichen besonderen Vertrauens. Während seines ganzen Kommandos muß sich der Kommandierte immer bewußt bleiben, daß er ein Vertreter seines Truppenteils und für dessen Ansehen im Heere verantwortlich ist. Die vielfach fehlende Dienstaufsicht darf keinesfalls zu Nachlässigkeiten oder Pflichtwidrigkeiten verleiten.

Vor Antritt, während des Kommandos und nach Rückkehr gelten die für den Urlaub gegebenen Hinweise sinngemäß.

Wo, in welcher Form und in welchem Anzug sich der Soldat zum Antritt des Kommandos zu melden hat, wird ihm im allgemeinen bei Bekanntgabe des Kommandos mitgeteilt.

Falls dies nicht erfolgte, meldet sich der Kommandierte sofort nach Eintreffen im Kommandoort im Meldeanzug bei seiner Kommandostelle (Schreibstube usw.).

d) Verhalten auf Truppenübungsplätzen und bei Einquartierung.

Wird die Truppe auf einen Tr.-Üb.-Pl. verlegt, so werden die für das Verhalten auf dem Platz wichtigen Bestimmungen vorher im Unterricht bekanntgegeben.

Während des ganzen Aufenthaltes auf einem Tr.-Üb.-Pl. muß sich jeder Soldat immer vor Augen halten,

daß das engere Zusammenleben mit den Kameraden infolge der engeren und primitiveren Unterbringung im Lager besondere Rücksichten fordert,

daß der Platz selbst nicht nur in diesem einen Jahre zu Übungen benutzt wird, sondern auf lange Zeit hinaus hierzu dient und

daß infolge der auf dem Tr.-Üb.-Pl. abzuhaltenden Scharfschießen einige Sicherheitsbestimmungen besonders zu beachten sind.

Für das **Verhalten im Lager** gelten nachstehende besondere Richtlinien:

1. Während des ganzen Übungsplatzaufenthaltes hat jeder Soldat seinen Truppenausweis ständig bei sich zu führen.
2. Für Beschädigungen und Verluste an Reichseigentum wird, wie auch im Standort, der Urheber haftbar gemacht, wenn der Schaden aus Vorsatz, Mutwillen oder Fahrlässigkeit verursacht wird.
3. Das Verunreinigen und Verstopfen der Wasserzapfstellen, Wassertröge usw., sowie das Hineinfegen von Sand in Senkschächte ist verboten. Kehrricht, Asche, Abfälle aller Art außer Speiseresten dürfen nur in die Müllbehälter geworfen werden. Besonders gilt dies für Drähte, Konservenbüchsen, Glas, Papier, Lumpen. Alle diese Dinge dürfen auf keinen Fall in Dunggruben oder Aborte geworfen werden. Scharfe oder Übungsmunition oder irgendwelche Ausrüstungsstücke in Müllbehälter zu werfen, ist streng verboten. Schmutz- und Spülwasser gehört in die vorhandenen Ausgüsse und Abflußröhren. Ausgießen von Schmutzwasser aus den Fenstern ist verboten. Speisereste dürfen nur in die dafür bestimmten Fässer fortgeworfen werden. Zur Verhütung der Fliegenplage müssen diese Fässer, ebenso wie die Müllbehälter, stets verschlossen gehalten werden.
4. Das Fortwerfen brennender oder glimmender Gegenstände, wie Streichhölzer, Zigarren usw. ist streng verboten. In oder bei Munitionsanstalten, Verpflegungsanlagen, Werkstätten, Tankstellen, Ställen usw. darf keinesfalls geraucht oder mit brennenden Zigarren, Pfeifen usw. gegangen werden.
5. Verboten ist das Mitnehmen von Munition oder Munitionsteilen in die Baracken.
6. Sämtliche Geräte usw. gehören in den Raum, für den sie empfangen wurden. Ihr Verschleppen in andere Räume ist verboten.
7. Zwischen den Gebäuden darf nicht Fußball oder andere Ballspiele gespielt werden.
8. Grasflächen und Anpflanzungen dürfen weder betreten noch befahren werden. Ebenso ist das Reiten, Fahren oder Radfahren auf Fußgängerwegen verboten! Blumen und Sträucher dürfen nicht abgepflückt werden.

Für das **Verhalten auf dem Platze** sind folgende Punkte zu beachten:

1. Schonungen u. dgl., die durch Einzäunung kenntlich gemacht sind, dürfen nicht betreten werden. Einzäunungen aller Art, Bäume und Anpflanzungen dürfen nicht beschädigt werden.

   Das Fällen von Bäumen oder Abreißen von Zweigen zum Tarnen ist ebenfalls verboten.
2. Zünder, Zündladungen, oder blindgegangene Geschosse dürfen unter keinen Umständen berührt werden, weil dies mit Lebensgefahr verbunden ist. Ein Nachgraben oder Freilegen von tiefer in die Erde eingedrungenen Geschossen ist streng verboten. Dabei ist es gleichgültig, ob das Geschoß eine Mine oder Granate, ob es mit Zünder versehen ist oder nicht, ob der Finder von der Ungefährlichkeit überzeugt ist oder nicht. — Der Finder hat weiter nichts zu tun, als den Fund zu melden und nötigenfalls die Stelle kenntlich zu machen.

Die widerrechtliche Aneignung von Munition oder Munitionsteilen ist nach dem Strafgesetzbuch — je nachdem als Vergehen gegen § 291 R.Str.G.B. oder als Diebstahl oder Unterschlagung — strafbar.

3. Beobachtungstürme, Sicherheitsstände, Maschinenhäuser usw. dürfen außerdienstlich nicht betreten werden.
4. Auf dem Platze, in Beobachtungstürmen, Sicherheits-, Fernsprech- und Zielfeuerständen darf kein Feuer angesteckt werden.

   Auf Truppenübungsplätzen ist die Brandgefahr besonders groß. Das nötigt zu besonders sorgfältigen Vorkehrungen zur Verhütung von Bränden und zur Bekämpfung ausgebrochener Brände. Die hierfür gegebenen Vorschriften müssen von jedermann strengstens beachtet werden.
5. Auf Wild darf weder mit scharfen noch mit Platzpatronen geschossen werden.
6. Drähte, Blechbüchsen, Flaschen, Butterbrotpapier, Zigarettenschachteln dürfen auf dem Platz nicht fortgeworfen werden.
7. Der Platz darf, während geschossen wird, nicht von Unbeteiligten betreten werden. Durch Schlagbäume an den Hauptstraßen sowie durch Hochziehen bestimmter Signale, wie Flaggen, Signalkörbe usw. an bestimmten Signalmasten wird durch die Kommandantur jeweils weithin sichtbar kenntlich gemacht, wenn scharf geschossen wird.

Bei **Einquartierung in weiten Quartieren** steht jedem Mann Unterbringung in einer Schlafkammer zu. Für jeden Mann ist außerdem 1 Bett, Bettwäsche, Decke oder Deckbett, Handtuch, Wasch- und Trinkgefäß sowie Gelegenheit zum Aufhängen oder Niederlegen der Bekleidungs-, Ausrüstungsstücke und Waffen zuständig. In Ausnahmefällen, wenn Schlafkammer und Betten nicht gewährt werden können, muß sich der Mann mit einer Lagerstätte aus frischem Stroh begnügen.

Bei **Einqartierung in engen Quartieren** steht jedem Mann ein gegen die Witterung geschütztes Obdach mit einer Lagerstätte aus frischem Stroh sowie eine Gelegenheit zur Aufbewahrung der Bekleidungs- und Ausrüstungsstücke und Waffen zu.

In **Notunterkunft** muß sich der Mann mit einem Dach über dem Kopf und einer Lagerstätte aus frischem Stroh begnügen.

Jeder Soldat muß, ehe er in sein Quartier entlassen wird, den Appell- und Alarmplatz, die Quartiere des Kp.- (Battr.-) Chefs, Hauptfeldwebels (Hauptwachtmeisters), seines Zug- und Gruppenführers sowie des Sanitätsunteroffiziers wissen. Für jedes Quartier wird bei Vorbereitung durch Quartiermacher ein Quartierzettel mit Angabe des Namens des Wirtes und der Belegungsstärke ausgestellt. Dieser wird dem Wirt abgegeben.

Der älteste Mann der Einquartierung übernimmt den Dienst als Quartierältester und bestimmt die Plätze zur Unterbringung der Waffen, des Gepäcks und der Ausrüstung. Die Gewehre und Munition eines jeden Quartieres müssen beisammen an einem trockenen und vom Feuer entfernten Orte aufbewahrt werden. Die übrigen Sachen werden, soweit es der Raum irgend erlaubt, in ähnlicher Ordnung wie in der Garnison, aufbewahrt. Naßgewordene Sachen sind sofort zu trocknen. Die Reinigung der Ausrüstungs- und Bekleidungsstücke ist so bald als möglich vorzunehmen. Die Reinigung der Waffen und Geräte erfolgt im allgemeinen zu befohlener Zeit unter Aufsicht.

Der Quartierälteste ist auch für Innehaltung der im Interesse der Gesundheit erlassenen Bestimmungen verantwortlich.

Dienstabzeichen des Reichsarbeitsdienstes.

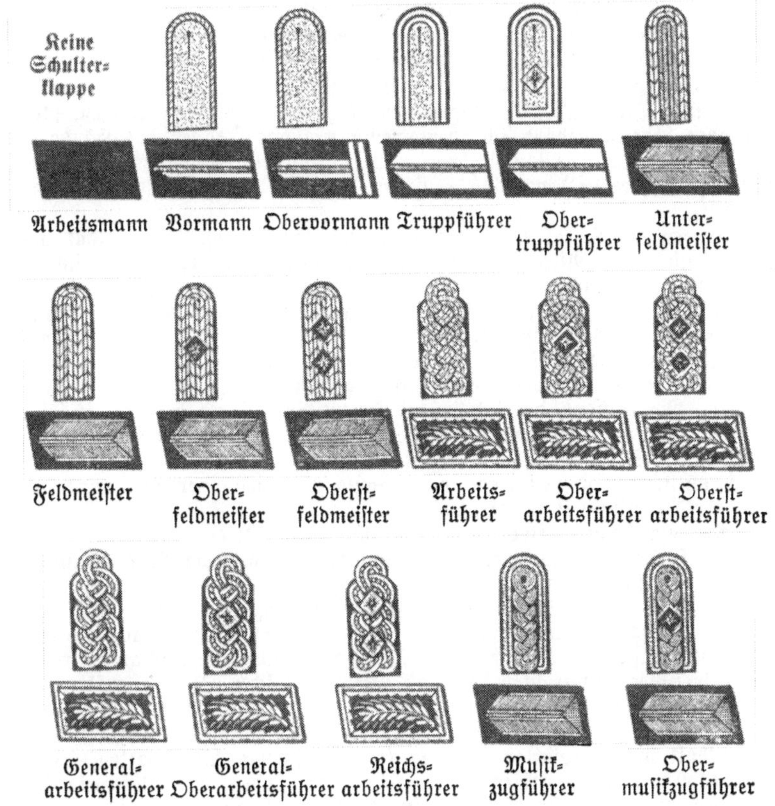

Mit Feuer und Licht ist größte Vorsicht zu beobachten. Auf Höfen, in Scheunen und Ställen darf nicht geraucht werden. In jedem Quartier muß sich eine Laterne befinden.

Gegen seine Quartierwirte muß der Soldat höflich und bescheiden sein. Gibt der Wirt nicht das, was der Soldat verlangen darf, so sucht der Quartierälteste ihn durch gütliche und ernstliche Vorstellungen dazu anzuhalten. Bleiben diese fruchtlos, so darf sich der Soldat niemals Schimpfworte oder Gewalttätigkeiten erlauben. Der Quartierälteste macht vielmehr dem Gruppen- bzw. Zugführer, dieser dem Kp.- (Battr.-) Chef Meldung.

e) Verhalten in der Öffentlichkeit.

Nach dem Auftreten des einzelnen Soldaten in der Öffentlichkeit wird meist der Wert der Wehrmacht schlechthin beurteilt.

Aufrechte, soldatische Haltung und ruhiges, bescheidenes, aber strammes und sicheres Benehmen sind daher überall am Platze.

Der aufmerksame Soldat richtet sein besonderes Augenmerk darauf, daß er keinen Vorgesetzten übersieht. Stramme und vorschriftsmäßige Ehrenbezeigungen sind äußere Kennzeichen für den Wert der ganzen Truppe.

Anständig, sauber und vorschriftsmäßig gekleidet, soll der Soldat auch außer Dienst allen Volksgenossen als Vorbild dienen. Singen, pfeifen oder schreien gehört sich ebensowenig wie das Tragen der Hände in Hosen-, Rock- oder Manteltaschen. Es ist unsoldatisch, andere Menschen unterzuhaken, es sei denn, daß es sich um kranke oder schwächliche Menschen handelt.

Älteren Menschen, Frauen und Vorgesetzten weicht der Soldat auf der Straße aus. Allen anderen Menschen gegenüber richtet man sich so ein, daß man sie nicht anrempelt.

Hilfsbereites und freundliches Verhalten gegenüber anderen Volksgenossen ist ebenso selbstverständlich für den Soldaten wie entschlossenes Einsetzen der eigenen Person in Fällen der Gefahr.

Betrunkenen Menschen geht man aus dem Wege, um Streit zu vermeiden. Ein Soldat, der sich in der Öffentlichkeit selbst betrinkt, schädigt das Ansehen der Wehrmacht und wird bestraft. Trifft man einen solchen betrunkenen Soldaten, gleichviel welchen Truppenteils, so bringt man ihn durch gütliches Zureden dazu, nach Hause zu gehen oder zum mindesten aus der Öffentlichkeit zu verschwinden.

Nur ein schwatzhafter Soldat spricht in der Öffentlichkeit über militärische Dinge. All zu leicht macht ihn eine Bemerkung über dienstliche Dinge zum Landesverräter.

In fast jedem Standort ist der Besuch einzelner Lokale verboten. Welche Wirtschaften dies sind, wird im eigenen Standort durch die Kompanie bekanntgegeben. In fremden Standorten muß der Soldat sich rechtzeitig hierüber unterrichten, da das Betreten solcher Lokale strafbar ist.

Beim Besuch von Lokalen gelten die Grundsätze für das Verhalten des Soldaten auf der Straße sinngemäß. Die Kopfbedeckung ist beim Aufenthalt in geschlossenen Räumen (z. B. Zimmer, Wirtschaften, Säle) abzunehmen. In Theatern und anderen Gebäuden, wo allgemein die Kopfbedeckung und Überkleidung in Garderoben abgelegt wird, haben auch Soldaten beide sowie das Seitengewehr abzulegen und abzugeben; sonst bleibt umgeschnallt.

Auch in Lokalen sind eintretenden Vorgesetzten die vorgeschriebenen Ehrenbezeigungen, Angehörigen der Polizei, der nat.-soz. Verbände usw. der vorgeschriebene Gruß zu erweisen. In der Ausführung der Ehrenbezeigung bzw. des Grußes muß aber darauf Rücksicht genommen werden, daß andere Gäste dadurch nicht belästigt werden.

Die aktive persönliche Betätigung bei innerpolitischen Maßnahmen und Meinungskämpfen ist den Soldaten aus Gründen der Mannszucht verboten. Gestattet ist dagegen die bloße Teilnahme von Soldaten an Versammlungen und Veranstaltungen der N.S.D.A.P. und ihrer Gliederungen, besonders wenn diese Veranstaltungen der Verdeutlichung und Festigung des nationalsozialistischen Staatsgedankens oder der Stärkung des deutschen Nationalgefühls dienen sollen.

Der Eintritt in die N.S.D.A.P. und ihre Gliederungen ist den Soldaten nicht gestattet. Für neueintretende Soldaten ruht die Mitgliedschaft bei der N.S.D.A.P. oder einer ihrer Gliederungen (S.A., SS usw.) während der Zugehörigkeit zur Wehrmacht ohne weiteres. Rechte und Pflichten des Soldaten gegenüber der politischen Organisation bestehen damit nicht mehr.

Dienstgrade und Rangabzeichen der SA. und SS (sinngemäß).

Dienstgrad	Schnüre	Dienstgradabzeichen	Achselstücke
SA.-Mann	Zweifarbenschnur (Gruppenfarben) um den Kragen	—	4 nebeneinanderliegende Schnüre in Gruppenfarbe. Unterlage in Farbe der Spiegel. (Breite 20 mm)
Sturmmann		1 Litze auf linkem Spiegel	
Rottenführer		2 Litzen auf linkem Spiegel	
Scharführer		1 Stern auf linkem Spiegel	
Oberscharführer		1 Litze, 1 Stern auf linkem Spiegel	
Truppführer		2 Sterne auf linkem Spiegel	
Obertruppführer		1 Litze, 2 Sterne auf linkem Spiegel	
Sturmführer	Zweifarbenschnur (Gruppenfarben) um Kragen, Spiegel und Mützendeckel	3 Sterne auf linkem Spiegel	4 nebeneinanderliegende Gold- oder Silberschnüre. Unterlage in Spiegelfarbe. (Breite 20 mm)
Obersturmführer		1 Litze, 3 Sterne auf linkem Spiegel	
Sturmhauptführer		2 Litzen, 3 Sterne auf linkem Spiegel	
Sturmbannführer	Gold- oder Silberschnur um Kragen, Spiegel und Mützendeckel	4 Sterne auf linkem Spiegel	Geflochtenes Achselstück in Gold oder Silber. (Breite 25 mm)
Obersturmbannführer		1 Litze, 4 Sterne auf linkem Spiegel	
Standartenführer	Gold- oder Silberschnur um den Kragen, Spiegel und Mützendeckel. Zweifarbenschnur und Gold- oder Silbertresse um Mützenaufschlag	1 Eichenblatt auf beiden Spiegeln	Geflochtenes Achselstück in Gold oder Silber. (Breite 25 mm)
Oberführer		Zweiblättriges Eichenlaub auf beiden Spiegeln	
Brigadeführer		Zweiblättr. Eichenlaub. 1 Stern auf beid. Spieg.	
Gruppenführer	Silberschnur um Kragen, Spiegel, Mützendeckel und Mützenaufschlag. Silbertresse um Mützenaufschlag	Dreiblättr. Eichenlaub auf beid. Spieg. in Silber	Geflochtenes Achselstück in Gold und Silber. (Breite 25 mm)
Obergruppenführer		Dreiblättr. Eichenl. 1 Stern a. b. Spieg. in Silber	
Chef des Stabes	Goldschnur um Kragen, Spiegel, Mützendeckel, Mützenaufschlag. Goldtresse um Mützenaufschlag	Eichenlaubkranz, darin Eichenlaub in Gold	Wie vorstehend. In der Mitte Eichenlaub

Der Eintritt in irgendeine Organisation oder irgendeinen Verein ist im übrigen nur mit Genehmigung des Kompaniechefs (Batteriechefs) gestattet.

An Vorbeimärschen und Umzügen dürfen sich einzelne Soldaten nur mit Genehmigung des Standortältesten beteiligen. Bei Veranstaltungen in Orten, die nicht Standorte sind, ist die Genehmigung des nächsten Disziplinarvorgesetzten erforderlich.

Nehmen Veranstaltungen einen für Soldaten als Vertreter der Wehrmacht unwürdigen Verlauf, ohne daß die Veranstalter einschreiten, so ist eine solche Veranstaltung sofort zu verlassen. Über diese Fälle ist dem Kompaniechef (Batteriechef) sofort Meldung zu erstatten.

Jeder Angehörige der Wehrmacht ist als Vertreter der Staatsgewalt in besonderem Maße verpflichtet, alle polizeilichen Verordnungen und Anordnungen genau zu befolgen.

Auch im Dienst befindliche Soldaten haben solchen Anordnungen nachzukommen, wenn nicht dringende dienstliche Gründe dem entgegenstehen.

Einzelne Soldaten haben außer Dienst die Pflicht, den Polizeibeamten auf Anfordern Hilfe und Unterstützung zu gewähren. Das gleiche gilt auch für Soldaten im Dienst, soweit ihr Dienst dies gestattet. Ein Befehlsverhältnis zwischen Angehörigen der Polizei und der Wehrmacht besteht nicht.

Polizeibeamte im Dienst haben an sich dem Soldaten gegenüber dieselben Rechte, wie gegen Zivilpersonen. Im allgemeinen soll jedoch die Polizei, wenn die Notwendigkeit hierzu besteht, einen Soldaten nur durch einen militärischen Vorgesetzten festnehmen lassen. In militärischen Dienstgebäuden darf die Polizei Festnahmen und Ermittlungen nur mit Genehmigung der militärischen Vorgesetzten durchführen. Die Polizei ist berechtigt, festgenommenen Wehrmachtsangehörigen von ihnen mitgeführte Waffen abzunehmen, sofern ein Verdacht strafbarer Handlungen besteht und sofern ein militärischer Vorgesetzter oder eine militärische Wache nicht erreichbar ist.

Das Verhältnis der Wehrmacht als Waffenträger der Nation zur Nationalsozialistischen deutschen Arbeiterpartei, dem politischen Willensträger der Nation, mit ihren Gliederungen beruht auf gegenseitiger Achtung, engster Zusammenarbeit und kameradschaftlicher Verbundenheit.

Neben ihren politischen Hauptaufgaben verfolgen die nat.-soz. Verbände (S.A., ᛋᛋ, Reichsarbeitsdienst usw.) auch noch den weiteren Zweck, den Gedanken der Wehrhaftigkeit zu pflegen und gesunde, wehrhafte Männer heranzubilden. Für jeden Soldaten ist deshalb ein vorbildliches kameradschaftliches Verhältnis zu den Angehörigen der nat.-soz. Verbände Ehrenpflicht.

Die gegenseitige Grußpflicht zwischen Angehörigen der Wehrmacht und der nat.-soz. Verbände bringt dies auch äußerlich zum Ausdruck.

Es ist eine Taktfrage, daß jeweils der Jüngere den Älteren zuerst grüßt. Andererseits ist es falsch, wenn jemand auf den Gruß des anderen wartet. Irgendein Unterordnungs- oder gar Vorgesetzten-Verhältnis zwischen Angehörigen oder auch Führern der nat.-soz. Verbände und Soldaten besteht nicht. SA-usw.-Führer sind daher nicht berechtigt, von Soldaten das Vorzeigen ihres Truppenausweises, ihres Urlaubsscheines usw. zu verlangen, sie zurechtzuweisen oder ihnen irgendwelche Befehle zu geben.

Falls zwischen Soldaten und Angehörigen nat.-soz. Verbände Meinungsverschiedenheiten entstehen, so ist jede Auseinandersetzung in der Öffentlichkeit zu vermeiden. Es ist vielmehr beiderseits der Name festzustellen und der Vorfall dann der Kompanie (Batterie) zu melden, die das Weitere erledigt. Die Bestimmungen über Festnahme und Waffengebrauch gelten im übrigen auch gegenüber allen Angehörigen nat.-soz. Verbände uneingeschränkt.

f) Truppenwachdienst.

Der Wachdienst ist für den Soldaten eine Schule der Pflichttreue und Gewissenhaftigkeit.

Auf sich selbst angewiesen und sich selbst überlassen, unbeobachtet von Vorgesetzten und Kameraden soll hier der junge Soldat zeigen und beweisen, ob Verlaß auf ihn ist, ob er Entschlossenheit besitzt und selbständig verantwortlich zu handeln vermag.

Wachen dienen dem zu Wehrzwecken erforderlichen Schutz von Personen oder Sachen und der Wahrung der öffentlichen Sicherheit und Ordnung.

Wachvorgesetzte von Standortwachen sind außer dem Führer und Reichskanzler und dem Oberbefehlshaber des Heeres:

a) der Oberbefehlshaber der Heeresgruppe, der Befehlshaber im Wehrkreis,
b) der Standortälteste,
c) der (die) Offizier(e) vom Ortsdienst,
d) der Wachhabende.

Wachvorgesetzte von Kasernenwachen sind:

a) die Vorgesetzten des Truppenkommandeurs, der die Wachgestellung angeordnet hat;
b) der Kommandeur, der die Wachgestellung angeordnet hat,
c) der Offizier vom Dienst des betr. Truppenteils,
d) der Wachhabende.

Außerdem sind alle mit Disziplinarstrafgewalt versehenen Offiziere des wachhabenden Truppenteils zur Prüfung des Wachdienstes der Soldaten ihrer Kompanie befugt. Für die Dauer dieser Prüfung sind sie Wachvorgesetzte.

Die Bezeichnung der wichtigsten Funktionen im Rahmen des Wachdienstes und ihrer Aufgaben ergibt nachstehende Übersicht:

Offizier vom Ortsdienst.

Vergattern sowie Prüfen der Standortwachen einschl. deren Posten und Streifen.

Offizier vom Regiments- oder Bataillons- (Abteilungs-) Dienst.

Vergattern sowie Prüfen der Kasernenwachen einschl. deren Posten und Streifen.

Wachhabende.

Sie sind dafür verantwortlich, daß

a) die Wache ständig richtig eingeteilt und vorschriftsgemäß angezogen ist,
b) die Posten pünktlich abgelöst werden,
c) die Wache jederzeit zum Erfüllen ihrer Aufgaben bereit ist,
d) Waffen und Munition, Ausstattungs- und Bekleidungsstücke auf der Wache ordnungsgemäß verwaltet und aufbewahrt werden,
e) das Wachbuch und die sonstigen auf der Wache ausliegenden Meldebücher sauber geführt und die erforderlichen Meldungen und Eintragungen pünktlich und sorgfältig vorgenommen werden,
f) Ruhe, Ordnung und Sauberkeit auf der Wachstube und im Bereich des Wachgebäudes gewährleistet ist,
g) niemand sich auf der Wachstube aufhält, der nicht zur Wache gehört oder dort nicht dienstlich zu tun hat.

Der Wachhabende darf die Wache nur in besonderen Ausnahmefällen verlassen. Er übergibt vorher das Kommando einem Vertreter.

Standortwachen.
Bewachung von Standorteinrichtungen und zu Ehrenbezeigungen.

Kasernenwachen.
Bewachung des Kasernenbereichs.

Die einzelnen Wachen unterscheiden sich nach
a) Offizierwachen, die von Offizieren, in Ausnahmefällen von Unteroffizieren mit Portepee;
b) Unteroffizierwachen, die von Unteroffizieren;
c) Mannschaftswachen, die von Mannschaften in einem Gefreitendienstgrad als Wachhabende geführt werden.

Posten.
Bewachung und Schutz von Personen oder Sachen nach besonderer Anweisung innerhalb eines bestimmten Postenbereichs.

Posten vor Gewehr.
Bewachung des Wachgebäudes, Herausrufen der Wache zum Erweisen von Ehrenbezeigungen.

Schließerposten.
Überwachen des Personenverkehrs in militärischen Unterkünften, Liegenschaften usw.

Absperrposten.
Sperren öffentlicher Wege usw. aus Sicherheitsgründen.

Posten vor Ehrenmalen.
Ehrenposten vor Heldengedenkstätten.

Innenstreifen.
Innerhalb des Wachbereichs:
Prüfen von Toren, Munitionsbehältern,
Feststellen, ob Unbefugte sich im Wachbereich aufhalten, Verhüten von Diebstahl usw.

Außenstreifen.
Außerhalb der Umgrenzung des Wachbereichs:
Prüfen der Tore und Außenfronten der Kaserne, rechtzeitiges Verhindern unbefugter Annäherung oder Übersteigens der Umzäunungen, des Einwerfens von Flugblättern, des Anklebens von Plakaten, Entfernen etwaiger angeklebter Plakate, Einsammeln von niedergelegten Flugblättern usw.

Straßenstreifen.
Militärische Straßen- und Wirtschaftspolizei:
Prüfen des Verhaltens der Wehrmachtangehörigen in der Öffentlichkeit.

Ehrenwachen und -posten.
Nur auf Befehl des Chefs d. OKW., des Oberbefehlshabers des Heeres und des Wehrkreisbefehlshabers zur Ehrenbezeigung für eine bestimmte Persönlichkeit.

Wachhabende, **Posten und Streifenführer** sind als solche nicht Vorgesetzte anderer Soldaten; indessen haben sie die Berechtigung, in bezug auf ihren Aufgabenkreis jedem Soldaten mit Ausnahme ihrer Wachvorgesetzten Befehle zu erteilen. Das Recht des Ranghöheren auf Achtung bleibt jedoch bestehen. Streifen haben nicht die Befugnisse einer militärischen Wache. Sie dürfen daher gegen Soldaten nur in einer Eigenschaft als Vorgesetzte einschreiten. Anderen Personen gegenüber sind sie berechtigt, innerhalb ihres Aufgabenkreises Weisungen zu erteilen.

Alle im Standort- und Kasernen-Wachdienst auftretenden Soldaten tragen den **Wachanzug.**

Die Feldmütze wird immer, Mantel und Tornister bei Bedarf nach Anordnung der Wachvorgesetzten mitgenommen.
Troddeln werden nur zu Ehrenwachen getragen.

Von dieser Anzugsregelung sind ausgenommen:

a) Straßenstreifen, die im allgemeinen Dienstanzug mit **Mütze, Patronentaschen** und **Pistole tragen.**

b) Schließerposten, die nach Anordnung des Wachvorgesetzten auch Pistole und Dienstmütze tragen dürfen.

Beim Tragen des Wachpelzes wird untergeschnallt, das Gewehr wird über der Schulter umgehängt getragen.

Aufziehen und Ablösen der Wachen und Posten erfolgt nach ganz bestimmten Regeln und Formen, die dem Schützen (Kanonier) im Wachexerzieren gezeigt und beigebracht werden.

Für den einzelnen Mann, den Posten, gibt es eine allgemeine und eine besondere Postenanweisung. Die **allgemeine Postenanweisung** enthält nachstehende Verhaltungsmaßregeln:

Dem Posten ist, wenn nicht ausdrücklich anders bestimmt ist, verboten, die Waffe aus der Hand zu legen, sich zu setzen, zu legen oder anzulehnen, zu essen, zu trinken, zu rauchen, zu schlafen, sich zu unterhalten, soweit er nicht dienstlich Auskunft oder Weisungen zu erteilen hat, Geschenke anzunehmen, über seinen Postenbereich hinauszugehen oder ihn vor Ablösung zu verlassen. Die besondere Postenanweisung darf Ausnahmen oder weitere Einschränkungen zulassen.

Das Gewehr wird auf der Schulter oder unter dem Arm, mit langem Gewehrriemen umgehängt getragen. Mit aufgepflanztem Seitengewehr sowie im Schilderhaus steht der Posten mit Gewehr bei Fuß. Die Pistole wird in der Pistolentasche getragen.

Posten vor Ehrenmalen und vor der Reichskanzlei stehen in Seitgrätschstellung mit Gewehr über. Posten vor Ehrenmalen erweisen keine Ehrenbezeigung.

Ob und welche Posten mit geladener Waffe oder mit aufgepflanztem Seitengewehr stehen sollen, bestimmt der Standortälteste (Kommandeur), in Ausnahmefällen auch ein anderer unmittelbarer Wachvorgesetzter.

Das Schilderhaus darf nur bei Unwetter betreten werden. Auch im Schilderhaus darf die Aufmerksamkeit des Postens nicht nachlassen. Zum Erweisen einer Ehrenbezeigung oder sobald sein Dienst es sonst erfordert, tritt der Posten heraus.

Werden dem Posten bei der Ablösung besondere Gegenstände übergeben, so überzeugt er sich sofort von ihrem Zustande. Falls er Beschädigungen feststellt, meldet er es sofort dem Aufführenden oder dem ablösenden Posten. Nach seiner Ablösung meldet der Posten dem Wachhabenden alle außergewöhnlichen Ereignisse, die sich in seinem Bereiche zugetragen haben.

Erkrankt ein Posten, so darf er seinen Posten nicht verlassen. Er läßt vielmehr dem Wachhabenden durch einen vorübergehenden Soldaten oder eine andere Person seine Erkrankung melden und um Ablösung bitten.

Posten rufen vorbeigehende oder herankommende Personen mit „Halt — wer da!" an, wenn es zu ihrer Sicherheit nötig oder aus besonderen Gründen vorgeschrieben ist, z. B. auf entlegenen Plätzen in der Dunkelheit. Antwortet oder steht der Angerufene auf ein drittes „Halt — wer da!" nicht, so ist er festzunehmen. Bei Vorliegen der Voraussetzungen des Waffengebrauchs (z. B. tätlicher Angriff, gewaltsamer Widerstand gegen die Festnahme, Fortlaufen nach erfolgter Festnahme) hat der Posten von seiner Waffe Gebrauch zu machen.

Nähert sich bei Dunkelheit ein Wachvorgesetzter, z. B. der Offizier vom Ortsdienst (vom Rgt.- usw. Dienst), dem Posten unter Zuruf des Kennworts, so erweist dieser eine Ehrenbezeigung, sobald er den Vorgesetzten erkannt hat, und meldet etwaige Vorfälle. Erkennt der Posten den Vorgesetzten nicht, oder hat er aus irgendeinem Grunde Zweifel, so erbittet er Dienstzettel oder Truppenausweis und prüft ihre Richtigkeit.

Die **besondere Postenanweisung** regelt die nach den örtlichen Verhältnissen erforderlichen besonderen Pflichten und Aufgaben der Posten. Jeder Posten muß die für seinen Postenbereich geltenden Anweisungen genau kennen.

Falls nicht besondere Verkehrsposten aufgestellt sind, haben Posten dafür zu sorgen, daß Fahrzeuge die von ihnen bewachten Grundstücke erst verlassen, wenn der Verkehr es erlaubt.

Alle **Wachen** mit einem besonderen Posten vor Gewehr erweisen in der Zeit von 6.00 Uhr bis zum Einbruch der Dunkelheit eine **Ehrenbezeigung** durch „Stillstehen mit präsentiertem Gewehr" ohne aufgepflanztes Seitengewehr vor:

dem Führer und Reichskanzler,

den Offizieren der Rangklasse der Generale und Admirale, den entsprechenden Offizieren einer ausländischen Wehrmacht, den entsprechenden ehemaligen Offizieren der Wehrmacht, der ehemaligen Reichswehr, des ehemaligen österreichischen Bundesheeres, der alten Armee, und Marine, der alten österreichischen Armee und Marine in Uniform,

dem Standortältesten,

den unmittelbaren Vorgesetzten der wachhabenden Truppe vom Btl.- (Abt.-) usw. Kommandeur aufwärts,

dem Offizier vom Ortsdienst (vom Rgt.- usw. Dienst), soweit er Dienstanzug mit Pistole und Stahlhelm trägt und Offizierrang hat,

den Trauerparaden der Wehrmacht,

den Fahnen und Standarten der Wehrmacht einschl. denen der alten Armee und der früheren Seebataillone, den mit dem Frontkämpferkreuz geschmückten Kriegsflaggen der alten Marine sowie denen der alten österreichischen Armee und Marine, ferner der Reichs-Kriegsflagge, wenn sie von Kriegsschiffs-Besatzungsteilen als „Trageflagge" mitgeführt wird, und der Blutfahne der NSDAP.

Zum Erweisen der Ehrenbezeigung tritt die Wache ins Gewehr. Die Kommandos für die Ehrenbezeigung lauten: „Richt Euch! Augen gerade — aus! Das Gewehr — über! Achtung! Präsentiert — das Gewehr! Augen — rechts! (Die Augen — links!)". Der Posten vor Gewehr führt die Ehrenbezeigung auf das Kommando des Wachhabenden, bei verspätetem Heraustreten der Wache ohne Kommando des Wachhabenden aus. Die Wache folgt dem Offizier usw., dem die Ehrenbezeigung erwiesen wird, mit den Augen, wie es für die Parade vorgeschrieben ist.

Wachen und Posten behalten, falls sie von einem Vorgesetzten begrüßt oder angesprochen werden, diese Gewehrstellung bei. Sie erwidern eine Begrüßung durch „Guten Morgen", „Heil" usw. im gleichen Wortlaut unter Hinzufügen der Anrede.

Hat sich der Offizier usw., dem die Ehrenbezeigung erwiesen worden ist, von der Wache entfernt, so kommandiert der Wachhabende: „Augen gerade aus! — „Das Gewehr — über!" und „Gewehr — ab! Wegtreten!"

Offiziere haben nur in Uniform Anspruch auf Ehrenbezeigungen der Wachen.

Unter besonderen Umständen (z. B. Bereitschaft bei inneren Unruhen, Beaufsichtigung von Festgenommenen) tritt die Wache zu Ehrenbezeigungen nicht heraus. Der Wachhabende (oder der Posten vor Gewehr) meldet nur.

Wachen ohne besonderen Posten vor Gewehr, Wachen im Sicherheitsdienst und in Biwaks erweisen keine Ehrenbezeigung.

In der Zeit vom Einbruch der Dunkelheit bis 6.00 Uhr treten Wachen nur auf besonderen Befehl eines Wachvorgesetzten heraus. Nachdem die Wache angetreten ist, läßt der Wachhabende Gewehr über nehmen und meldet das Kennwort und besondere Vorfälle.

Betritt ein Wachvorgesetzter die Wachstube, so ruft der Wachhabende: „Achtung!" Alle Wachmannschaften erheben sich, setzen Stahlhelm auf und stehen mit Front zu dem Wachvorgesetzten still. Der Wachhabende meldet das Kennwort, die Stärke der Wache und besondere Vorfälle. Die Wachmannschaft rührt erst, wenn der Wachvorgesetzte den Befehl dazu gegeben oder die Wachstube verlassen hat. Verläßt der Wachvorgesetzte die Wachstube, während die Wachmannschaft rührt, so ruft der Wachhabende erneut: „Achtung!"

Betritt ein Vorgesetzter, der nicht Wachvorgesetzter ist, aber auf Grund des allgemeinen Vorgesetztenverhältnisses dem Wachhabenden gegenüber Vorgesetzteneigenschaft besitzt, während der für die Wache angeordneten Tageszeit (6.00 Uhr bis 22.00 Uhr) die Wachstube, so ist ebenfalls nach vorherstehender Anweisung zu verfahren. Betritt er sie während der Nachtzeit (22.00 bis 6.00 Uhr), so erweist nur der Wachhabende eine Ehrenbezeigung und meldet.

Posten erweisen eine Ehrenbezeigung durch Stillstehen mit präsentiertem Gewehr und Kopfwendung:

a) in allen Fällen, in denen Wachen eine Ehrenbezeigung erweisen,

b) Offizieren, ehemaligen Offizieren der Wehrmacht, der ehemaligen Reichswehr, des ehemaligen österreichischen Bundesheeres, der alten Armee und Marine, der alten österreichischen Armee und Marine sowie ausländischen Offizieren in Uniform,

c) den Trägern (Rittern oder Inhabern) der höchsten Kriegsorden (Ehrenzeichen) der ehemaligen deutschen Länder.

Die höchsten Kriegsorden (Ehrenzeichen) sind:

Großdeutsches Reich:
Großkreuz des Eisernen Kreuzes von 1939,
Ritterkreuz des Eisernen Kreuzes von 1939,
Großkreuz des Eisernen Kreuzes von 1914,
Orden Pour le mérite,
Militärverdienstkreuz.

Österreich:
Militär-Maria-Theresien-Orden,
Leopold-Orden mit Kriegsdekoration,
Goldene Tapferkeitsmedaille.

Bayern:
Militär-Max-Joseph-Orden,
Militär-Sanitäts-Orden,
Goldene und silberne Tapferkeitsmedaille.

Sachsen:
Militär-St.-Heinrichsorden (nur Großkreuz, Kommandeurkreuz 1. und 2. Klasse sowie goldene Medaille).

Württemberg:
Militär-Verdienstorden (nur Großkreuz und Kommentur),
Goldene Militär-Verdienstmedaille.

Baden:
Militär-Karl-Friedrich-Verdienstorden,
Militär-Karl-Friedrich-Verdienstmedaille.

Posten erweisen die **Ehrenbezeigung durch Stillstehen mit Gewehr über** (mit umgehängtem Gewehr):

a) in den oben stehend genannten Fällen, wenn das Gewehr geladen ist,

b) Wehrmachtsbeamten in Offizierrang in Uniform, den Wehrmachtsgeistlichen auch in Amtstracht,

c) allen Unteroffizieren in Uniform,

d) Offizieren und Wehrmachtsbeamten nach Abs. b in bürgerlicher Kleidung, wenn sie dem Posten bekannt sind oder sich ihm ausweisen,

e) Offizieren und Wehrmachtsbeamten im Offizierrang in Sport- oder sonstiger Sonderbekleidung,

f) vor Leichenbegängnissen.

Posten erfüllen die **Grußpflicht durch Stillstehen mit Gewehr über** (mit umgehängtem Gewehr) vor

a) Polizei- und Gendarmerieoffizieren, den Führern des RLB. vom Luftschutzgruppenführer, den Führern der SA, SS, des NSFK, des NSKK vom Standartenführer, den Führern des RAD vom Arbeitsführer an aufwärts in Uniform,

b) den Fahnen der Partei und ihrer Gliederungen, der Bünde und Verbände, wenn sie in geschlossenem Zuge mitgeführt werden; ausgenommen sind die Kommandoflaggen der SA, SS usw., sowie die Wimpel des BDM und des Jungvolkes.

Zum Erweisen einer Ehrenbezeigung geht der Posten schnell auf den nach der Wachvorschrift bezeichneten Platz. Die Ehrenbezeigung beginnt, wenn sich der Offizier usw. dem Posten auf 6 Schritte genähert hat oder sich 6 Schritte vor gleicher Höhe mit ihm befindet; sie endet, sobald der Offizier usw. 2 Schritt über den Posten hinaus ist oder abwinkt. Der Posten folgt dem Offizier usw., dem die Ehrenbezeigung gilt, durch Drehen des Kopfes. War der Offizier usw. zu spät bemerkt, so wird die Ehrenbezeigung nachgeholt.

Wird der Posten, während er das Gewehr präsentiert, von einem Vorgesetzten angesprochen, so nimmt er zuerst das Gewehr über und antwortet dann erst dem Vorgesetzten.

Bei Doppelposten richtet sich der links stehende Mann nach dem rechts stehenden.

Eine Ehrenbezeigung unterbleibt, wenn den Posten seine Postenpflicht in Anspruch nimmt, z. B. nach Festnahme einer Person, beim Öffnen oder Schließen eines Tores. Das gleiche gilt für Posten im Sicherheitsdienst und in Biwaks.

Wird der Posten von Zivilpersonen beim Betreten der Kaserne usw. mit dem Deutschen Gruß und dem Zuspruch „Heil Hitler" begrüßt, so antwortet er im gleichen Wortlaut

Für **Festnahme und Waffengebrauch im Rahmen des Wachdienstes** gelten die auf S. 16 enthaltenen Bestimmungen.

Stallwachen unterliegen nicht den Bestimmungen des Truppenwachdienstes.

Die **Stallwache** hält den Stall in Ordnung und beaufsichtigt ihn, solange kein Stalldienst ist. Sie unterstützt außerdem den Futtermeister beim Tränken und Füttern.

Der **Stallwachhabende** muß sich von seinem Vorgänger die Wache übergeben lassen. Dabei muß er nachsehen, ob die Stallgerätschaften vollzählig und in ordnungsmäßigem Zustande vorhanden sind, ob und welche Pferde krank sind, welche besonderen Anordnungen für die Pflege der erkrankten Pferde getroffen sind u. dgl.

Bei plötzlichen Erkrankungen oder Verletzungen trifft er sofort die ersten Maßnahmen und sorgt für unverzügliche Benachrichtigung des Futtermeisters oder Veterinärs.

Das Verlassen der Stallwache ist den Angehörigen der Stallwache nur zur Verrichtung natürlicher Bedürfnisse und zum Holen der Morgen- und Abendkost gestattet. Die Mittagskost empfangen die Mannschaften der Stallwache, ehe sie auf Stallwache ziehen und am anderen Tage nach ihrer Ablösung, falls es nicht anders angeordnet wird.

Beim Eintritt eines Offiziers in den Stall hat der erste Mann, der ihn erblickt, laut „Achtung!“ zu rufen. Darauf treten die Leute hinter die Stände der Pferde, wo sie gerade beschäftigt sind, und stehen still. Der Älteste meldet dem Offizier, mit wieviel Pferden der Stall belegt ist, wieviel Pferde ausgerückt, wieviel krank sind. Bei nächtlichem Nachsehen durch Offiziere unterbleibt der Ruf „Achtung!“

Der **Stallwachposten** hat in der Hauptsache folgendes zu tun:

1. Hilfeleistung bei Pferden, die in die Kette oder über den Flankierbaum getreten sind.
2. Entfernen des frischen Dunges aus der Streu und Zurechtmachen der Streu, wo Pferde gescharrt haben.
3. Festbinden der Pferde, die sich die Halfter abgestreift oder von der Kette losgemacht haben. Lose Pferde, die in die Stallgasse gekommen sind, müssen ruhig in den Stand zurückgebracht werden. Unter keinen Umständen darf man sie scheuchen, da sie sonst leicht hinfallen. Noch weniger darf ein solches Pferd nach dem Einfangen gestraft werden.
4. Ändern gerutschter Woilachs oder Deckengurte. Auflegen von Reservehalftern an Stelle von zerrissenen.
5. Einhängen losgegangener Flankierbäume.
6. Anrufen und Beruhigen sich beißender oder schlagender Pferde.
7. Sammeln und Fortschaffen des aus der Streu entfernten Dunges.
8. Beaufsichtigung der Lampen und der Lüftungsanlagen.

Je leiser dies alles gemacht wird, desto weniger werden die Pferde gestört. Nachts ist bei jedem Betreten eines Pferdestandes Vorsicht geboten, da die Pferde in der Dunkelheit leicht erschrecken und, wenn sie nicht angerufen werden, ausschlagen. Pferde, die liegen, dürfen nicht gestört werden.

5. Geheimhaltung und Spionageabwehr.

Vorsicht bei Gesprächen!

a) Allgemein.

Ausländischen Staaten liegt sehr viel daran, über alle Einrichtungen unseres Heeres gut Bescheid zu wissen.

Auch alltägliche Dinge, die uns ganz selbstverständlich und unwichtig erscheinen oder die sich in der breiten Öffentlichkeit abspielen, sind für fremde Heere wissenswert. Schon die Erziehung, die genaue Ausbildung und die Ausrüstung des Soldaten werden für das Ausland interessant durch die Art, wie wir sie im täglichen Dienst betreiben.

Spione fremder Mächte sind dauernd an der Arbeit.

Oft kommen Soldaten aus Mangel an Argwohn und aus Unerfahrenheit überhaupt nicht im entferntesten auf den Gedanken, mit wem sie es zu tun haben.

Solch ein Spion sucht — scheinbar ganz zufällig — die Bekanntschaft von Soldaten zu machen. Vor der Kaserne, als sogenannter Schlachtenbummler im Manöver und im Biwak, in Wirtschaften, im Eisenbahnabteil, auf Urlaub macht er sich mit der harmlosesten Miene an den nichts Böses ahnenden Soldaten heran. Oft gibt er sich, womöglich mit Feldzugsorden usw. geschmückt, als Mitglied der nationalen Verbände aus. Er erzählt von seiner Dienstzeit und läßt sich darüber aus, wie sich inzwischen in der Armee alles geändert habe. Er plaudert von einst und jetzt und holt so aus dem arglosen Soldaten alles heraus, was er wissen will.

Die üblichste Art, das Vertrauen des Soldaten zu gewinnen, ist die Bewirtung und Einladung zu Zechgelagen. In Alkoholstimmung, in die der Soldat versetzt wird, läßt er sich am leichtesten und unauffälligsten zu unbedachtsamen Äußerungen hinreißen, die ihn dann in die Hand des Agenten spielen. Der Soldat soll deshalb — schon aus persönlichem Ehrgefühl heraus — Fremden gegenüber, die ihn aus unersichtlichen Gründen bewirten wollen, Zurückhaltung üben. Häufig ist auch die Frau das geeignete Mittel des ausländischen Nachrichtendienstes, Spionagebeziehungen anzuknüpfen.

Briefliche Spionageanknüpfungen erfolgen oft unter der Maske des Darlehensvermittlers, der von dritter Seite von bestehenden Schulden gehört hat, des Schriftstellers, der Material für ein zu schreibendes Buch sucht, des Geschäftsmannes, der Nebenverdienst in Aussicht stellt, der Auskunftei, die in Verfolg eines Auftrages eine Auskunft erbittet, des Heiratsvermittlers usw.

Mit großer Vorliebe machen sich Spione an solche Unteroffiziere und Mannschaften heran, die als Schreiber, Ordonnanzen, Burschen oder Arbeiter freien Zutritt zu Geschäftszimmern, Kammern usw. haben. Sie versuchen, solche Leute zum Herausgeben von Dienstgegenständen, Druckvorschriften und sonstigem schriftlichen Material zu veranlassen. Anscheinend ganz ohne Nebenabsicht bitten sie z. B. auch um Überlassung von scharfen Patronen und Sprengstücken nach größeren Gefechtsübungen. Sie behaupten, sich daraus einen Leuchter herstellen zu wollen oder was dergleichen Vorwände sind. Nachdem der Soldat — zunächst meist ohne sich der Strafbarkeit seiner Handlungsweise recht bewußt zu sein — derartigen Verlangen entsprochen hat, droht der Agent mit einer dienstlichen Meldung. Wenn auch schon ein kleines Vergehen begangen ist, so wendet sich der ordentliche Soldat vertrauensvoll an seinen Kompaniechef (Batteriechef). Noch können und werden die Vorgesetzten Milde walten lassen. Oft aber hat der Verführer sein Opfer schon zu fest umklammert. Die Folgen der ersten strafbaren Handlung werden dem Soldaten übertrieben geschildert, das Opfer wird derart eingeschüchtert, daß es von nun an oft auf alle Forderungen eingeht und nun erst zum bewußten Verräter wird. Es wird großer Geldverdienst bei geringer Mühe in Aussicht gestellt. Für ganz bestimmte Sachen werden hohe Preise — natürlich nur als Lockmittel — versprochen, anfangs auch manchmal gezahlt. Nach Art der Erpresser nutzt der Agent die Zwangslage des Mannes aus, bis dieser dann schließlich doch die dienstliche Meldung machen muß, um aus den Klauen des Verführers zu kommen. Meistens freilich, das lehren zahlreiche Fälle, wird der Verräter schon vorher entlarvt.

Einen solchen ehrlosen Gesellen erwarten dann nach unserem Strafgesetzbuch mehrjährige Zuchthausstrafen oder gar die Todesstrafe. Er ist außerdem durch seine gemeine Handlungsweise gebrandmarkt für sein ganzes Leben! Mancher, der früher ein anständiger Mensch gewesen ist, hat sich auf solche Weise für immer unglücklich gemacht! Aber auch schlechte Kerle, denen Fahneneid, Treue und Vaterlandsliebe nur leere Worte sind, werden ihres Sündenlohnes meist nicht lange froh. Die verschiedenen Fälle in den letzten Jahren haben gezeigt, daß solche Verräter fast immer rechtzeitig erkannt sind. Sehr oft ist es auch vorgekommen, daß Spione, die gefaßt und verurteilt worden sind, rücksichtslos alle ihre Beziehungen, auch die aus längst vergangenen Tagen, eingestanden haben, um ihr eigenes Schicksal durch solch ein Geständnis zu verbessern. So ist mancher Verräter noch nach Jahren ins Zuchthaus gewandert, der glaubte, ungestört von seinem schimpflich erworbenen Gelde leben zu können.

Um solchem Treiben entgegenzutreten, ist es Pflicht eines jeden ehrliebenden und pflichtgetreuen Soldaten, über militärische Dinge die nötige Verschwiegenheit zu bewahren. Gänzlich fremden Menschen gegenüber darf der Soldat nicht vertrauensselig und mitteilsam sein. Aber auch in den Gesprächen mit Kameraden gilt es, an öffentlichen Orten Vorsicht obwalten zu lassen, besonders im Wirtshause, auf der Straßenbahn und in der Eisenbahn. Man kann nie wissen, welche Zuhörer man hat.

Glaubt ein Soldat, einen Spion vor sich zu haben, so erstattet er seinem Kompaniechef (Batteriechef) Meldung von seinem Verdacht. Dabei merkt er sich natürlich die verdächtige Persönlichkeit genau. Wenn möglich, läßt er sie weiter beobachten. Falsch ist es, sofort den als Spion Verdächtigten auf eigene Faust festnehmen zu wollen, denn dieser wird sich, sofern er nicht auf frischer Tat ertappt ist, ausreden. Auf diese Weise entgeht dem Abwehrdienst vielleicht einer der gesuchtesten Spione.

Trifft der Soldat jemand unmittelbar beim Begehen einer strafbaren Handlung, aus der er auf Spionage schließen muß, wie z. B. Photographieren an Festungswerken, Einbruch in Depots, Entwenden von Waffen oder Geräten, verdächtige Annäherung an sonst gesperrte militärische Orte ohne Zulaßkarte usw., so ist es naturgemäß jederzeit seine Pflicht, die Festnahme mit allen Mitteln zu bewirken.

Die Pflicht zur Verschwiegenheit über dienstliche Dinge bleibt auch nach der Entlassung bestehen. Keine anderweitige Verpflichtung kann den Soldaten von dieser Schweigepflicht während oder nach seiner Dienstzeit entbinden.

b) Geheimhaltung im Nachrichtenwesen.

Die im Nachrichtendienst tätigen Soldaten sind verpflichtet, über alles, was sie in diesem Dienst erfahren, unbedingtes **Stillschweigen gegen jedermann** zu bewahren. Selbst anscheinend harmlose Äußerungen können verhängnisvolle Folgen haben. Je mehr der im Nachrichtenwesen Tätige Einblick in geheime Dinge erhält, desto höher muß ihm die unbedingte Schweigepflicht stehen.

Geheimzuhalten sind insbesondere:

der Inhalt von Gesprächen, Fern- und Funksprüchen einschließlich Absender und Empfänger,

Angaben, ob und zwischen welchen Dienststellen oder Personen Gespräche geführt oder Fernsprüche gewechselt sind,

Decknamenlisten, Leitungsskizzen, Linienkarten und Stangenbilder, sowie alle in der Fernsprechstelle geführten Listen und Bücher, Rufzeichen- und Frequenzverteilungen usw.

Verstöße gegen die Geheimhaltung werden nach dem Gesetz gegen den Verrat militärischer Geheimnisse bestraft.

Unbefugtes Mithören bei Ferngesprächen und Fernsprüchen ist verboten.

Besteht die **Gefahr, daß eine Fernsprech- oder Funkstelle in Feindeshand fällt,** so muß alles, was dem Feind nützen kann, z. B. Fernsprüche, Decknamenlisten, Leitungsskizzen, Schlüsselmaterial, mitgenommen oder zeitig vernichtet — möglichst verbrannt! — werden. (S. auch S. 190, 216, 224/25.)

6. Gliederung der Wehrmacht.

Die **Wehrmacht** gliedert sich in 3 Wehrmachtteile, nämlich Heer, Kriegsmarine und Luftwaffe. Oberster Befehlshaber der Wehrmacht ist der Führer und Reichs-

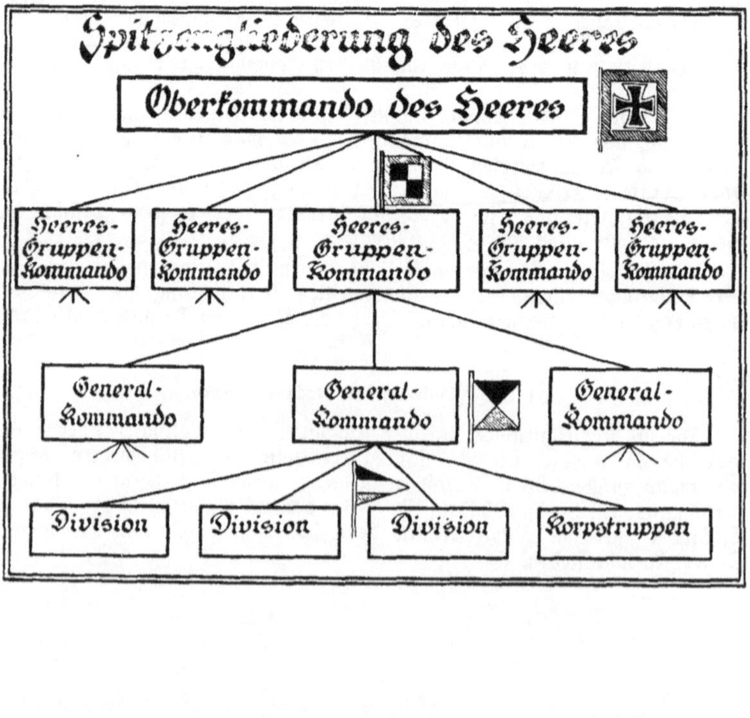

kanzler. Ihm steht das Oberkommando der Wehrmacht (O. K. W.) als Arbeitsstab zur Verfügung.

An der Spitze eines jeden Wehrmachtteils steht ein

Oberkommando { des Heeres / der Kriegsmarine / der Luftwaffe } O. K. H., bzw. O. K. M., bzw. O. K. L.

Oberbefehlshaber des Heeres ist Generalfeldmarschall von Brauchitsch,
Oberbefehlshaber der Kriegsmarine ist Großadmiral Dr. h. c. Raeder,
Oberbefehlshaber der Luftwaffe ist Reichsmarschall Göring.

Im Frieden ist das Heer in Heeresgruppenbereiche unterteilt, die dem Oberkommando des Heeres unterstehen. An der Spitze jedes Heeresgruppenkommandos steht ein Oberbefehlshaber.

Zu jedem **Heeres-Gruppenkommando** gehören mehrere Armee-Korps (Generalkommandos), an deren Spitze ein kommandierender General steht. Jedes Armee-Korps besteht aus 2—3 Divisionen und einigen Sonderformationen, sogenannten Korpstruppen.

Die **Infanterie-Division** gliedert sich im allgemeinen in:

3 Infanterie-Regimenter,
1 Artillerie-Regiment,
1 Beobachtungs-Abteilung,
1 Panzerjäger-Abteilung,
1 Pionier-Bataillon,

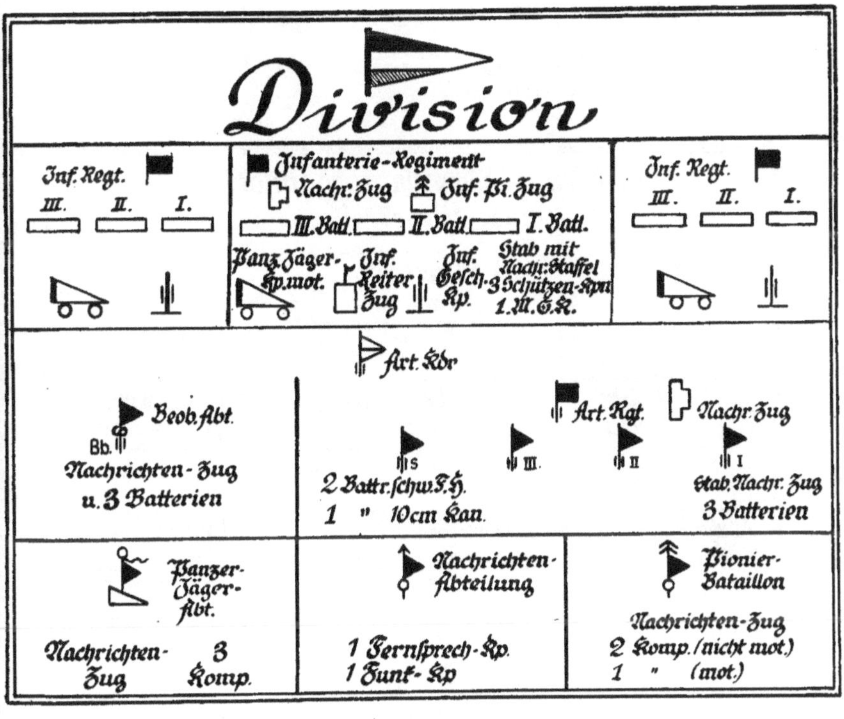

1 Nachrichten-Abteilung,
1 Sanitäts-Abteilung.

Im allgem. besteht jedes Infanterie-Regiment aus:
1 Stab mit Nachrichten-Zug und Infanterie-Pionier-Zug,
1 Reiter-Zug,
3 Bataillonen,
1 Infanterie-Geschütz-Kompanie,
1 Panzerjäger-Kompanie.

Das Bataillon aus:
1 Stab mit Nachrichten-Staffel,
3 Schützen-Kompanien,
1 Maschinen-Gewehr-Kompanie.

Das Artillerie-Regiment aus:
1 Stab mit Nachrichten-Zug,
3 leichten Abteilungen,
1—2 schweren Abteilungen,
1—2 Beobachtungsabteilungen.

Die leichte Abteilung aus:
1 Stab mit Nachrichten-Zug u. Artl.-Vermessungstrupp,
3 Batterien leichter Feldhaubitzen.

Die schwere Abteilung aus:
1 Stab mit Nachrichten-Zug u. Artl.-Vermessungstrupp,
3 Batterien schwerer Feldhaubitzen,

Das Pionierbataillon (t. mot.) aus:
1 Stab mit Nachrichten-Staffel,
2 Pionier-Kompanien,
1 Pionier-Kompanie (mot.)

Die Panzerjägerabteilung hat:
1 Stab mit Nachrichten-Zug,
3 Panzerjäger-Kompanien.

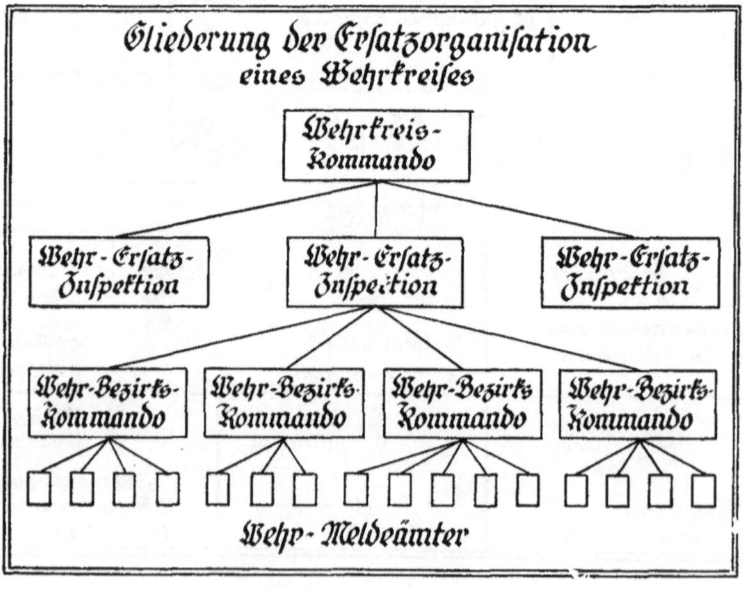

Die Divisions-Nachrichten-Abteilung aus:
1 Stab,
1 Fernsprech-Kompanie,
1 Funk-Kompanie.

Wehrkreiseinteilung.

Zur Erleichterung der Zusammenarbeit mit den Zivilbehörden sowie zur Musterung und Erfassung des Ersatzes ist das Reichsgebiet in 17 Wehrkreise mit den Generalkommandos I bis XIII und XVII bis XXI eingeteilt. An der Spitze jedes Wehrkreises steht ein Befehlshaber, der zugleich Kommandierender General des in dem betreffenden Wehrkreis liegenden Armee-Korps ist. Die Ersatz-Organisation innerhalb der einzelnen Wehrkreise mustert und hebt den Ersatz für die gesamte Wehrmacht, Heer — Kriegsmarine — Luftwaffe aus. Die Anzahl der zu einer Ersatz-Inspektion gehörenden Wehrbezirkskommandos ebenso wie die Zahl der zu einem Wehrbezirkskommando gehörenden Wehrmeldeämter ist örtlich verschieden.

Eine besondere Stellung im deutschen Heere nehmen die Gebirgsjäger-Divisionen ein. Sie bilden eine Truppe, die durch ihre Ausstattung befähigt ist, unter den besonders erschwerten Verhältnissen im Hochgebirge zu kämpfen.

Schon äußerlich ist die Gebirgstruppe an einem besonderen Abzeichen, dem Edelweiß, das auf dem rechten Oberarm getragen wird, zu erkennen. Ferner deuten auch Bergmütze, Berghose und Bergstiefel, die von allen Gebirgseinheiten getragen werden, auf Zugehörigkeit zu dieser Truppengattung hin.

Die Verwendung im Hochgebirge bedingt eine andere Gliederung als die der Flachlandtruppen.

Dem Regimentsstab eines Gebirgsjäger-Regimentes ist ein Nachrichtenzug angegliedert. Ferner ist ihm eine Gebirgs-Panzerjäger-Kompanie unmittelbar unterstellt.

Die drei Gebirgsjäger-Bataillone sind anders zusammengesetzt wie die Infanteriebataillone. Sie bestehen aus:

3 Gebirgsjäger-Kompanien zu je 12 Gruppen und einer s. M.-G.-Gruppe. Die Ausstattung mit l. M.-G. und l. Gr.-W. ist die gleiche wie bei den Schützenkompanien.

1 schwere Kompanie, die über l. J.-G. und Granatwerfer verfügt.

1 Stabskompanie, die sich aus einem Gebirgspionier-, 1 s. M.-G.-Zug und Nachrichtenstaffel zusammensetzt.

Das Gebirgsartillerie-Regiment besteht aus 2 Abteilungen zu je 3 Gebirgsbatterien und 1 schwere Abteilung.

Die Gebirgs-Panzerjäger-Abteilung verfügt nur über 2 Gebirgs-Panzerjäger-Kompanien, da im Gebirge nur in beschränktem Maße mit feindlichen Panzerkräften zu rechnen ist.

Das Gebirgspionier-Bataillon (t. mot.) hat 2 Gebirgspionier-Kompanien, davon eine motorisiert. Die Gebirgsnachrichten-Abteilung besteht aus je einer Funk- und einer Fernsprechkompanie.

Auch die Bekleidung muß den Verhältnissen des Hochgebirges angepaßt sein. Außer den eingangs erwähnten Bekleidungsstücken trägt die Gebirgstruppe statt des Tornisters einen Rucksack, der einen größeren Fassungsraum hat als der Tornister und die Truppe zeitweise von Pferden und Fahrzeugen unabhängig macht. Skiausrüstung und Schneereifen für einen bestimmten Teil der Gebirgstruppe ermöglichen ihr auch ein Fortkommen im verschneiten Gebirge.

Wesentlich ist der Unterschied zwischen Gebirgs- und Flachlandtruppe in bezug auf die Fahrzeugausstattung. Da bespannte Fahrzeuge im Gebirge selten verwendbar sind, werden Waffen, Munition und Gerät auf Tragtieren vermittels besonderer Tragsättel befördert. Nur das für das Gefecht nicht unbedingt Notwendige, z. B. ein Teil des Gepäcks, wird auf Lastkraftwagen der sogenannten Talstaffel auf den Talstraßen befördert.

Die Waffen und Munition der Gebirgsjäger, Gebirgs-Panzerjäger, Pionier- und Nachrichteneinheiten sind die gleichen wie die der Infanterie. Die Gebirgsbatterien sind mit Gebirgsgeschützen versehen, die in einzelnen Teilen verlastet werden können.

Die Ausbildung der Gebirgstruppe erfolgt zunächst wie die aller entsprechenden Flachlandtruppen. Hierzu tritt die Sonderausbildung im Gebirge, die besondere Anforderungen an jeden einzelnen stellt.

Der Kampf im Hochgebirge erfordert in besonderen Maßen Mut, Entschlossenheit, Selbständigkeit und Einsatzbereitschaft des einzelnen, gute körperliche Durchbildung und Vertrautheit mit den Naturgewalten.

Die Gebirgstruppe ergänzt sich in erster Linie aus den Bewohnern von Gebirgsgegenden, die von Hause aus mit den Verhältnissen im Gebirge vertraut sind. Ein großer Teil des Ersatzes wird jedoch aus allen Gauen des deutschen Vaterlandes aus der Reihe derer gestellt, die für den Dienst im Hochgebirge Lust und Liebe und die erforderlichen körperlichen Eigenschaften mitbringen.

III. Bekleidung und Ausrüstung.

1. Allgemeines.

Die dem Soldaten gelieferten Bekleidungs- und Ausrüstungsstücke sind Eigentum des Truppenteils. Der Soldat muß sie möglichst schonend behandeln. Jedes Aneignen von Dienstsachen ist Diebstahl von staatlichem Eigentum und wird bestraft. Ohne Genehmigung der Vorgesetzten dürfen Sachen auch nicht untereinander ausgetauscht werden. Niemand darf ohne Erlaubnis die Sachen eines anderen tragen. Nachlässiges Verlieren, mutwilliges Beschädigen oder absichtliches Preisgeben der Sachen ist strafbar.

Alle Soldaten dürfen mit Genehmigung des Kompaniechefs (Batteriechefs) außer Dienst eigene Bekleidungs- und Ausrüstungsstücke tragen.

Diese müssen den Vorschriften entsprechen und dürfen aus feinerem und leichterem Stoff oder Leder und nach Maß hergestellt sein. Zu Röcken und langen Hosen ist auch Trikot, zu Reit- und Stiefelhosen Trikot oder Kord und zu Mänteln wasserdichter Stoff zulässig.

Für die Farbtöne der eigenen Bekleidungsstücke sind die ausgebenen, besiegelten Farbtonproben maßgebend, die bei der Kompanie (Batterie) eingesehen werden können.

Zur langen Hose ohne Stege dürfen nur Schnürschuhe ohne Sporen (keine Zugstiefel oder Halbschuhe) getragen werden.

Alles Schuhzeug muß geschwärzt sein.

Knöpf- und Halbschuhe dürfen überhaupt nicht getragen werden.

Außer Dienst sind Kragen und Manschetten erlaubt.

Kragen dürfen jedoch nicht mehr als 0,5 cm über dem Rockkragen zu sehen sein, Manschetten nicht mehr als 0,5 cm über den unteren Ärmelrand hervorstehen.

2. Benennung und Sitz der einzelnen Bekleidungsstücke.

Die **Feldmütze** wird etwas schief nach rechts derart getragen, daß der untere Rand etwa 1 Zentimeter über dem rechten und etwa 3 Zentimeter über dem linken Ohr, von vorn gesehen etwa 1 Zentimeter über der rechten Augenbraue sitzt, Kokarde über der Mittellinie des Gesichts. Die Mütze muß so verpaßt sein, daß sie den Hinterkopf bedeckt.

Die **Schirmmütze** soll von vorn gesehen wagerecht auf dem Kopf sitzen, die Kokarde in der Mittellinie des Gesichts. Sie muß weit genug sein, den Hinterkopf zu bedecken. Der untere Rand des Schirmes soll an seiner tiefsten Stelle mit den Augenbrauen abschneiden.

Die **Feldbluse** muß über eine Wolljacke so verpaßt sein, daß sie im Rumpfteil weit und blusig sitzt und den Mann in seiner freien Bewegung nicht behindert wird. Die durch den blusenartigen Schnitt beim Umschnallen des Leibriemens sich bildenden Falten sind so zu verteilen, daß sie nicht drücken.

Das Koppelschloß sitzt zwischen den beiden unteren Knöpfen.

Der Kragen ist so eingerichtet, daß er offen und geschlossen getragen werden kann.

Offengetragen, werden die oberen Bruständer der Vorderteile bis zum zweiten Knopf bzw. Knopfloch umgeklappt. Offen und geschlossen soll die Kragenbinde etwa 0,6—1 Zentimeter über den Kragen-Umbugrand hinausragen; bei geschlossenem Kragen, vorn über dem Kragenschluß, etwa 2—3 Zentimeter. Sie soll so lose sitzen, daß die Blutgefäße am Halse von jedem Druck frei sind.

Der **Waffenrock** muß im Rumpfteil leicht anliegen, ohne vorn Falten zu schlagen und ohne zu zwängen.

Der rechte Vorderschoß darf unter dem linken nicht hervortreten.

Bei gefüllten Taschen dürfen die Rockschöße vorn und hinten nicht auseinanderstehen.

Die Ärmel müssen im Armloch so weit sein, daß der Träger die Arme frei bewegen kann; er darf kein Kneifen unter der Achsel verspüren.

Die Kragenbinde muß eingeknöpft rings um den Hals etwa 0,5 cm über den Umbug des Kragens hinausragen.

Die Länge des Rocks ist so bemessen, daß das Gesäß bedeckt wird.

Der **Drillichrock** muß im Rumpfteil und Kragen weit und bequem sitzen. Beim Verpassen ist das Einlaufen des Stoffes beim Waschen in den Längen- und Weitenmaßen zu berücksichtigen.

Das linke Vorderteil muß mit seinem vorderen Rand eine gerade Linie bilden. Das rechte Vorderteil darf unter dem linken nicht hervortreten.

Die Länge ist so bemessen, daß das Gesäß knapp bedeckt wird.

Beim umgeschnallten Koppel muß das Schloß zwischen dem vierten und fünften Knopf sitzen.

Der **Mantel** soll bis zur Mitte des Unterschenkels reichen. Er muß so sitzen, daß der Mann nicht im geringsten in seiner freien Bewegung beeinträchtigt wird.

Der umgeschnallte Leibriemen liegt überm Rückengurt und läßt ihn frei.

Die Ärmel reichen bei ausgestrecktem Arm etwa 1—2 Zentimeter über die Rockärmel hinaus.

Der Kragen liegt hinten leicht am Rockkragen an und muß vorn so bequem sitzen, daß eine flache Hand zwischen Rock- und Mantelkragen Platz hat.

Der hochgeklappte Kragen soll bis über den Mund völlig geschlossen werden können.

Der **Übermantel** soll bis etwa 10 cm oberhalb des Knöchels reichen; er muß so weit sein, daß der untergezogene Mantel und die Ausrüstung bequem darunter getragen werden können, ohne die freie Bewegung des Mannes zu beeinträchtigen. Die Ärmel reichen bei ausgestrecktem Arm etwa 1—2 cm über die gewöhnlichen Mantelärmel hinaus.

Der Kragen liegt hinten am gewöhnlichen Mantelkragen leicht an und muß diesen bedecken.

Der hochgeklappte Kragen soll bis über den Mund völlig geschlossen werden können.

Die **Tuchhose** (Reithose) ist mäßig stramm — bis auf etwa 1—1½ Fingerbreite — gegen den Spalt zu ziehen. Die Beinenden dürfen hinten nur bis zur obern Absatzkante des Stiefels reichen, vorn sind sie soweit ausgerundet, daß die Hose auf dem Fuß nicht staucht. Der Schnallgurt muß dicht oberhalb der Hüften sitzen. Der umgeschnallte Leibriemen soll auf dem Hosenbund unterhalb der Knöpfe liegen.

Die **Drillichhose** ist mäßig stramm — bis auf etwa $1^1/_2$ Fingerbreite — gegen den Spalt zu ziehen; sie muß mit ihrem unteren Ende bis zur oberen Absatzkante des Stiefels reichen. Der Schnallgurt muß dicht oberhalb der Hüften sitzen. Der umgeschnallte Leibriemen soll ebenfalls auf dem Hosenbund unterhalb der Knöpfe liegen.

Beim Verpassen ist das Einlaufen des Stoffes beim Waschen zu berücksichtigen.

Beim **Stahlhelm** soll der Vorderschirm mit den Augenbrauen abschneiden.

Beim Verpassen der Helme muß unbedingt die Helmgröße gewählt werden, die der Kopfweite entspricht. Zwischen Kopf und Helmrand bleibt ein Zwischenraum, der bei Einbeulungen des Helms eine Verletzung des Schädels verhindert. Der sorgfältig verpaßte Stahlhelm sitzt fest. Stahlhelme mit Innenausstattung alter Art werden der Kopfform dadurch angepaßt, daß die Kissen in den Polstertaschen verstärkt oder verringert werden. Diese Polsterkissen verlieren mit der Zeit an Federkraft. Daher müssen sie von Zeit zu Zeit durch Kneten und Drücken aufgelockert werden. Auch können Tuch- oder Papierstreifen in die Taschen hinter die Kissen eingelegt werden, so daß die ursprüngliche Stärke der Polsterung wieder erreicht wird.

Zur Lüftung des Helms dienen die Löcher in den Seitenbolzen und die Zwischenräume zwischen den drei Polstern der Innenausstattung alter Art. Um bei stürmischem Wetter die Luftzufuhr zu vermeiden oder lästige Gehörstörungen (Sausen) zu verhindern, genügt es, die Löcher mit Papier, Werg usw. zu verstopfen. Gegen Kälte schützt außerdem die unter dem Helm aufgesetzte Feldmütze oder ein in den Helm eingelegtes Taschentuch.

Vom Kinnriemen werden beide Riemen mit den Enden durch die Ösen des Hängeblechs am Bund der Innenausstattung des Stahlhelms gezogen, und zwar von innen nach außen, und dann mit den Doppelknöpfen festgeknöpft. Die Stegschnalle wird auf der linken, bei Linksschützen auf der rechten Gesichtsseite getragen.

Im Frieden wird der Stahlhelm nur durch Anbringen von Zweigen, Gras usw. getarnt. Bestreichen mit Erde, Lehm usw. ist verboten. Im Felde wird jede Tarnmöglichkeit ausgenutzt.

Ist der Farbüberzug beschädigt, so soll er möglichst bald durch Anstrich erneuert oder ergänzt werden. Je besser der feldgraumatte Anstrich erhalten wird, um so weniger bildet sich Rost. Putzen, Einladen oder Einfetten der Stahlhelme ist verboten, sie verlieren dadurch ihr stumpfes, mattes Aussehen.

Sitz der Säbeltroddel bzw. des Faustriemens.

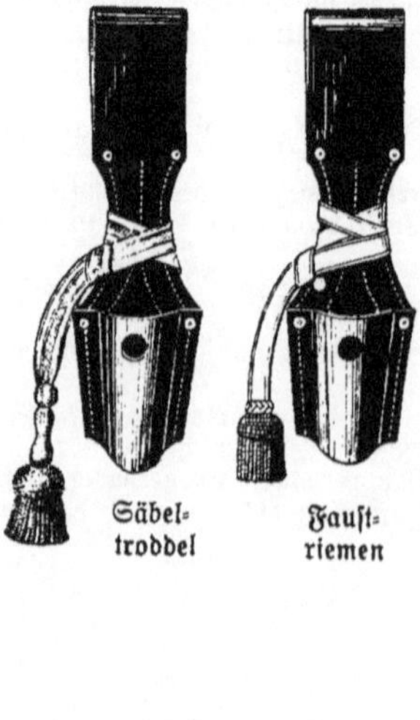

Der **Leibriemen** muß ohne Gepäck so anliegen, daß man mit zwei Fingern nebeneinander leicht hineingreifen kann. Er liegt beim Waffenrock auf den Rückenknöpfen, bei der Feldbluse auf den Seitenhaken, beim Mantel auf den durch die Schlitze ragenden Seitenhaken der Feldbluse und über dem Hüftgurt.

Die Seitengewehrtasche liegt unmittelbar hinter dem Seitenhaken der linken Hüfte, beim Waffenrock und Mantel an der entsprechenden Stelle.

Das Schloß sitzt derart, daß der Schließhaken durch die Seitenwände des Schloßkastens verdeckt wird. Die Mitte des Adlers deckt sich beim Rock und bei der Feldbluse mit der vorderen Knopfreihe, beim Mantel mit der Mittellinie der Knopfpaare. Das Schloß liegt bei der Feldbluse zwischen den zwei untersten Knöpfen, beim Mantel in der Mitte zwischen den zwei untersten Knopfpaaren.

Der **Tornister** besteht aus:

dem Tornisterkasten,

der Tornisterklappe mit dem Wäschebeutel und den beiden Patronenbehältern sowie

den Trageriemen.

Der Tornister wird grundsätzlich mit um den Tornister gelegtem, gerolltem Mantel verpaßt. Hierbei muß die obere Fläche des Mantels ungefähr mit dem unteren Kragenrand des Rocks oder der Feldbluse abschneiden*); die untere Tornisterkante soll etwa auf der Mitte des Leibriemens liegen.

Die Tornistertragriemen müssen mittels der Gelenkknöpfe so am Tornister befestigt werden, daß beim vorschriftsmäßigen Sitz die Doppelnietknöpfe, die die Hilfstrageriemen und Trageriemen verbinden, etwa in Höhe der Achselhöhle liegen. Nietknöpfe und Hilfstrageriemen dürfen nicht drücken, letztere auch nicht unter den Armen einschneiden.

Die Messinghaken am unteren Tornisterriemenende sind so zu verstellen, daß sie die Patronentaschen mittragen, ohne diese oder den Leibriemen hochzuziehen. Der Dorn soll hierbei möglichst nicht in das unterste Loch eingreifen, damit die Trageriemen auch bei angezogenem Mantel benutzt werden können, ohne sie am oberen Ende durch Lösen der Gelenkknöpfe verlängern zu müssen.

Die Hilfstrageriemen sollen nicht zu straff angezogen sein, damit der Druck der unteren Tornisterkante in das Kreuz des Mannes nicht noch vermehrt wird.

Auf Märschen ist gestattet, Trageriemen und Hilfstrageriemen nach Bedarf länger oder kürzer zu schnallen.

Für das **Packen des Tornisters** gilt nachstehende Anleitung:

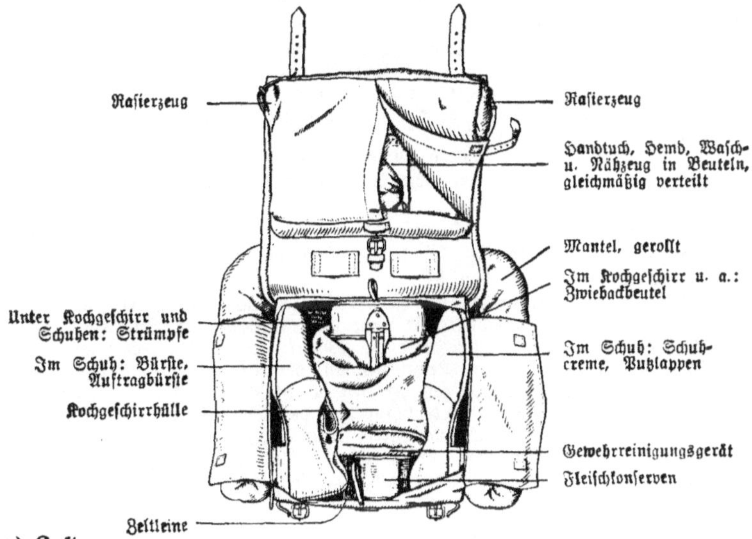

a) Kasten:

1. 1 Paar Strümpfe auf den Boden des offenen, leeren Tornisters so legen, daß möglichst der ganze Tornisterboden bedeckt wird. Dadurch soll der Druck auf den Rücken des Trägers gemindert werden;

*) Beim Paradeanzug: die obere Fläche der über den Mantel gelegten Zeltbahn.

2. Kochgeschirr in Kochgeschirrhülle in die Mitte des Tornisters, Deckel und Stiel nach oben; Kochgeschirrdeckel liegt an der oberen Kastenwand an;
3. Schnürschuhe: Sohlen an die Kastenwände, Hacken unten, Schäfte eingeschlagen, linker Schuh links, rechter Schuh rechts. In den Schnürschuhen das Putzzeug (Bürsten, Lappen, Schuhcreme usw.) gleichmäßig verteilt;
4. Gewehrreinigungsgerät, verkürzte eiserne Portion (Fleischkonserven und Zwiebackbeutel), Zeltleine in den unteren freien Raum zwischen Kochgeschirr, Schnürschuhe und untere Kastenwand legen; bei Ausstattung der Truppen mit dem Kochgeschirr a./A. (2,5 l) ist der Zwiebackbeutel im Kochgeschirr unterzubringen;
5. In den freien Räumen zwischen den Seitenwänden des Tornisterkastens und den Schnürschuhen können kleine Bedarfsgegenstände untergebracht werden.

b) Wäschebeutel:

1. Hemd und Handtuch flach auslegen, daß die ganze Fläche des Beutels bedeckt ist;
2. Wasch- und Nähzeug, kleine Bedarfsgegenstände in Beuteln gleichmäßig verteilen.

Vor dem Zuschnallen des Beutels muß die Schnallstrippe durch die beiden knopflochartigen Einschnitte in den Seitenklappen und durch die Lederschlaufe an der oberen Klappe des Beutels gezogen werden.

c) Patronenbehälter:

Rasierzeug (Apparat, Seife usw.) — auf beide Behälter verteilt.

d) Zwischen Tornisterklappe und Tornisterkasten:

Zeltbahn — in Kastengröße viereckig gefaltet. Damit der Zeltbahnstoff geschont wird, ist das Falten der Zeltbahn öfter zu wechseln.

e) Um den Tornisterkasten:

Mantel lang gerollt — Enden nach innen umgeschlagen. Der gerollte Mantel muß mit dem unteren Rand des Tornisterkastens abschneiden. Langes Rollen des Mantels und Umschlagen der Mantelenden ist notwendig, damit der Mantel bei anderweitigem Tragen ohne Tornister nicht erst auseinandergenommen und neu gerollt werden muß.

Festschnallen des gerollten Mantels am Tornisterkasten mit drei Mantelriemen. Riemenenden unter dem Mantel durchziehen; sie müssen nach dem Rücken des Mannes zeigen.

f) Beim Zuschnallen des Tornisterkastens und der Tornisterklappe dürfen die Riemen nur mäßig fest angezogen werden; sonst wölbt sich der Tornister und drückt den Mann.

Bei den **Patronentaschen** müssen die Trageschlaufen so straff sein, daß die Rückwand der Taschen möglichst mit ihrer ganzen Fläche am Leibriemen anliegt. Der Sitz der Taschen regelt sich durch die Widerhalte am Leibriemen und Schloß.

Der **Brotbeutel** wird am Leibriemen auf der rechten Seite getragen; hintere Trageschlaufe und Hakenstrippe zwischen den beiden Rückenknöpfen, vordere Trageschlaufe zwischen dem rechten Rückenknopf und dem Seitenhaken des Rocks.

Die **Feldflasche** mit aufschnallbarem Trinkbecher wird mit dem Karabinerhaken in den linken (hinteren), bei Berittenen und den Schützen 1 und 2 der M.-G.-K. in den rechten (vorderen) Ring auf der Brotbeutelklappe eingehakt.

Für das **Packen** der **Packtaschen** gilt nachstehende Anleitung:

Packtaschen 34:

Linke Packtasche (Pferdegepäck):

Unten: Deckengurt (zusammengerollt); darüber: Striegel, Kochgeschirr 31, Kardätsche (zugleich Kleiderbürste);

in der Hufeisentasche: 2 Hufeisen, 8 Stollen, 16 Nägel, 1 Stollenschlüssel, 1 Anbindering.

Rechte Packtasche (Reitergepäck):

1 Paar Laufschuhe (senkrecht an schmaler Seitenwand);

unten: 1 Paar Strümpfe, 1 Hemd, 1 Badehose (eingerollt in die Badehose);

darüber: 1 verkürzte eiserne Portion (Fleischkonserven und Zwiebackbeutel), 1 Zeltleine, Wasch-, Rasier-, Putz- und Nähzeug, Gewehrreinigungsgerät);

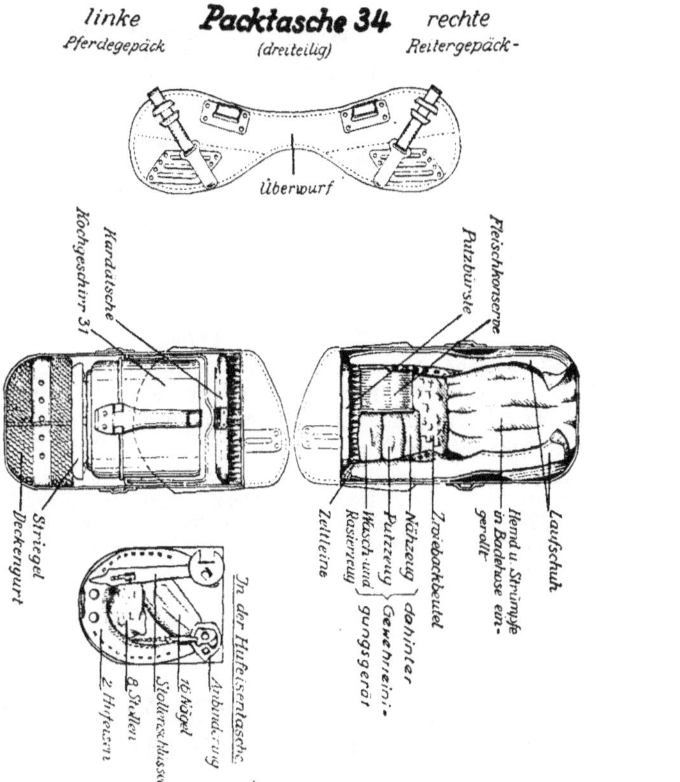

Damit der Reiter bei längerer Verwendung ohne Pferd das unbedingt notwendige Gepäck bei sich führen kann, sind die Packtaschen 34 so gestaltet, daß die linke Packtasche als Rückengepäck an den Trageriemen für Patronentaschen getragen werden kann. Die im Gebrauch befindlichen Packtaschen alter Art sind so umgeändert, daß die rechte Tasche abnehmbar ist.

Beim Tragen der Packtaschen auf dem Rücken wird das Kochgeschirr mittels Deckelriemen außen auf der Packtasche aufgeschnallt. Zeltbahn und Mantel gerollt, um die Packtaschen herumgelegt und mit dem hierfür an der Packtasche angebrachten Riemen befestigt.

Anleitung zum Befestigen der Packtaschen 34 am Sattel und zum Tragen der rechten Packtasche als Marsch- (Reiter-) Gepäck.

I. Befestigung der Packtasche am Sattel:

1. Überwurf von den Taschen lösen, auf Sattelkopf auflegen, die beiden oberen Krampen des Vorderzwiesels in je einen der drei Metallschlitze einführen. Darauf

achten, daß die Krampe auf jeder Seite im gleichen Schlitz steckt und der Überwurf auf dem Sattelkopf fest aufliegt. Dies wird erreicht durch die mit den drei Schlitzen gegebene Verstellbarkeit. Vorstecker durch die Krampen stecken.

2. Die losen Packtaschen auf die Krampen des Überwurfs aufhängen, mit Vorstecker sichern und Sicherheitsriemen durch Steckerschlitz ziehen.

Den oberen Anschnallriemen der Packtasche durch die unteren Krampen auf den Satteltaschen durchziehen und festschnallen.

II. Die rechte Packtasche als Marsch- (Reiter-) Gepäck:

Von beiden abnehmbaren Packtaschen ist die rechte (ohne Hufeisentasche) mit einer Tragevorrichtung zum Tragen als Rückengepäck und 3 Mantelriemen versehen. Bei Ingebrauchnahme als Rückengepäck ist die Tasche vom Sattelüberwurf zu lösen. Alsdann sind die beiden Karabinerhaken der Trageriemenenden aus den Ringen auf der Vorderseite unter dem Deckel auszuhaken und am Unterboden durch die Halte- bzw. Sicherheitsschlaufe und dem auf der Rückwand liegenden Umlaufriemen zu ziehen. Die Trageriemen sind dann in die beiden unrunden Ringe am Unterboden mittels der beiden Karabinerhaken einzuhaken; die Tasche ist dann als Rückengepäck wie der Tornister verwendbar. Die Länge der Trageriemen kann für jede Körpergröße durch die verstellbare Hebelschnalle der Hilfstrageriemen eingestellt werden. In die Mantelriemen wird der gerollte Mantel wie beim Tornister eingeschnallt.

3. Anzugsarten.

Es gibt folgende Anzugsarten (siehe die folgenden Bilder):

Feldanzug (1), Dienstanzug (2), Wachanzug (3), Paradeanzug (4), Meldeanzug (5), Ausgehanzug (6), Sportanzug (7).

Zum **Feldanzug** gehören:

Stahlhelm, Feldmütze, Feldbluse, Kragenbinde, Tuchhose, Marschstiefel (Berittene: Reithose, Reitstiefel), Mantel, Tornister, Koppel, Brotbeutel, Feldflasche mit Trinkbecher, Seitenwaffe, Gasmaske, Zeltausrüstung, Patronentaschen, Kochgeschirr, Schanzzeug.

Zum Feldanzug gehört außerdem das vollständige Gepäck.

Man unterscheidet zwischen Marsch- und Troßgepäck. Zum **Marschgepäck** gehören: Tornister oder Packtasche sowie Brotbeutel, hierbei im Sommer: Mantel oder Decke. Im Winter: Mantel und auf besondere Anordnung der Kp. (Battr.) auch die Decke.

Zum **Troßgepäck** gehören:

Im Bekleidungssack: 1 Sommeranzug, 1 Unterhose, 1 Paar Strümpfe, 1 Halsbinde, sonstige Bedarfsgegenstände.

Beim Troßgepäck werden gesammelt außerdem Zeltstöcke, Zeltpflöcke und im Winter Decken mitgeführt.

Zum **Dienstanzug** gehören:

Feldmütze, Feldbluse, Kragenbinde, Tuchhose, Marschstiefel (Berittene: Reithose, Reitstiefel), Koppel, Troddel, Seitenwaffe.

Es kann befohlen werden, daß zum Dienstanzug angelegt werden:

Stahlhelm, Mantel, Tornister, Patronentaschen, Brotbeutel, Feldflasche, Schanzzeug.

Zum **Wachanzug** gehören:

Stahlhelm, Feldmütze, Feldbluse (für Ehrenwachen und Ehrenposten Waffenrock), Kragenbinde, Tuchhose, lange, Marschstiefel (für Unberittene), Reithose, Reitstiefel (für Berittene), graue Handschuhe — für Mannschaften nur als Kälteschutz — Koppel, Portepee, Troddel, Faustriemen, Sporen für Berittene, Schützenschnur, Mantel — je nach Witterung; Mitnehmen bestimmt der den Wachdienst anordnende Vorgesetzte —, Tornister für Unbe-

1 2 3 4 5 6 7

7 6 5 4 3 2 1

rittene, Patr.-Taschen — nur bei Ausrüstung mit Gewehr —, kurzes Seitengewehr, Schützenschnur.

Zum **Paradeanzug** gehören:

Stahlhelm, Waffenrock, Kragenbinde, Tuchhose mit Vorstoß in der Waffenfarbe, Marschstiefel (Berittene: Reithose, Reitstiefel), Koppel, Troddel, Seitenwaffe, Patronentaschen für Gewehrträger, Tornister mit umgelegtem Mantel, Kochgeschirr, Schützenschnur.

Es kann befohlen werden, daß zum Paradeanzug Mantel und graue Handschuhe angezogen werden.

Zum **Meldeanzug** gehören:

Schirmmütze, Feldbluse, Tuchhose, Marschstiefel (Berittene: Reithose, Reitstiefel), Kragenbinde, Koppel, Troddel, Seitenwaffe, Schützenschnur.

Zum **Ausgehanzug** gehören:

Schirmmütze, Waffenrock (in der Woche die Feldbluse), Tuchhose, Kragenbinde, Schuhzeug, Koppel, Troddel, Seitenwaffe, Schützenschnur.

Zum Ausgehanzug können Mantel und Handschuhe getragen werden.

Zum **Sportanzug** gehören:

Sporthemd, Sporthose, Laufschuhe und zum Wassersport die Badehose.

Wann und bei welchen Gelegenheiten die einzelnen Anzugsarten angelegt werden, bestimmt die Anzugordnung.

Für Sonderfälle gelten folgende Bestimmungen:

Zuschauer bei Truppenübungen tragen Dienstanzug mit einer weißen Binde am rechten Oberarm.

Bei militärischen Leichenbegängnissen mit Trauerparade wird Paradeanzug getragen; nicht Eingetretene evtl. Dienstanzug.

Bei sonstigen Trauerfeiern wird der Ausgehanzug getragen.

Einzelne Soldaten tragen bei Gottesdienst und kirchlichen Feiern den Ausgehanzug.

Bei allen sonstigen Festlichkeiten wird ebenfalls der Ausgehanzug angelegt.

Bei allen Gerichtsverhandlungen vor Militär- oder Zivilgerichten wird der Dienstanzug getragen.

Für Meldungen und Gesuche ist der Meldeanzug vorgeschrieben. Vor, während oder im Anschluß an einen Dienst ist jedoch stets die für diesen Dienst vorgeschriebene Anzugsart gestattet.

Außer Dienst wird außerhalb des Kasernenbereiches Sonntags stets der Ausgehanzug getragen. In der Woche die 2. Garnitur Feldbluse und Hose ohne Biese.

Das Anlegen von **Trauerabzeichen** in Form eines etwa 6 cm breiten schwarzen Flors ist nur außer Dienst am linken Oberarm des Mantels oder Rockes gestattet.

Unteroffiziere und Mannschaften ist das Führen von **Schußwaffen** außerhalb des Dienstes verboten, gleichviel ob es sich um dienstlich gelieferte oder um eigene Waffen handelt. Einzelausnahmen dürfen nur durch den Komp.- (Battr.-) Chef genehmigt werden. Für den Erwerb und das Führen von Jagdwaffen gelten die allgemeinen polizeilichen Bestimmungen.

An **Orden und Ehrenzeichen** dürfen zur Uniform getragen werden:

a) die im Namen des Führers verliehenen Auszeichnungen,
b) die Rettungsmedaille,
c) alle bis zum 10. 8. 1919 von einem ehem. Landesherrn oder einer verbündeten Regierung verliehenen Orden und Ehrenzeichen, sowie der Schlesische Adler und das Baltenkreuz,

d) die Ehrenzeichen des Deutschen Roten Kreuzes,
e) ausländische Orden und Ehrenzeichen, deren Annahme besonders genehmigt ist,
f) die Ehrenzeichen der nationalsozialistischen Bewegung,
und zwar das Koburger Abzeichen,
das Nürnberger Parteitagsabzeichen von 1929,
das Abzeichen vom S.-A.-Treffen Braunschweig 1931,
das Ehrenzeichen der N.S.D.A.P. für Parteigenossen mit der Nummer unter 100 000,
der Blutorden vom 9. November 1923,
das Traditions-Gau-Abzeichen,
das goldene H.-J.-Abzeichen,
g) das vom Generalfeldmarschall v. Hindenburg gestiftete Ehrenkreuz für Teilnahme am Weltkriege,
h) die Dienstauszeichnungen der Wehrmacht,
i) zur Uniform genehmigte Sportehrenzeichen: Wehr-Sportabzeichen, deutsches Reichssportabzeichen einschl. des früher verliehenen Turn- und Sportabzeichens, Reichsjugendsportabzeichen, Jungfliegersportabzeichen, HJ.-Leistungsabzeichen, deutsches Reiterabzeichen I. und II. Kl., deutsches Fahrabzeichen, deutsches Jugendreitabzeichen, NSKK.-Sportabzeichen, Meisterschaftsabzeichen der DRL., Ehrenzeichen für Verdienste um die Pflege der Leibesübungen.

Bürgerliche Kleidung darf der Soldat nur mit besonderer Genehmigung seines Komp.- (Battr.-) Chefs tragen. Die im 1. und 2. Dienstjahr stehenden Soldaten tragen auch auf Urlaub stets Uniform. **Für besondere Verhältnisse kann bürgerliche Kleidung genehmigt werden.**

4. Behandlung und Instandhaltung der Bekleidung und Ausrüstung.

Die Behandlung der Bekleidungs- und Ausrüstungsstücke lernt der Soldat vor allen Dingen praktisch in der Putz- und Flickstunde.

Alle Bekleidungs- und Ausrüstungsstücke müssen möglichst sofort nach Gebrauch wieder gereinigt werden. Ferner ist sogleich nachzusehen, ob nichts daran schadhaft geworden ist. Ist eine Naht aufgegangen, das Futter zerrissen oder ein Knopf los, so muß der Soldat diese Schäden selbst beseitigen (Nähte nur von innen nähen, mit Zwirn von richtiger Farbe). Sind größere Ausbesserungen erforderlich, die nur von geschulten Handwerkern gemacht werden können, so wird das betreffende Stück dem Korporalschaftsführer vorgestellt, damit es auf Handwerkerstube gebracht wird. Ist ein Bekleidungsstück naß geworden, so wird es zunächst auf der Leine getrocknet. Hierauf wird der grobe Schmutz durch Reiben von Tuch auf Tuch entfernt. Dann wird es ausgeklopft.

Nach dem Ausklopfen wird das Kleidungsstück auf den Tisch gelegt und nach dem Strich ausgebürstet, ohne über die Knöpfe zu bürsten. Staub- und Fettflecke lassen sich durch warmes Wasser mit Seife, schwarze Seife, Spiritus, Benzin oder Terpentinöl beseitigen. Bei offenem Licht oder mit brennender Zigarre (Zigarette, Pfeife) mit Benzin zu reinigen, ist verboten. Bei den **Blusen** der Gebrauchsgarnitur ist wöchentlich das Ärmelfutter, soweit solches vorhanden, mit warmem Wasser und Seife auszuwaschen. Bei der **Hose** der Gebrauchsgarnitur soll das Stoßfutter wöchentlich ausgewaschen werden.

Drillichzeug wird vom Mann selbst mit Seife und warmem Wasser (möglichst Fluß- oder Regenwasser) gewaschen. Anwendung scharfer Mittel (Lauge, Chlor) ist verboten.

Die **Halsbinde** ist möglichst nach jedem Gebrauch vom Staub und Schweiß zu reinigen und mindestens wöchentlich einmal mit kaltem Wasser zu waschen.

Die **Feldmütze** wird nach jedem Gebrauch ausgebürstet. Gewaschen darf nur die schlechteste Gebrauchsgarnitur werden. Hierzu ist kaltes Wasser zu verwenden. Um Seifenflecke zu vermeiden, muß sehr gründlich nachgespült werden.

Nachstehendes Bild zeigt, wie **Stempel und Namen in den einzelnen Bekleidungsstücken** anzubringen sind.

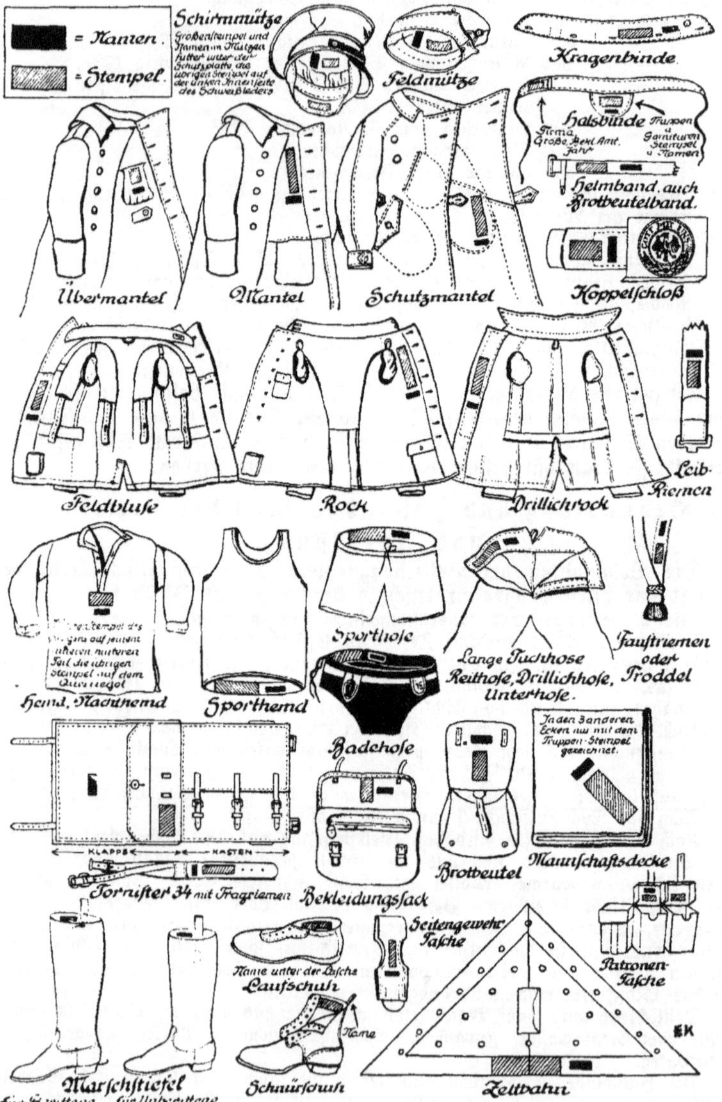

Nasse und schmutzige **Koppel** sind zunächst zu trocknen, dann mittels eines feuchten Lappens vom Schmutz zu befreien. Die Benutzung scharfer Gegenstände hierzu ist verboten. Das Koppel wird alsdann mit Lederputz abgerieben. Ist die **Säbeltroddel** schmutzig, so ist sie mit Seife und warmem Wasser auszuwaschen. Hierzu wird der Schieber losgemacht, der Kranz mit einem Lappen umwickelt. Nach dem Waschen wird die Troddel mit einem reinen Handtuch trockengerieben und zum Trocknen aufgehängt.

Brotbeutel werden mit Seife und warmem Wasser ausgewaschen.

Die **Feldflasche** ist vor und nach dem Gebrauch ordentlich auszuspülen. Das Lederzeug daran wird wie der Leibriemen behandelt. Bei der Aufbewahrung im Spinde bleibt der Verschluß geöffnet. Falls der Stift am Karabinerhaken abgenutzt ist, wird die Feldflasche sofort dem Bekleidungsunteroffizier, der Erneuerung des Stiftes veranlaßt, vorgestellt, da sie sonst leicht verloren geht.

Patronentaschen werden wie das übrige schwarze Lederzeug behandelt. Ist die Tasche sehr rauh und zerkratzt, so ist vorher die oberste Kruste vom alten Lederputz glatt zu schleifen. Rückseite, Schlaufen und Boden brauchen nicht zu glänzen. Die Messingknöpfe sowie die Öse an der Rückseite sind mit Putzpomade oder dgl. zu putzen. Das Innere der Taschen wird mit feuchtem Lappen ausgewischt.

Am **Schanzzeug** ist zunächst der Schmutz mit einem Holzspan zu entfernen, danach das ganze Schanzzeug abzuwaschen und abzutrocknen. Die Metallteile werden dann leicht mit Gewehröl eingefettet, der Stiel wie der Gewehrschaft mit Leinölfirnis behandelt. Die Futterale werden wie das übrige schwarze Lederzeug behandelt.

Der **Tornister** ist nach jedem Gebrauch im Innern auszuwischen, außen in der Richtung des Strichs auszubürsten und leicht durch 2 Mann auszuklopfen. Ist das Futter beschmutzt, so ist es mit Wasser, Seife und Bürste zu reinigen. Faltige Ecken sind glatt zu pressen, nachdem sie zuvor angefeuchtet wurden. Die Schnallen sind rostfrei zu halten. Das Tragegerüst wird wie das übrige schwarze Lederzeug behandelt. Zur Schonung des Rocks sind die Hilfstrageriemen aber nur in Ausnahmefällen zu schwärzen. Die Messingteile werden geputzt. Selbständig neue Löcher in Trageriemen oder in Hilfstrageriemen zu stechen, ist verboten.

Die **Zeltbahn** muß nach jeder Durchnässung baldmöglichst getrocknet werden. Hiernach wird sie durch vorsichtiges Abklopfen und Abbürsten gereinigt. Die Zeltstöcke werden mit Seifenwasser abgewaschen, und dann mit Leinölfirnis bearbeitet. Beim Zusammenlegen der Zeltbahnen ist zur Vermeidung von Brüchen darauf zu achten, daß sie nicht immer in dieselben Falten gelegt werden.

Das **Schuhzeug** muß gleich nach dem Gebrauch gereinigt werden. Zunächst wird der Schmutz mit der Schmutzbürste entfernt, erforderlichenfalls mit einem Holzspan, nicht mit dem Messer abgekratzt. Dann werden die Sohlen über dem Eimer abgewaschen. Das Innere ist sorgfältig mit einem trockenen Lappen auszuwischen. Sind die Stiefel naß geworden, so füllt man sie zum Trocknen mit Hafer oder Heu. Bevor die Stiefel im Spind verwahrt werden, sind sie zu putzen oder zu schmieren. Soll geschmiert werden, so wird die Schmiere mit einem Holzspane auf Fuß und unteren Teil des Schafts aufgetragen und mit dem Handballen so lange verrieben, bis sie ins Leder eingedrungen ist. Stiefel, welche länger als einen Tag nicht gebraucht werden, müssen von Zeit zu Zeit eingeschmiert werden. Reparaturen am Schuhzeug werden nur auf der Handwerkerstube ausgeführt.

IV. Waffen, Munition und Gerät.

1. Das Gewehr.

a) Beschreibung des Gewehrs.

Das Gewehr besteht aus dem Lauf mit Visiereinrichtung und Verschluß, dem Schaft mit Handschutz, dem Stock und dem Beschlag. Zu jedem Gewehr gehört Zubehör und ein Seitengewehr.

Der **Lauf** ist eine äußerlich gebräunte Röhre von Stahl. Seine vordere Öffnung heißt *Mündung*, die hintere *Laufmundstück*. Der Lauf besteht aus dem gezogenen Teil und dem Patronenlager. In die Wände des gezogenen Teils sind 4 Züge eingeschnitten. Die hierbei stehengebliebenen Teile heißen Felder. Im Lauf wird die Patrone zur Entzündung gebracht und dem Geschoß Bewegung und Richtung verliehen.

Die **Visiereinrichtung** dient zum Zielen. Sie ist auf dem Lauf befestigt und besteht aus Visier und Korn.

Die einzelnen Teile des Visiers sind: Visierfuß, Visierstift, Visierklappe und Visierschieber. Auf dem Visierfuß gleitet der Visierschieber. Er kann mittels eines Drückers nebst Drückerfedern auf die verschiedenen Visiermarken eingestellt werden. Visiermarken befinden sich auf der oberen und unteren Fläche des Visierfußes, und zwar rechts für die geraden und links für die ungeraden Hunderte. Der obere Rand der Visierklappe heißt *Kamm*, der dreieckige Ausschnitt in demselben *Kimme*. Der Visierstift verbindet die Visierklappe an ihrem vorderen Ende mit dem Visierfuß.

Das Korn ist mit seinem Fuß in die Kornwarze des Kornhalters eingeschoben. Es steht richtig, wenn die Einhiebe auf Kornfuß und Kornwarze eine gerade Linie bilden.

Der **Verschluß** dient zum Verschließen des Laufs nach hinten, zum Zuführen und Entzünden der Patrone, sowie zum Ausziehen und Auswerfen der Patronenhülse. Er besteht aus:

der Hülse mit dem Schloßhalter und Auswerfer,
dem Schloß,
der Abzugsvorrichtung,
dem Kasten mit der Mehrladeeinrichtung.

Die Hülse nimmt das Schloß in sich auf.

Man unterscheidet

Hülsenkopf
Patroneneinlage,
Kammerbahn und
Kreuzteil.

Die Patroneneinlage ist auf der unteren Seite durchbrochen. Der hintere Teil der Kammerbahn ist oben geschlossen und heißt die *Hülsenbrücke*. Auf ihrer Stirnseite befindet sich der Ausschnitt zum Einsetzen des Ladestreifens. Im Innern der Hülsenbrücke befindet sich oben die Führungsnute für die Führungsleiste der Kammer, links der Durchbruch für den Schloßhalter und den Auswerfer. In der Kammerbahn befindet sich unten die Ausdrehung für die hintere Kammerwarze. Der Schloßhalter begrenzt mit dem Haltestollen die Rückwärtsbewegung des Schlosses. Der Auswerfer und der Schloßhalter sind durch die Schloßhalterschraube mit der Hülse beweglich verbunden und werden durch die Doppelfeder betätigt. Beim Zurückführen der Kammer stößt die Patronenhülse an den in die linke Kammerwarze eintretenden Auswerfer und wird hierdurch vorwärts ausgeworfen.

Zum Schloß gehören:

Kammer,
Schlagbolzen,
Schlagbolzenfeder,
Schlößchen mit Druckbolzen und Feder,

Gewehr 98 k.

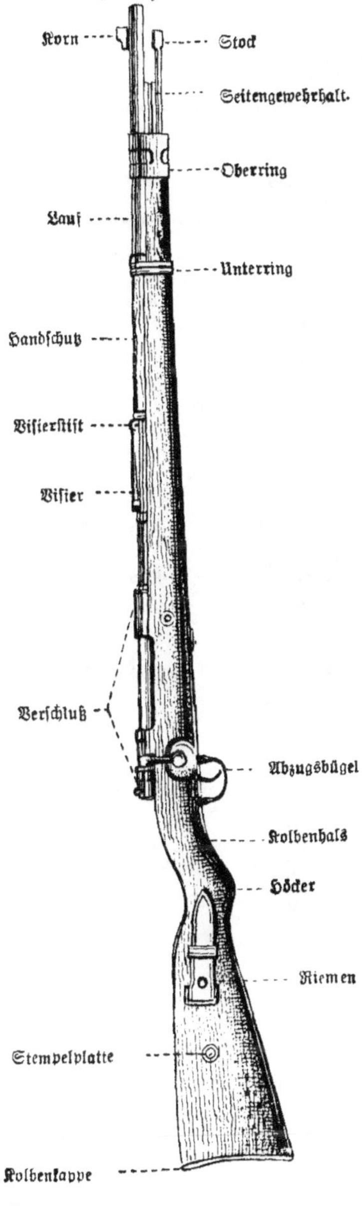

Sicherung,
Schlagbolzenmutter und
Auszieher.

Die zur Handhabung mit Knopf und Stengel versehene Kammer schließt den Lauf nach hinten ab, sobald die drei Kammerwarzen in den entsprechenden Ausdrehungen der Hülse ruhen. Der Schlagbolzen dient zur Entzündung der Patrone. Er hat vorn eine ringförmige Verstärkung — Teller — als Widerlager für die Schlagbolzenfeder. Die Schlagbolzenfeder bewirkt das Vorschnellen des Schlagbolzens. Das Schlößchen nimmt die Sicherung und den Druckbolzen nebst Feder auf und verbindet die übrigen Schloßteile mit der Kammer. Der Druckbolzen hält das Schlößchen in seiner Lage.

Die Sicherung verhindert mit nach rechts herumgelegtem Flügel das Vorschnellen des Schlagbolzens und das Öffnen des gespannten Gewehrs und ermöglicht bei hochgestelltem Flügel das Auseinandernehmen des Schlosses. Die Schlagbolzenmutter verbindet alle Schloßteile miteinander und dient zum Spannen des Gewehrs. Der Auszieher, durch den Ring drehbar mit der Kammer verbunden, erfaßt mit seiner Kralle die Patrone beim Vorführen der Kammer und entfernt die Patronenhülse aus dem Lauf.

Die Abzugseinrichtung dient zum Abziehen und ist beim Spannen des Schlosses beteiligt. Sie besteht aus der Abzugsgabel mit dem Abzugsstollen, dem Abzug und der Abzugsfeder.

Der Kasten nimmt die Mehrladeeinrichtung auf. Er endigt in einem Bügel zum Schutze des Abzuges — Abzugsbügel —. Vor dem Bügel liegt der Haltestift mit Feder für den Kastenboden. Teile der Mehrladeeinrichtung sind Zubringer, Zubringerfeder und Kastenboden. Der Zubringer mit Feder drückt die Patrone nach oben.

Der **Schaft** besteht aus dem

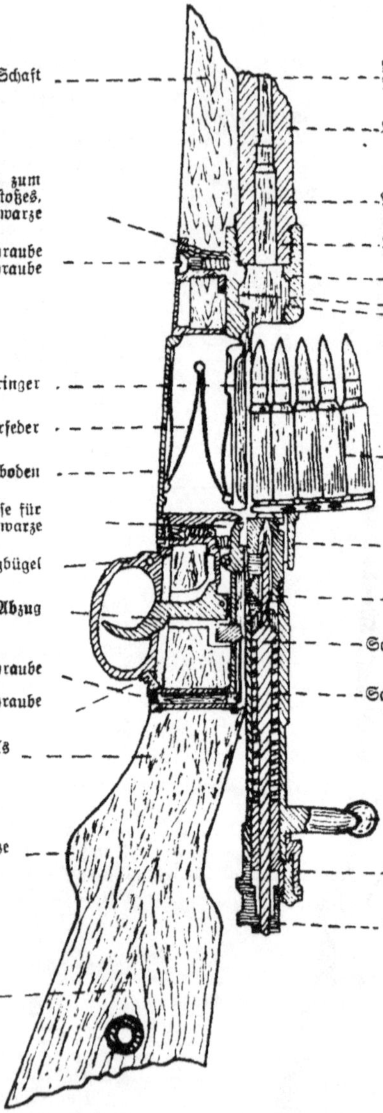

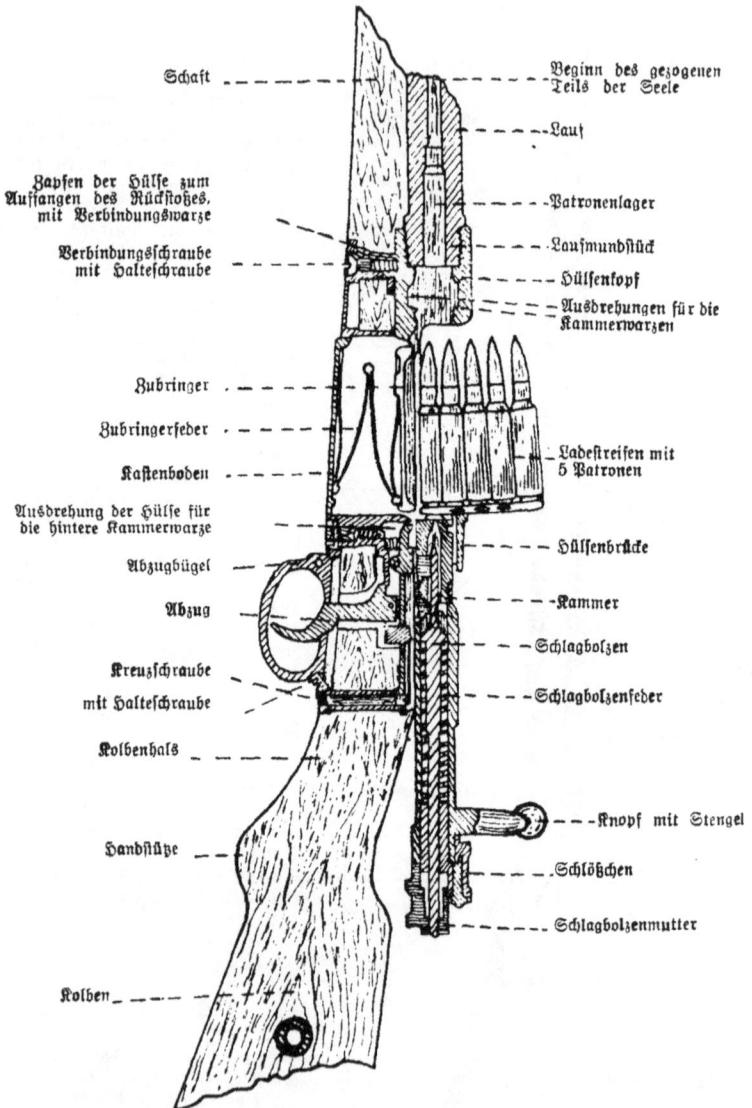

Kolben, dem Kolbenhals und dem langen Teil. Er verbindet mit Hilfe des Beschlags sämtliche Gewehrteile zu einem Ganzen, ermöglicht die Handhabung des Gewehrs und schützt den Lauf. Der vor dem Visier über einem Teil des Laufes liegende Handschutz erleichtert die Handhabung des Gewehrs bei erhitztem Lauf.

Der **Stock** dient zum Zusammensetzen der Schußwaffen in Gruppen, sowie mit zwei anderen Stöcken im Notfall im Felde als Wischstock. Am vorderen Ende befindet sich der Kopf, am hinteren der Gewindeteil zum Einschrauben in den Stockhalter. Der Kopf hat ein Muttergewinde zum Zusammenschrauben von Stöcken und einen Einstrich zur Aufnahme eines Wergstreifens.

Zum Gewehr 98 gehören zum **Beschlag:** Oberring mit Haken für den Gewehrriemen, Seitengewehrhalter mit Stift, zwei Ringfedern, Unterring mit Riembügel, Stockhalter, Zapfenlager mit Mutter, Verbindungsschraube und Halteschraube, Kreuzschraube mit Röhrchen und Halteschraube, Klammerfuß mit zwei Schrauben, Stempelplatte mit Schraube und Kolbenkappe mit zwei Schrauben,

und zum **Zubehör:** Der Gewehrriemen mit Haltestück, Klemmstück und Riemenschieber, sowie der Mündungsschoner. Der Mündungsschoner schützt die Mündung und das Korn, verhindert das Eindringen von Fremdkörpern in den Lauf und bewahrt ihn vor den Einflüssen der Witterung.

b) Behandlung des Gewehrs.

Es ist Ehrensache für den Soldaten, sein Gewehr in gutem und brauchbarem Zustande zu erhalten. Er muß Vertrauen und Liebe für seine Waffe besitzen und wissen, daß seine Leistungen im Schießen von der Beschaffenheit und der Behandlung der Waffe abhängen.

Für das Auseinandernehmen und Zusammensetzen des Gewehrs 98 gelten nachstehende Regeln:

Die Waffe wird jedesmal nur soweit als notwendig auseinandergenommen. Schloß, Mehrladeeinrichtung, Stock, Mündungsschoner und Riemen dürfen von den Mannschaften entfernt und an Ort gebracht, das Schloß auch auseinandergenommen werden. Jedes weitere Zerlegen darf nur durch den Waffenmeister ausgeführt werden.

Die Teile müssen stets auf saubere Unterlagen gelegt werden, und zwar für jede Waffe gesondert, um Verwechslungen von Teilen zu vermeiden. — Erkennungszeichen der Zusammengehörigkeit der einzelnen Teile sind die Fabriknummern, von welchen auf jedes Stück — Federn ausgenommen — mindestens die beiden letzten Ziffern geschlagen sind.

Das Auseinandernehmen des Schlosses wird in folgender Weise ausgeführt:

Die rechte Hand spannt das Schloß und stellt den Sicherungsflügel senkrecht; der Daumen der linken Hand zieht den Schloßhalter zur Seite; die rechte Hand zieht das Schloß aus der Hülse. — Die linke Hand umfaßt nun die Kammer — Schlagbolzenspitze nach unten — und drückt mit dem Daumen den Druckbolzen zurück. Dann schraubt die rechte Hand das Schlößchen ab. Die linke Hand setzt den Schlagbolzen — Spitze genau senkrecht — auf die Stempelplatte des Kolbens auf. Der Daumen der linken Hand drückt den Sicherungsflügel abwärts, bis der Ansatz der Schlagbolzenmutter aus der Nute des Schlößchens tritt. Die rechte Hand dreht darauf die Schlagbolzenmutter eine Viertelwendung rechts oder links und hebt sie ab. Das Schlößchen wird — unter ständigem Widerstand gegen den Druck der Schlagbolzenfeder — abgenommen. Die Schlagbolzenfeder wird vom Schlagbolzen gestreift. Der Sicherungsflügel wird rechts gelegt und herausgenommen. Soll der Kastenboden abgenommen werden, so drückt die rechte Hand mit der Geschoßspitze einer E x e r z i e r patrone auf den Haltestift und schiebt den Kastenboden nach hinten.

Das Zusammensetzen und Einführen des Schlosses erfolgt in umgekehrter Reihenfolge.

Die Schlagbolzenfeder wird auf den Schlagbolzen gestreift, das Schlößchen mit der Sicherung wird auf den Schlagbolzen gesteckt. Die linke Hand setzt den Schlagbolzen — Spitze genau senkrecht — auf einen festen Gegenstand. (Zur Schonung der Spitze Unterlage aus Holz, Filz, Pappe usw.; Lappen genügen nicht als Unterlage). Steht ein Reinigungslager zur Verfügung, so ist der Schlagbolzen genau senkrecht auf die am Lager angebrachte Platte zu setzen. Die rechte

Hand stellt den Sicherungsflügel hoch. Der Daumen der linken Hand drückt den Sicherungsflügel abwärts, bis die Eindrehungen des Schlagbolzens freiliegen; die rechte Hand setzt die Schlagbolzenmutter auf den Schlagbolzen und dreht sie so, daß ihr Ansatz in die Nute des Schlößchens tritt. Die rechte Hand schraubt das Schlößchen in die Kammer, bis der Druckbolzen hörbar in die Sicherungsrast springt und ein Weiterschrauben nicht mehr möglich ist. Die rechte Hand schiebt das Schloß in die Hülse und legt die Kammer rechts und den Sicherungsflügel links. Schloßgang und Sicherungsgang werden geprüft. Das Schloß wird entspannt, indem die linke Hand den Abzug zurückzieht und die rechte Hand die Kammer vorführt und rechts herumlegt. Das Aufbringen des Kastenbodens erfolgt, indem die flache rechte Hand den Kastenboden nach vorn schiebt.

Zur Reinigung der Waffe bedient der Schütze sich des Reinigungsgerätes 34.

Das **Reinigungsgerät 34** und die Reinigungsstoffe (außer Waffenfett, Leinölfirnis und Putztuch) sind in einem Blechbehälter untergebracht. Dieser enthält:

1 Reinigungskette,
1 Reinigungsbürste,
1 Ölbürste,
1 Öltropfer,
1 Hülsenkopfwischer,
einige Reinigungsdochte.

Die **Reinigungskette** besteht aus Gliedern aus Stahldraht mit aufgeschobenen Aluminiumhülsen sowie einer Öse mit Wirbel zum Ziehen von Bürsten und Dochten durch den Lauf.

Die **Reinigungsbürste** ist eine Borstenbürste mit Messingdrahtbürste im Mittelteil. Sie dient mit dem auf die Bürste aufzutragenden Reinigungsöl zum Lösen der im Lauf nach dem Schießen verbliebenen Rückstände.

Die **Ölbürste** dient zum Ölen und etwaigen Nachölen des gereinigten Laufinnern.

Der **Öltropfer** dient zum Mitführen des Waffenreinigungsöls für den täglichen Bedarf und zum Ölen der Bürsten.

Der **Hülsenkopfwischer** aus Stahlblech dient zum Reinigen und Ölen des Hülsenkopfes und des Innern der Hülse mit Hilfe eines Reinigungsdochtes.

Der **Reinigungsdocht** besteht aus Baumwollfäden, 20fädig.

Er dient:

zum Entölen des Patronenlagers und des Laufinnern,

zum Entfernen der mit der Reinigungsbürste aufgelockerten Rückstände im Patronenlager und Lauf,

zum Reinigen und Ölen des Hülsenkopfes und des Innern der Hülse in Verbindung mit dem Hülsenkopfwischer,

zum Abtupfen oder hauchartigen Ölen aller Stahlteile der Waffe.

Bei der **Reinigung des Gewehrs** sind folgende Punkte besonders zu beachten:

Blankmachen der Waffenteile, Beseitigen von schwarzen Flecken (Regenflecken), Rostnarben oder Rostgruben führt zum vorzeitigen Verbrauch der Waffe. Feste Rückstände im Laufinnern, welche sich nicht durch vorschriftsmäßiges Reinigen entfernen lassen, dürfen nur in der Waffenmeisterei beseitigt werden.

Abblasen des Staubes, Hineinblasen in Bohrungen und Ausfräsungen erzeugt leicht Rost und ist zu unterlassen. Bei schroffem Temperaturwechsel ist der Mündungsschoner so lange auf der Waffe zu belassen und der Verschluß nicht zu öffnen, bis die Stahlteile äußerlich nicht mehr beschlagen sind. Erst dann darf gereinigt werden.

Es wird zwischen „Gewöhnlicher Reinigung" und „Hauptreinigung" unterschieden.

Die **„gewöhnliche Reinigung"** erfolgt nach dem Exerzieren, nach Zielübungen usw., wenn nicht geschossen wurde und wenn die Waffe nicht naß geworden oder stark verstaubt ist.

Bei der gewöhnlichen Reinigung soll das Laufinnere frisch geölt und die Waffe äußerlich von anhaftendem Staub oder Schmutz befreit werden. Sie erfolgt durch e i n e n Mann in nachstehender Reihenfolge:

a) Mündungsschoner aufsetzen, Deckel öffnen.

b) Schloß entnehmen.

c) Reinigungsdocht in die Öse der Reinigungskette einlegen.

d) Reinigungskette von der Patroneneinlage aus durch den Lauf fallen lassen und Reinigungsdocht trocken durch den Lauf ziehen; hierzu Waffe mit dem Kolben auf den Boden setzen, linke Hand greift zwischen Ober- und Unterring, rechte Hand zieht die Reinigungskette durch den Lauf. Beim Ziehen ist die Reinigungskette unter wiederholtem Vorgreifen um die Hand zu wickeln, Reibung der Kette am Mündungsschoner (bei M.-G.- und Pistolenläufen an der Mündung) muß vermieden werden.

e) Einölen des Laufinnern mit der geölten Ölbürste. Handgriffe wie unter d. Zum Ölen der Bürste wird der Bund des Tropfventils des Öltropfers zwischen Zeige- und Mittelfinger genommen. Durch Druck mit dem Daumen auf das Lüftventil werden sodann einige Tropfen Öl freigelassen.

f) Hülsenkopf und Hülse auswischen; hierzu Hülsenkopfwischer verwenden. Bei diesem wird ein reiner oder zum Laufreinigen verwendeter noch sauberer Reinigungsdocht durch das Ohr des Hülsenkopfwischers gezogen und fest um den gezahnten Steg geknotet. Die gleichen Enden des Dochtes werden um den Stiel gewickelt.

g) Mündungsschoner abnehmen und reinigen.

h) Schloß in zusammengesetztem Zustand äußerlich abtupfen und ölen.

i) Abwischen, Abtupfen und Ölen der Waffe äußerlich mit Putztuch und geöltem Reinigungsdocht.

Es ist darauf zu achten, daß jede Berührung der Reinigungskette, Dochte und Bürsten mit dem Fußboden, Sand und dergleichen vermieden wird. Nach jeder Waffenreinigung muß auch das Reinigungsgerät gesäubert werden.

Die **„Hauptreinigung"** ist durchzuführen nach jedem Schießen mit scharfer Munition, Platzpatronen oder Zielmunition und außerdem wenn die Waffe naß geworden oder stark verstaubt ist und wenn die Waffe auf Kammer gelagert werden soll.

Die Hauptreinigung des Laufinnern bezweckt das Entfernen der durch das vorläufige Einölen gelösten Rückstände und etwaiger Fremdkörper, wie Staub, Schmutz usw. Außerdem werden hierbei alle Außen- und Innenteile der Waffe gereinigt und entsprechend behandelt, um sie vor Verrosten zu schützen.

Die Hauptreinigung erfolgt durch einen Mann in nachstehender Reihenfolge:

a) Mündungsschoner aufsetzen und Deckel öffnen.

b) Schloß entnehmen.

c) Reinigungsbürste ölen und zweimal vom Patronenlager aus mit der Reinigungskette durch den Lauf ziehen.

d) Zwei bis drei Reinigungsdochte einzeln mit der Kette vom Patronenlager aus einmal durch den Lauf ziehen. Sind die Reinigungsdochte beim Durchziehen nicht zu schmutzig geworden, so ist die innere Seite der Dochte nach außen zu wenden und das Durchziehen in gleicher Weise zu wiederholen. Das Laufinnere ist rein, wenn der zuletzt durch den Lauf gezogene Reinigungsdocht rein geblieben ist.

e) Ölbürste ölen und ein- bis zweimal mit der Reinigungskette vom Patronenlager aus durch den Lauf ziehen.

f) Mündungsschoner abnehmen und reinigen.

g) Mündung reinigen und hauchartig ölen.

h) Hülsenkopf und das Innere der Hülse auswischen.

i) Schloß zerlegen, reinigen und ölen.

k) Reinigen und Ölen der übrigen Stahlteile der Waffe unter Anwendung von Reinigungsdochten und Putztuch.

l) Reinigen und Firnissen des Schaftes und Handschutzes.

m) Verstreichen der Schafteinlassungen mit Waffenfett.

Im Notfall und im Felde dürfen, falls das Reinigungsgerät 34 und die vorgeschriebenen Reinigungsstoffe nicht vorhanden sind, verwendet werden:

Ein Strick oder stärkerer Bindfaden als Ersatz für die Reinigungskette.

Ein wollenes Läppchen, etwa 60×120 mm, je nach Stärke des Stoffes, als Ersatz für die Bürsten und Reinigungsdochte. Das Läppchen wird mit Reinigungskette oder Strick durch den Lauf gezogen.

Ungesalzenes Schweinefett kann als Ersatz für Waffenreinigungsöl zum vorläufigen Einfetten, Reinigen des Laufinneren und Einfetten nach dem Reinigen Verwendung finden.

Jeder Mann hat sein **Seitengewehr** täglich auf Rostbildung und Beschädigungen zu untersuchen. Aufgefundene Fehler müssen zur Abhilfe sofort gemeldet werden.

Täglich sind Klinge, Gefäß und Scheide erst mit einem reinen trockenen Lappen abzuwischen. Dann wird der Kasten des Griffs, sowie alle Stahl- und Eisenteile mit einem leicht gefetteten Lappen aus- und abgewischt. Putzen der Stahl- und Eisenteile ist verboten. Zum Schutze gegen Rostbildung genügt überall ein Fetthauch, der durch einen leicht gefetteten Wollappen aufzutragen ist. Zu starkes Fetten wirkt nachteilig. Staub und Schmutz im Kasten des Griffs und am Haken des Haltestifts werden mit einem Holzspan, um den man einen reinen Lappen wickelt, entfernt. Beim Reinigen der Klinge ist darauf zu achten, daß sie nicht mit der Spitze gegen die Wand oder den Fußboden gesetzt wird. Das Seitengewehr ist vielmehr mit der einen Hand frei zu halten, während die andere die Klinge reinigt.

2. Das M.-G. 34 als l. M.-G.

Beschreibung des M.-G.

Das M.-G. 34 ist eine Maschinenwaffe, bei der das Zuführen, das Einführen der Patronen in den Lauf (Patronenlager), das Verriegeln des Laufes durch das Schloß und das Entzünden der Patrone sowie das Entriegeln des Laufes und das Auswerfen der Patronenhülse durch den Rückstoß in Verbindung mit der Federkraft selbsttätig ausgeführt wird. Es kann als Maschinenwaffe zur Abgabe von Dauerfeuer oder als Selbstladewaffe zur Abgabe von Einzelfeuer benutzt werden.

Teile des M.-G.

Lauf mit Verriegelungsstück,
Schloß,
Schließfeder,
Mantel mit Verbindungsstück, Visiereinrichtung
und Rückstoßverstärker (S),
Gehäuse mit Griffstück und Abzugvorrichtung,
Bodenstück, Kolben,
Deckel mit Zuführer oder Deckel mit Trommelhalter,
Geteilter Trageriemen.

Zum M.-G. 34 gehören ferner:
Bezug zum M.-G. 34,
Platzpatronengerät 34.

Im **Lauf** wird die Patrone entzündet und dem Geschoß Richtung und Drehung gegeben. Er gleicht dem des Gewehrs, nur ist die Wandung stärker. Am vorderen Ende hat er fünf Schmutzrillen, am hinteren Ende trägt er ein Gewinde zum Aufschrauben des Verriegelungsstückes. Dieses dient zum Verriegeln des Laufs durch das Schloß (Verschlußkopf) nach hinten.

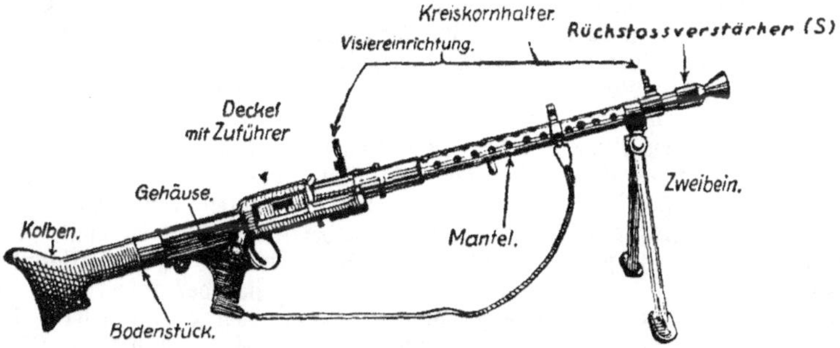

M.-G. 34 mit Gurtzuführung.

Das **Schloß** (Verschlußkopf mit Ausstoßer, Auszieher, Auswerfer, Ansätze mit Rollen, Stützhebel, Schlagbolzen, Schlagbolzenfeder, Schlagbolzenmutter, Federlager und Schloßgehäuse) verriegelt den Lauf nach hinten, betätigt den Zuführer und dient zum Laden und Entzünden der Patronen sowie zum Ausziehen und Auswerfen der Patronenhülsen.

Der **Verschlußkopf** dient zum Verriegeln des Laufes nach hinten und in Verbindung mit dem Schloßgehäuse und Federlager zum Spannen der Schlagbolzenfeder.

Der **Ausstoßer** stößt die Patrone aus dem Patronenstahlgurt oder der Patronentrommel in den Lauf (Patronenlager).

Der **Auszieher** zieht mit seiner Kralle die Patronenhülse aus dem Lauf.

Der **Auswerfer** dient zum Auswerfen der Patronenhülse mit Hilfe des Auswerferanschlages am Gehäuse.

Die beiden Ansätze mit Rollen dienen in Verbindung mit den Kurven am Verriegelungsstück des Laufes und am vorderen Teil des Gehäuses zur Drehung des Verschlußkopfes beim Verriegeln und Entriegeln des Laufes.

Der Stützhebel dient mit seiner Nase zum Zurückhalten des Schlagbolzens bei gespanntem Schloß und mit seinem Hebelarm zur Freigabe des Schlagbolzens bei verriegeltem Lauf.

Der Schlagbolzen dient mit Hilfe der Schlagbolzenfeder zum Entzünden der Patrone.

Die Schlagbolzenmutter verbindet den Verschlußkopf und das Schloßgehäuse mit Hilfe des Schlagbolzens und hält den Schlagbolzen bis zum Beginn der Verriegelung zurück.

Das Federlager ist in den langen Teil des Verschlußkopfes eingesetzt und bildet das hintere Widerlager für die Schlagbolzenfeder.

Das Schloßgehäuse dient zur Aufnahme des Verschlußkopfes zum Spannen der Schlagbolzenfeder mit Hilfe der Schlagbolzenmutter und zur Führung des Schlosses bei den Vor- und Rückwärtsbewegungen.

Die Schließfeder wirft das durch den Rückstoß zurückgeworfene Schloß wieder nach vorn und verriegelt mit ihm den Lauf nach hinten.

Der **Mantel** dient zur Lagerung und Führung des Laufes. Er ist durch das Verbindungsstück mit dem Gehäuse verbunden. Den vorderen Abschluß bildet die Gewindebuchse mit einem Einschub für die Verwendung des Zweibeins als Vorderunterstützung. In die Gewindebuchse wird der Rückstoßverstärker (S) zum Schießen mit scharfen Patronen eingeschraubt. Der mittlere Teil des Mantels — das Mantelrohr — ist zur besseren Abkühlung des Laufes mit Durchbrüchen versehen. Die Sperrfeder vorn unten am Mantelrohr verhindert ein selbständiges Lösen des Zweibeins aus dem Einschub. Der Ansatz mit Zapfen dient zum Festlegen des zurückgeklappten Zweibeins. Vor dem Verbindungsstück befindet sich der Einschub für das Zweibein zur Verwendung für die Mittelunterstützung. Die Sperrfeder vor dem hinteren Einschub verhindert ein selbständiges Lösen des Zweibeins aus dem Einschub. Oben auf dem Mantel befindet sich die mechanische Visiereinrichtung für den Erdzielbeschuß, das Fliegervisier (in das Stangenvisier eingeklappt) und der Kreiskornhalter zum Aufsetzen des Kreiskorns für den Flugzielbeschuß.

Der hintere Teil des Mantels — das Verbindungsstück — mit Bohrung für den Gehäusezapfen dient zur Verbindung des Mantels mit dem Gehäuse und zur hinteren Lagerung und Führung des Laufes. An der linken Seite befindet sich die Gehäusesperre. Sie verhindert ein selbständiges Ausdrehen des Mantels vom Gehäuse oder umgekehrt. An der rechten unteren Seite ist die Verschlußsperre angebracht, die bei

Abgabe eines Schusses das vorzeitige Zurückdrehen des Verschlußkopfes verhindert.

Das **Gehäuse** ist durch einen Zapfen und eine Leiste mit dem Mantel (Verbindungsstück) verbunden. Es dient zur Lagerung und Führung des Schlosses und zur Aufnahme der Schließfeder. Nach oben wird das Gehäuse durch den Deckel mit Zuführer oder den Deckel

1. Vorderer Einschub für das Zweibein zur Vorderunterstützung.
2. Hinterer Einschub für das Zweibein zur Mittelunterstützung.
3. Deckel und Zuführeroberteil.
4. Gehäuse.
5. Zuführerunterteil.
6. Trageriemen.
7. Hintere Sperrfeder.
8. Ansatz mit Zapfen zum Festlegen des Zweibeins.
9. Öse zum Einhaken des Trageriemens.
10. Vordere Sperrfeder.

mit Trommelhalter abgeschlossen. Am hinteren Teil ist die Bodenstücksperre mit Feder befestigt und das Bodenstück mit Kolben abnehmbar angebracht. Unten befindet sich das Griffstück mit Abzugsvorrichtung und Sicherung. Hinter dem Griffstück ist der Befestigungsbolzen zum Einsetzen des M.-G. in die M.-G.-

Lafette in den Zwillingssockel 36 usw., vor dem Griffstück sind Ansätze für den Hülsensack und ein Durchbruch für den Hülsenauswurf. Im linken Teil der Wandung lagert die Vorholstange mit Feder. Sie drückt den Lauf nach der Entriegelung wieder in seine alte Lage zurück. An der rechten Seite befindet sich der Spannschieber mit Blattfeder zum Anheben der Verschlußsperre, zum Zurückziehen des Schlosses und Spannen der Schließfeder sowie ein Ansatz zum Nachvornstoßen des Auswerfers (Auswerferanschlag).

Das **Bodenstück** verschließt das Gehäuse nach hinten und dient als Widerlager für die Schließfeder, sowie zur Anbringung des Kolbens. Im Bodenstück befindet sich eine Pufferfeder, die ein zu hartes Anschlagen des Schlosses nach rückwärts verhindert.

Der Kolben ist abnehmbar am Bodenstück befestigt und dient zum Einziehen des M.-G. in die Schulter.

Der **Deckel mit Zuführeroberteil** dient bei Verwendung des Patronenstahlgurtes in Verbindung mit dem Zuführerunterteil zum Zuführen der Patronen. Der Zuführerunterteil ist zum Einhängen der Gurttrommel 34 eingerichtet. Am Deckel befindet sich der Deckelriegel. Auf dem vorderen Teil des Deckels wird der Zuführeroberteil aufgeschoben. Auf der Innenseite des Deckels ist der Transport- und Gurtschieberhebel mit einem Zapfen beweglich befestigt. Der vordere Teil des Deckels läuft in einen hakenförmigen Ansatz aus, mit dem der Deckel am Gehäuse angebracht ist.

Der geteilte Trageriemen dient zum Umhängen des M.-G. auf dem Marsche und als Handgriff zum Tragen desselben beim sprungweisen Vorgehen im Gefecht.

Die **Fliegervisiereinrichtung** besteht aus dem Fliegervisier, das in die Visierstange für das Erdvisier eingelassen ist, und dem Kreiskorn, das in seinem Fuß in den Kreiskornhalter am Mantel eingesetzt wird. Die drei Kreise des Kreiskornes sind durch ein Fadenkreuz und vier Zwischenstreben miteinander verbunden.

Das Platzpatronengerät 34

besteht aus

Lauf mit Muffe
Einsatzstück mit Verriegelungsstück.

Es wird zum Schießen mit Platzpatronen verwendet. Der Lauf, das Einsatzstück und das Verriegelungsstück sind aus einem M.-G.-Lauf 34 oder einem M.-G.-Lauf 08 bzw. 08/15 gefertigt.

Das Einsatzstück bildet den hinteren Teil des Platzpatronengerätes.

Die Muffe ist ein Hohlzylinder. Sie dient zur Verbindung des Laufes mit dem Einsatzstück. Vor jedem scharfen Schießen muß das Platzpatronengerät gegen einen Lauf 34 ausgewechselt werden.

a) Lauf zum Pl.-Patr.-Gerät 34 (vollständig)

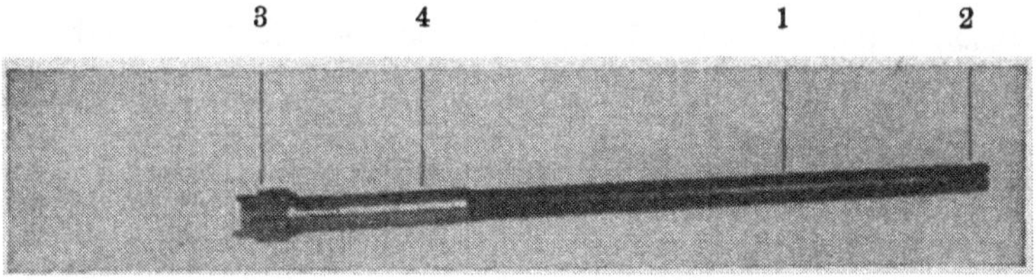

b) Lauf zum Pl.-Patr.-Gerät 34 (zerlegt)

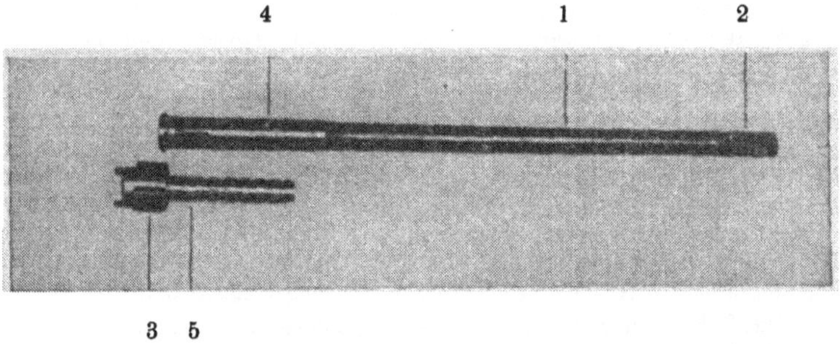

1. Lauf. 2. Schmutzrillen. 3. Verriegelungsstück. 4. Muffe. 5. Einsatzstück.

Vorgang in der Waffe beim Schuß.

Beim Laden.

Das Schloß befindet sich in der vordersten Stellung, Schlagbolzenfeder entspannt. Durch das Zurückziehen des Schlosses in seine hinterste Stellung wird der Verschluß entriegelt und die Schlagbolzenfeder sowie die Schließfeder gespannt.

Der Spannschieber hebt mit der Blattfeder die Verschlußsperre an, legt sich mit dem Mitnehmer (Ansatz) vor das Schloßgehäuse und nimmt zunächst dieses mit zurück. Hierbei gleiten die Gleitsteine (Ansätze am langen Teil des Verschlußkopfes) in den kurvenförmigen Durchbrüchen im Schloßgehäuse entlang und unterstützen die Kurvenstücke (am vorderen Teil des Gehäuses) bei der Drehung des Verschlußkopfes aus dem Verriegelungsstück des Laufes. Die Verriegelung ist gelöst. Vergleiche die Vorgänge beim Hochheben (nach links drehen) des Kammerstengels beim Gewehr.

Durch die Drehbewegung des Verschlußkopfes wird das Schloßgehäuse zurückgedrückt und die Schlagbolzenfeder mit Hilfe der Schlagbolzenmutter gespannt. Der Stützhebel am Verschlußkopf tritt mit seiner Nase vor den Ansatz (Bund) des Schlagbolzens, ohne ihn zunächst zu halten, da er noch von der Schlagbolzenmutter und vom Schloßgehäuse zurückgehalten wird.

Gleichzeitig werden die Zapfen mit den Rollen am Verschlußkopf durch die Kurven am vorderen Teil des Gehäuses in die Führungsbahn des Schlosses gebracht. Das Schloß trennt sich vom Lauf und wird in die hinterste Stellung gebracht. Der Stollen des Abzugshebels legt sich vor die Nase am unteren Teil des Schloßgehäuses und hält das Schloß fest. Der Gurt wird so in den Zuführer gezogen oder gelegt, daß die erste Patrone an die Schloßbahn zu liegen kommt. Vergleiche das Zurückziehen der Kammer und das Eindrücken von fünf Patronen in die Mehrladeeinrichtung beim Gewehr.

Bei der Schußabgabe.

(Das M.-G. ist entsichert.)

Durch das Zurückziehen des Abzuges wird der Stollen des Abzugshebels aus der Führungsbahn des Schlosses gebracht und das Schloß freigegeben. Die gespannte Schließfeder wirft das Schloß nach vorn. Beim Nachvornschnellen des Schlosses wird die über der Schloßbahn befindliche Patrone vom Ausstoßer aus dem Patronengurt bzw. Patronentrommel gestoßen und in das Patronenlager des Laufes geschoben. Bei der Gurtzuführung betätigen die beiden Ansätze am Schloßgehäuse den Transporthebel. Dadurch wird der Patronengurt vom Gurtschieberhebel so weit nach rechts (links) geschoben, daß die nächste Patrone über die Schloßbahn zu liegen kommt. Der Schlagbolzen wird noch von der Schlagbolzenmutter und dem Schloßgehäuse festgehalten.

Durch die Kurven des Verriegelungsstückes am Lauf wird der Verschlußkopf mit Hilfe der Zapfen mit Rollen zu einer Drehung gezwungen und in die Verriegelungskämme des Verriegelungsstückes eingedreht. Kurz nach Beginn der Drehung des Verschlußkopfes wird der Schlagbolzen von der Schlagbolzenmutter und dem Schloßgehäuse freigegeben. Er stützt sich jetzt mit seinem Bund gegen die Nase des Stützhebels. Während der Drehung wird das Schloßgehäuse durch die Schließfeder noch weiter gegen den Verschlußkopf gedrückt. Dadurch schiebt sich die schräge Fläche am Schloßgehäuse über den Stützhebelarm. Die Nase des Stützhebels gibt jetzt den Schlagbolzen frei. Gleichzeitig greift die Verschlußsperre über einen Zapfen mit Rollen am Verschlußkopf und verhindert ein Zurückprallen desselben.

Der Schlagbolzen schnellt vor und entzündet die Patrone.

Vergleiche das Vorschieben der Kammer (mit einer Patrone), das Nachrechtsdrehen des Kammerstengels und das Zurückziehen des Abzuges beim Gewehr.

Beim Entladen.

Durch den Rückstoß werden die verriegelten Teile (Lauf und Schloß) zurückgeworfen. Die Zapfen mit Rollen des Verschlußkopfes laufen hierbei mit ihren oberen Rollen auf den Kurvenstücken im Gehäuse und zwingen den Verschlußkopf mit Hilfe der Zapfen und oberen Rollen zu einer Drehung. Die unteren Rollen der Zapfen laufen auf den Kurven des Verriegelungsstückes. Damit wird die Verriegelung aufgehoben, d. h. das Schloß vom Lauf getrennt und nach rückwärts geworfen. Durch die

Drehung des Verschlußkopfes wird das Schloßgehäuse und die Schlagbolzenmutter mit Schlagbolzen zurückgedrückt und die Schlagbolzenfeder gespannt.

Bei der Drehung und dem Entfernen des Verschlußkopfes vom Lauf wird die vom Auszieher erfaßte Patronenhülse im Patronenlager gelockert und aus dem Lauf gezogen.

Der Lauf geht so weit zurück, bis die Entriegelung durch die Drehung des Verschlußkopfes beendet ist. Durch die Vorholstange mit Feder und die Ansätze im Kopf des Gehäuses (Kurvenstücke) wird der Lauf in seiner Rückwärtsbewegung begrenzt. Die Vorholstange mit Feder wirft den Lauf sofort wieder in seine vordere Lage.

Die vom Auszieher erfaßte Patronenhülse wird beim Rücklauf des Schlosses vom Auswerfer, der mit seinem hinteren Teil an den Auswerferanschlag am Gehäuse stößt, nach unten ausgeworfen. Vergleiche das Ausziehen und Auswerfen der Patronenhülse beim Gewehr (Entladen).

Durch die Rückwärtsbewegung des Schlosses wird die Schließfeder gespannt. Der Vorgang wiederholt sich so lange, bis keine Patrone mehr zugeführt wird oder der Schütze den Abzug losläßt.

Beim Sichern und Entsichern.

Zum Sichern der Waffe wird der Sicherungsflügel so weit nach hinten geschwenkt, bis das „F" verdeckt und nur das „S" sichtbar ist. Dabei legt sich die Achse der Sicherung über den vorderen Arm des Abzugshebels und sperrt denselben. Gesichert werden darf nur, wenn sich das Schloß in der hintersten Stellung befindet. Der Versuch zu sichern, wenn sich das Schloß in der vordersten Stellung oder auf dem Wege nach vorn oder rückwärts befindet, ist nicht nur zwecklos, sondern führt nur zu empfindlichen Störungen (Festklemmen des Schlosses im Gehäuse).

Zum Entsichern wird der Sicherungsflügel so weit nach vorn geschwenkt, bis das „F" sichtbar und das „S" verdeckt ist.

Zurechtmachen des M.-G. 34 zum Schießen.

A. Das M.-G. 34 muß vom Waffenmeister einwandfrei instandgesetzt sein.

B. Beim Zurechtmachen des M.-G. zum Schießen hat die Bedienung folgende Punkte zu beachten:

Munition, Gurte (Patronentrommel 34) und Patronenlager.

1. Für das Schießen mit M.-G. 34 sind nach Möglichkeit nur Patronen aus Originalpackungen zu verwenden; Patronen, die sich nicht mehr in der Originalpackung befinden, werden zweckmäßig nur aus dem Gewehr verschossen.

6*

2. Verbeulte Patronen, Patronen mit eingedrückten Geschossen oder verrosteten Hülsen dürfen nicht gegurtet werden.

3. Vor dem Füllen eines neuen Patronengurtes müssen innen die Taschen gereinigt und dann hauchartig eingeölt werden (Gurte außen und Patronen selbst nicht einölen).

4. Jeder Gurt muß vor dem Füllen nachgesehen werden auf Beschädigungen (verbogene Krallen, gerissene Taschen usw.).

5. Gefüllte Gurte nachsehen auf richtigen Sitz der Patronen im Gurt (beschädigte Patronen müssen aus dem Gurt entfernt werden).

6. Lauf nachsehen, ob **Patronenlager** und Verriegelungsstück sauber sind, auch bei den Vorratsläufen.

Lagerung und Führung des Laufes.

1. Den Rückstoßverstärker (S) abschrauben und auf Sauberkeit nachsehen (besonders die Düse). An den Stellen, die dem Lauf seine vordere Lagerung und Führung im Rückstoßverstärker (S) geben, darf sich kein Schmutz (Rückstände) befinden. Der Rückstoßverstärker (S) muß fest eingeschraubt sein und von der Sperre zuverlässig gehalten werden.

2. Die einwandfreie Lagerung und Führung des Laufes im Mantel prüfen. Dazu den Lauf bei ausgeklapptem Mantel bzw. Gehäuse mehrmals zurückziehen und vorwärtsschieben.

3. Beim Pl.-Patr.-Gerät prüfen, ob das Einsatzstück sich zwanglos in der Muffe bewegen läßt.

Das zwanglose Arbeiten der Vorholstange prüfen, indem die Federung der Vorholstange mit einer Exerzierpatrone oder einem Stück Holz durch Zurückdrücken und Loslassen untersucht wird.

Lagerung, Führung und Arbeitsleistung des Schlosses.

1. Das Schloß prüfen auf:

   a) Gängigkeit im Gehäuse (durch mehrmaliges Vorgehenlassen und Zurückziehen prüfen, ob es sich zwanglos bewegen läßt),

   b) Federung und Abnutzung des Ausstoßers,

   c) unbeschädigte Ansätze und gängige Rollen,

   d) unbeschädigte Verriegelungskämme,

   e) einwandfreies Arbeiten des Stützhebels. Er muß den Schlagbolzen bei Beginn der Drehung des Verschlußkopfes richtig zurückhalten (Schlagbolzenmutter muß *ganz* eingeschraubt sein),

f) unbeschädigtes Schloßgehäuse (Rampe, Schrägflächen, Führungsschienen),

g) einwandfreies Arbeiten des Schlagbolzens. Beim entspannten Schloß muß er mit seiner Spitze richtig am Verschlußkopf vorstehen. Die Schlagbolzenspitze muß frei von Grat und nicht verbogen sein,

h) Spannkraft der Schlagbolzenfeder; auf den Schlagbolzen aufgestreift, soll sie diesen um mindestens zwei Gewindegänge überragen,

i) ordnungsmäßigen Sitz des Federlagers,

k) ordnungsmäßiges Arbeiten des Ausziehers und Auswerfers.

2. Den Auswerferanschlag am Gehäuse nachprüfen, ob er nicht abgenutzt oder locker ist (mit Exerzierpatronen laden und entladen; dabei sich überzeugen, ob die Exerzierpatrone [Hülse beim Schießen] scharf nach unten ausgeworfen wird).

Ebenso sind die Vorratsteile (Lauf und Schloß) zu prüfen.

3. Schließfeder nachsehen, ob sie genügend Spannkraft hat (beim Zurückziehen des Schlosses mit dem Spannschieber muß ein erheblicher, ständig zunehmender Druck festgestellt werden). Sie muß mindestens die Länge vom hinteren Teil des Gehäuses bis über den hinteren Einschub für das Zweibein haben.

4. Den Abzughebel nachsehen, ob er nicht klemmt, ob der Abzugstollen das Schloß einwandfrei zurückhält und beim Zurückziehen des Abzuges richtig losläßt.

5. Prüfen der gleitenden Teile im Zuführeroberteil (Zubringehebel, Gurthebel, Transportstange usw.).

6. Der Ansatz an der Verschlußsperre darf nicht abgenutzt sein. Die Verschlußsperre muß bei hergestellter Verriegelung des Laufes durch den Verschlußkopf zuverlässig über den Ansatz mit Rollen treten. Auch darf sie in ihrer Bewegung durch Schmutz usw. nicht gehemmt werden. Fehlerhaftes Arbeiten der Verschlußsperre führt zu Versagern oder Bodenreißern.

7. Sind die Patronengurte, die Munition und das M.-G. 34 nachgesehen und in Ordnung, so sind die beweglichen Teile einzuölen und mit Schwefelblüte zu bestreuen, und zwar:

Verriegelungsstück des Laufes (nur außen),

Schloß,

Zuführer und

Vorholstange.

Bei der **Reinigung** des M.=G. unterscheidet man die gewöhnliche und die gründliche Reinigung.

Nach dem gewöhnlichen Dienst werden nur Staub, Schmutz, altes Fett und Feuchtigkeit beseitigt. Dann werden die einzelnen Teile eingefettet.

Nach jedem Schießen wird dagegen das M.=G. gründlich gereinigt. Hierzu wird es auseinandergenommen. Die einzelnen Teile legt der Schütze auf saubere Unterlagen und reinigt sie von Schmutz, Öl und Pulverrückständen. Das Laufinnere wird wie der Gewehrlauf gereinigt. Nachdem alle Teile gereinigt und leicht eingeölt sind, wird das Gewehr wieder zusammengesetzt.

3. Die Maschinenpistole (M.=P. 38 und 40).

Allgemeines.

Die Maschinenpistole ist eine besonders für den Nahkampf geeignete Waffe. Sie ermöglicht Abgabe von Dauerfeuer auf Entfernungen bis 200 m. Auf größere Entfernungen verspricht ihr Einsatz keine Wirkung.

Die M.=P. 38 und 40 sind Rückstoßlader, d. h. das Einführen der Patrone in den Lauf, das Entzünden der Patrone und das Ausziehen sowie das Auswerfen der Patronenhülse erfolgt durch den Rückstoß in Verbindung mit der Federkraft. Der Lauf steht beim Schießen fest.

Aus den M.=P. 38 und 40 kann nur die „Pistolenpatrone 08" verschossen werden. Die Zuführung der Patronen erfolgt durch ein Magazin mit 32 Schuß. Die Schußfolge beträgt 350—400 Schuß, die praktische Feuergeschwindigkeit 80 bis 90 Schuß in der Minute.

Beschreibung der M.=P. 38 und 40.

Im **Lauf** wird die Patrone zur Entzündung gebracht und dem Geschoß Richtung und Drehung gegeben. Er steht beim Schießen fest.

Auf dem vorderen oberen Teil des Laufes befindet sich das Korn mit dem Kornschutz. Auf dem vorderen unteren Teil des Laufes ist ein Widerlager, das ein Zurückrutschen der M.=P. beim Schießen aus Panzerwagen usw. verhindert. Eine am Laufe befestigte Schiene dient zur Auflage des Laufs auf Panzerwände usw.

Das **Gehäuse** ist bei der M.=P. 38 glatt, bei der M.=P. 40 mit Rillen versehen. Es dient zur Lagerung und Führung des Verschlusses. Auf seiner oberen Seite befindet sich das Visier. Es kann auf zwei Entfernungen eingestellt werden (Standvisier 100 m, Visierklappe 200 m). Vorn unten am Gehäuse befindet sich der **Magazinhalter** zum Anbringen des Magazins. Die Magazinsperre hält das Magazin fest. Hinter dem Magazinhalter befindet sich der Auswerfer zum Auswerfen der leeren Patronenhülsen.

Der **Schaft** dient zur Lagerung des Laufes und des Gehäuses sowie zur Handhabung der M.=P. Er ist mit dem Gehäuse durch den Sperrbolzen (Verschlußbolzen) verbunden. An der Unterseite des Schaftes befindet sich die **Abzugsvorrichtung.**

Die **Schulterstütze** dient zum Einziehen der M.=P. in die Schulter beim Schießen. Sie kann bei Nichtbenutzung nach vorn unter den Schaft geklappt werden.

Der **Verschluß** dient zum Einführen der Patrone in den Lauf, zum Ver=

schließen des Laufes nach rückwärts, zum Entzünden der Patrone sowie zum Ausziehen und Auswerfen der Patronenhülse. Er setzt sich zusammen aus:

Kammer mit Auszieher und Kammergriff,

Schlagbolzen (teleskopartiges Gehäuse mit Schließfeder und Puffer).

Die **Schließfeder** wirft den durch den Rückstoß zurückgeworfenen Verschluß wieder nach vorn. Sie dient gleichzeitig als Schlagbolzenfeder.

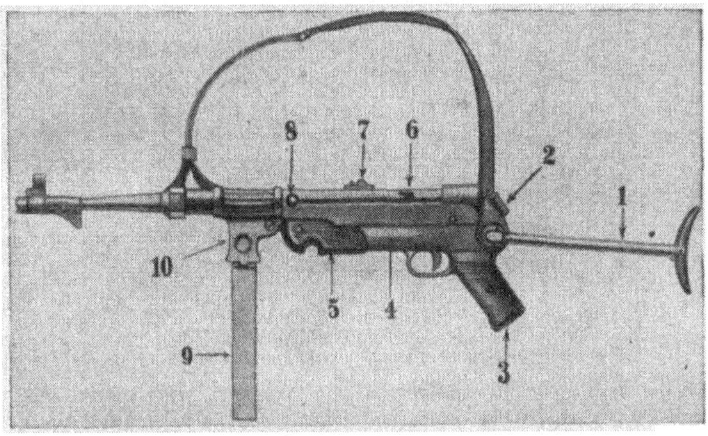

M.-P. mit ausgeklappter Schulterstütze.

1 Schulterstütze	6 Sicherungsrast
2 Druckstück zur Schulterstütze	7 Visier
3 Griffstück	8 Kammergriff
4 Kasten	9 Magazin
5 Sperrbolzen	10 Magazinsperre

Auseinandernehmen und Zusammensetzen der M.-P. 38 und 40.

Vor dem Auseinandernehmen muß die M.-P. entladen und entspannt sein (Lauf frei, Verschluß in vorderster Stellung).

1. Der Sperrbolzen (Verschlußbolzen) wird mit Daumen und Zeigefinder der linken Hand nach unten herausgezogen und um etwa 90 Grad gedreht.
2. Lauf mit Gehäuse (Hülse), Magazinhalter und Verschluß wird aus dem Kasten genommen. Die rechte Hand umfaßt das Griffstück und zieht mit dem Zeigefinger den Abzug zurück.

Die linke Hand erfaßt das Gehäuse am Magazinhalter, dreht den Lauf mit Gehäuse etwa eine viertel Drehung nach rechts und nimmt diese Teile nach vorn aus dem Kasten.

3. Die Mündung wird etwas angehoben, der Verschluß mit der rechten Hand aufgefangen und aus dem Gehäuse genommen.

Das **Zusammensetzen** der M.-P. erfolgt in umgekehrter Reihenfolge.

Das Reinigen der M.-P. erfolgt mit dem Reinigungsgerät 34 gem. H.Dv.256.

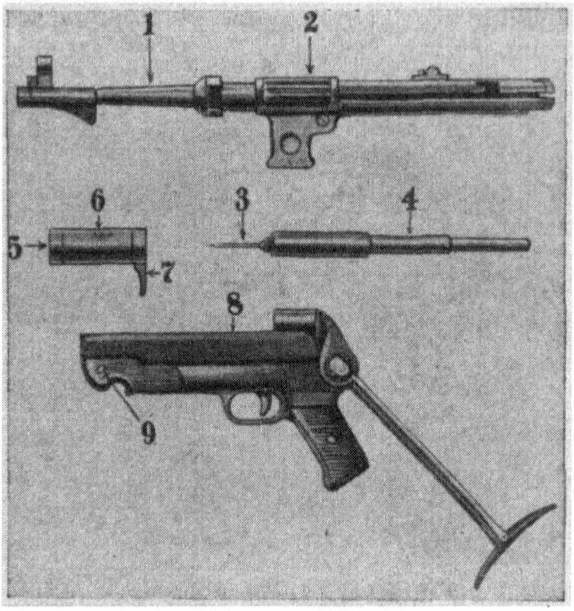

M.-P. auseinandergenommen.

1 Lauf
2 Gehäuse
3 Schlagbolzen
4 Teleskopartiges Gehäuse mit Schließfeder
5 Kammer
6 Auszieher
7 Kammergriff
8 Kasten
9 Sperrbolzen (Verschlußbolzen)

Vorgang in der Waffe beim Schuß.

In der geladenen M.-P. wird der zurückgezogene Verschluß vom Abzugstollen festgehalten.

Durch das Zurückziehen des Abzuges wird der Abzugstollen nach unten geschwenkt und der Verschluß freigegeben.

Unter dem Druck der Schließfeder schnellt der Verschluß nach vorn und schiebt dabei die oberste Patrone aus dem Magazin in den Lauf. Die Kralle des Ausziehers legt sich in die Rille am Patronenboden. Sobald der Verschluß durch seine Masse und den Druck der Schließfeder den Lauf nach hinten abgeschlossen hat, wird die Patrone durch die aus dem Verschluß hervorragende Schlagbolzenspitze entzündet. Durch den Druck der Pulvergase wird der Verschluß nach rückwärts geworfen. Dabei nimmt der Auszieher die Patronenhülse so weit mit zurück, bis sie von dem Auswerfer nach oben rechts durch die Hülsenauswurföffnung ausgeworfen wird.

4. Die Pistole 08.

a) Beschreibung der Pistole.

Die Pistole 08 ist ein Selbstlader. Sie besorgt selbsttätig nach dem Schuß Ausziehen und Auswerfen der leeren Patronenhülse sowie das Laden einer neuen Patrone. Der Schütze braucht nur das Füllen und Einführen des Magazins und das Laden des ersten Schusses zu tätigen. Er hat dann nach jedem Schuß eine sofort wieder schußbereite Waffe in der Hand, solange sich noch eine Patrone im Magazin befindet.

Die Pistole 08 besteht aus Lauf, Hülse, Verschluß, Griffstück mit Deckplatte, Sperrstück und Griffschalen, Visiereinrichtung, Abzugsvorrichtung, Sicherung, Mehrladeeinrichtung.

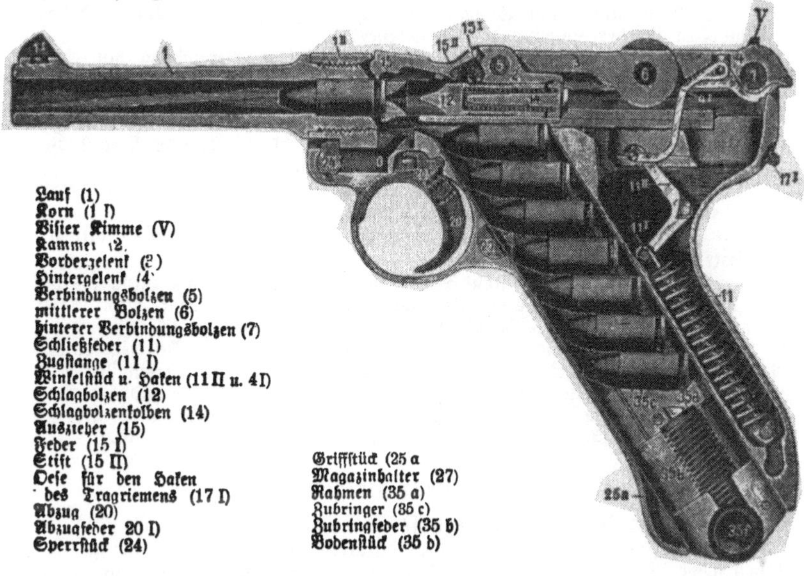

Lauf (1)
Korn (1 I)
Visier Kimme (V)
Kammer (2)
Vordergelenk (3)
Hintergelenk (4)
Verbindungsbolzen (5)
mittlerer Bolzen (6)
hinterer Verbindungsbolzen (7)
Schließfeder (11)
Zugstange (11 I)
Winkelstück u. Haken (11 II u. 4 I)
Schlagbolzen (12)
Schlagbolzenkolben (14)
Auszieher (15)
Feder (15 I)
Stift (15 II)
Oese für den Haken des Tragriemens (17 I)
Abzug (20)
Abzugfeder (20 I)
Sperrstück (24)

Griffstück (25 a
Magazinhalter (27)
Rahmen (35 a)
Zubringer (35 c)
Zubringfeder (35 b)
Bodenstück (35 d)

Der **Lauf** besteht aus dem gezogenen Teil und dem glatten Teil oder Patronenlager. Der gezogene Teil besitzt 6 nach rechts gewundene Züge und ein Kaliber von 9 mm.

Der Lauf ist in die aus zwei Gabelstücken bestehende **Hülse** eingeschraubt. Die Gabelstücke gehen nach vorn in einen Hohlzylinder, den Hülsenkopf, über. In diesem befindet sich das Muttergewinde zum Festschrauben des Laufes. Nach hinten laufen die Gabelstücke in Backen aus, die durch an ihrer Innenseite angebrachte Nuten die Verbindung mit dem Verschluß und durch an ihrer Außenseite angebrachte Nuten die Verbindung mit dem Griffstück herstellen.

Im linken Gabelstück ist die Abzugsstange mit dem Stangenbolzen und der Stangenfeder, im rechten Gabelstück der Auswerfer angebracht. Der Grenzstollen unterhalb des Hülsenkopfes legt sich vorn gegen das Sperrstück und begrenzt dadurch die Rück- und Vorwärtsbewegung von Hülse und Lauf.

Der **Verschluß** besteht in seinen Hauptteilen aus Kammer, Kniegelenk (Hinter- und Vordergelenk), Kupplung und Schließfeder. In der inneren Bohrung der Kammer befinden sich der Schlagbolzen, die Schlagbolzenfeder und der Federkolben, vorn oben an der Kammer befindet sich der Auszieher. Das Kniegelenk dient im Verein mit der Kupplung und der Schließfeder der Vor- und Rückwärtsbewegung von Lauf und Hülse. Außerdem bewirkt es das Öffnen und Schließen des Verschlusses, sowie das Laden und Spannen.

Das **Griffstück** dient zur Verbindung aller Teile und zur Handhabung der Pistole. Sein vorderer Teil enthält das Sperrstück, die Deckplatte sowie den Abzug mit Feder und Abzugsbügel. Der Griffbügel mit den beiden Griffschalen enthält die Mehrladeeinrichtung, das Kammerfangstück, die Schließfeder und die Sicherung sowie die Kupplung. Am hinteren Ende des Griffstückes ist eine Öse für den Haken des Trageriemens angebracht.

Die **Visiereinrichtung** besteht aus Kimme und Korn. Die Kimme ist in dem Hintergelenk des Verschlusses angebracht, so daß dieses gewissermaßen mit seinem oberen Teil das Visier der Pistole bildet. Das Korn ist mit dem Kornfuß in die Kornwarze an der Laufmündung eingeschoben.

Die **Abzugsvorrichtung** besteht aus dem Abzug, dem Abzugsbügel (am Griffstück), der Abzugsstange mit Stangenfeder und -bolzen (an der Hülse) und dem Schlagbolzen (in der Kammer des Verschlusses).

Die **Sicherung** wird durch einen Sicherungshebel in Verbindung mit einem Sicherungsriegel betätigt.

Die **Mehrladeeinrichtung** besteht aus dem Magazin nebst einem Magazinhalter. Das Magazin besteht aus dem Magazingehäuse, dem Zubringer mit der Zubringerfeder, sowie dem Knopf und dem Bodenstück. Das Magazin faßt 8 Patronen. Der Magazinhalter ist in das Griffstück eingebaut.

Als **Zubehör** gehören eine Ledertasche, ein Reservemagazin (in der Ledertasche), ein Schraubenzieher und ein Wischstock zur Pistole.

Die Pistole 08 ist ihrer **Wirkungsweise** nach ein Rückstoßlader mit zurückgleitendem Lauf und Verschluß.

Der Rückstoß beim Schuß stößt Lauf und Verschluß gemeinsam zurück bis der Lauf durch das Sperrstück aufgehalten und vom Verschluß getrennt wird. Unter Emporschnellen des Kniegelenks gleitet der Verschluß weiter zurück, wirft dabei die leere Patronenhülse aus und spannt gleichzeitig das Schloß. Bei dem darauf durch die Schießfeder bewirkten Vorschnellen und Schließen des Verschlusses wird zugleich eine Patrone aus dem Magazin in den Lauf eingeschoben und der Lauf wieder in seine Ruhelage vorgebracht, so daß die Pistole nach Freigabe des Abzugs durch den Schützen (Vorschnellen des Abzugshebels) wieder schußfertig ist.

b) Behandlung der Pistole.

Bei der **Handhabung der Pistole** ist vom Schützen von Anfang an äußerste Vorsicht zu beachten. Unvorsichtigkeit führt sehr leicht Unglücksfälle herbei. Die Pistole ist darum stets mit der Mündung schräg vorwärts nach unten weit genug vor die eigenen Fußspitzen zu halten. Der Finger darf niemals den Abzug berühren.

Nur beim Anschlag auf ein Ziel wird die Pistole aus dieser Lage gebracht und der Finger an den Abzug gelegt. Stets ist auch die Pistole zu sichern, wenn nicht sofort geschossen werden muß.

Zum **Auseinandernehmen der Pistole** wird zunächst das Magazin herausgezogen. Dann wird die Waffe in die linke Hand genommen — Daumen am Sperrstück, 4 Finger an Griff und Abzugsbügel —. Der Lauf wird mit der rechten Hand zurückgezogen, das Sperrstück mit dem linken Daumen um ein Viertel nach unten gedreht. Dann wird der Pistolengriff in die rechte Hand genommen und die Deckplatte mit der linken Hand abgehoben. Nun kann man den Lauf mit der linken Hand nach vorn abziehen. Das Griffstück wird weggelegt und der Verbindungsbolzen des Hintergelenks mit dem rechten Zeigefinger herausgenommen. Dann hebt man den Verschluß an seinen Handhaben leicht und zieht danach den Verschluß heraus.

Das **Zusammensetzen der Pistole** erfolgt in umgekehrter Reihenfolge. Hierbei ist zu beachten, daß bei dem Einführen des Verschlusses in die Hülse die Abspannvorrichtung durch Druck auf die Abzugsstange entspannt wird und daß beim Aufschieben der Hülse auf das Griffstück die Waffe so gehalten und so gedreht wird, daß der Haken der Kupplung in den Hebel derselben einhakt.

Die **Reinigung** der Pistole hat grundsätzlich sofort nach jedem Gebrauch zu erfolgen. Vor allen Dingen ist das Laufinnere nach jedem Schießen sobald als möglich zu ölen. Die Waffe ist dazu auseinanderzunehmen, um dann sinngemäß nach der Art des Gewehrs 98 gereinigt zu werden.

Zum **Füllen des Magazins** erfaßt die linke Hand das Magazin, Öffnung oben, Spitze rechts, streift den Schraubenzieher — Schneide oben — mit seiner Durchbohrung über den Knopf und zieht mit dem Daumen die Zubringerplatte auf den Abstand einer Patronenstärke herunter. Die rechte Hand schiebt eine Patrone von vorn unter die übergreifenden Lippen, ohne diese gewaltsam auseinander zu pressen. Bei der zweiten Patrone wird in gleicher Weise verfahren. Das Herunterziehen der Platte hat absatzweise zu erfolgen, da nur dann die Patronen sich richtig lagern.

Die **Entleerung des Magazins** geschieht entsprechend.

5. Die Munition für Handfeuerwaffen und M.=G.

Man unterscheidet folgende Munitionsarten (siehe Bild):

S.= (Spitzgeschoß) Munition (1) (nur in beschränkter Zahl vorhanden),
s. S.=Munition (2),
S. m. K. L'spur=Munition (3) und
Pistolen=Munition (4).

Außerdem gibt es noch Spezialgeschosse z. B.:

l. S.=Munition,
l. S. L'spur=Munition usw.

Die **scharfe Patrone** besteht in allen genannten Sorten aus der Hülse, dem Zündhütchen, der Pulverladung und dem Geschoß.

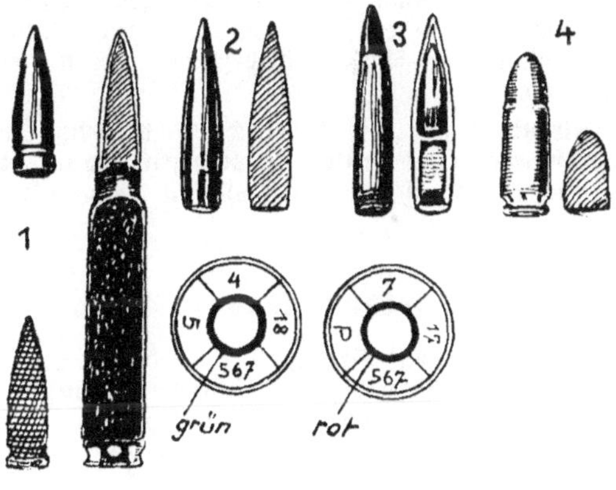

Die **Patronenhülse** ist aus Messing oder kupferplattiertem Stahl, von flaschenförmiger Gestalt und hinten mit einer Eindrehung für die Kralle des Ausziehers versehen. In der Mitte des Bodens liegt die Zündglocke mit dem Amboß für das Zündhütchen. Die Zündglocke hat zwei Zündkanäle, durch welche der Zündstrahl in den Innenraum der Hülse dringt, um das dort befindliche Pulver zu entzünden.

Das **Zündhütchen** ist eine Kapsel, welche den mit einem Zündblättchen bedeckten Zündsatz enthält.

Die **Pulverladung** besteht aus Gewehrblättchenpulver.

Das **Geschoß** besteht in jeder Sorte aus einem Weichbleikern mit einem darüber gezogenen tombakplattierten Stahlblechmantel. Das S.-Geschoß, d. h. Spitzkopfgeschoß oder Spitzgeschoß, ist 10 g schwer und hat eine Länge von nur 28 mm.

Das **s. S.-Geschoß**, d. h. schweres Spitzgeschoß, ist 12,8 g schwer und 35 mm lang. Es ist im hinteren Teil konisch verjüngt. Trotz geringerer Anfangsgeschwindigkeit als das S.-Geschoß fliegt es dadurch stabiler, wahrt seine Geschwindigkeit besser und hat dadurch auf den Entfernungen über 1200 m eine gestrecktere Flugbahn.

Das **S. m. K. L'spur-Geschoß**, d. h. S. m. K.-Leuchtspurgeschoß ist nur 10 g schwer und auch 37 mm lang. Es besitzt im hinteren Teil des Stahlkerns einen Leuchtsatz, welcher beim Abfeuern verbrennt und bis etwa 900 m weit eine gut sichtbare Leuchtspur hinter dem fliegenden Geschoß zurückläßt.

Das Geschoß der Munition für **Pistole** hat ein Kaliber von 9 mm. Das Gewicht der ganzen Patrone beträgt 12,3 g. Die Schußweite beträgt bis 1600 m.

Jede Patronenart ist auch äußerlich **kenntlich** gemacht.

Die s. S.-Patrone ist auf dem Hülsenboden kenntlich durch eine grüne Ringfuge, die S. m. K. L'spur-Patrone durch eine rote Ringfuge und eine schwarze Geschoßspitze, während die S.-Patrone eine schwarze Ringfuge am Hülsenboden hat.

Außerdem sind auf dem Hülsenboden jeder Patrone noch der Anfangsbuchstabe der Anfertigungsstelle, die Zahl des Anfertigungsmonats und -jahres und ein Zeichen für das Metall des Hülsenmaterials eingeprägt.

Das Geschoß der **Platzpatrone** ist ein rotgefärbtes Holzgeschoß, welches vor der Mündung zerplatzt, aber u. U. doch noch bis 25 m Entfernung lebensgefährliche, schwere Verletzungen verursachen kann. Die Hülse ist mit ein oder mehr Querring-Rillen versehen, welche bedeuten, daß die Hülse schon zweimal (eine Rille), dreimal (zwei Rillen) beschossen ist. Bei Verwendung von Platzpatronen ist es streng verboten, auf Menschen, Tiere oder wertvolle Gegenstände zu schießen, insbesondere, wenn diese weniger als 25 m entfernt sind.

Die **Exerzierpatrone** ist nur eine äußerliche Nachbildung der scharfen Patrone zu Exerzierzwecken (Ladegriffe, Zielübungen usw.). Sie ist aus einem Stück gefertigt und an ihrem Hülsenteil mit Längsrillen versehen.

6. Die Stielhandgranate 24.

Die **Stielhandgranate 24 mit Brennzünder 24** besteht aus dem Topf mit der Sprengladung, dem Stiel mit der Sicherungskappe, dem Brennzünder 24 mit Abreißvorrichtung und der Sprengkapsel.

Der **Topf**, aus dünnem Stahlblech, ist 7,5 cm hoch und etwa 6 cm breit.

An seinem unteren Rande befindet sich eine Trageöse zum Einhaken in die Tragefeder am Leibriemen. Der Trageöse gegenüber befindet sich die in weißer Ölfarbe gehaltene Aufschrift: Vor Gebrauch Sprengkapsel einsetzen. Im Topf befindet sich in einer paraffinierten Papiertüte die **Sprengladung.** Sie wird durch einen Einlegdeckel abgedeckt, in dessen Mitte sich das Sprengkapselröhrchen für die Sprengkapsel befindet. Als Abdichtung zwischen Einlegdeckel und Topfrand ist ein ölgetränkter Pappring eingelegt. Als Abschluß des Topfes dient ein Gewindedeckel.

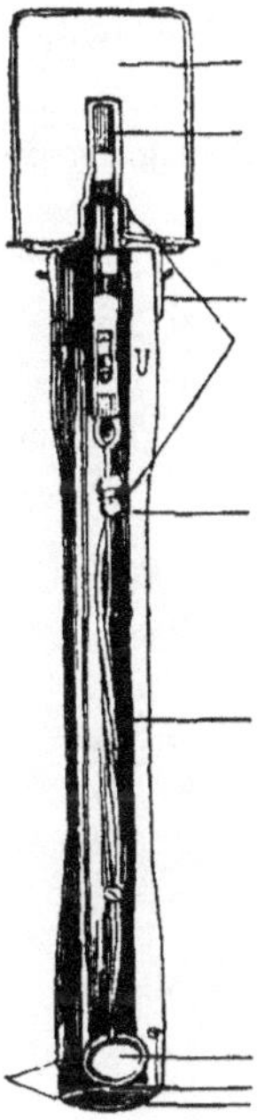

Der **Stiel** ist aus leinölgetränktem Hartholz und innen hohl. Er ist an seinen Enden zur besseren Handhabung stärker gehalten und mit der Gewindekappe in den Gewindeschaft eingeschraubt. Die Gewindekappe ist auf den Stiel aufgepreßt (mit Hilfe einer Dichtungsmasse) und wird durch eine Regenkappe mit einem ölgetränkten Pappring gegen den Zutritt von Feuchtigkeit abgedichtet. In ihrer Mitte befindet sich ein Loch mit einem Linksgewinde zum Einschrauben des Zünders. Am Griffende wird die zur Aufnahme der Abreißvorrichtung dienende Höhlung des Stieles durch eine aufgeschraubte **Sicherungskappe** mit Pappscheibe und Federung verschlossen. Zum Aufschrauben der Sicherungskappe dient ein Gewindering, welcher mit einer Dichtungsmasse und vier Nägeln befestigt ist. Der Stiel ist etwa 27,5 cm lang.

Der **Brennzünder 24** besteht aus Nippel, Verzögerungsröhrchen und Bleimantel. Er ist ein wasserdichter Metallzünder. Der Nippel ist ein Metallröhrchen, welches auf seinem einen Ende ein Linksgewinde zum Einschrauben in die Gewindekappe, auf seinem anderen Ende ein Rechtsgewinde trägt zum Aufschrauben einer mit Paraffindichtung versehenen Schutzkappe.

Die **Sprengkapsel** ist eine kleine, an einem Ende offene Röhre aus Aluminium oder Kupfer mit einer Zündmasse im Innern.

Zur Aufnahme der Sprengkapsel ist der Nippel unter dem Rechtsgewinde konisch verjüngt. Unter dem Linksgewinde des Nippels ist das Verzögerungsröhrchen eingeschraubt. Es ist aus Eisen und ist mit einem eingepreßten Verzögerungssatz von $4^1/_2$ Sek. Brennzeit versehen.

Auf der anderen Seite des Nippels ist ein Bleimantel aufgepreßt, in dem ein Reibezündhütchen angebracht ist. Das Zündhütchen ist an einem Abreißdraht mit Reibespirale und Drahtschlaufe befestigt. An seinem offenen Ende ist der Bleimantel zusammengepreßt und gegen Feuchtigkeit abgedichtet.

Bei den **scharfen Handgranaten** sind die Töpfe und Regenkappen **feldgrau,** bei den **Übungshandgranaten rot** angestrichen, um unliebsamen Verwechslungen vorzubeugen. (Siehe auch „Formale Ausbildung".)

7. Die Gasmaske 30.

a) Beschreibung der Gasmaske.

Die Gasmaske 30 besteht aus
dem Maskenkörper,
dem Filtereinsatz,

1 Paar Klarscheiben in den Augenfenstern,
1 Paar Sprengringen.

Als Zubehör gehört außerdem zu jeder Gasmaske:
1 Tragbüchse mit Schultergurt, Knopfband und 2 Doppelknöpfen,
2 Paar Klarscheiben zum Vorrat im Deckel der Tragbüchse,
1 Reinigungslappen.

Der Stoffteil des **Maskenkörpers** besteht aus gummiertem Zeltstoff und ist mit einem ledernen Dichtrahmen versehen, der den gasdichten Abschluß am Gesicht bewirkt.

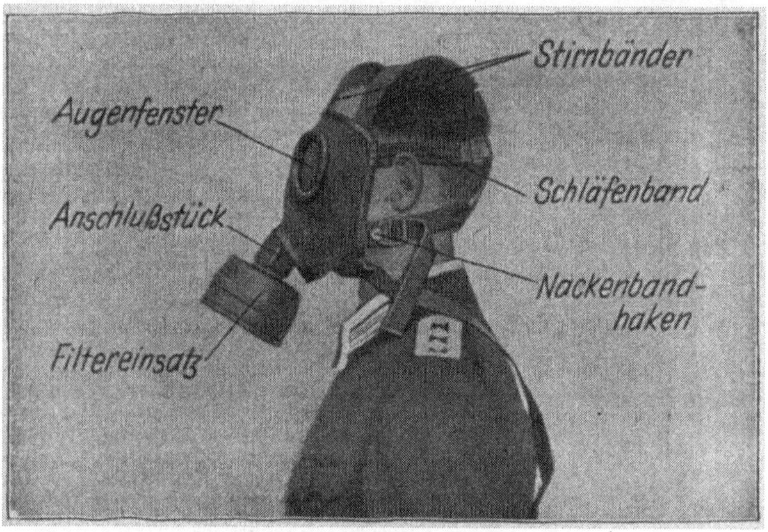

Am Rande des Maskenkörpers sind die Kopfbänder und das Tragband, am Rand des Dichtrahmens die Kinnstütze befestigt.

Die **Kopfbänder** bestehen aus den Stirn- und Schläfenbändern, dem Nackenband und der Kopfplatte mit Schlaufe. Stirn- und Schläfenbänder sind miteinander verbunden und durch Schiebeschnallen verstellbar. Das an der rechten Seite des Maskenkörpers befestigte Nackenband wird durch die Schlaufe an der Kopfplatte durchgezogen und dann an der linken Seite des Maskenkörpers eingehakt. Vorher ist die Länge des Nackenbandes so zu regeln, daß es eingehakt die Kopfplatte ohne zu starken Druck auf den Hinterkopf nach unten zieht.

Die **Kinnstütze** dient dazu, das Kinn zum Tragen des Filtereinsatzes heranzuziehen und den Zug auf die Kopfbänder zu vermindern, sowie den Druck des Maskenrandes auf den Kehlkopf zu verhindern. Die Kinnstütze ist verstellbar. Am Tragband kann die Gasmaske bei Gasbereitschaft um den Hals getragen werden.

In den Maskenkörper sind die Augenfenster mit den Augenscheiben und das Anschlußstück eingefügt.

Die **Augenscheiben** aus nichtsplitterndem Glas oder einem anderen durchsichtigen Stoff sind auswechselbar. Sie liegen im Fensterring und werden nach außen durch den abschraubbaren Augenring gehalten, der vier Aussparungen für die Zapfen des „Schlüssels für Augenring" besitzt. Die Augenscheibe ist gegen den Augenring durch einen Gummidichtring abgedichtet.

Das **Anschlußstück** hat ein Gewinde zum gasdichten Einschrauben des Filtereinsatzes. An der Innenseite liegt vor der Lufteintrittsöffnung das Einatemventil aus Gummi. Unter diesem ist in dem Anschlußstück das Ausatemventil mit

Glimmerscheibe untergebracht. Je ein Gummidichtring bewirkt den gasdichten Abschluß des Filtereinsatzes und des Ausatemventils.

Das Anschlußstück ist im Innern der Maske mit Kantenschützern und Schutzsieb, außen mit einer Vorkammer versehen.

Zweck:

a) Kantenschützer: Er schützt den Maskenträger vor Gesichtsverletzungen durch die Kante des Anschlußstückes.
b) Schutzsieb: Es ist auswechselbar und verhindert das Eindringen von Fremdkörpern in das Ausatemventil.
c) Vorkammer: Die an das Anschlußstück der Gm 30 — vor die Ausatemöffnung — angefügte Vorkammer verhindert, daß das durch Eindringen von Fremdkörpern oder aus anderen Gründen undicht gewordene Ausatemventil Schädigungen des Maskenträgers in kampfstoffhaltiger Luft herbeiführt.

Der etwa 30 Zentimeter große Raum der Vorkammer füllt sich beim Ausatmen mit Ausatemluft, die darin stehenbleibt. Ist das Ausatemventil undicht, so kann beim Einatmen durch das undichte Ausatemventil keine mit Kampfstoff beladene Außenluft, sondern nur die vom vorhergehenden Atemzug in der Vorkammer befindliche Ausatemluft unter die Maske dringen.

Der **Filtereinsatz** (oder Übungseinsatz) wird mit dem Anschlußgewinde in das *Anschlußstück des Maskenkörpers eingeschraubt. Er besteht aus einem Einsatztopf* mit Füllmassen, die sowohl ein Gasfilter als auch ein Schwebstoffilter enthalten. Um die Füllmassen möglichst lange gebrauchsfähig zu erhalten, sind die Filtereinsätze am Anschlußgewinde mit einer Verschlußkappe versehen, die erst entfernt wird, wenn der Filtereinsatz in Gebrauch genommen wird.

b) Behandlung der Gasmaske.

Zum **Aufsetzen der Gasmaske** wird sie an den Schläfenbändern in beide Hände genommen und mit vorgestrecktem Kinn über das Gesicht gezogen, wobei sich das Kinn zwischen die Kinnstütze und den unteren Maskenrand schiebt. Dann werden die Kopfbänder kräftig nach hinten über den Kopf gestreift und möglichst tief nach unten gezogen. Nun wird das Tragband rechts und links am Maskenrand erfaßt und nach den Ohren zu gezogen, bis die Kinnstütze richtig auf dem Kinn ruht. Erforderlichenfalls wird die Gasmaske gleichzeitig geradegerückt.

Anschließend wird der Dichtrahmen der Gasmaske auf gasdichten Sitz hin abgetastet und der Sitz der Kopfbänder geprüft. Etwa verdrehte Bänder werden glattgelegt. Darauf prüft man den festen Anschluß des Filtereinsatzes, zieht das Nackenband durch die Schlaufe an der Kopfplatte und hakt es ein.

Das Tragband wird um den Hals gelegt und der Tragbüchsendeckel geschlossen.

Zum **Absetzen der Gasmaske** wird diese nach Lösen des Nackenbandes am Filtereinsatz erfaßt und nach oben so vom Gesicht abgehoben, daß Schweißwasser nicht durch das Einatemventil in den Filtereinsatz, sondern am Kinnteil des Maskenkörpers ablaufen kann.

Die Gasmaske muß mit aller Sorgfalt zusammengelegt und in die Tragbüchse verpackt werden, nachdem sie durch Auswischen mit dem Reinigungslappen getrocknet wurde.

Zum **Verpacken** faltet man das Kinnteil nach innen, legt dann die Innenseite der Augenfenster aufeinander, wickelt die Kopfbänder und das Trageband um den Maskenkörper herum und schiebt nun die Gasmaske mit dem Filtereinsatz voraus in die Tragebüchse, die dann verschlossen wird.

Der Reinigungslappen ist nicht zwischen die Augenfenster, sondern auf den Boden der Tragebüchse zu legen.

Ein im Kampf beschädigter oder erschöpfter **Filtereinsatz** muß baldigst **ausgewechselt** werden. Zum Auswechseln legt man sich einen Ersatz-Filtereinsatz handgerecht bereit, hält den Atem an und tauscht die Einsätze mit der rechten Hand rasch aus, wobei die linke Hand als Führung beim Ein- und Ausschrauben dient. Sobald der neue Filtereinsatz fest eingeschraubt ist, wird die Luft kräftig ausgeblasen, um eingedrungenen Kampfstoff zu entfernen.

Durch Verschmutzung oder langen Gebrauch undurchsichtig gewordene **Klarscheiben** sind rechtzeitig **auszuwechseln**. Hierzu wird der Maskenkörper so in die Hand genommen, daß der Innenteil dem Gesicht zugewendet ist. Dann wird das Augenfenster so gefaßt, daß die äußere Metallfassung auf den Fingerspitzen der linken Hand aufliegt, während der Daumen sich mit seiner Spitze auf den Innenteil der Fassung legt. Der Dichtrahmen wird nun zurückgebogen, so daß die Augenscheibe freiliegt und der Sprengring herausgedrückt werden kann. Die alte Klarscheibe wird entfernt und eine neue so eingelegt, daß der Aufdruck „Innenseite" lesbar ist. Ist der Aufdruck unleserlich oder nicht vorhanden, so kann durch Anhauchen festgestellt werden, auf welcher von beiden Seiten die Klarscheibe nicht beschlägt. Diese Seite ist die Innenseite.

Nachdem die neue Klarscheibe auf die wagerecht gehaltene Augenscheibe gelegt ist, wird der Sprengring wieder eingesetzt. Dabei ist folgendermaßen zu verfahren:

Der Sprengring wird mit einem Ende in den hochstehenden Rand des Augenfensters gedrückt und dieses Ende mit dem Daumen der linken Hand festgehalten. Hierauf fährt man mit dem Daumen der rechten Hand mit leichtem Druck über den ganzen Umfang des Sprengringes, bis dieser fest in dem Rand des Fensterrings sitzt.

Die Klarscheiben dürfen nicht im Regen ausgewechselt werden, denn sie dürfen weder feucht werden, noch auch mit feuchten Fingern berührt werden; man darf sie weder putzen noch abseifen.

8. Der Marschkompaß.

Beim **Gebrauch des Marschkompasses** sind Stahl- und Eisen-Gegenstände aller Art, wie Stahlhelm, Waffen usw. möglichst weit zu entfernen. Auch das Aufstellen in der Nähe von Starkstromleitungen usw. ist zu vermeiden.

Der Marschkompaß wird benutzt

1. um eine Karte in die Nord-Richtung einzurichten.

   Hierzu wird der Richtungszeiger genau auf das „N" eingestellt. Dann wird die Anlegekante an eine Nord-Süd-Linie des Gitternetzes der Karte gelegt, so daß der Richtungszeiger zum Nordrand der Karte zeigt. Läßt man sodann durch Drehen der Karte die Magnetnadel einspielen, so ist die Karte nach Norden eingerichtet;

2. um eine Marschrichtung nach einem sichtbaren Marschrichtungspunkt festzulegen.

   Hierzu öffnet man den Deckel und stellt den Spiegel schräg hoch, so daß die Magnetnadel im Spiegel gut zu beobachten ist. Dann richtet man über Kimme und Korn den Marschrichtungspunkt an und dreht unter Festhalten der Visierlinie mit dem Auge die Teilscheibe so lange, bis die Magnetnadel auf die Mißweisung einspielt. Sodann wird die Kompaßzahl am Richtungszeiger abgelesen;

3. um eine Marschrichtung nach der Karte festzulegen.

   Auf der Karte verbindet man hierzu den eigenen Standpunkt und den Marschrichtungspunkt durch einen Bleistiftstrich. Dann richtet man die Karte nach Norden ein und legt die Anlegekante des Marschkompaß so an die Bleistiftlinie, daß der Richtungszeiger in die Marschrichtung zeigt. Dann dreht

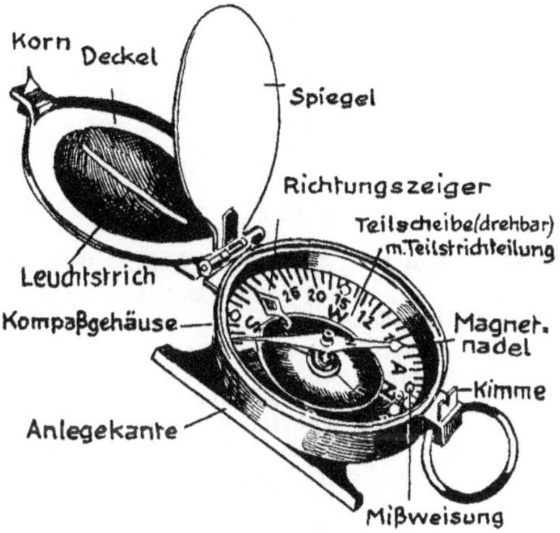

man die Teilscheibe so lange, bis die Magnetnadel auf die Mißweisung einspielt und liest am Richtungszeiger die Kompaßzahl ab;

4. um eine Marschrichtung während des Marsches festzuhalten.

Hierzu legt man zunächst die Marschrichtung entsprechend 2 oder 3 fest. Dann wählt man einige in der Marschrichtung liegende Zwischenpunkte. Auf jedem dieser Zwischenpunkte wird die Marschrichtung überprüft. Hierzu hält man den Marschkompaß vor den Körper und dreht nun den ganzen Körper so lange, bis die Magnetnadel auf die Mißweisung einspielt.

V. Formale Ausbildung[1]).

1. Einzelausbildung.

Die Ausbildung des Soldaten baut sich auf sorgfältiger straffer Einzelausbildung auf.

Die **formale Einzelausbildung mit Gewehr** erstreckt sich auf die genaue Ausführung nachstehender Kommandos:

Kommando: „Stillgestanden"

(oder auch auf jedes Ankündigungskommando oder das Kommando „Achtung").

Der Mann steht in der Grundstellung still. Das Gewehr steht senkrecht, Abzugsbügel nach vorn, der Kolben dicht am rechten Fuß, Kolbenspitze mit der Fußspitze auf gleicher Höhe.

Kommando: „Rührt Euch".

Der linke Fuß wird vorgesetzt. Der Mann darf sich rühren, aber nicht sprechen.

Kommando: „Das Gewehr — über"*).

Die rechte Hand bringt das Gewehr senkrecht vor die Mitte des Leibes, Lauf

---

[1]) Das für das Gewehr Gesagte gilt sinngemäß auch für den Karabiner 98 k.

*) Mit langem Gewehrriemen.

nach rechts, Unterring etwa in Kragenhöhe. Die linke Hand greift dicht unter die rechte Hand.

Die rechte Hand umfaßt den Riemen, mit dem Daumen von unten und zieht ihn straff zur Brust. Dann wirft die linke Hand das Gewehr auf die rechte Schulter. Das Gewehr hängt senkrecht. Die rechte Faust steht in Brusthöhe, Daumen ausgestreckt hinter dem Riemen. Der rechte Oberarm drückt das Gewehr an den Körper.

Der linke Arm geht ohne Pause von der rechten Schulter schnell in die Grundstellung.

Kommando: „Achtung — Präsentiert das — Gewehr".

Aus der Stellung „das Gewehr über" wird das Gewehr mit der rechten Hand vor die Körpermitte geschwungen.

Es wird, Unterring etwa in Kragenhöhe, mit der linken Hand aufgefangen. Der Lauf wird zum Körper gedreht und das Gewehr ohne Pause so vor die linke Körperhälfte gezogen, daß der Hülsenkopf auf der rechten Ecke der linken Patronentasche liegt. Gleichzeitig wird der Kolbenhals mit der rechten Hand umfaßt. Der Daumen liegt — dem Körper zugekehrt — unter dem Schlößchen. Die vier Finger der rechten Hand liegen ausgestreckt dicht unter dem Abzugsbügel auf dem Kolbenhals. Der Gewehrriemen hängt lose herab.

Kommando: „Augen — rechts" oder „Die Augen — links".

Der Kopf wird ruckartig zu dem Vorgesetzten, dem die Ehrenbezeugung gilt, gedreht.

Der einzelne Mann folgt dem Vorgesetzten beim Abschreiten der Front mit den Augen unter Drehen des Kopfes bis auf 2 Schritt. Dann nimmt jeder selbständig den Kopf geradeaus. Falls der Vorgesetzte die Front nicht abschreitet, wird der Kopf auf das

Kommando: „Augen — geradeaus"

(oder das Ankündigungskommando „Das Gewehr" von „Das Gewehr — über")

ruckartig geradeaus genommen.

Kommando: „Das Gewehr — über".

Das Gewehr wird mit der linken Hand senkrecht vor die Körpermitte gebracht, Lauf nach rechts, Unterring etwa in Kragenhöhe. Gleichzeitig umfaßt die rechte Hand den Riemen (mit dem Daumen von unten) und zieht ihn straff zur Brust. Dann wirft die linke Hand das Gewehr auf die rechte Schulter. Das Gewehr hängt senkrecht. Die rechte Faust steht in Brusthöhe, Daumen ausgestreckt hinter dem Riemen. Der rechte Oberarm drückt das Gewehr an den Körper.

Der linke Arm geht ohne Pause von der rechten Schulter schnell in die Grundstellung.

Kommando: „Gewehr — ab"*).

Die rechte Hand schwingt das Gewehr vor die Mitte des Körpers, die linke Hand fängt es auf, Unterring etwa in Kragenhöhe.

Die rechte Hand läßt den Riemen los und ergreift das Gewehr über der linken Hand.

Die rechte Hand bringt es senkrecht um den Leib herum — leicht nach außen drehend — in die Stellung „Gewehr — ab!" Gleichzeitig geht der linke Arm schnell in die Grundstellung.

---

*) Mit langem Gewehrriemen.

Kommando: „Gewehr auf den Rücken".

Das Gewehr wird im Rühren mit dem Kolben nach rechts unten, Mündung nach links oben, auf den Rücken gehängt.

Kommando: „Gewehr um den Hals".

Das Gewehr wird im Rühren so vor den Körper gehängt, daß der Kolben nach links unten, der Lauf nach rechts oben zeigt.

Kommando: „Gewehr abnehmen".

Das Gewehr wird im Rühren in die Grundstellung abgenommen.

Kommando: „Ohne Tritt — Marsch".

(Aus dem Exerziermarsch oder Gleichschritt nur „Ohne Tritt".)

Es wird angetreten und frei ausgeschritten. Jeder Mann geht mit beliebiger Schrittlänge. Die Haltung der Grundstellung wird bewahrt. Ohne Gewehr, bei „Gewehr auf dem Rücken" und bei „Gewehr um den Hals" werden beide Arme zwanglos bewegt. Mit „Gewehr über" wird der rechte, bei umgehängtem Gewehr der linke Arm ungezwungen mit leicht gekrümmten Fingern bewegt.

Kommando: „Im Gleichschritt — Marsch".

(Aus dem Marsch ohne Tritt oder dem Exerziermarsch „Im Gleichschritt".)

Es wird, mit dem linken Fuß beginnend, angetreten. Jeder macht Schritte von etwa 80 cm Länge im Tempo 114 Schritt in der Minute. Körper- und Kopfhaltung sind aufrecht, Armbewegungen wie beim Marsch ohne Tritt.

Kommando: „Abteilung — Marsch".

(Aus dem Marsch ohne Tritt „Im Gleichschritt — Achtung". Aus dem Gleichschritt „Achtung".)

Es wird im Exerziermarsch angetreten. Tempo 114 Schritt in der Minute. Körper- und Kopfhaltung aufrecht, ohne krampfhafte Muskelanspannung. Beim Exerziermarsch ohne Gewehr, mit „Gewehr auf dem Rücken" und mit „Gewehr um den Hals" werden die beiden Arme stillgehalten.
Bei Gewehr über wird der rechte Arm ungezwungen bewegt, bei umgehängtem Gewehr der linke Arm stillgehalten.

Kommando: „Marsch — Marsch".

Der Mann läuft einzeln so schnell wie möglich und hält von selbst, sobald das befohlene Ziel erreicht ist. Die Ordnung der geschlossenen Abteilung wird auch beim Laufen gewahrt. Die Trageweise der Waffen, Geräte usw. wird beibehalten. Falls der Marsch ohne Tritt wieder aufgenommen werden soll, wird

„Im Schritt"

kommandiert.

Kommando: „Abteilung — halt".

(Im Exerziermarsch und im Gleichschritt erfolgt das Kommando „halt" beim Niedersetzen des rechten Fußes.)

Der Mann macht noch einen Schritt, zieht den hinteren Fuß heran und steht still.
Aus dem Laufen wird so schnell wie möglich gehalten.

Kommando: „Rechts (links) — um".

(Das Ausführungskommando erfolgt im Gleichschritt beim Niedersetzen des rechten [linken] Fußes.)

Im Halten erfolgt die Wendung auf dem linken Hacken. Der rechte Ballen drückt sich vom Boden ab und gibt dem Körper eine Wendung um 90 Grad. Darauf wird der rechte Fuß kurz beigesetzt.

Beim Marsch ohne Tritt und im Gleichschritt macht der Mann die Wendung um 90 Grad beim nächsten Niedersetzen des äußeren (bei rechts — um also des linken) Fußes. Darauf wird der Marsch in der neuen Richtung unverändert aufgenommen.

Wendungen im Exerziermarsch gibt es nur für Musik und Spielleute.

Kommando: „Ganze Abteilung — kehrt".

(Nur im Halten.)

In gleicher Weise, wie bei der Wendung „Links um" wird der Körper mit einem Ruck um 180 Grad gedreht.

Kommando: „Hinlegen".

Unter Vorsetzen des linken Fußes um etwa 1 Schritt läßt sich der Mann auf das rechte Knie nieder. Die linke Hand ergreift das Gewehr im Schwerpunkt. Dann legt sich der Mann über das linke Knie, die rechte Hand und den linken Ellbogen flach auf den Boden. Das Gewehr liegt zwischen Ober- und Unterring auf dem linken Unterarm Lauf zum Körper. Mündung und Schloßteile dürfen keinesfalls den Boden berühren.

Es wird, Blick frei nach vorne, gerührt.

Kommando: „Auf".

Das Gewehr wird in die linke Hand genommen, das rechte Bein an den Leib angezogen, während sich der Mann auf die rechte Hand stützt. Der Oberkörper bleibt zunächst noch flach am Boden.

Dann drückt sich der Mann mit der rechten Hand vom Boden ab, schnellt empor, setzt den linken Fuß vor, zieht den rechten heran, nimmt die Grundstellung ein und rührt.

Kommando: „Ohne Tritt — Marsch".

(Aus dem Liegen.)

Auf „Ohne Tritt" erhebt sich der Schütze wie bei „Auf", nimmt sofort die vorherige Gewehrlage ein bzw. nimmt das M.-G.-Gerät auf. Auf „Marsch" wird dann angetreten.

Kommando: „Laden und Sichern".

Die Ausführung erfolgt grundsätzlich im Rühren. Im Stehen und in der Bewegung wird das Gewehr schräg vor den Brust in die linke Hand genommen, Mündung nach hochlinks, Lauf nach rechts. Zeigefinger und Daumen der rechten Hand öffnen die Kammer.

Darauf öffnet die rechte Hand die Patronentasche, entnimmt einen Ladestreifen und setzt ihn in den Ausschnitt der Hülsenbrücke.

Während dann die vier Finger der rechten Hand geschlossen unter den Kastenboden fassen, drückt der Daumen dicht am Ladestreifen entlang mit kurzem Ruck die Patronen in den Kasten und streicht auf der obersten Patrone bis zur Geschoßspitze nach vorn.

Dann schließt die rechte Hand die Kammer und legt mit Daumen und Zeigefinger den Sicherungsflügel nach rechts herum.

Darauf wird das Gewehr in die frühere Lage zurückgebracht und die Patronentasche geschlossen.

Im Liegen ladet der Schütze in gleicher Weise in der ihm bequemsten Lage, ohne sich jedoch dabei aufzurichten.

Kommando: „Entladen".

Die Ausführung erfolgt grundsätzlich im Rühren. Die Patronentasche wird geöffnet. Dann bringt der Schütze das Gewehr in die gleiche Lage, wie beim Laden. Die linke Hand faßt jedoch so zu, daß die vier ausgestreckten Finger rechts neben der Patroneneinlage liegen.

Dann wird mit der rechten Hand entsichert und das Schloß geöffnet.

So werden die Patronen durch langsames Zurückführen der Kammer einzeln herausgezogen, mit der rechten Hand einzeln aus der Patroneneinlage genommen und in die Patronentasche gesteckt.

Zum Entspannen des Schlosses drücken die Fingerspitzen der linken Hand den Zubringer in den Kasten. Die rechte Hand führt die Kammer über den Zubringer und nach Wegnehmen der Finger der linken Hand weiter nach vorne. Dann wird die Kammer mit der linken Hand festgehalten, während die rechte am Kolbenhals zufaßt, mit dem Zeigefinger den Abzug zurückzieht und mit dem Daumen das Zurückgleiten des Schlosses verhindert. Dann schließt die linke Hand die Kammer. Das Gewehr wird in die Grundstellung gebracht, die Patronentasche geschlossen.

Kommando: „Seitengewehr pflanzt auf".

Das Gewehr wird im Stehen mit der rechten Hand vor der Mitte des Leibes, Lauf zum Körper, auf die Erde gesetzt. Die linke Hand, Handrücken zum Leibe zieht das Seitengewehr aus der Scheide und setzt es auf den Seitengewehrhalter. Dann wird das Gewehr in die frühere Lage gebracht.

Im Liegen und in der Bewegung wird sinngemäß verfahren.

Kommando: „Seitengewehr an Ort".

Das Gewehr wird im Stehen wie beim Aufpflanzen vor die Mitte des Leibes gebracht.

Dann drückt der Daumen der rechten Hand auf die Mutter zum Haltestift des Seitengewehrs, während dies gleichzeitig von der linken Hand hochgehoben und dann in die Scheide gesteckt wird.

Im Liegen und in der Bewegung erfolgt das Anortbringen des Seitengewehrs sinngemäß.

Formale Ausbildung am l. M.-G.

Schon beim Antreten hängt Schütze 2 ohne Befehl den Laufschützer auf den Rücken.

Auf das Kommando: **„Gerät aufnehmen"** (oder „Gewehr umhängen", „Gewehr auf den Rücken", „Gewehr um den Hals")

knien die Schützen 1—3 nieder. Schütze 1 erfaßt den Trageriemen des l. M.-G. mit der rechten Hand von unten, mit der linken von oben vor der rechten Hand.

Schützen 2 und 3 erfassen die Patronenkästen bzw. die Tragegurte mit Magazintaschen. Darauf stehen die 3 Schützen nach hinten auf und rühren. Während des Aufstehens hängt Schütze 1 mit der linken Hand den Trageriemen über die rechte Schulter und legt das M.-G. zurecht.

Auf das Kommando: **„Gerät absetzen"** (oder „Gewehr abnehmen") knien die Schützen 1—3 wiederum nieder, setzen das Gerät ab und stehen nach rückwärts auf.

Der Kolben bzw. die Schulterstütze des l. M.-G. und der hintere Rand der Patronenkästen schneiden hierbei mit der Fußspitze ab.

Anbringung des Zweibeins als Vorder- (Mittel-) Unterstützung.

Die linke Hand erfaßt das M.-G. von unten am vorderen Teil des Mantels.

Die rechte Hand stellt das Korn hoch.

Rechte Hand setzt das Zweibein (Einschnitt für die Sperrfeder dem Körper zu) von oben auf die vordere Gewindebuchse.

Die linke Hand drückt mit Zeige- und Mittelfinger die Sperrfeder gegen den Mantel.

Die rechte Hand schwenkt das Zweibein so weit in den Einschub ein, bis die Sperrfeder in den Ausschnitt am Zweibein einrastet.

Beim Anbringen des Zweibeins als Mittelunterstützung wird das Zweibein in gleicher Weise in den Einschub der hinteren Gewindebuchse eingeführt, jedoch Ausschnitt für Sperrfeder nach vorn. An Stelle des Korns muß das Stangenvisier hochgestellt werden.

Aufsetzen des M.-G. 34 auf das Dreibein.

Die linke Hand umfaßt des M.-G. am Mantel vor dem Einschub für die Mittelunterstützung.

Die rechte Hand stellt das Stangenvisier hoch und erfaßt das M.-G. am Kolben, Griffstück dem Körper zu.

Beide Hände setzen das M.-G., Mündung schräg nach oben gerichtet, am Einschub für die Mittelunterstützung (Griffstück dem Körper zu) auf den Kopf (Aufsatzstück) des Dreibeins auf.

Die linke Hand drückt mit dem Daumen die Sperrfeder gegen den Mantel. Dann drehen beide Hände das M.-G. so, daß das Lager am Kopf des Dreibeins in den Einschub der Mittelunterstützung eingleitet und die Sperrfeder in den Ausschnitt am Lager einrastet.

Beim Aufsetzen des M.-G. auf das Dreibein als Vorderunterstützung wird das M.-G. wie bei der Mittelunterstützung in das Lager am Kopf des Dreibeins eingesetzt, jedoch Griffstück nach oben gerichtet und linke Hand hinter dem Einschub für die Vorderunterstützung. Das Abnehmen des M.-G. vom Dreibein erfolgt sinngemäß.

Sichern und Entsichern des M.-G.

Das M.-G. muß, wenn das Schloß zurückgezogen ist und nicht sofort geschossen wird, stets gesichert sein.

Das Sichern und Entsichern erfolgt mit der linken Hand.

Der Schütze schwenkt zum Sichern den Sicherungsflügel mit Knopf auf „F" (nach hinten) und zum Entsichern auf „S" (nach vorn). Der Zeigefinger der rechten Hand darf dabei nicht den Abzugsbügel greifen.

Das Sichern des M.-G., wenn das Schloß in vorderster Stellung ist, ist verboten.

Auf das Kommando „Laden!" oder „Stellung!"

wird das M.-G. geladen (schußfertig gemacht):

Der Schütze erfaßt mit der linken Hand das Griffstück, mit der rechten Hand den Spannschieber und zieht mit ihm das Schloß mit einem kräftigen Ruck *so weit zurück, bis es vom Abzugstollen festgehalten wird;* dann schiebt er den Spannschieber wieder nach vorn, bis er hörbar einrastet und sichert.

a) **Aus dem Patronenkasten (Gurtzuführung).**

1. Deckel geschlossen.

Die linke Hand drückt von oben auf den Kolben.

Bei Linkszuführung erfaßt die linke Hand, bei Rechtszuführung die rechte Hand den Patronengurt und führt das Einführstück in den Zuführer.

Die rechte (linke) Hand ergreift das Einführstück und zieht, ohne Gewalt anzuwenden, den Gurt waagerecht (nicht rückwärts) in den Zuführer, bis sich der Zubringehebel hörbar hinter die Patrone gelegt hat und die erste Patrone *am Anschlag des Zwischenstücks des Zuführers anliegt.*

2. Bei geöffnetem Deckel.

Beide Hände legen bei geöffnetem Deckel den Gurt so in den Zuführer ein, daß die erste Patrone gradlinig am Anschlag am Zwischenstück des Zuführers anliegt. Während eine Hand den Deckel schließt, hält die andere den Gurt noch fest, damit er nicht wieder zurückgleiten kann. Beim Schließen des Deckels ist darauf zu achten, daß der hintere Teil des Transporthebels bei Linkszuführung nach rechts und bei Rechtszuführung nach links zeigt.

Das M.-G. ist schußbereit. Wird nicht sofort geschossen, so ist zu sichern.

b) **Aus der Patronentrommel (Trommelzuführung).**

Der Deckel mit Gurtzuführung und das Zwischenstück sind abzunehmen und der Deckel mit Trommelzuführung einzusetzen.

Der Schütze erfaßt mit der rechten Hand den Spannschieber und zieht mit ihm das Schloß mit einem kräftigen Ruck zurück, bis es vom Abzugstollen festgehalten wird. Dann schiebt er den Spannschieber so weit nach vorn, bis er hörbar einrastet.

Die linke Hand erfaßt die Patronentrommel so von oben, daß der Lederriemen über die Hand zu liegen kommt. Sie setzt die Patronentrommel mit dem Patronenaustritt (Lippen) in den Durchbruch am Deckel (Trommelhalter) ein und sichert die Sperre.

Rechte Hand liegt auf dem Kolben.

Wenn nicht sofort geschossen wird, ist zu sichern.

Bewegungen, auch sprungweises Vorgehen mit dem geladenen M.-G. (eingesetztem Gurt, aufgesetzter Trommel und zurückgezogenem Schloß) sind verboten.

Nur beim Schießen in der Bewegung und beim **Instellunggehen** darf das M.-G. geladen sein. Ist plötzlicher Zusammenstoß mit dem Gegner möglich, so kann das Laden (schußfertig machen) des M.-G. wie folgt vorbereitet werden:

a) **bei Gurtzuführung:**
Schloß in **vorderster** Stellung, Gurt im Zuführer. Entsichert.

b) **bei Trommelzuführung:**
Schloß in **vorderster** Stellung, Patronentrommel aufgesetzt. Entsichert.

Zum Schußfertigmachen braucht dann nur das Schloß mit dem Spannschieber zurückgezogen werden; dann kann sofort geschossen werden.

Entladen.

a) **Nach dem Schießen mit Gurtzuführung.**

(1) **Aus dem Patronenkasten.**

Auf „Entladen!" öffnet der Schütze den Deckel, nimmt den Gurt aus dem M.-G. und überzeugt sich, **daß der Lauf frei ist,** erforderlichenfalls unter Abnahme des Zuführerunterteils. Dann erfaßt er mit der rechten Hand den Griff zum Spannschieber, zieht ihn zurück und läßt mit zurückgezogenem Abzug das Schloß erst langsam, dann schneller nach vorn gleiten, überzeugt sich, ob das Schloß entspannt ist und schließt den Deckel.

Das Schloß ist entspannt, wenn der Schlagbolzen nicht mehr vom Stützhebel festgehalten wird, sondern mit seiner Spitze vorn aus dem Verschlußkopf herausgetreten ist. Dieses ist daran erkennbar, daß

1. die hintere Kante der dreieckigen Ansätze hinten am Schloßgehäuse mit dem vorderen Einstrich des Auswerferanschlages **abschneidet,** oder
2. der Hals der Schlagbolzenmutter **nicht mehr** hinten aus dem Schloßgehäuse herausragt.

(2) **Aus der Gurttrommel.**

Wie zu (1). Nach dem Schließen des Deckels wird die Gurttrommel ausgehakt.

b) **Nach dem Schießen mit Trommelzuführung aus der Patronentrommel 34.**

Der Schütze löst die Sperre und hebt die Trommel ab. Die weiteren Ausführungen sind die gleichen wie beim Entladen nach dem Schießen aus dem Patronenkasten

Beim Schießen auf dem Schießstand ist außerdem das Gehäuse wie beim Laufwechsel nach links zu drehen.

Laufwechsel.

Der Lauf muß **grundsätzlich** nach 200 (250)[1]) rasch aufeinanderfolgenden Schüssen gewechselt werden. Eine Abgabe von mehr als 250 Schuß in ununterbrochener Folge aus einem Lauf ist verboten.

Vor dem Laufwechsel sind das Schloß sowie der Spannschieber in die hintere Stellung zu bringen und das M.-G. zu sichern.

(1) **Lauf herausnehmen.**

Die rechte Hand umfaßt das Griffstück.

Die linke Hand umfaßt den Mantel unterhalb des Stangenvisiers und drückt mit dem Daumen den vorderen Teil der Gehäusesperre soweit als möglich gegen den Mantel.

Die rechte Hand dreht das Gehäuse, Mündung etwas angehoben nach links unten, bis der Lauf frei zurückgleitet.

Der heißgeschossene Lauf wird mit dem Handschützer aus dem Mantel gezogen und in den geöffneten Laufschützer gelegt.

(2) **Lauf einsetzen.**

Während die rechte Hand den Lauf in den Mantel einführt, hebt die linke Hand das M.-G. am Kolben etwas an.

Die rechte Hand schiebt dann den Lauf so weit in den Mantel, daß der hinterste Teil mit dem Verbindungsstück abschneidet.

Beide Hände drehen das Gehäuse (unter Anheben des M.-G. über die waagerechte Lage) scharf nach rechts oben, bis die Gehäusesperre in die Rast am zurück und läßt die Kammer, dem Druck der Schließfeder nachgebend so weit vor- Gehäuse einrastet. Wird sofort weitergeschossen, **so ist zu entsichern und der Spannschieber nach vorn zu schieben.**

Schloß herausnehmen.

(Schloß in vorderster Stellung. Deckel auf. Bodenstück abnehmen. Schließfeder entfernen.)

Die linke Hand umfaßt das Gehäuse am hinteren Teil, so daß die hohle Hand den Abschluß des Gehäuses bildet.

Die rechte Hand zieht mit dem Griff des Spannschiebers das Schloß mit einem Ruck nach hinten. Die linke Hand fängt das Schloß in der hohlen Hand auf und zieht es heraus.

Vor dem Einsetzen des Schlosses ist darauf zu achten, daß das Schloß frei ist von Schmutz und Fremdkörpern (Sand usw.). Das Schloß ist nicht mit sandigen Händen anzufassen. Leisten am Schloßgehäuse und Ansätze mit Rollen am Verschlußkopf müssen in einer Richtung stehen (Schloß gespannt). Der Auswerfer muß ganz nach vorn geschoben sein. Zum Einführen des Schlosses wird der Abzug zurückgezogen.

---

[1]) Beim Zerfallgurt nach 200 Schuß, beim zusammenhängenden Gurt (Patronengurt 33) nach 250 Schuß.

Formale Ausbildung mit der M.-P.

Beim **Antreten** wird die M.-P. über die rechte Schulter gehängt. Zur Abwechslung kann sie auch über die linke Schulter gehängt oder auch vor dem Körper getragen werden. Die Tragetaschen für die Magazine werden umgehängt oder am Leibriemen getragen. Erst beim Zusammensetzen der Gewehre werden die M.-P. und die Tragetaschen abgenommen.

Laden der M.-P. im Stehen.

Zum **Sichern und Laden** wird die M.-P. mit der rechten Hand im Schwerpunkt erfaßt. Die linke Hand zieht mit dem Zeigefinger den Kammergriff zurück, legt ihn in die Sicherungsrast ein (sichert) und setzt dann das Magazin in den Magazinhalter, bis es hörbar einrastet. Die M.-P. ist nun geladen und gesichert. Zum **Laden im Stehen** muß die M.-P. mit der Mündung schräg nach vorn aufwärts gehalten werden. Im **Knien** wird sie leicht auf das linke Knie gestützt. Im **Liegen** muß sie leicht nach rechts gedreht werden.

Von jedem mit Pistole ausgerüsteten Funker wird außerdem die **Beherrschung der Pistole** verlangt.

Unvorsichtige oder unrichtige Handhabung gefährden den Schützen und seine Umgebung. Alle Schützen haben daher auf das Innehalten der Sicherheitsbestimmungen besonders zu achten. Unsachgemäße Behandlung und schlechte Pflege beeinträchtigen die Schußleistung.

Sichern und Entsichern.

Die Pistole muß, wenn nicht geschossen wird, stets gesichert sein.

Das Sichern und Entsichern erfolgt, indem der Schütze die Sicherung mit dem Daumen der rechten Hand zurück- bzw. vorschiebt.

Laden.

Der Verschluß ist (bei gespanntem Schlagbolzen) in gesichertem Zustand zu öffnen.

Die Pistole bleibt in der rechten Hand, die Mündung zeigt etwa 2 m vor den Schützen! Der linke Daumen drückt auf den Magazinhalter, die linke Hand nimmt sodann das leere Magazin heraus.

Dann wird das gefüllte Magazin in die Pistole eingesetzt und die Waffe durch Zurückziehen des Verschlusses mit Daumen und Zeigefinger der linken Hand und anschließendes Vorschnellenlassen des Verschlusses geladen. Die oberste Patrone wird hierdurch in den Lauf geschoben. Der Auszieher tritt heraus. Die Aufschrift „Geladen" wird sichtbar.

Entladen.

Die Pistole bleibt gesichert in der rechten Hand. Die Mündung zeigt etwa 2 m vor den Schützen.

Der Daumen der linken Hand drückt auf den Magazinhalter, worauf die linke Hand das Magazin herausnimmt. Der kleine Finger der rechten Hand deckt die Öffnung des Griffstücks. Unter Zurückziehen des Verschlusses mit Daumen und Zeigefinger der linken Hand werden die in den Griffdurchbruch fallenden Patronen aufgefangen und einzeln herausgenommen.

Entspannen.

Nachdem zunächst entsichert ist, zieht die linke Hand den Verschluß nur wenig, etwa 1 cm, zurück. Der Zeigefinger der rechten Hand zieht den Abzug zurück, während die linke Hand den Verschluß langsam vorgleiten läßt. Dann wird wieder gesichert und das Magazin eingeführt.

Magazinwechsel.

Bei leergeschossenem Magazin (Verschluß steht hoch).

Die gesicherte Pistole bleibt in der rechten Hand!

Der linke Daumen drückt auf den Magazinhalter! Die linke Hand nimmt das Magazin heraus. Nach Einführen des gefüllten Magazins mit der linken Hand wird das Kammerfangstück durch völliges Zurückziehen des Verschlusses mit der linken Hand ausgeschaltet. Durch Vorschnellenlassen des Verschlusses wird sodann die oberste Patrone in den Lauf geschoben. Der Auszieher tritt heraus. Das Wort „Geladen" wird sichtbar.

Auch die **Handhabung der Handgranate** sei hier erwähnt.

Einsetzen des Zünders.

Der Zünder wird dem Pappkästchen entnommen und in folgender Weise in den Handgranatenstiel eingeführt:

Topf und Sicherungskappe werden vom Stiel geschraubt.

Dann wird die Abreißvorrichtung von der Griffseite her durch die Stielbohrung herabgelassen, bis sie aus der Gewindekappe herausragt, wenn das nicht schon der Fall ist.

Die Abreißschlaufe wird mit dem Knoten — nicht auch mit der Bleiperle — in die Drahtschlaufe des Zünders eingezogen und die Bleiperle an die Drahtschlaufe herangeschoben.

Dann setzt man den Zünder mit frei herabhängendem Knopf in den Stiel ein und schraubt ihn linksherum fest.

Der Abreißknopf wird in den Stiel gelegt und die Sicherungskappe aufgesetzt.

Stiel und Topf werden wieder zusammengeschraubt, wenn die Handgranate nicht gleich scharf gemacht werden soll.

Scharfmachen der Handgranate.

Das Sprengkapselkästchen wird durch Ziehen an der Abreißschnur geöffnet und der Pappdeckel abgenommen.

Der Schiebedeckel des Kästchens wird soweit zurückgeschoben, daß die erste Sprengkapsel freiliegt.

Dann dreht man das Kästchen um, so daß eine Sprengkapsel in die offene Hand gleitet.

Der feste Sitz des Zünders wird nochmals geprüft und nachgesehen, ob nicht Sägespäne, Wolleteilchen und dgl. im offenen Teil der Sprengkapsel stecken.

Fallen diese nicht von selbst aus der Sprengkapsel, so ist sie unbrauchbar. Jede äußere Einwirkung ist streng untersagt.

Die Sprengkapsel wird mit dem offenen Ende (Loch auf Loch) sorgfältig in die vorstehende Hülse des Zündernippels eingesetzt.

Darauf werden Topf und Stiel zusammengeschraubt.

2. Ausbildung im Verbande des Schützentrupps.

Auf der so abgeschlossenen formalen Einzelausbildung des Schützen baut sich die formale Ausbildung im Schützentrupp auf.

Die **Formen der geschlossenen und geöffneten Ordnung des Schützentrupps** siehe unten.

Auch für die **formale Ausbildung im Schützentrupp** werden nachstehend Kommandos und ihre Ausführung angegeben.

Die **Formen der geschlossenen Ordnung des Schützentrupps** sind:

Die **„Linie zu einem Gliede"**.

Die **„Reihe"**.

Die **„Marschordnung"**.

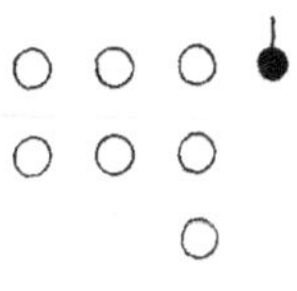

Die Formen der geöffneten Ordnung des Schützentrupps sind:

Das „Schützenrudel". Die „Schützenreihe".

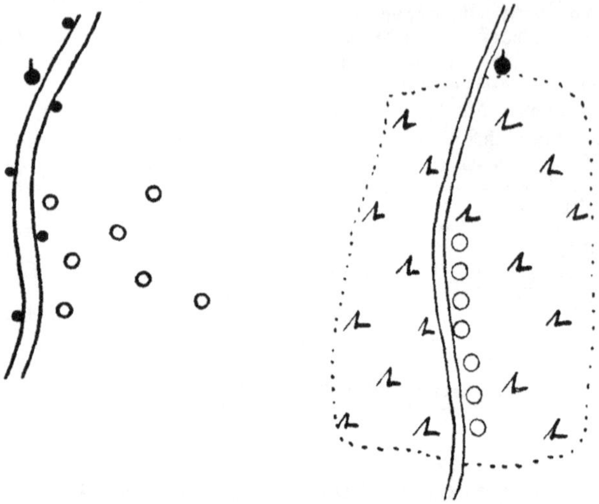

Kommandos: „In Linie zu einem Gliede angetreten". „In Reihe angetreten". „In Marschordnung angetreten".

Es wird in der Gliederung (s. v. S.) angetreten und stillgestanden. Beim Antreten berühren sich die Nebenleute leicht mit den Ellenbogen. Der Abstand von Mann zu Mann beträgt 80 cm vom Rücken zur Brust. Als Anhalt für den Abstand kann gelten, daß ein Mann bei vorgestrecktem Arm etwa das Gepäck des Vordermannes berührt.

Richtung und Fühlung sind, wenn nicht anders befohlen, nach rechts. Die Richtung ist gut, wenn der Mann bei tadelloser eigener Stellung in der Frontlinie durch eine Wendung des Kopfes nach dem Richtungsflügel mit dem rechten (linken) Auge nur seinen Nebenmann und mit dem anderen Auge die ganze Linie schimmern sieht.

Kommando: „Rührt Euch" (im Stehen).

Jeder rührt. Es wird Fühlung, Vordermann, Richtung, die eigene Stellung verbessert. Hierzu wird notfalls nach links Feld gegeben.

Kommando: „Rührt Euch" (in der Marschordnung).

Es treten Marscherleichterungen ein.

Es darf, wenn nichts anderes befohlen wird, gesprochen, gesungen, gegessen und geraucht werden.

Das Gewehr darf in bequemer Lage auf der rechten oder linken Schulter (Gleichmäßigkeit in der Abteilung ist nicht erforderlich) oder auf Kommando bzw. Befehl des Führers umgehängt, auf dem Rücken oder um den Hals getragen werden.

Im „Rührt Euch!" erfolgt der Vorbeimarsch an Vorgesetzten unter Beibehalt aller Marscherleichterungen. Soll mit angezogenem Gewehr vorbeimarschiert werden, so wird „Marschordnung" kommandiert. In beiden Fällen wird auf Anordnung des Führers der Vorgesetzte in aufrechter Haltung frei angesehen.

Kommando: „Richt Euch" bzw. „Nach links — Richt Euch".

Der Kopf wird ruckartig in die entsprechende Richtung gedreht.

Die Richtung wird nach dem rechten bzw. linken Flügel hin verbessert.

Kommando: „Augen gerade — aus".

Der Kopf wird ruckartig geradeaus gedreht.

Für Wendungen, Marsch usw. gelten die gleichen Kommandos usw. wie für den Einzelschützen.

Kommando: „Rechts (links) **schwenkt — ohne Tritt** (im Gleichschritt) **— Marsch"** (aus dem Halten) oder **„Rechts** (links) **schwenkt Marsch"** (Marsch-Marsch) (in der Bewegung).

Auf „Marsch (Marsch! Marsch!"), wird sofort mit der Schwenkung begonnen. Die Richtung ist nach dem schwenkenden Flügel. In der Bewegung behalten dort befindliche Schützen die vorgeschriebene Schrittweise bei. Die anderen Schützen verkürzen den Schritt um so mehr, je näher sie sich dem Drehpunkt befinden. Der Flügelmann am Drehpunkt wendet sich allmählich auf der Stelle. Steht neben ihm ein Führer, so richtet er sich nach dem Flügelmann. Die Fühlung ist nach dem Drehpunkt. In der Marschordnung führen die einzelnen Glieder die Schwenkung nacheinander an derselben Stelle aus.

Kommando: „Halt".

Die Schwenkung wird sofort durch Halten beendet.

Kommando: „Gerade — aus".

Auf „Gerade —" wird in halben Schritten in der neuen Richtung weitermarschiert. Die Richtung geht nach dem Richtungsflügel. Auf „Aus!" wird die vorgeschriebene Schrittweite angenommen.

Formveränderungen (Aufmärsche und Abbrechen) erfolgen ohne Tritt oder im Laufen. Nach Durchführung der Formveränderung wird ohne Tritt weitermarschiert.

Kommando: „Reihe rechts (links) **ohne Tritt — Marsch"** (aus der Linie zu einem Gliede im Halten).

Der rechte (linke) Flügelmann tritt geradeaus an, die anderen machen rechts (links) um und setzen sich dahinter.

Der Truppführer setzt sich vor die Gruppe.

Kommando: „Marschordnung rechts (links) **ohne Tritt — Marsch"** (aus der Linie zu einem Gliede im Halten).

Die ersten 3 Schützen des rechten (linken) Flügels treten geradeaus an. Die übrigen Schützen brechen zu d r e i e n ab und setzen sich dahinter.

Kommando: „Reihe — rechts" oder **„Die Reihe — links"** (aus der Linie zu einem Gliede in der Bewegung).

Der rechte (linke) Flügelmann geht geradeaus weiter.

Die übrigen Schützen setzen sich in Reihe dahinter.

Der Truppführer setzt sich vor die Gruppe.

Kommando: „In Linie zu einem Gliede links (rechts) marschiert auf — Marsch" (Marsch! Marsch!) (aus der Reihe oder Marschordnung in der Bewegung).

Der vorderste Schütze bzw. das vorderste Glied geht geradeaus weiter, die übrigen Schützen marschieren links (rechts) auf.

Der Truppführer begibt sich auf den rechten (linken) Flügel.

Kommando: „Hinlegen" (für den Zug geschildert).
Das erste Glied macht vor dem Hinlegen zwei, das zweite Glied einen großen Schritt nach vorwärts. Nach dem Aufstehen tritt das zweite Glied einen Schritt, das dritte Glied zwei Schritte vor.

In der Marschordnung macht die rechte und mittlere Rotte zunächst halbrechts, die linke Rotte zunächst halblinks um. Dann legen sich die Rotten hin, die mittlere rechts auf Lücke.

In der Reihe legt sich der Schütze schräg nach rechts hin, so daß der Oberkörper neben den Beinen des Vordermannes liegt, in der Linie zu einem Gliede entfällt das Vortreten.

Kommando: „Setzt die Gewehre" (für den Zug in Linie geschildert).
Die Truppführer und der hinterste Trupp jedes Zuges steht mit der Front nach vorne still. Im übrigen machen die ungeraden Nummern links, die geraden rechts um. Das Gewehr wird mit der rechten Hand an den Absatz des äußeren Fußes (bei Kar. 98 k des inneren Fußes), Lauf nach rechts gesetzt.

Kommando: „Zusammen".
Auf „Zusammen!" setzen zunächst die beiden Schützen der gleichen Gruppe und danach die beider Glieder ihre Gewehre mit den Stöcken zusammen, ohne den Kolben wegzurücken. Sie wenden sich dann wieder nach vorne. Der vorderste Trupp stellt sich dicht vorwärts, der mittlere Trupp dicht rückwärts der Gewehre auf. Die hintere Gruppe bleibt mit der Front nach vorne stehen und setzt ihre Gewehre an die nächste Gewehrgruppe der beiden vorderen Gruppen heran.

Der hinterste Trupp stellt seine Gewehre an die nächste Gewehrgruppe heran.

Die Truppführer setzen untereinander die Gewehre zusammen oder stellen sie an die nächste Gewehrgruppe.

In der Marschordnung setzen auf das

Kommando: „Nach rechts (links) setzt die Gewehre — zusammen"
die beiden rechten (linken) Trupps jedes Zuges die Gewehre, wie eben geschildert, zusammen. Der linke (rechte) Trupp jedes Zuges macht auf das Ankündigungskommando rechts (links) um und setzt auf das Ausführungskommando seine Gewehre an die nächsten Gewehrgruppe.

Kommando: „An die Gewehre".
Jeder tritt lautlos an seinen Platz bei den Gewehren und rührt.

Kommando: „Gewehr in die"
Jeder macht eine Wendung zu seinem Gewehr hin und steht still.

Kommando: „Hand".
Alle Gewehrschützen ergreifen mit der rechten Hand ihre Gewehre, heben sie ohne gewaltsames Ziehen auseinander, machen die Wendung nach vorne und rühren sich. Die Gewehre, die an die Gewehrgruppen herangestellt waren, müssen zuerst weggenommen werden.

Die formale Ausbildung in der geöffneten Ordnung des Schützentrupps umfaßt das Einnehmen der Schützenreihe bzw. des Schützenrudels innerhalb des Trupps nach Seite 108.

Die Entwicklung des Trupps erfolgt stets auf den Anschlußmann. Auf ihn werden Abstände und Zwischenräume genommen. Der Anschlußmann hält die befohlene Richtung inne. Dazu wählt er sich Zwischenpunkte im Gelände. Ist keine Richtung befohlen, so folgt er dem vorangehenden Truppführer.

Den Anschluß hat bei der Entwicklung des Schützentrupps

1. aus der Reihe der vorderste Schütze;
2. aus der Linie zu einem Gliede und der Marschordnung ein jedes Mal zu bestimmender Schütze.

Außerdem muß der Schütze folgende Kommandos und ihre Ausführung kennen

Kommando: „Sprung".

Der Schütze sichert, geht in volle Deckung und macht sich sprungbereit. Er nimmt das Gewehr in die linke Hand, stützt die rechte Hand auf den Boden und zieht das rechte Bein nahe an den Leib. ohne sich dabei aufzurichten.

Kommando: „Auf — Marsch — Marsch".

Der Schütze schnellt empor und stürzt vorwärts.

Kommando: „Halt".

Es wird auf der Stelle gehalten.

Kommando: „Kehrt — Marsch".

Es wird kurz um 180 Grad gedreht und weitergegangen.

Kommando: „Halt — Kehrt".

Nach Drehung um 180 Grad wird auf der Stelle gehalten und gerührt.

Kommando: „Hinlegen".

Jeder legt sich an Ort und Stelle hin.

Kommando: „Volle Deckung".

Jeder sucht sich schnell in seiner Nähe einen gegen Erd- und möglichst gegen Luftsicht gedeckten Platz, legt sich hin und geht in volle Deckung.

Kommando: „Stellung".

Die Gewehrschützen richten sich in Höhe ihres Truppführers im Gelände, zum Feuern bereit ein und bilden so eine „Feuerkette".

Erfolgt das **Kommando: „Feuerkette"**

in der Bewegung, so wird dementsprechend die Feuerkette im Vorwärtsgehen gebildet.

Kommando: „Sammeln".

Auf der Stelle gehen die Schützen auf dem kürzesten Wege auf den befohlenen Platz. In der Bewegung sammeln sie strahlenförmig hinter dem vorangehenden Truppführer. Wenn nichts anderes befohlen ist, wird in Reihe gesammelt, die Schützen in der Reihenfolge ihres Eintreffens. Andere Arten des Sammelns werden besonders befohlen.

3. Zeichen.

Zeichen dienen zur lautlosen Befehlsübermittlung und zur Zeitersparnis bei der Befehlsübermittlung auf größere Entfernungen. Sie werden häufig angewandt, wenn im Kampf Kommandos oder Befehle nicht gegeben werden können. Durch den Gebrauch der Signalpfeife vor Abgabe des Zeichens kann die Aufmerksamkeit auf den Führer gelenkt werden.

Bedeutung der Zeichen.

a) **Armzeichen** (bei Truppen auf Kfz. mit Zeichenstab oder Flagge).

Lfd. Nr	Zeichen	Ausführung	Licht bei Kfz. (nachts)	Bedeutung
1.		Arm **hochheben** a) vom Führer (dabei Pfiff) b) vom Unterführer c) in der Bewegung (aufgesessen) d) im Feuerkampf	weiß	a) Achtung (Ankündigungszeichen) b) Verstanden oder fertig fahrbereit c) Stillgesessen (nur bei reit fahr- u. mot. Tr.) a) Achtung b) Verstanden
2.		Arm einmal hoch**stoßen** dasselbe mehrmals a) aus dem Halten b) in der Bewegung c) im Feuerkampf	weiß grün „	Aufsitzen a) Antreten, Anfahren b) nächsthöhere Gangart, schneller c) „Feuer frei" zur Feuer eröffnung „Weiterfeuern"
3.		Arm mehrmals in Schulterhöhe seitwärts **stoßen** a) nach einer Seite	grün	a) rechts (links) heran
4.		b) **abwechselnd** nach beiden Seiten (nur bei Kav.)	—	b) rechts und links heran Straßenmitte frei (gil nur für Kav.)

Lfd. Nr.	Zeichen	Ausführung	Licht bei Kfz. (nachts)	Bedeutung
5.		hochgehobenen Arm mehrmals hin- u. **herschwenken** a) aus der Marschordnung b) aus dem „Rührt Euch" c) im Feuerkampf	weiß	 a) Rührt Euch b) Marschordnung c) Feuerpause
6.		hochgehobenen Arm mehrfach **seitwärts** langsam senken	grün	„nächst niedere Gangart!" oder langsamer
7.		hochgehobenen Arm wiederholt scharf nach unten **stoßen** a) in der Bewegung b) im Halten	 rot „	 a) Halten b) Absitzen (gilt für Reiter, Fahrer, aufgesessene Mannschaften)
8.		ausgestreckten Arm halbkreisförmig rechts und links vom Pferdehals senken bei M.-G.-Einheiten	 —	 **Bedienung** absitzen

Lfd. Nr.	Zeichen	Ausführung	Licht bei Kfz. (nachts)	Bedeutung
9.	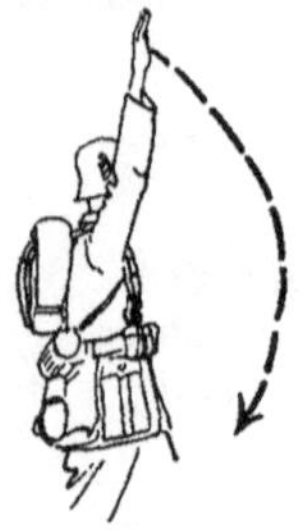	hochgehobenen Arm wiederholt tief **vorwärts** senken	—	hinlegen
10.		Zeigen mit Arm in eine Richtung (in der Bewegung)	grün	Folgen! Richtung!
11.		Pendeln des hängenden Armes vor dem Körper a) bei verladenem Gerät b) bei freigemachtem Gerät	 — —	 a) „Gewehr frei!" b) Gewehr an Ort.
12.		Beide Arme gleichzeitig in Schulterhöhe ausbreiten		„Stellung" (Feuerstellung)

Lfd. Nr.	Zeichen	Ausführung	Licht bei Kfz. (nachts)	Bedeutung
13.		Faust vor die Brust, Arm dann mehrfach scharf waagerecht seitwärts **schlagen**	weiß	„Straße frei!" Fliegerdeckung! (Fahrzeuge u. Kfz. halten, gilt nur für Truppen auf Fahrzeugen)
14.		Arm über dem Kopf **waagerecht** kreisen	grün	nächsthöhere Form der Gefechtsbereitschaft (Entfaltung oder Entwicklung)
15.		Leicht schräg gehaltener Arm	—	„Augen rechts"
		dasselbe mit dem linken Arm oder mit in rechter Hand gehaltenem, nach links deutendem Zeichenstab	—	„Die Augen links"

Lfd. Nr.	Zeichen	Ausführung	Licht bei Kfz. (nachts)	Bedeutung
16.		Arm seitlich ausstrecken, aus Schulter heraus seitlich kreisen a) in der geöffneten Ordnung und in der Entfaltung b) bei formalen Bewegungen mit Fahrzeugen. Dabei anschl. nach Nr. 10 in Aufmarschrichtung zeigen.	— —	a) Sammeln! (Zusammenziehen) b) geöffneter Aufmarsch nach rechts oder links.
17.		Arme vor der Brust kreuzen	—	Gewehre zusammensetzen oder Gewehre an die Kfz.
18.		erhobene gespreizte Hand wirbeln	—	Führer der nächstniederen Untereinheit zu mir
19.		ausgestreckten linken Arm in Schulterhöhe vor- und rückwärts bewegen	grün	Erlaubnis zum Überholen

Lfd. Nr.	Zeichen	Ausführung	Licht bei Kfz. (nachts)	Bedeutung
20.		linken Arm waagerecht seitwärts ausstrecken	rot	Überholen nicht möglich
21.		Arm mit Zeichenstab waagerecht seitwärts ausstrecken. Zeichen mit Fahrtrichtungsanzeiger	grün	Schwenken oder in Seitenweg einbiegen (auf Kfz.)
22.		Arm seitlich **aufwärts** anwinkeln	—	Abstände vergrößern (auf Kfz.)
23.		Arm seitlich **abwärts** anwinkeln	—	Abstände verringern (auf Kfz.)

Lfd. Nr.	Zeichen	Ausführung	Licht bei Kfz. (nachts)	Bedeutung
24.		beide Arme hochhalten, gleichzeitig scharf anwinkeln u. wieder hochstoßen	—	Handpferde vor! Fahrzeuge vor!
25.		Kurbelbewegung mit Arm vor dem Körper	weiß	Motor anwerfen
26.		Unterarm quer über Kopf halten	weiß	Motor abstellen
		Im Feuerkampf		„Stopfen"
27.		beide Arme hochhalten und Zeichen 2 (nur mit Fahrzeugen)	—	In Reihe antreten

b) **mit Kopfbedeckung, Waffen und Gerät.**

28.		Kopfbedeckung hochhalten	hier sind wir

Lfd. Nr.	Zeichen	Ausführung	Bedeutung
29.		Gewehr **senkrecht** über dem Kopf	Gelände frei vom Feind oder Gelände gangbar bzw. fahrbar
30.		Gewehr **waagerecht** über dem Kopf	Gelände **nicht** frei vom Feinde oder Gelände ungangbar
31.		Spaten hochhalten a) von vorn gegeben b) von hinten gegeben	a) wir graben uns ein b) Eingraben!
32.		Munitionskasten (Geschoßkorb usw.) hochhalten	Munition vor

Lfd. Nr.	Zeichen	Ausführung	Bedeutung
33.		Tragebüchse der Gasmaske hochhalten a) durch Spähtrupps, Sicherer, Gasspürer, Beobachter b) durch Führer	a) Gaswarnung (an Führer) b) Gasbereitschaft (Befehl an Truppe)
34.		Gasmaske aus Tragebüchse ziehen, hochhalten und schwenken oder aufsetzen	„Gasmaske aufsetzen" „Gasalarm!"
35.		Schwenken der Flagge im Halbkreis Zeichen 37 und 13	Achtung fdl. Panzerfahrzeuge An Ort und Stelle „Feuerstellung und Feuer frei"

c) **Leuchtzeichen**

werden in bestimmtem Wechsel festgesetzt. Sie werden nach Bedeutung und Farbe eingeteilt in:

A. Takt. Zeichen:

hier sind wir	= weißes Licht	Leuchtpatrone, Einzelstern
wir greifen an Feuer vorverlegen	= grünes Licht [1]	Signalpatrone, Einzelstern
Feind greift an Sperrfeuer erbeten	= rotes Licht [1]	Signalpatrone, Einzelstern

B. Warnzeichen:

Panzerwarnung	= viol. Rauch [2] blauer Rauch [2] [3]	Rauchbündelpatrone

C. Sonderzeichen (für Panzer- und Panzerabwehrtruppe):

hier für Panzer fahrbar	= grüner Rauch	Handrauchzeichen grün
hier für Panzer nicht fahrbar	= roter Rauch	Handrauchzeichen rot
Panzerwarnung	= viol. Rauch [2] blauer Rauch [2] [3]	Handrauchzeichen viol. Handrauchzeichen blau

D. Schiedsrichterzeichen:

das Ganze marsch	= grüner Rauch	Rauchstrichbombe
das Ganze halt	= blauer Rauch	Rauchstrichbombe
alle Panzer halt	= blauer Rauch	Patronenrauchzeichen u. Handrauchzeichen

[1]) Wechsel zwischen rot und grün vorgesehen.
[2]) Wechsel im Kriege zwischen violett und blau ist vorgesehen.
[3]) Im Frieden für Schiedsrichterzwecke nach D.

d) **Gefechtssignale mit Trompete und Signalhorn.**

Für alle Waffen sind wichtig:
„Panzerwarnung."
„Fliegerwarnung."

e) **Sonstige Schallzeichen.**

Pfeife: Achtung (als Hilfsmittel bei Armzeichen).

Pfeifpatrone, sowie alle Schallmittel, die nicht mit dem Munde bedient werden (außer Hupe und Sirene): **„Gasalarm!"**

Hupe: Andauerndes Hupen aller Kfz. (nur bei geschlossenen Einheiten auf Kfz. im Kw.-Marsch): **„Panzerwarnung!"**

f) **Sichtzeichen der Erdtruppe für Flieger.**

Tuchzeichen: Sie müssen auf möglichst freiem Raum so ausgelegt werden, daß sie in der Blickrichtung zum Feind zu lesen sind.

Tuchzeichen sind im allgemeinen nur auf Anforderung des Fliegers (Leuchtzeichen oder Funksignal) auszulegen und nach der Verständigung wieder wegzunehmen.

Die wichtigsten Zeichen sind:

\+ Meldeabwurfstelle.
— — — wir halten die Linie.

g) **Warnungszeichen** (Wiederholung aus vorigen Ziffern).

Gaswarnung:

Hochhalten der Tragebüchse.

Fliegerwarnung:

Besonderes Gefechtssignal mit Trompete, Signalhorn oder Sirene.

Panzerwarnung:

1. Besonderes Gefechtssignal mit Trompete oder Signalhorn.
2. Andauerndes Hupen aller Kfz. (nur bei Truppen auf Kfz. beim Kw.-Marsch).
3. Winken mit der Panzerwarnflagge, und zwar: Schwenken: Achtung, Panzerspähwagen. Kreisen: Achtung, Panzerkampfwagen.

h) **Alarmzeichen** (nur für Gas).

1. Pfeifsignal mit Pfeifpatrone, aus Leuchtpistole.
2. Betätigung von Schallmitteln aller Art (außer Hupen und Sirene), die nicht mit dem Munde bedient werden.

i) **Weitere Zeichen**

können jeweils von Fall zu Fall vereinbart werden.

VI. Schießdienst.

1. Allgemeine Schießlehre.

Beim Abdrücken (Abziehen) des Gewehrs schnellt der Schlagbolzen vor und entzündet das Zündhütchen der Patrone. Ein Feuerstrahl dringt durch die beiden Zündkanäle des Patronenbodens in den Pulverraum, entzündet das Pulver und bringt es dadurch zur Explosion, d. h. zu einer sich blitzschnell vollziehenden Verbrennung. Die hierbei entstehenden Pulvergase haben das Bestreben, sich mit höchster Schnelligkeit und Kraft nach allen Seiten hin auszudehnen. Da dieser Gasdruck an den Wänden der Patronenhülse und am Patronenboden einen unüberwindlichen Widerstand findet, wird das nur lose in der Hüse steckende Geschoß durch den Lauf nach vorn hinausgetrieben. Zugleich bewirkt der Explosionsvorgang in der Waffe auch eine heftige Erschütterung, welche sich namentlich in einem Rückstoß des im Anschlag befindlichen Gewehrs äußert.

Die Geschwindigkeit, mit der das Geschoß den Lauf verläßt, heißt Anfangsgeschwindigkeit. Sie wird in m/sec. (Meter in der Sekunde) gemessen. Wenn nur die Anfangsgeschwindigkeit auf das Geschoß wirkte, so würde es mit unveränderter Geschwindigkeit geradlinig in der Abgangsrichtung ins Unendliche weiterfliegen. Durch die Einwirkung der Schwerkraft des Geschosses sowie des Luftwiderstandes erhält die Flugbahn des Geschosses eine gekrümmte Form.

Ein Langgeschoß, das aus einem glatten (nicht gezogenen) Lauf verschossen wird, stellt sich unter der Einwirkung des Luftwiderstandes quer oder überschlägt sich. Der Flug wird unregelmäßig, die Schußweite verkürzt, die Treffähigkeit schlecht. Diese Nachteile werden durch Verwendung gezogener Läufe vermieden. In ihnen erhält das Geschoß durch Einpressen in die Züge eine Drehung um seine Längsachse. Diese Drehung nennt man Drall. Durch die Drehung des Geschosses wird erreicht, daß seine Spitze im Fluge nach vorn gerichtet bleibt.

Die Flugbahn und die Bezeichnung ihrer Teile enthält nachstehendes Bild:

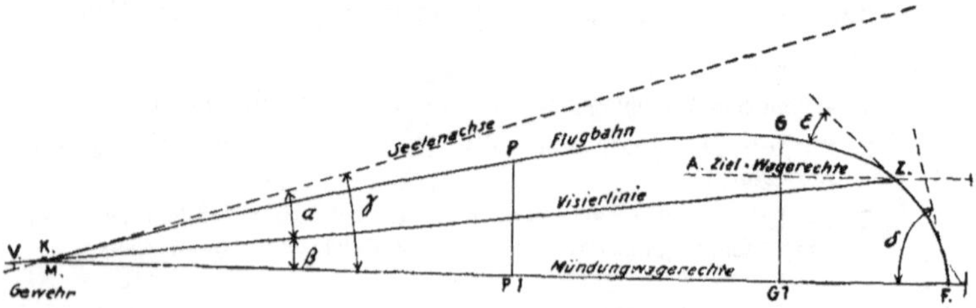

Mündungswagerechte M—F.
Zielwagerechte A—Z.
Visierlinie V—K—Z.
Visierwinkel α.
Geländewinkel β.
Erhöhung γ.
Gipfelpunkt G.
Gipfelhöhe G—G 1.
Gipfelentfernung M—G 1.
Aufsteigender Ast M—G.
Absteigender Ast G—F.
Flughöhe P—P 1.
Fallwinkel δ.
Fallpunkt F.
Auftreffwinkel ε.
Auftreffpunkt Z.

Auftreffgeschwindigkeit ist die Geschwindigkeit, mit der das Geschoß aufschlägt.

Flugzeit ist die Dauer der Geschoßbewegung in Sekunden von der Mündung bis zum Auftreffpunkt.

Wucht ist die lebendige Kraft des Geschosses, ausgedrückt in m/kg.

Auftreffwucht ist die Wucht des Geschosses beim Aufschlag.

Das Geschoß fällt nach dem Verlassen der Mündung durch Einwirken der Schwerkraft und des Luftwiderstandes unter die verlängerte Seelenachse. Man muß also den Lauf, um in bestimmter Entfernung ein Ziel zu treffen, um so viel über dieses Ziel richten, als das Geschoß bis dahin fällt.

Um das Maß für die notwendige Erhöhung des Laufes zu haben, ist die Waffe mit einer Visiereinrichtung (Kimme und Korn) versehen.

Bringt man Auge und Visierlinie mit einem bestimmten Punkt in eine gerade Linie, so zielt man. Der Punkt, auf den die Visierlinie gerichtet wird, um das Ziel zu treffen, heißt Haltepunkt. Dieser liegt je nach der Treffpunktlage des Gewehres in oder dicht bei dem Ziel.

Es bedeuten:

Haltepunkt:

Der Punkt, auf den die Visierlinie gerichtet sein soll.

Abkommen:

Der Punkt, auf den die Visierlinie beim Losgehen des Schusses tatsächlich gerichtet war.

Treffpunkt:

Der Punkt, den das Geschoß beim Einschlagen trifft.

Je nach Wahl des Haltepunktes im Ziel, an seinem unteren oder oberen Rand, sagt man

in das Ziel gehen,
Ziel aufsitzen lassen,
Ziel verschwinden lassen.

Da das Gewehr mit „gestrichenem" Korn und wagerecht stehendem Visierkamm eingeschossen ist, so muß man beim Schießen auch stets mit gestrichenem Korn und wagerecht stehendem Visierkamm zielen. Gestrichenes Korn hat man, wenn beim Zielen die in der Mitte der Kimme sichtbare Kornspitze mit dem wagerecht stehenden Visierkamm abschneidet. Zielen heißt demnach stets, die Visierlinie mit dem Auge so auf den gewählten Haltepunkt richten, daß man die Kornspitze bei wagerechtem Visierkamm in der Mitte der Kimme als gestrichenes Korn im Haltepunkt erblickt. Weicht man von diesem richtigen Zielen in irgendeiner Weise ab, so ergeben sich Zielfehler.

Die häufigsten Zielfehler sind:

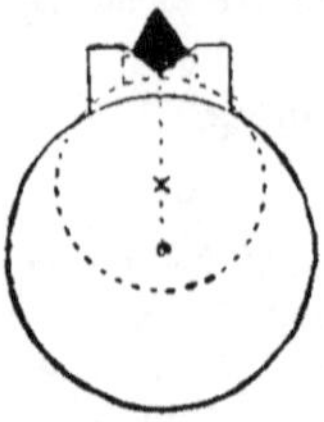

a) **„Vollkorn“**, bei dem man die Kornspitze über dem Visierkamm sieht. Vollkorn erzeugt Hochschuß, weil durch das Heben des Kornes auch gleichzeitig die Mündung des Gewehrs gehoben wird.

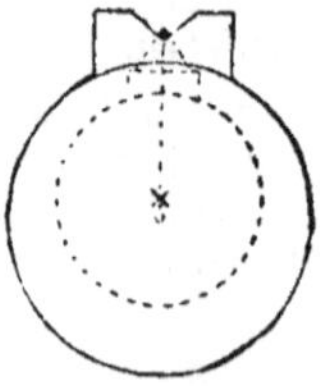

b) **„Feinkorn“**, bei dem man die Kornspitze unter dem Visierkamm sieht. Feinkorn erzeugt Kurzschuß (Tiefschuß), weil durch das Senken des Korns auch gleichzeitig die Laufmündung gesenkt wird.

c) Gewehrverdrehen mit damit verbundenem **„Verkanten“** des Visiers, d. h. einem nach rechts oder links erfolgenden Neigen des Visierkammes. Es erzeugt eine Abweichung des Geschosses nach der Seite, nach der das Gewehr und sein Visier verkantet wird. Rechts verkantetes Gewehr gibt Rechts-Tiefschuß, links verkantetes Gewehr Links-Tiefschuß.

d) **„Geklemmtes Korn“**, wobei man die Kornspitze nicht scharf in der Mitte der Kimme, sondern rechts- oder links seitlich an den Kimmenrand geklemmt erblickt. Links geklemmtes Korn ergibt infolge der damit verbundenen Linksrichtung der Laufmündung Linksschuß, rechts geklemmtes Korn infolge der damit verbundenen Rechtsrichtung der Laufmündung Rechtsschuß. (S. Bild folgende Seite.)

Auch die Beleuchtung des Korns kann zu Zielfehlern veranlassen. Ein von oben hell beleuchtetes Korn erscheint durch seine Strahlung dem Auge größer als sonst und verleitet dadurch zu Feinkorn und Kurzschuß. Ein bei trüber Sicht

Sonne von rechts

Sonne von oben

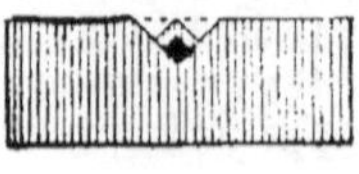

(Dämmerung, Waldlicht) in die Kimme genommenes Korn erscheint leicht kleiner als es ist und verleitet dadurch zu Vollkorn und Hochschuß. Starker von der Seite her fallender Sonnenschein (Lichtschein) läßt die hell beleuchtete Kornseite größer erscheinen als die dunkle. Man wird dadurch leicht zum Kornklemmen veranlaßt, indem man das Korn nur mit seiner heller beleuchteten Seite in die Mitte der Kimme nimmt und dadurch nach der dunklen Seite des Korns hin vorbeischießt.

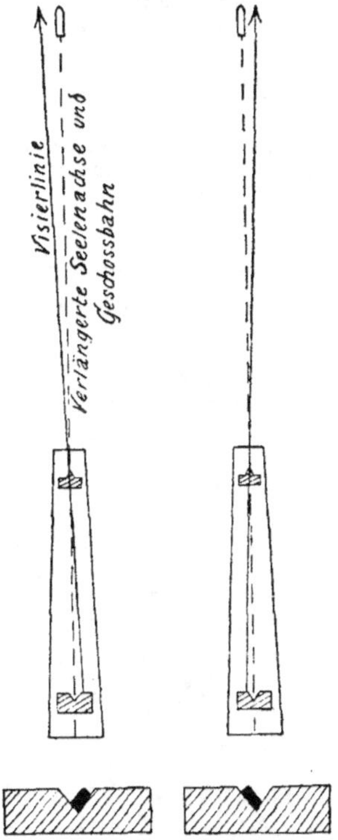

rechts links
geklemmtes Korn

Die Gewehre und die M.-G. haben f. S.-Visiere. Die in den Schußtafeln (Verzeichnissen ihrer Schußleistungen) angegebenen Visierschußweiten und Treffpunktlagen beziehen sich stets auf die zugehörige f. S.-Munition. Bei Verwendung von S. m. K.-Munition (gegen Flieger, Panzerwagen, Panzerschilde) genügt auf den nächsten (bis 100 m) und nahen (bis 400 m) Entfernungen die gleiche Visierstellung wie für S.- oder f. S.-Munition.

Starke Temperaturunterschiede können die Schußweite erheblich ändern. Im allgemeinen hat man bei **warmer** Witterung mit **Weitschuß**, bei **kalter** mit **Kurzschuß** zu rechnen. Ein Wechsel der Lufttemperatur um 10° verschiebt auf 1000 m den mittleren Treffpunkt nach der Höhe um etwa 1 m, nach der Tiefe um etwa 30 m.

Wind von vorn verkürzt, Wind von rückwärts vergrößert die Schußweite. Mittlerer Wind (4 m/sec.) in der Schußrichtung verlegt die Geschoßgarbe auf 1000 m um etwa 10 m nach der Tiefe. Seitlicher Wind (4 m/sec.) bewirkt auf 1000 m eine Seitenabweichung um 2 bis 3 m. Starker Wind (8 m/sec.) verlegt die Garbe um das doppelte Maß.

Gibt man aus einer Waffe unter möglichst gleichbleibenden Bedingungen eine größere Anzahl von Schüssen nacheinander ab, so treffen die Geschosse nicht ein und denselben Punkt, sondern verteilen sich über eine mehr oder weniger große Fläche. Man nennt dies **Streuung**.

Die Ursachen der Streuung sind:

Schwingungen des Laufes, Schwankungen der Witterungseinflüsse, kleine nicht zu vermeidende Unterschiede in der Munition und in der Verbrennungsweise des Pulvers. (Streuung der einzelnen Waffe.)

Vergrößert wird die Streuung durch **die Fehler des einzelnen Schützen** beim Zielen und Abkommen (Schützenstreuung).

Das **auf einer senkrechten Fläche** aufgefangene Streuungsbild ist meist höher als breit (Höhenstreuung also größer als Breitenstreuung).

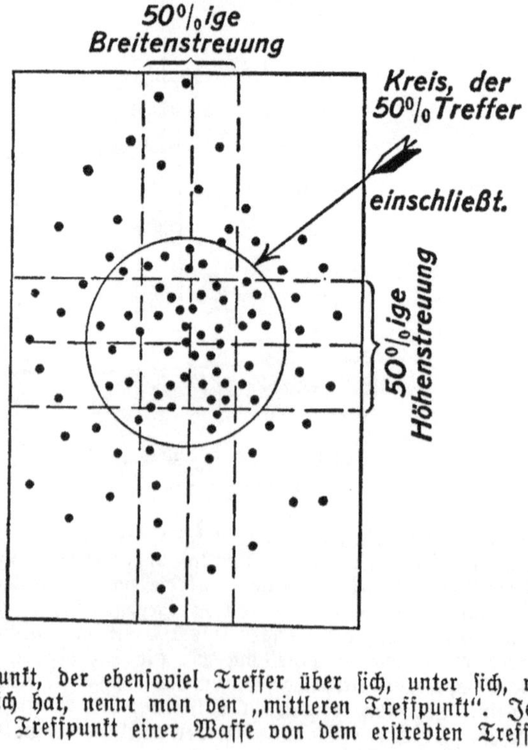

Den Punkt, der ebensoviel Treffer über sich, unter sich, rechts und links von sich hat, nennt man den „mittleren Treffpunkt". Je nachdem der mittlere Treffpunkt einer Waffe von dem erstrebten Treffpunkt abweicht, spricht man von hoch oder kurz, rechts oder links schießenden Gewehren.

Auf **dem waagerechten Erdboden** verteilen sich die Schüsse in einer Fläche, der waagerechten Trefffläche, deren Breite mit der Entfernung zunimmt und deren Tiefe um so größer wird, je größer die Höhenstreuung und je kleiner der Einfallwinkel ist (Tiefenstreuung).

Bei der Abgabe von Dauerfeuer durch ein M.-G. oder beim Schießen mit mehreren Gewehren verteilen sich die Treffer auf eine größere Fläche als beim Einzelfeuer des M.-G. oder beim Schießen mit einem Gewehr. Die Flugbahnen der Geschosse aus einem Dauerfeuer abgebenden M.-G. oder von mehreren Gewehren bilden eine **Geschoßgarbe.**

Abfallendes Gelände am Ziel verlängert, ansteigendes verkürzt die Tiefenausdehnung der Geschoßgarbe. Die Tiefe der Garbe wird durch Witterungseinflüsse und Fehler des Schützen erweitert. Hierbei sprechen mannigfache Einflüsse, Ausbildungsgrad, Sichtbarkeit des Ziels, Feuergeschwindigkeit usw., vor allem die körperliche und seelische Verfassung des Schützen mit.

Die Ausdehnung der Garbe hängt von dem Maß des Festhaltens des l. M.-G. durch den Schützen 1 ab.

Den Raum, in dem ein Ziel von bestimmter Größe bei gleichbleibendem Haltepunkt ohne Umstellung des Visiers getroffen werden kann, nennt man den Visierbereich (Raum B—A—C).

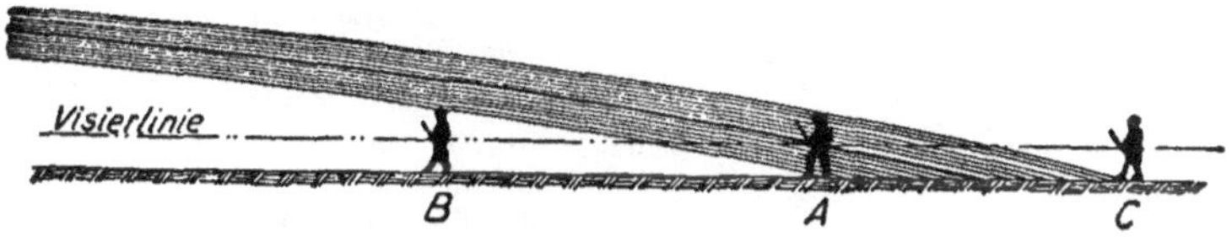

Der Raum vor und hinter einem Ziel, der durch die Geschoßgarbe getroffen wird, heißt: **Bestrichener Raum.**

Den Raum hinter einer Deckung, der von einem Geschoß oder einer Geschoßgarbe in der Flugbahn nicht erreicht werden kann, nennt man: **Gedeckten Raum** oder **toten Winkel** (a).

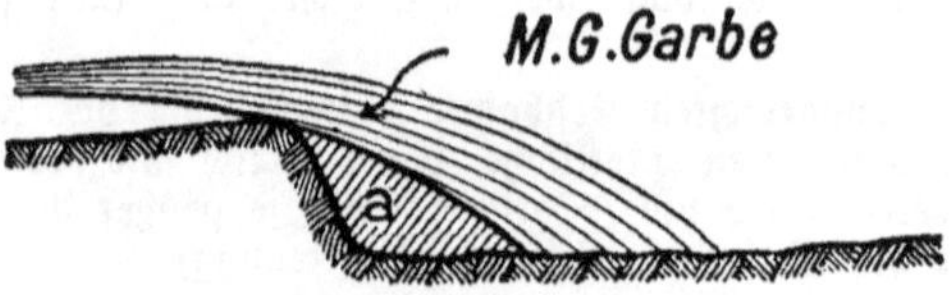

Die **Wahl des Haltepunkts** wird grundsätzlich dem Schützen überlassen. Beim Schießen mit l. M.=G. und Gewehr ist im allgemeinen der günstigste Haltepunkt gegen kleine Ziele „Zielaufsitzen" und gegen große Ziele „Mitte des Ziels".

Treibt Seitenwind die Geschosse an schmalen Zielen vorbei, so muß dem durch **Anhalten** vorgebeugt werden. Dabei ist zu beachten, daß die Abweichungen bei zunehmender Schußweite größer werden.

Bei Wahl des Haltepunktes gegen Ziele, die sich seitwärts bewegen, müssen Schnelligkeit der Bewegung und Flugzeit des Geschosses berücksichtigt werden. Dies geschieht durch **Vorhalten** oder Vorhalten und gleichzeitiges Mitgehen mit der Bewegung des Ziels.

Während der Flugzeit des s. S.=Geschosses zurückgelegte Entfernungen in Metern (abgerundete Werte).

Entfernung in Metern	I. Fußtruppen: im Schritt in 1 Minute 100 m	I. Fußtruppen: im Laufschritt in 1 Minute 150 m	II. beritt. Truppen: im Trabe in 1 Minute 250 m	II. beritt. Truppen: im Galopp in 1 Minute 400 m	III. motorisierte Truppen, Geschwindigkeit der Kraftfahrzeuge: Gelände 15—20 km/st, in sec 5 m	III. Straße 30—40 km/st, in sec 10 m	III. Straße 70—80 km/st, in sec 20 m	IV. Flugzeuge
100	—	—	—	—	—	—	—	8— 10
200	—	—	—	—	—	—	—	15— 20
300	1	1	2	3	2	4	8	25— 36
600	2	2	4	6	5	10	20	50— 80
900	3	4	7	11	8	16	32	100—135
1200	4	6	10	16	12	25	50	—
1500	6	9	14	23	17	35	70	—
1800	8	11	19	31	23	45	90	—
2000	9	14	23	36	30	55	110	—

Bei der **Flugabwehr mit M.=G.** durchqueren Flugziele, die sich mit einer Geschwindigkeit bis zu 100 m in der Sekunde (= 360 km/Std.) bewegen, den zu ihrer Bekämpfung vor dem Flugziel liegenden M.=G.=Feuerkegel in Bruchteilen von Sekunden. Während dieser Zeit kreuzen beim Einsatz eines M.=G. nur wenige Geschosse den Flugweg des Flugziels.

Für den Beschuß derartiger Ziele gelten daher besondere Schießregeln.

Für das **Schießen gegen Flugziele***) unterscheidet man

den Vorbeiflug,
den An- und Abflug sowie
den Sturzflug.

Vorbeiflug wird jeder Flug genannt, der nicht unmittelbar über den Schützen hinwegführt.

An- und Abflug ist jeder Flug, der — gleich aus welcher Richtung er erfolgt — über den Schützen hinwegführt.

Sturzflug ist ein Flug, bei dem das Flugziel aus größeren Höhen auf den Schützen heruntерstößt.

Wechselpunkt ist der Ort, an dem das Flugziel beim Vorbei- oder An- und Abflug die kürzeste Entfernung zum Schützen erreicht hat.

Bis zum Wechselpunkt heißt das sich nähernde Flugziel „kommendes Ziel", nach dem Wechselpunkt das sich entfernende Flugziel „gehendes Ziel".

Toter Trichter nennt man den Raum, in welchem ein Flugziel von Maschinenwaffen infolge der Lagerung auf dem Schließgestell nicht unter Feuer genommen werden kann.

Unter **Flugwinkel** versteht man den Winkel, den die Visierlinie mit dem Flugweg des Flugziels bildet.

Unter **Winkelgeschwindigkeit** versteht man die Geschwindigkeit, mit der das Flugziel in 1 Sekunde am Schützen vorbeifliegt. Sie wird nicht nach der durchflogenen Strecke in Metern, sondern nach dem vom Schützen aus gesehenen Winkel in Graden bezeichnet.

Da beim Schießen gegen Flugziele das M.-G. frei beweglich gelagert sein muß, so ist die Erschütterung beim Schießen stärker und somit auch die Streuung größer als beim Schießen gegen Erdziele. Über 1000 m Entfernung entspricht die Wirkung nicht mehr dem Munitionseinsatz.

Um beim Flugzielbeschuß mit M.-G. ein für alle Fälle richtiges Vorhaltemaß zu haben, wird die **Fliegervisiereinrichtung** (Fliegervisier — Kreis-

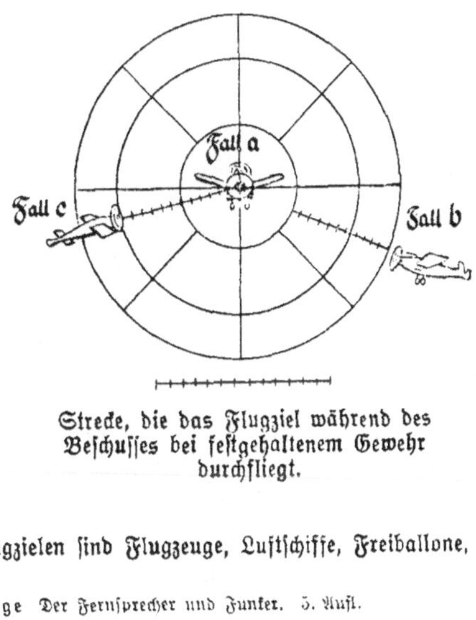

Strecke, die das Flugziel während des Beschusses bei festgehaltenem Gewehr durchfliegt.

*) Unter Flugzielen sind Flugzeuge, Luftschiffe, Freiballone, Fesselballone usw. zu verstehen.

korn verwendet. Das Kreiskorn gibt das Vorhaltemaß an. Es trägt Zielgeschwindigkeiten von 150 bis 300 km/Std., Entfernungen von 0 bis 1000 m sowie allen An- und Abflugrichtungen Rechnung.

Der Schütze zielt das Flugziel an:

a) über Fadenkreuzmitte, wenn das Flugziel unmittelbar auf den Standpunkt des Schützen zufliegt (Sturzflug).

b) an einem Punkt des äußeren Kreises, wenn er das Flugziel in ganzer Länge oder nur wenig verkürzt sieht — Flugwinkel von 60 bis 90° —.

c) an einem Punkt des mittleren Kreises, wenn er das Flugziel stark verkürzt sieht — Flugwinkel unter 60° —.

Der Punkt an dem entsprechenden Kreis des Kreiskorns ist beim Anzielen so zu wählen, daß der verlängerte Flugweg durch die Mitte des Kreiskorns (Fadenkreuzmitte) geht.

Beim **Schießen mit Gewehr auf Flugziele** ist das Vorhaltemaß von der Geschwindigkeit und der Flugrichtung des Ziels abhängig.

Da es sich in den meisten Fällen um eine durchschnittliche Flugziellänge von etwa 10 m und eine Flugzielgeschwindigkeit von 250 bis 350 km/Std. handelt, so kommen entsprechend den Geschoßflugzeiten von 0,1 bis 0,5 Sekunden Vorhaltemaße von rund 10 bis 50 m, d. h. 1 bis 5 Flugzeuglängen, in Betracht.

Schußleistungen mit s. S.-Munition.

Die Gesamtschußweite beträgt bei etwa 30° Erhöhung rund 4500 m.

Das **s. S.-Geschoß** durchschlägt:

auf	100 m	65 cm	starkes trockenes Kiefernholz,
„	400 m	85 cm	„ „ „
„	800 m	45 cm	„ „ „
„	1800 m	20 cm	„ „ „

sowie bei senkrechtem Auftreffen:

	7 mm	starke Eisenplatten	bis auf etwa 550 m	Entfernung,
	10 mm	„ „	„ „ „ 300 m	„
oder	3 mm	„ Stahlplatten	„ „ „ 600 m	„
	5 mm	„ „	„ „ „ 100 m	„

Auf 800 m bieten 3 mm starke Stahlplatten bereits sicheren Schutz gegen s. S.-Munition.

In losen Sand dringen s. S.-Geschosse bis 90 cm tief ein.

Ziegelmauern von der Stärke eines ganzen Steines (25 cm) können von einzelnen s. S.-Geschossen nur durchschlagen werden, wenn sie zufällig die Fugen treffen.

Bei längerem Beschießen bieten auch stärkere Mauern, zumal wenn dieselbe Stelle häufig getroffen wird, keinen sicheren Schutz.

2. Schießausbildung.

a) Schießausbildung mit Gewehr.

Gute Schießleistungen sind Vorbedingung für den Erfolg im Kriege. Sie geben außerdem dem Schützen das Gefühl der Überlegenheit über den Gegner.

Als Vorbereitung für die Schießausbildung werden die beim Schießen in Tätigkeit kommenden Gelenke (besonders die Hand- und Fingergelenke) durch geeignete Übungen gelockert und beweglich gemacht sowie die Arm- und Fingermuskeln gestärkt.

Dann wird der Schütze über das Umfassen des Kolbenhalses am festliegenden Gewehr belehrt. Der Kolbenhals wird mit der rechten Hand so weit vorn umfaßt daß der ausgestreckte Zeigefinger auf der inneren unteren Seite des Abzugsbügels liegt und später beim Abkrümmen mit der Wurzel des ersten Gliedes oder mit dem zweiten Gliede den Abzug berühren kann. Die übrigen Finger umfassen den Kolbenhals fest, gleichmäßig und möglichst so, daß der Daumen dicht neben dem Mittelfinger liegt. Der Handteller paßt sich bis zur Handwurzel dem Kolbenhals an.

Der Zeigefinger nimmt mit der Wurzel des ersten Gliedes oder mit dem zweiten Gliede Fühlung am Abzug und führt ihn durch Krümmen der beiden vorderen Glieder in einem Zuge zurück bis Widerstand verspürt wird, d. h. man nimmt „Druckpunkt“. Dann wird sofort gleichmäßig weitergekrümmt.

Durch ruckartiges Abziehen wird die Visierlinie aus der genauen Schußrichtung gerissen. Ein schlechter Schuß ist die Folge. (Reißen.)

Nach dem Vorschnellen des Schlagbolzens wird der Zeigefinger noch einen Augenblick am völlig zurückgezogenen Abzuge behalten und dann langsam gestreckt.

Beim Schießen wird die Visierlinie gleich beim Einziehen auf den Haltepunkt gerichtet, das linke Auge geschlossen, gleichzeitig Druckpunkt genommen und sofort unter Festhalten oder Berichtigen des Haltepunktes gleichmäßig abgekrümmt.

Beim Einziehen des Gewehrs wird ausgeatmet und bis zur Schußabgabe der Atem angehalten.

Selbst wenn die Visierlinie etwas schwankt, darf das gleichmäßige Abkrümmen nicht unterbrochen werden. Bei erheblicher Unruhe setzt der Schütze ab. Absetzen darf aber nicht zur Gewohnheit werden.

Nach Abgabe des Schusses öffnet der Schütze das geschlossene Auge, streckt langsam den Zeigefinger, hebt den Kopf und setzt ruhig ab. Er überlegt einen Augenblick und meldet dann sein „Abkommen“, d. h. er gibt den Punkt an, auf den die Visierlinie im Augenblick der Schußabgabe gerichtet war.

Der Schütze soll in erster Linie sagen, ob er hoch, tief, rechts, links, hochrechts, tieflinks usw. abgekommen ist. Wenn er sicher ist, kann auch eine Ringzahl angegeben werden. Nur wer sein Abkommen richtig erkennt, kann sicher schießen.

Wenn der Schütze den Haltepunkt richtig erfaßt hat, dann aber aus Besorgnis, den günstigen Augenblick für die Schußabgabe zu versäumen, übereilt und ruckweise abzieht, so „reißt“ er. Neigt er in Erwartung des Knalles und Rückstoßes den Kopf nach vorn, schließt er das zielende Auge und bringt er die rechte Schulter vor, dann „muckt“ er. In beiden Fällen gibt er keinen sicheren und bewußten Schuß ab.

Man unterscheidet folgende **Anschlagsarten** mit Gewehr:

liegend aufgelegt; liegend freihändig; kniend; stehend freihändig (s. Bilder).

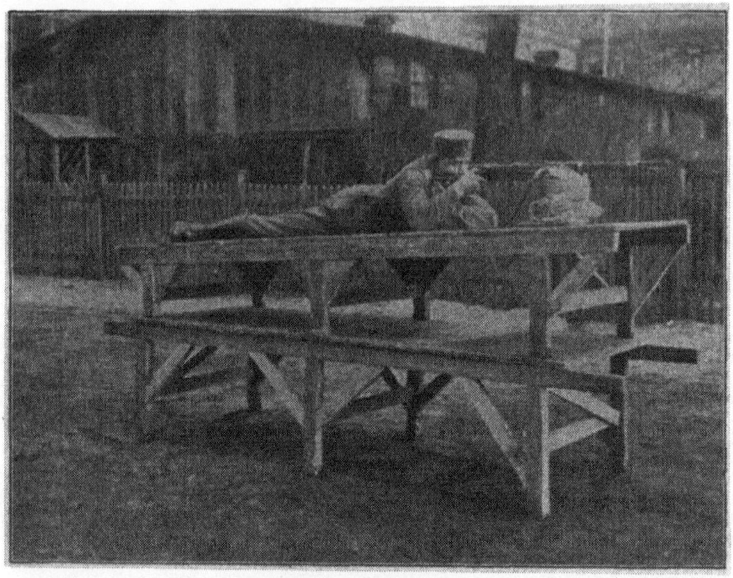

Anschlag liegend aufgelegt.

Anschlag liegend freihändig.

Außerdem gibt es den Anschlag kniend freihändig sowie den Anschlag hinter einer Böschung, in einem Schützenloch für stehende Schützen sowie den Anschlag hinter Bäumen.

Von zwei sich bekämpfenden Gegnern siegt, wer seine Waffe schneller und wirkungsvoller zur Geltung bringt. Auch werden sich oft plötzlich auftauchende und nur kurze Zeit sichtbare Ziele bieten. Es ist daher erforderlich, daß der Gewehrschütze nicht nur gut schießt, sondern daß er auch in kürzester Zeit mehrere gut gezielte Schüsse abgeben kann.

Anschlag kniend.

Der „**Schnellschuß**", d. h. der rasch angebrachte Schuß, muß daher in allen Anschlagsarten schulmäßig erlernt werden.

Erfolgreiche Schnellschüsse werden erzielt durch schnelle und sichere Anschlagsbewegungen mit sofortigem Druckpunktnehmen während des Einziehens, dem unverzüglich ein ruhiges, aber entschlossenes Abkrümmen folgt. Der Schütze sticht beim Vorbringen des Gewehrs, während das Auge fest auf den Haltepunkt gerichtet ist, mit der Mündung in die Zielrichtung und zieht den Kolben kurz ein, so daß sich das Korn in der Linie Auge — Haltepunkt schnell vor- und zurückbewegt. Gewohnheitsmäßiges richtiges Einsetzen des Kolbens ist hierbei besonders wichtig, es darf kein Verändern der Kolbenlage oder der Kopfhaltung mehr notwendig werden. Es kann nicht genügend betont werden, daß die Schnelligkeit nur durch Beschleunigung aller Bewegungen bis zum Druckpunktnehmen einschließlich erreicht werden darf. Das Durchkrümmen und Zielen hat zwar unverzüglich, aber ruhig zu erfolgen.

Das **Schulschießen** ist ein wichtiger Teil der Schießausbildung und die Vorschule für das Schulgefechts- und Gefechtsschießen.

Jeder Schütze schießt beim Schulschießen in der Regel mit seinem Gewehr. Schießt ein Soldat aus zwingenden Gründen mit einem fremden Gewehr, so ist dies in der Schießkladde und im Schießbuch bei der Übung in Spalte „Bemer-

Anschlag stehend freihändig.

kung" mit der Gewehrnummer anzugeben. Die Treffpunktlage kann vorher durch einige Probeschüsse erschossen werden.

Leute mit ungenügender Sehleistung schießen mit Brille.

Eine Übung wird nur erfüllt, wenn das geforderte Ergebnis entweder mit der vorgeschriebenen Schußzahl oder beim Nachgeben von Patronen mit den letzten Schüssen in der vorgeschriebenen Schußzahl an einem Tage erreicht wird.

Der Schütze darf während einer Übung absetzen und, falls nicht etwas anderes befohlen ist, auch wegtreten, um später weiterzuschießen. Das Absetzen darf jedoch nicht zur Gewohnheit werden.

Eine begonnene Übung darf nur ganz abgebrochen werden, wenn durch Probeschüsse festgestellt wird, daß ein Gewehr mangelhaft schießt.

Schulschießbedingungen für Gewehr I. und II. Schießklasse der Gruppe B.

Übung Nr.	Meter	Anschlag	Scheibe	Patronenzahl	Bedingung	Zum Anzug gehören
1	II. = 100 I. = 150	liegend aufgelegt	Kopfringscheibe	3	Kein Schuß unter 7 oder 3 Treffer, 24 Ringe	Leibriemen, Patronentaschen, Mütze
2	150	liegend freihändig	Kopfringscheibe	3	II. = Kein Schuß unter 5 oder 3 Treffer, 18 Ringe I. = Kein Schuß unter 6 oder 3 Treffer, 21 Ringe	Feldanzug. Rückengepäck mit 4 kg Beschwerung
3	100	stehend freihändig	Ringscheibe	3	II. = Kein Schuß unter 5 oder 3 Treffer, 16 Ringe I. = Kein Schuß unter 6 oder 3 Treffer, 19 Ringe	Leibriemen, Patronentaschen, Stahlhelm

Bei allen Übungen dürfen 2 Patronen nachgegeben werden.

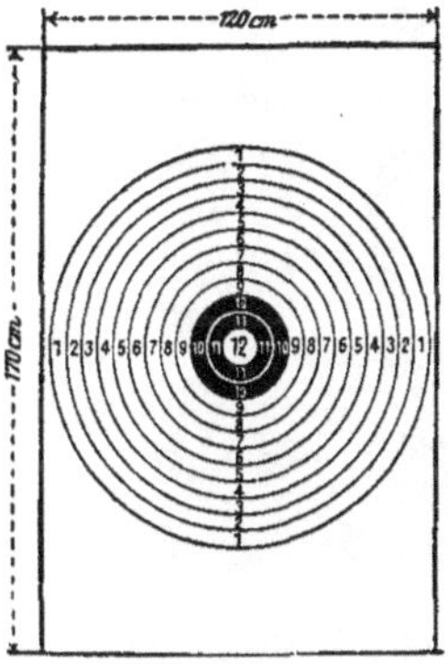

Ringscheibe

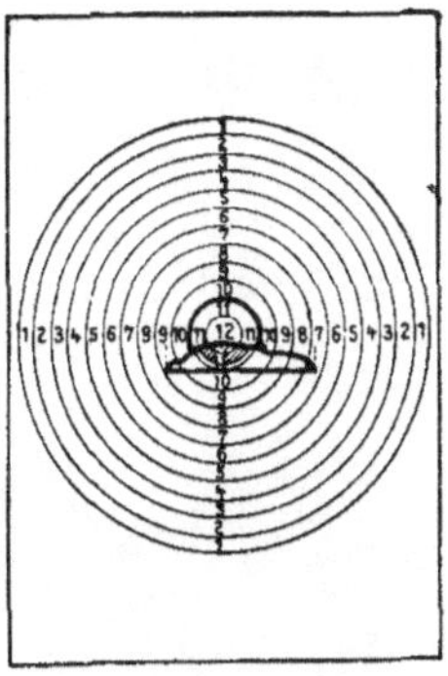
Kopfringscheibe

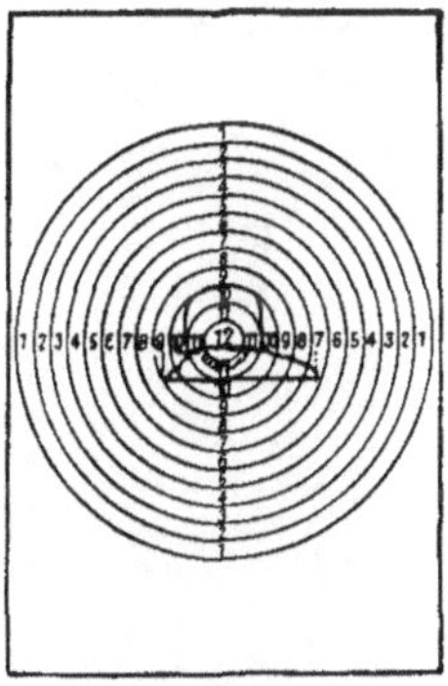
Brustringscheibe

b) Schießausbildung mit l. M.-G.

Das l. M.-G. **ist** der Träger des Feuerkampfes der Schützenkompanie. Große Feuerkraft, hohe Unabhängigkeit von Verlusten der Bedienung und eine leicht lenkbare Geschoßgarbe befähigen es zu seinen vielseitigen Aufgaben.

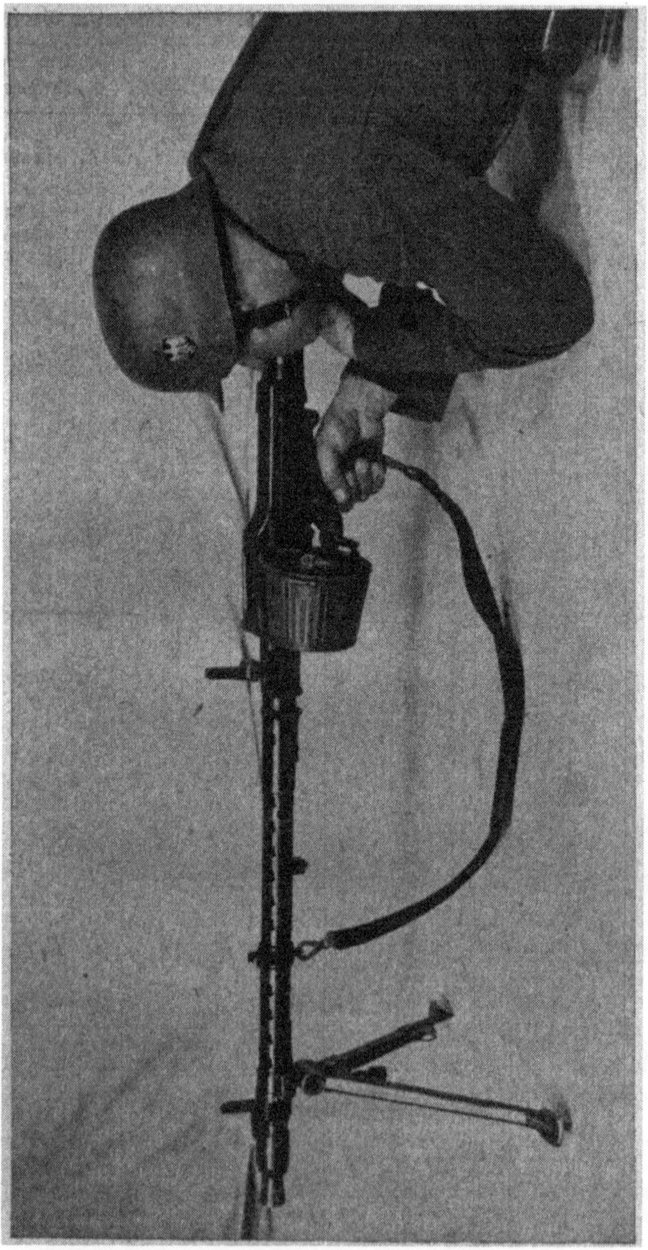

Anschlag liegend, mit l. M.-G., von links gesehen.

In der Regel besteht das Feuer des l. M.-G. aus schnell aufeinanderfolgenden Feuerstößen von 3 bis 5 Schuß. Die Pausen zwischen den Feuerstößen dürfen nur so lang sein, als zum erneuten Anrichten des Ziels unbedingt erforderlich ist. Ausgebildete Schützen können in 30 Sekunden Feuerdauer je nach Entfernung, Größe und Sichtbarkeit des Ziels etwa 40—60 gutgezielte Schüsse in das Ziel bringen.

Das l. M.-G. gibt stets Punktfeuer ab. Breite Ziele werden bekämpft, indem der Schütze Punktfeuer an Punktfeuer reiht.

Einzelfeuer wird nur beim Schulschießen abgegeben.

Beim Einsetzen des Kolbens in die Schulter richtet der Schütze die Visierlinie auf den Haltepunkt und nimmt Druckpunkt. Unter Festhalten der Visierlinie ist mit dem Zeige- oder Mittelfinger mit stetig zunehmendem Druck abzuziehen. Beim Abgeben von Feuerstößen ist der am Abzug liegende Finger der rechten Hand in den Feuerpausen nur so lang zu machen, als es zur Unterbrechung des Feuers erforderlich ist.

Anschlag in der Bewegung.

Schulschießbedingungen mit l. M.-G.

	1. Übung	2. Übung	3. Übung	4. Übung
Zweck	Erlernen des genauen Richtens	Erlernen eines Feuerstoßes von 3 Schuß	Erlernen kurzer Feuerstöße	Erlernen der schnelle[n] Bekämpfung eines Zieles
Schußzahl	5	9	15	10
Zeit	unbeschränkt	unbeschränkt I. = 10 Sekunden	mindestens 4 abgegebene Feuerstöße	II. = 18 Sekunde[n] I. = 15 Sekunde[n] SS.-Klasse = 10 Se[k]
Scheibe	l. M.-G.-Scheibe mit eingezeichneten 6-cm-Quadraten	l. M.-G.-Scheibe	l. M.-G.-Scheibe	l. M.-G.-Scheibe
Anschlag	liegend	liegend	liegend	liegend
Art der Übung	Einzelfeuer auf 5 verschiedene, vom Uffz. zur Aufsicht beim Schützen einzeln zu bestimmende Figuren	3 Feuerstöße von 3 Schuß auf **eine** vom Uffz. zur Aufsicht beim Schützen zu bestimmende Figur	mindestens 4 Feuerstöße auf eine vom Uffz. zur Aufsicht beim Schützen zu bestimmende Figur	10 Schuß in beliebi[g] viel Feuerstößen au[f] eine vom Uffz. zu[r] Aufsicht zu bestim[-]mende Figur mi[t] Feuerleitung
M.-G.	mit Vorderunterstützung zum Einzelfeuer geladen und gesichert	mit Vorderunterstützung zum Dauerfeuer geladen und gesichert. Im Gurt ist die 4 5., 9. u. 10., 14. u. 15. Patrone entnommen Bei M.-G. 13 sind 3 Magazine mit 3 Patronen gefüllt	mit Vorderunterstützung zum Dauerfeuer geladen und gesichert. Das Magazin ist mit 15 Patronen gefüllt. Bei Gurten ist die 16. und 17. Patrone entnommen	mit Vorderunterstützung zum Dauer[-]feuer geladen un[d] gesichert. Magazin mit 10 Pa[-]tronen gefüllt. Bei Gurten ist die 11 und 12. Patrone ent[-]nommen.
Bedingung	3 von den befohlenen 6-cm-Quadraten getroffen. 2 Patronen dürfen nachgegeben werden	II. = 5	II. = 8, I. = 9, SS.-Klasse = 10 Treffer im befohlenen Figurenquadrat.	II. = 6 Treffer I. = 6 Treffer SS.-Klasse 7 Treffe[r]
Zum Anzug gehören	Leibriemen Seitengewehr Mütze	Leibriemen Seitengewehr Mütze	Leibriemen Seitengewehr Stahlhelm	Leibriemen Seitengewehr Stahlhelm

l. M.-G.-Scheibe

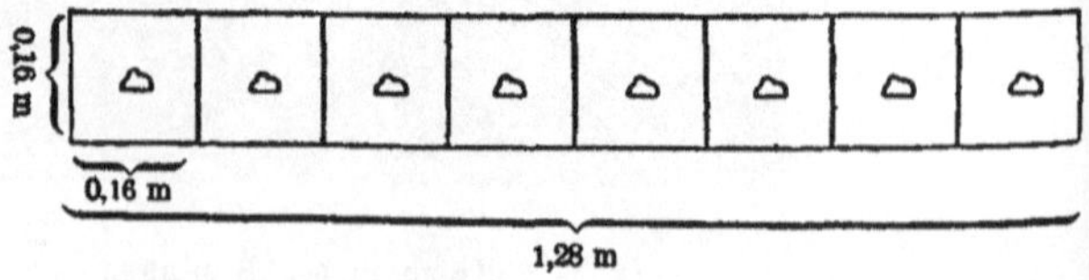

*) Die 4. 5. 6. Übung werden bei der Gruppe B (also auch bei der Pz.-Jäg.-Komp.) in der II. Schießklasse, 1., 2., 3., 6. in der I. Schießkl. nicht geschossen.

für die II. und I. Schießklasse. *)

5. Übung	6. Übung	7. Übung (Fliegerabwehrübung)	8. Übung (Fliegerabwehrübung)
Erlernen der Feuerverteilung	Erlernen der Bekämpfung gestaffelter Ziele	Erlernen des schnellen Erfassens eines Flugzieles mit Fliegervisiereinrichtung	Erlernen des Dauerfeuers auf ein Flugziel
15	20	3	5
ab 1. Schuß höchstens II. = 22 Sekunden I. = 18 Sekunden SS.-Kl. = 15 Sek.	I. = 18 Sekunden SS.-Klasse = 15 Sek.	II. nicht mehr als 10 Sekunden I. 8 Sekunden	Die Scheibe mit Pfeil legt ihre Bahn in II. = 6, I. = 5 Sek. zurück SS.-Klasse = 4 Sek.
I. M.-G.-Scheibe, 4 Fig. sichtbar, 4 Fig. verklebt	I. M.-G.-Scheibe, 4 Figurenquadrate, gestaffelt	Fliegerschulscheibe. Treffeld von 50 cm Länge und 30 cm Höhe. Fliegerpfeil auf Marke E	Fliegerschulscheibe. Treffeld von 30 cm Höhe, parallel zur Flugrichtung des Fliegerpfeils. Fliegerpfeil auf Marke D.
liegend	liegend	stehend oder knieend	stehend oder knieend
Feuerstöße auf die mit Figuren versehenen Quadrate. Zahl der Feuerstöße beliebig mit Feuerleitung	Feuerstöße auf die gestaffelten Figurenquadrate Zahl der Feuerstöße beliebig	Einzelfeuer auf die ruhende Scheibe und den ruhenden Pfeil	Dauerfeuer auf die in Bewegung befindliche Scheibe mit Pfeil
mit Vorderunterstützung zum Dauerfeuer geladen und gesichert. Das Magazin ist mit 15 Patronen gefüllt. M.-G 34 Patronentrommel. Im Gurt ist die 16. u. 17. Patrone entnommen	mit Vorderunterstützung zum Dauerfeuer geladen und gesichert Das Magazin ist mit 20 Patronen gefüllt. Im Gurt ist die 21 und 22. Patrone entnommen	auf Dreibein mit Mittelunterstützung und angestecktem Magazin bzw. Trommel, Fliegervisiereinrichtung, Kreiskorn mit Deckplatte	auf Dreibein mit Mittelunterstützung und angestecktem Magazin, angehängte Trommel, Fliegervisiereinricht., Kreiskorn mit Deckplatte. Das Magazin ist mit 5 Patronen gefüllt. Im Gurt ist die 6. u. 7. Patrone entnommen
4 getroffene Figurenquadrate. II. = 8, I. = 9, SS.-Klasse = 10 Treffer in den Figurenquadraten	4 getroffene Figurenquadrate I. = 12 Treffer SS.-Kl. = 13 Treffer	2 Treffer im Rechteck. 2 Patronen dürfen nachgegeben werden	II. = 2, I. = 2 Treffer im Treffstreifen SS.-Klasse = 3 Treffer im Treffstreifen
Leibriemen Seitengewehr Stahlhelm	Leibriemen Seitengewehr Stahlhelm	Leibriemen Seitengewehr Mütze	Leibriemen Seitengewehr Stahlhelm

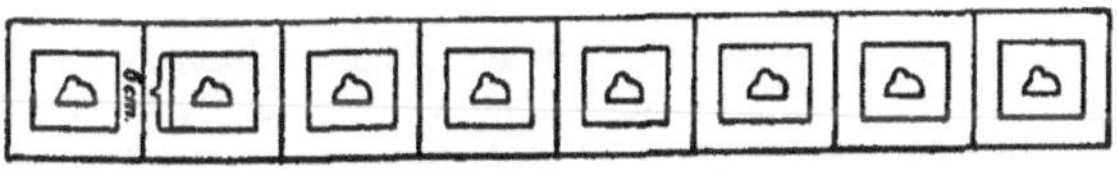

I. M.-G.-Scheibe für 1. Übung

I. M.-G.-Scheibe für 5. Übung

1. Welche Übungen von einzelnen Schießklassen in Gruppe A geschossen werden, geht aus der Zeile „Bedingungen" der vorstehenden Überschrift hervor.
2. Von Gruppe B schießen II. Schießklasse die 1., 2., 3., 7. und 8. Schulschießübung, I. Schießklasse 4., 5., 7. und 8. Schulschießübung.
3. Das Schießen der 7. und 8. Übung hat entsprechend dem Stande der Ausbildung im Fluggzielbeschuß zu erfolgen, ohne Rücksicht auf die Reihenfolge der anderen Schulschießübungen.

Schulschießscheibe für 6. Übung.

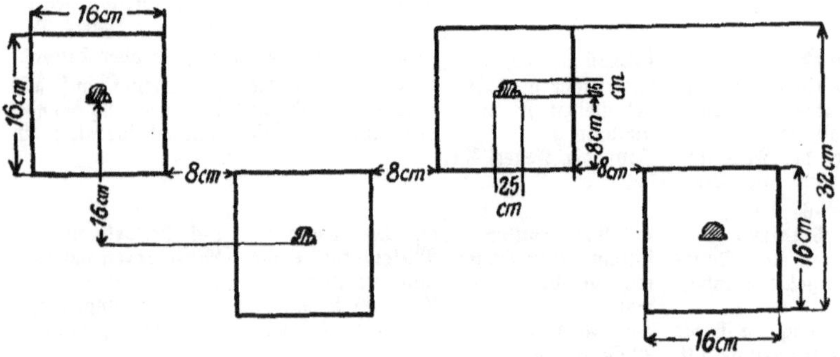

c) Schießausbildung mit M.-P.

Die M.-P. ist eine Nahkampfwaffe. Ihr Feuer, das in der Regel in Feuerstößen abgegeben wird, verspricht gegen kleinere Ziele bis 100 m, gegen größere Ziele bis auf 200 m Entfernung noch Erfolg.

Bei Abgabe des Feuers ist stets die geringe mitgeführte Menge an Munition sowie die Schwierigkeit des Munitionsersatzes zu beachten.

Die Anschlagarten entsprechen denen mit Gewehr. Bei liegendem Anschlag kann das Magazin als Unterstützung benutzt werden.

Beim Anschlag stehend erfaßt die linke Hand das Magazin.

Anschlag mit der M.-P. in der Bewegung.

Bei allen Anschlagarten muß die M.-P. mit beiden Händen fest in die Schulter eingezogen werden, um ein Ausweichen der Mündung nach oben zu verhindern.

Das Schießen in der Bewegung kann mit ausgeschwenkter oder zurückgeklappter Schulterstütze erfolgen.

Anschlag liegend.

Schulschießübungen für M.-P.

Lfde. Nr.	Anschlag	Entfernung m	Scheibe	Patr.	Feuerart	Zeit vom Befehl „Feuer frei!" bis zum letzten Schuß	Ringzahl oder Treffer
1	liegend aufgelegt	50	12-er Ringscheibe	5	Einzelfeuer	—	5 Treffer, kein Schuß unter 7 oder 40 Ringe, dabei kein Schuß unter 5
2	liegend freihändig	50	3 Brustscheiben mit je 2 Schritt Zwischenraum	8	Feuerstöße	10 Sekunden	2 Scheiben getroffen
3	stehend freihändig	50	4 Figurenscheiben mit je 2 Schritt Zwischenraum	16	Feuerstöße	14 Sekunden	3 Figuren getroffen
4	stehend freihändig nach kurzem Anlauf	Lauf von 50 auf 30 m dann feuern	4 Figurenscheiben mit je 2 Schritt Zwischenraum	16	Breitenfeuer ohne Unterbrechung	30 Sekunden (vom Befehl „Marsch! Marsch!")	3 Figuren getroffen

d) Schießausbildung mit Pistole.

Durch die Kürze der Waffe wird bei falscher Handhabung die Umgebung des Schützen gefährdet. Deshalb muß sich jeder von Anfang an einprägen, daß er die Mündung der Pistole stets, ganz gleich, ob mit Zielmunition, Exerzier- oder mit scharfen Patronen geübt wird, nach vorn und zum Boden richten muß und daß er den Abzug nicht berühren darf (s. folgendes Bild). Der Zeigefinger liegt oberhalb des Abzugsbügels

längs des Griffstückes. Erst zum Schuß wird die Waffe entsichert, auf das Ziel gerichtet und der Finger an den Abzug gelegt.

Es darf nie vergessen werden, daß die Waffe nach jedem Schuß ohne weiteres wieder geladen und gespannt ist.

Der Haltepunkt ist im allgemeinen „Mitte des Ziels".

Der Abzug wird durch gleichmäßiges, entschlossenes Krümmen des Zeigefingers zurückgezogen, bis der Schuß fällt.

Wenn nicht sofort weitergeschossen wird, gibt der Zeigefinger nach dem Schuß den Abzug langsam frei und legt sich oberhalb des Abzugsbügels. Die Pistole wird im Anschlag gesichert.

Da der Schütze beim kriegsmäßigen Gebrauch der Pistole schnell zum

Schuß kommen muß, wird er meist im Stehen anschlagen. Bei schulmäßiger Ausführung dieses **Anschlages** (s. Bilder) stellt er sich — die Pistole in der rechten Hand — wie zum Anschlag stehend freihändig mit Gewehr hin, jedoch mit einer Wendung halblinks. Der linke Arm kann beliebig gehalten werden. Der rechte Arm ist, natürlich ausgestreckt, vorwärts abwärts gerichtet.

Die Pistole wird geladen und entsichert. Während die Augen den Haltepunkt suchen, hebt die rechte Hand mit leicht gekrümmtem oder zwanglos gestrecktem Arm

die Pistole bis in Augenhöhe und richtet sie gleichzeitig auf das Ziel. Der Zeigefinger geht an den Abzug, das linke Auge wird geschlossen und die Visierlinie auf den Haltepunkt gerichtet. Langes Zielen ist zu vermeiden.

Besondere Kampfverhältnisse können den Gebrauch der Pistole auch in anderen Körperlagen notwendig machen. Im Anschlag liegend kann es zweckmäßig sein, daß die linke Hand den rechten Unterarm dicht hinter dem Handgelenk umfaßt oder die rechte Hand von unten stützt.

Ob der Schütze beim Gebrauch der Pistole gezieltes Feuer abgibt oder nur deutet, hängt von der Zeit ab, die zur Abgabe des Schusses zur Verfügung steht. Meist wird nur **Deuten** in Frage kommen.

Der Mann „deutet“ hierbei auf das Ziel und krümmt ohne genaues Zielen rasch ab. Dabei wird ihm gestattet, mit dem längs des Gleitstückes ausgestreckten Zeigefinger auf das Ziel zu deuten und mit dem Mittelfinger abzukrümmen.

Schulschießbedingungen für Pistole II. und I. Schießklasse.

Nr. und Art der Übung	Meter	Anschlag	Scheibe	Patronenzahl	Bedingung	Bemerkungen	Zum Anzug
1. Zielschußübung	25	stehend freihändig	Figurscheibe	5	II. = 3, I. = 4 Treffer in der Figur	Es wird nach jedem Schuß angezeigt. 2 Patronen dürfen nachgegeben werden.	Leibriemen, Seitengewehr, Stahlhelm
2. Deutübung	25	stehend freihändig	Figurscheibe	II. = 5 I. = 3	II. = Jeder Schuß innerhalb von 2 Sekunden, 2 Treffer in der Figur I. = 3 Schuß innerhalb 5 Sekunden, 1 Treffer in der Figur	II. = Nach jedem Schuß wird angezeigt. 2 Patronen dürfen nachgegeben werden. I. = Angezeigt wird nach dem 3. Schuß.	Leibriemen, Seitengewehr, Stahlhelm

e) Schießausbildung im Flugzielbeschuß.

Als Grundlage für den Flugzielbeschuß muß der Schütze kennen:
Flugzeugtypen, Erkennungszeichen und Bewaffnung der Flugzeuge, Fluggeschwindigkeit, Flugformen sowie
Aufgaben und Kampfweise feindlicher Flieger.

Zum **Schießen mit l. M.=G.** gegen Flugziele setzen der Gruppenführer und Schütze 1 Sonnenbrillen auf, ausgenommen beim Schulschießen.

Beim **Anschlag mit l. M.=G. auf Dreibein** (Bild nächste Seite) wird die Schulter fest gegen den Kolben gedrückt. Die linke Hand umfaßt den Kolben von oben. Bei großem Zielhöhenwinkel zum Flugziel kann sich der Schütze auch auf ein Knie oder auf beide Knie herunterlassen.

Ist ein Schießgestell nicht vorhanden oder soll ohne Zeitverlust möglichst schnell das Flugziel beschossen werden, so kann mit dem M.=G. im **Anschlag auf der Schulter eines Schützen** (Bild übernächste Seite) geschossen werden. Bei diesem Anschlag legt der als Schießgestell dienende Schütze den Gewehrriemen um den Hals oder unter die Schulter und zieht ihn mit der rechten Hand an. Um ein Verkanten des M.=G. zu verhindern, stützt die linke Hand die Trommel.

Der Anschlag mit l. M.=G. richtet sich nach der Flugrichtung und der Erhöhung, die dem M.=G. beim Zielen gegeben werden muß. Fliegt das Flugziel unmittelbar auf die Feuerstellung zu oder von rechts heran, so wird die Schulterstütze in die rechte Schulter eingesetzt; bei einem Anflug von links kann die Schulterstütze in die linke Schulter eingesetzt werden.

In allen Anschlagarten ist besonders auf ruhigen aber raschen Übergang von einer Körperstellung zur anderen (Wechsel der Erhöhung) und auf schnelles Erfassen des Ziels und erneutes Anzielen zu achten.

Hat der Schütze das Flugziel angezielt, so wird, wenn der Befehl oder das Zeichen zum Schießen gegeben ist, das Feuer eröffnet.

Während des Feuers läßt der Schütze das angezielte Flugziel unter Festhalten des M.-G. bis Fadenkreuzmitte, bzw. bis zum inneren Kreis durchfliegen.

Das Auge begleitet durch die Kimme sehend die Bewegung des Flug-

Flugabwehr mit M.-G. 34 auf Dreibein.

ziels. Hierzu ist beim Vorbeiflug ein kurzes Seitwärtsbewegen des Kopfes entgegengesetzt zur Flugrichtung notwendig.

Während der ganzen Dauer des Durchfliegenlassens wird geschossen. Hat das Flugziel den inneren Kreis bzw. die Fadenkreuzmitte erreicht, so wird das Feuer abgebrochen, das Flugziel sofort erneut angezielt und weitergefeuert. Dieses Verfahren wird fortgesetzt, bis das Flugziel abgeschossen oder außerhalb des Wirkungsbereiches ist.

Auf Flugzeuge wird nur innerhalb einer Entfernung von 1000 m geschossen.
Gewandte Schützen folgen auf Entfernungen unter 500 m bei Verwendung von L'spur-Munition während des Schießens mit der Ziellinie dem Flugziel.

Fliegt das Flugziel unmittelbar auf den Standpunkt des Schützen zu (Sturzflug), so wird das Flugziel über Kimme-Fadenkreuzmitte angezielt.

Anschlag von der Schulter des Schützen zur Flugabwehr mit M.-G. 34 und Gurttrommel 34 — Anflugrichtung von links! Aufnahme von links gemacht.

Für das **Schießen mit Gewehr gegen Flugziele** werden die üblichen Anschlagsarten im Hochanschlag eingenommen. Zum Anschlag im Liegen legt sich der Schütze jedoch auf den Rücken.

Die Schützen richten ihr Gewehr, gleichzeitig Druckpunkt nehmend, auf die Mitte des Flugzieles. Dann reißen sie die Mündung in der eingeschätzten Flugrichtung etwa 2 bis 5 Flugziellängen vor das Flugziel und ziehen ab. Alle diese Bewegungen folgen so rasch als möglich aufeinander. Es wird grundsätzlich mit Visier 100 geschossen.

Mit Gewehr wird auf Flugzeuge nur innerhalb 600 m Entfernung geschossen.

Die **Schulschießbedingungen für das Schießen gegen Flugziele** sind auf S. 138/39 mit aufgeführt.

f) Gefechtsschießen.

Man unterscheidet Schulgefechtsschießen und Gefechtsschießen.

Es gibt **Schulgefechtsschießen**
des Einzelschützen mit Gewehr, l. M.-G., M.-P., Pistole, Pz.-Abw.
der Gruppe.

Gefechtsschießen finden statt
im Zuge,
in der Kompanie. Hierbei wird auch das Zusammenwirken mit schweren Infanteriewaffen geübt.

Aus Sicherheitsgründen darf beim Schulgefechtsschießen und Gefechtsschießen nicht getarnt werden.

3. Verhalten auf dem Schießstand.

Auf jedem Stand sind zum Schießen eingeteilt:

1 Leitender,
1 Unteroffizier zur Aufsicht beim Schützen,
1 Patronenausgeber,
1 Schreiber.

Beim Schießen mit l. M.-G. tritt bei den Übungen, bei denen eine Feuerleitung vorgeschrieben ist, noch ein Gruppenführer hinzu.

Der **Patronenausgeber** übernimmt vor dem Schießen die Patronen und gibt sie nach Bedarf aus. Nicht verschossene Patronen und Versager werden an ihn zurückgegeben. Keine Patrone darf verlorengehen.

Beim Schießen mit der Pistole füllt der Patronenausgeber das Magazin mit Hilfe des Schraubenziehers mit der für die Übung vorgeschriebenen Patronenzahl und gibt es dem Schützen, wenn er zum Schießen vortritt.

Der **Schreiber** erhält in der Nähe des Leitenden einen Platz, von dem er die Zeichen des Anzeigers sehen kann. Er achtet genau auf sie und trägt nach Meldung des Schützen das Abkommen oder den angesagten Sitz des Schusses in einer besonderen Zeile und darunter den angezeigten Sitz des Schusses in die Schießkladde mit Tinte oder Tintenstift ein. In den Schießbüchern vermerkt er nur den angezeigten Sitz des Schusses.

Vor dem Eintragen wiederholt der Schreiber die Angaben des Schützen. Verschiedenheiten zwischen diesen und den Zeichen des Anzeigers bringt er sofort zur Sprache.

Der **Aufsichtführende an der Scheibe** ist verantwortlich für sorgfältige Beachtung der Sicherheitsbestimmungen, für richtiges Aufstellen der Scheiben (lotrecht und rechtwinklig zur Schießbahn) und der Spiegelvorrichtung, für gewissenhaftes Feststellen und Anzeigen der Treffergebnisse und für das Zukleben der Schußlöcher. Zum **Dienst an der Scheibe** sind ein Unteroffizier oder geeigneter Mann als Aufsichtführender und drei Gehilfen erforderlich.

Der Aufsichtsführende beobachtet die Schießbahn durch den Spiegel, bedient den Fernsprecher, bezeichnet die Schußlöcher mit einem Bleistiftstrich und zeigt den Sitz des Schusses mit der Stange bzw. mit dem Schußzeiger.

Weiter hat er darauf zu achten, daß die Anzeiger nicht durch Herausstrecken von Körperteilen über die der Schießbahn zugekehrte Wand der Anzeigerdeckung gefährdet werden.

Von den **Gehilfen** sitzt der eine bei verdeckter Anzeigerdeckung hinter dem großen Rade und bewegt die Scheibenwagen, bei versenkter Deckung bedient er das Scheibengestell. Der zweite schiebt nach Weisung des Aufsichtführenden die Anzeigetafeln vor und zurück und bedient den Schußzeiger. Der dritte verklebt die Schußlöcher und tritt, sobald die Scheibe wieder sichtbar gemacht wird, an die Rückwand der Deckung.

Wenn nichts anderes befohlen ist, wird die Scheibe nach jedem Schuß in die Deckung gezogen, das Schußloch gesucht und, nachdem das vorhergehende verklebt worden ist, mit einem Bleistiftstrich bezeichnet. Werden zwei Scheiben abwechselnd beschossen, so bleibt auf beiden das letzte Schußloch offen, das Kleben beginnt also erst nach dem dritten Schusse. Hierdurch soll jederzeit eine einwandfreie Feststellung des letzten Schusses ermöglicht werden. Nachdem Treffergebnis und Sitz des Schusses angegeben sind, wird die Scheibe wieder sichtbar gemacht. Anzeigetafel und Schußzeiger (Anzeigestange) werden nach kurzer Zeit wieder eingezogen.

Um das Vergleichen der Schußlöcher mit den Eintragungen in der Schießkladde zu erleichtern, dürfen keine zu stark beschossenen Scheiben verwendet werden. Auf dem Stande müssen grundsätzlich runde Pflaster benutzt werden. In der Scheibenwerkstatt werden diese durch eckige Pflaster ersetzt.

Hat das Geschoß die zwischen zwei Ringen befindliche Linie berührt, so wird der höhere Ring angezeigt. Ebenso gilt die Scheibe als getroffen, wenn der Scheibenrand gestreift ist.

Muß in besonderen Fällen das Schießen unterbrochen werden, so ist dies durch Fernsprecher zu melden oder die Tafel „Treffer" wird wiederholt herausgeschoben.

Keinesfalls dürfen vor Erscheinen des Leitenden oder eines von ihm entsandten Soldaten Körperteile der Anzeiger über die der Schießbahn zugekehrte Wand der Deckung herausgestreckt werden.

Nach beendetem Schießen wird der Befehl zum Abbau durch Fernsprecher oder Zeichen und durch einen Soldaten der schießenden Abteilung, der die Deckung aufschließt, dem Aufsichtführenden übermittelt.

Vor dem Abmarsch zum Schießstand ist von dem Führer der Abteilung festzustellen, ob Kasten und Lauf der Gewehre rein und frei von Fremdkörpern und Munition sind. Die Patronentaschen werden ebenfalls nachgesehen. Dem Leitenden ist hierüber zu melden.

Beim Schulschießen werden die Läufe auf dem Schießstand durch einmaliges Hindurchziehen eines trockenen Dochtes entölt, bevor die Gewehre nachgesehen werden.

Nach Beendigung jedes Schießens werden die Läufe auf dem Schießstande mit einem gefetteten Docht durchgezogen.

Auf dem Stande müssen alle Gewehre, die nicht in der Hand der zum Schießen angetretenen Soldaten sind, geöffnete Kammern haben und dürfen keine Patronen enthalten.

Geladene Gewehre sind, auch wenn sie gesichert sind, nicht aus der Hand zu setzen. Soll dies geschehen, so sind sie vorher zu entladen und zu öffnen.

Geladene Gewehre werden, nachdem sie gesichert sind, stets mit den Worten „ist geladen und gesichert" übergeben.

Aus Sicherheitsgründen ist es verboten, auf den Ständen während des Schießens Anschlags- und Zielübungen abzuhalten.

Die Abteilung, die schießen soll, in der Regel nicht mehr als fünf Mann, stellt sich mit geöffneten Gewehren und langgemachten Gewehrriemen einige Schritte hinter dem Platz des Schützen mit der Front zur Scheibe auf. Die Schießbücher sind dem Schreiber zu übergeben.

Der einzelne Schütze tritt mit Gewehr bei Fuß vor, gibt dem Schreiber sein Schießbuch ab und meldet sich zum Schießen. Dann nimmt er die für die Übung vorgeschriebene Stellung oder Lage ein, ladet ohne Kommando einen vollen

Ladestreifen, stellt das Visier und schlägt an. Nur bei Schnellschußübungen erfolgt dies erst auf Befehl.

Setzt der Schütze vor dem Schusse ab, so hält er das Gewehr schußbereit, wenn er nicht wegtreten will. Sonst sichert er und nimmt Gewehr ab.

Nach dem Schuß setzt der Schütze ab, meldet das Abkommen (z. B. „7 tief abgekommen") oder den Sitz des Schusses (z. B. „9 tief angesagt") und ladet. Beim Anschlag stehend ist zu sichern.

Ist angezeigt, so meldet der Schütze unter Angabe seines Namens das Treffergebnis (z. B. „Schütze X., erster Schuß, 8 tief").

Hat der Schütze abgeschossen, so ladet er nicht wieder, sondern entfernt die Hülse oder entladet mit der Front nach der Scheibe. Die Kammer bleibt offen. Nachdem er sein Schießbuch zurückerhalten hat, meldet er dem Leitenden, daß er abgeschossen hat, wieviel Ringe er getroffen und ob er die Übung erfüllt hat.

Versagt eine Patrone, so setzt der Schütze ab, wartet und öffnet das Gewehr erst nach etwa einer Minute, damit er nicht beschädigt wird, wenn das Zündhütchen nachbrennen sollte, d. h. wenn Zündsatz und Pulver der Patrone erst einige Zeit nach dem Aufschlag der Schlagbolzenspitze entzündet werden. Dann wird dem Zündhütchen im Patronenlager durch Drehen der Patrone eine andere Lage gegeben und nochmals abgedrückt. Versagt die Patrone wieder, so ist sie in ein anderes Gewehr einzuladen. Entzündet sie sich auch in diesem nicht, so ist sie als Versager anzusehen.

Falls eine Patrone nicht ladefähig, die Hülse beschädigt ist oder das Zündhütchen fehlt, wird die Patrone als unbrauchbar bezeichnet. In beiden Fällen erhält der Schütze eine neue Patrone.

Versager und unbrauchbare Patronen werden in der Schießkladde gebucht.

Zeichenverkehr beim Schulschießen.

I. Zeichen der schießenden Abteilung.

Feuer. **Halt.** **Nochmal anzeigen** oder **anzeigen**, wenn erst nach mehreren Schüssen angezeigt werden soll. **Rennen durchgeschossen.** Bei Übungen, bei denen eine zweite Liste in der Anzeigerdeckung geführt wird, Zeichen dafür, daß die vorher verabredete Anzahl von Schüssen gefallen ist.

Mehrfaches Hochstoßen. Scheibe soll erscheinen.

Schuß gefallen. Anzeigen.

II. Zeichen aus der Anzeigerdeckung.

a) Notzeichen zum Einstellen des Schießens.

Zunächst wird die Scheibe, wenn dies ausführbar ist, in die Deckung gezogen und dann die Tafel  wiederholt herausgeschoben und so lange gezeigt, bis der Leitende oder ein von ihm entsandter Soldat in der Deckung eintrifft.

b) Zeichen zur Benachrichtigung der schießenden Abteilung, daß ihr Zeichen verstanden ist:

Vorschieben der Tafel 1

Die vorstehenden, für den Schießbetrieb beim Schießen mit Gewehr gegebenen Bestimmungen gelten sinngemäß auch für das Schießen mit Pistole.

Bevor der Schütze mit **s. M.-G.** schießt, prüft er sorgfältig das s. M.-G. und den Patronengurt, richtet das Gewehr zum Schießen her und nimmt die für die betreffende Übung vorgeschriebene Anschlagsart ein. Er wird hierbei durch den Schützen 2 unterstützt. Geladen wird erst auf Befehl des Leitenden.

Ist die Übung beendet, wird die Scheibe gewechselt oder angezeigt, so ist das M.-G. zu entladen, das Schloß in hinterster Stellung zu belassen und zu sichern. Das M.-G. ist wie zum Laufwechsel aufzuklappen, und der Schütze überzeugt sich durch einen Blick in den Lauf, ob dieser frei ist. Alsdann ist das M.-G. auf die untere rechte Ecke der Schulscheibe auszuschwenken.

Nach der Meldung des Schützen an den Gew.-Führer: „Entladen, Lauf frei!" meldet der Gew.-Führer dem Leitenden: „Sicherheit" Der Leitende befiehlt alsdann den Scheibenwechsel oder das Anzeigen.

Die zum Schießen mit **Pistolen** bestimmten Schützen geben nach Prüfung der Waffen die Magazine an den Patronenausgeber ab. Der einzelne Schütze empfängt, wenn er zum Schießen an der Reihe ist, das gefüllte Magazin, gibt dem Schreiber Namen und Pistolennummer an, tritt auf den Schützenstand und nimmt die Anschlagstellung ein. Sobald die Scheibe sichtbar ist, wird geladen und angeschlagen. Bei Deutübungen erfolgt dies jedoch erst auf das Kommando des Unteroffiziers zur Aufsicht beim Schützen.

Nach dem Schuß sichert der Schütze im Anschlag und sagt bei den Zielschußübungen den voraussichtlichen Sitz des Schusses an. Sobald angezeigt worden ist, meldet er Namen und Ergebnis.

Bei allen Übungen soll der Schütze die einzelnen Schüsse hintereinander abgeben, ohne wegzutreten. Ist es ausnahmsweise notwendig, die Übung zu unterbrechen oder ist sie beendet, so wird gesichert, entladen und dem Unteroffizier gemeldet. „Magazin entnommen! Entladen! Lauf frei!" Dann geht der Schütze zum Patronenausgeber und händigt ihm etwa übriggebliebene Patronen und das Magazin aus.

4. Schießauszeichnungen.

Die besten Schützen mit Gewehr, l. M.-G. und Pak erhalten Schützenabzeichen.

Der Erwerb des Abzeichens für Gewehr ist an folgende Bedingungen gebunden:

a) der Schütze muß alle für seine Gruppe und Schießklasse vorgeschriebenen Übungen mit einmaligem Schießen erfüllt haben und
b) darf nicht mehr als 5 Patronen zugesetzt haben.

In Gruppe B dürfen keine Patronen zugesetzt werden.

Der Erwerb des Abzeichens für l. M.-G. ist an die Bedingung gebunden, daß der Schütze alle für seine Gruppe und Schießklasse vorgeschriebenen Übungen mit einmaligem Schießen erfüllt hat.

Der Kompanie- (Batterie-) Chef stellt über den Erwerb der Abzeichen eine Bescheinigung aus. In der Truppenstammrolle, in der Schießübersicht und im Schießbuch wird er vermerkt.

Die jährlich zur Verteilung kommenden Abzeichen sind zahlenmäßig beschränkt.

5. Handgranatenausbildung.

a) Der Wurf.

Die Handgranate kann auf Entfernungen bis zu 30 m als Ergänzung der Schußwaffe verwandt werden.

Mit Handgranaten kann man Ziele in oder hinter Deckungen treffen und vernichten, die mit Gewehr und M.-G. nicht zu fassen sind (Ortskampf, Grabenkampf).

Im Frieden findet das Werfen scharfer Handgranaten als Schulgefechtswerfen des Einzelschützen oder als Gefechtswerfen statt.

Der Salvenwurf mit scharfen Handgranaten ist im Frieden verboten.

Zum Wurf wird die Handgranate mit der Wurfhand am verjüngten Teil des Stiels fest umfaßt. Der Topf zeigt im Stehen bei natürlich herabhängendem Arm schräg nach außen, im Liegen der Armhaltung entsprechend nach vorn. Die Sicherheitskappe wird mit der anderen Hand abgeschraubt, der Knopf der Abreißschnur zwischen Mittel- und Ringfinger erfaßt, mit kurzem kräftigem Ruck herausgerissen und die Handgranate ruhig aber sofort geworfen. Zögern mit dem Abwurf oder Zählen nach dem Abziehen, z. B. 21 — 22 — 23, Lockern oder leichtes Anspannen der Schnur vor dem Abreißen gefährden den Werfer und sind streng verboten.

b) Verhalten auf dem Wurfplatz.

Auf dem Wurfplatz sind eingeteilt:

1 Leitender,
1 Sicherheitsunteroffizier,
1 Ablauf-Unteroffizier,
1 Schreiber,
1 Hornist,
1 Sanitäts-Dienstgrad.

Während des Handgranatenwerfens wird der Wurfplatz durch eine rote Flagge als gefährdet gekennzeichnet.

Sicherheitsposten werden nur bei unübersichtlichem Gelände oder unsichtigem Wetter aufgestellt.

Der Beginn des Werfens wird auf Befehl des Leitenden durch das Signal „Feuer" angezeigt. Bei Unterbrechung oder Beendigung des Werfens wird das Signal „Halt" geblasen.

Das Verhalten auf dem Wurfplatz ähnelt dem auf dem Schießstande.

Auf dem Wurfplatz darf nicht geraucht werden.

Die **Soldaten, die werfen sollen**, und der **Schreiber** (gleichzeitig Handgranatenausgeber) begeben sich in den Graben II, doch dürfen nicht mehr als zehn Soldaten gleichzeitig darin sein. Ein Unteroffizier oder Mann wird als **„Truppführer“** bestimmt.

Ohne seine Erlaubnis darf niemand den Graben verlassen. Es ist verboten, aus dem Graben herauszusehen.

Der **Ablaufunteroffizier** befindet sich im Graben II auf der der Ausgabestelle der Handgranaten — H — abgewendeten Seite der Schulterwehr in der Nische für Sprengkapseln — Sp.

Der **Sanitätssoldat** hält sich im Graben I auf.

Soll das Werfen beginnen, so läßt der Truppführer einen Mann (Werfer) eine Handgranate beim Schreiber empfangen und beaufsichtigt

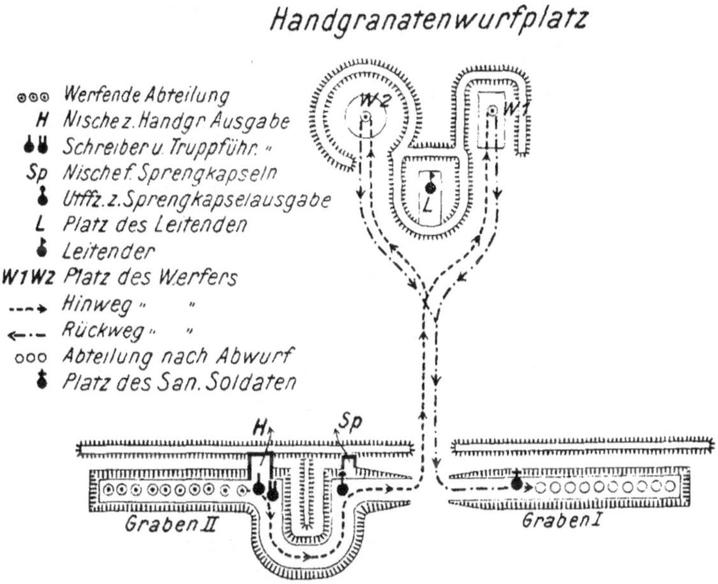

das Einsetzen des Zünders. Die Sicherheitskappe wird wieder aufgeschraubt.

Der Werfer begibt sich dann auf die andere Seite der Schulterwehr, empfängt eine Sprengkapsel, setzt diese unter Aufsicht des Ablaufunteroffiziers ein und meldet sich beim Leitenden — L —, sobald der Ablaufunteroffizier dies anordnet.

Auf dem eigentlichen Werferstand befinden sich nur der Leitende und der Werfer. Der Leitende bestimmt, ob der Werfer aus dem Schützenloch für liegende Schützen — W 1 — oder dem Trichter — W 2 — und ob er Weit- oder Zielwurf werfen soll.

Der Werfer schraubt selbständig die Sicherheitskappe ab und wirft entsprechend der vorvorigen Seite.

Unmittelbar nach dem Wurf beobachtet der Werfer an seinem Platz den Fall der Handgranate und deckt sich dann vor der Detonation.

Nach der Detonation verläßt der Werfer erst auf Befehl des Leitenden den Werferstand, begibt sich unverzüglich zum Graben I und bleibt dort in Deckung.

Bei Blindgängern ruft der Leitende den Werfer erst nach drei Minuten aus seiner Deckung und sendet ihn mit der Meldung an den Schreiber zum Graben II zurück:

„Schütze X. hat Blindgänger geworfen."

Blindgänger vermerkt der Leitende und der Schreiber.

Der Schreiber führt während des Werfens das Wurfbuch.

Den Wechsel der werfenden Abteilung befiehlt der Leitende, nachdem ihm vom letzten Mann gemeldet ist, daß die Abteilung abgeworfen hat.

Nach beendetem Werfen zählt der Leitende die noch vorhandenen Handgranaten und Sprengkapseln und errechnet die Zahl der Blindgänger.

Dann überwacht er das Absuchen des Platzes, das Sammeln der Blindgänger und veranlaßt ihre Vernichtung.

Sind vorstehende Maßnahmen durchgeführt, so hebt der Leitende die Absperrung auf. Bevor er den Wurfplatz verläßt, vermerkt er im Wurfbuch die Zahl der übriggebliebenen Handgranaten und der Blindgänger. Gegebenenfalls bescheinigt er ihre Vernichtung.

Für das **Behandeln und Vernichten von Blindgängern** gelten Sonderbestimmungen.

VII. Gefechtsdienst.

1. Feld- und Geländekunde.

Der gesamte Gefechtsdienst baut sich auf der Feld- und Geländekunde auf.

Unter Feld- und Geländekunde versteht man:

die Geländebeschreibung,

die Geländebeurteilung, darauf aufbauend

die Geländebenutzung und im unmittelbaren Zusammenhang hiermit Tarnung und Geländeverstärkung.

Außerdem gehört zur Feld- und Geländekunde die Kartenkunde und das Zurechtfinden im Gelände.

a) Geländebeschreibung.

Jeder Schütze muß lernen, die einzelnen Geländeformen, Geländebedeckungen und Gewässer einwandfrei zu benennen. Er braucht dies, um auch jemand, der das Gelände selbst nicht gesehen hat, ins Bild setzen zu können.

Der Form nach unterscheidet man ebenes, welliges und bergiges Gelände. *Geländeformen* sind Berg, Höhe, Kuppe, Hang, Steilhang, Damm, Ebene, Tal, Mulde, Kessel, Sattel, Hohlweg und trockener Graben.

Hinsichtlich der Geländebedeckung unterscheidet man freies und bedecktes Gelände. Unter *Geländebedeckung* versteht man Wald, Waldstück, Einzelbaum, Doppelbaum, Baumgruppe, Baumreihe, Busch, Gebüsch, Hecke, Ortschaft, Gehöft, Haus, Fabrik, Windmühle und im freien Gelände Felder, Äcker, Wiesen sowie Waldblößen.

An Straßen und Wegen stehen Telegraphenstangen.

Brücken, Stege und Furten führen über die Gewässer.

Zu den Gewässern rechnet man Seen, Ströme, Flüsse, Kanäle, Bäche, Wassergräben Teiche und Sümpfe.

b) Geländebeurteilung.

Aufbauend auf der Geländebeschreibung muß der Schütze lernen zu beurteilen, welche Vor- bzw. Nachteile ihm das Gelände für seine Zwecke bezügl. Waffenverwendung, Feuerwirkung und Sicht, bietet. Er muß vorausschauend überlegen, wie er sich der Sicht des Gegners am besten entziehen kann oder wo günstige Feuerstellungen liegen. Auch muß jeder Schütze sagen können, ob ein Gelände panzersicher ist oder nicht.

c) Geländebenutzung.

Die Geländebenutzung zieht die Folgerungen aus der Geländebeurteilung. Sie fordert viel praktische Übung im Gelände. Geschickte Geländebenutzung ist die Grundforderung für den gesamten Gefechtsdienst des Schützen.

Jede, auch die kleinste Deckung im Gelände ausnutzend, arbeitet sich der Schütze an den Feind heran. Sobald er sich hinlegt oder in Stellung geht, um sein Feuer zu eröffnen, wählt er seinen Platz so, daß er vom Gegner auf der Erde und möglichst auch aus der Luft gar nicht oder doch nur schwer zu erkennen ist.

Man legt sich nie auf einen Höhenrand, sondern stets davor oder dahinter, weil sich jedes Ziel von hellem Hintergrunde deutlich abhebt. Es ist wichtig, darauf zu achten, daß die Farbe des Unter- und Hintergrundes mit der eigenen Farbe möglichst übereinstimmt. An Waldrändern legt man sich so weit in den Wald hinein, daß das Dunkel des Waldes die eigene Stellung von selbst tarnt. Auffallende Punkte im Gelände meidet der gewandte Schütze, da sie dem Gegner das Zielen erleichtern. Steinhaufen und dergleichen sind außerdem ihrer Splitterwirkung wegen gefährlich. Schatten von Bäumen, Sträuchern usw. werden ausgenutzt, um sich der Sicht des Gegners zu entziehen. Als Feuerstellung ist stets ein Platz anzustreben, der eine Deckung hinter sich hat. Nur dann läßt sich der stets erwünschte Feuerüberfall verwirklichen.

Je nach der Deckungsmöglichkeit geht der Schütze aufrecht oder gebückt vor, **kriecht** auf Knien und Händen vorwärts. Die Trageweise des Gewehrs ist dem Schützen hierbei freigestellt. Zweckmäßigerweise wird jedoch das Gewehr beim Kriechen um den Hals gehängt, beim Gleiten in beiden Händen gehalten.

Ist diese Art des Vorarbeitens im Gelände nicht möglich, so ist plötzliches, den Gegner überraschendes Vorstürzen angezeigt. Man nennt das **„springen"**. Man springt grundsätzlich von Deckung zu Deckung und ist bestrebt, sich hierbei jedesmal nur ganz kurze Zeit, wenige Sekunden, dem Gegner in ganzer Figur zu zeigen, so daß diesem keine Zeit bleibt, einen gezielten Schuß abzugeben.

Ebenso wie das Vorarbeiten erfolgt das Ausweichen unter geschickter Geländeausnutzung von Deckung zu Deckung.

Als Grundsatz für alle Arten des Vorarbeitens und Ausweichens ist anzustreben, stets zunächst die alte Stellung unauffällig nach rückwärts zu räumen und erst dann die Bewegung anzutreten.

Alle Mittel, den Gegner zu täuschen sind hierbei recht.

d) Tarnung.

Tarnung soll dem Gegner Truppen, Gerät und Anlagen verbergen oder die feindliche Beobachtung durch Scheinanlagen und Scheinhandlungen irreführen.

Es bestehen drei **Möglichkeiten der Tarnung** gegen Sicht:

Der zu tarnende Gegenstand wird der Sicht des Feindes durch Aufenthalt in Häusern, in dichtem Wald, durch Ausnutzung völliger Dunkelheit oder durch andere natürliche oder künstliche Deckungen vollkommen entzogen.

Der zu tarnende Gegenstand wird in Form und Farbe so dem Gelände angepaßt, daß er nicht zu erkennen ist.

Die Form des zu tarnenden Gegenstandes wird so verändert, daß er zwar zu sehen ist, aber für etwas Unverdächtiges (Busch, Bodenflecken, Gebäude, Feldbestellung) gehalten wird.

Bei näherer Feindberührung erhält die Tarnung gegen den feindlichen Horchdienst besondere Bedeutung. Sie verlangt, verräterische Geräusche zu vermeiden oder zu übertönen.

Natürliche Tarnmittel sind:

Bodengestaltung (Steilhänge, Dämme, Schluchten, Höhlen, Hohlwege, Gräben);

Bodenbedeckung (Gebäude, Wälder, einzelne Bäume, Büsche, Hecken und der Bodenbedeckung entnommene Mittel, wie Zweige, Gras, Getreide usw.);

Witterung (Schatten, Nebel, Unwetter, Dunkelheit).

Die Ausnutzung natürlicher Tarnmittel ist einfach und verspricht den meisten Erfolg. Sie ist grundsätzlich zu bevorzugen.

Bietet die Natur keinen oder ungenügenden Schutz, so sind künstliche Tarnmittel zur Tarnung heranzuziehen.

Künstliche Tarnmittel sind:

behelfsmäßige Tarndecken aus Fisch- oder Drahtnetzen, bunte Lappen, Leinwand, Stoffe, Masken, farbiger Anstrich, künstlicher Nebel, Zeltbahnen.

Anwendung und Ausführung der Tarnung sind je nach Lage, Jahreszeit, Gelände und Witterung so verschiedenartig, daß Richtlinien für jeden einzelnen Fall nicht aufgestellt werden können.

Mangelhaft ausgeführte oder falsche Tarnung ist schlechter als gar keine, da sie die Aufmerksamkeit des Gegners erst recht auf sich zieht.

Wichtigste und schwierigste Aufgabe der Tarnung ist der **Schutz gegen die Luftbeobachtung.**

Mangel an natürlichen Tarndeckungen kann hierbei durch geschickte Auswahl des Untergrundes ausgeglichen werden. Je dunkler der Farbton des Geländes wirkt, um so weniger wird der Flieger Einzelheiten unterscheiden. Danach gilt der Grundsatz, stets dunklen Untergrund auszunutzen.

Andererseits fallen durch Sonnenbestrahlung hervorgerufene helle Flecke, wie leuchtende Stahlhelme, Wagenplane, Bretter auf dunklem Untergrund besonders auf.

Nachts sind Lichterscheinungen ein besonders guter Anhalt für die Luftbeobachtung. Selbst kleine Lichter, wie unabgeblendete Taschenlampen oder aufflammende Streichhölzer können Truppen verraten. Größere Feuer werden aus jeder Höhe auf weite Entfernungen gesehen. In Mondnächten sind Bewegungen auf hellem Untergrunde erkennbar.

Stehen natürliche Tarndeckungen nicht zur Verfügung, so müssen sie künstlich geschaffen werden. In erster Linie werden dazu natürliche Tarnmittel, wie Zweige, Gras, Erdschollen, Stroh usw., verwandt.

Tarnmittel müssen in die Umgebung hineinpassen. Holzstapel auf Wiesen oder Büsche auf Sturzäckern wirken unnatürlich und fallen auf.

Ein paar Beispiele mögen das noch weiter erläutern:

In einem flachen Buschgelände ist es falsch, sich durch Aufwerfen von andersfarbiger Erde eine Deckung zu schaffen. Richtig ist vielmehr, sich im Rahmen der vorhandenen Büsche zu tarnen.

Auch die äußere Form muß ins Gelände passen. In der Natur sind die meisten Formen unregelmäßig. Künstliche Tarndecken (Zeltbahnen usw.) müssen daher jede Regelmäßigkeit vermeiden. So dürfen z. B. nicht scharfe Schattenlinien entstehen. Unregelmäßig und ohne Schlagschatten paßt sich das getarnte M.-G. oder Geschütz besser in das Landschaftsbild ein.

Die Grundsätze der Tarnung gegen Luftbeobachtung gelten im allgemeinen auch für die **Tarnung gegen Erdbeobachtung** einschließlich der Beobachtung aus Fesselballonen.

Zweckmäßige Auswahl des Hintergrundes ist besonders wichtig. Nachahmung aller Einzelheiten des Geländes und Tarnung gegen den feindlichen Horchdienst gewinnen erhöhte Bedeutung.

Der Stand der Sonne beeinflußt wesentlich die Sichtbarkeit eines Gegenstandes. Beleuchtung von rückwärts gegen den Feind zu blendet die feindliche Beobachtung und läßt Farben verschwinden, andererseits aber Konturen scharf hervortreten.

Licht von der Feindseite her läßt den Gegner auch Einzelheiten gut erkennen, Farben auch auf weite Entfernungen noch unterscheiden.

Auf nahen Entfernungen muß in deckungslosem Gelände Überraschung und Schnelligkeit die Tarnung ersetzen.

Schützen verharren nach jedem Sprunge eine Zeitlang in voller Regungslosigkeit, um den feindlichen Beobachter etwaige Merkpunkte verlieren zu lassen.

Auch wenn die Vorwärtsbewegung unterbrochen wird, ist Tarnung häufig nützlicher als Ausheben einer schwer zu versteckenden Erddeckung.

Scheinanlagen versprechen gegen Erdsicht besonders guten Erfolg, da dem Beobachter im Gegensatz zum Luftbeobachter die Möglichkeit genauer Überprüfung fehlt.

Diese wenigen Beispiele schon zeigen, wie ungemein vielseitig das Gebiet der Tarnung ist. Auch das Vermeiden jeder unnötigen Bewegung gehört hierher. Wer häufiger Beobachtungen in der Natur anstellt, weiß, wie gerade das Wild sich oft lange Zeit völlig still verhält, um dem Auge eines Feindes zu entgehen. Der Mensch kann hier viel von den Tieren lernen. Fast unbeschränkt kann und muß er seine Erfindungsgabe spielen lassen.

Es kommt darauf an, mit offenen Augen seine Umgebung anzusehen und dann geschickt auszunutzen. Wie man das zweckmäßig tut, das muß der Soldat in der Geländeausbildung in langsamer, steter Arbeit lernen. „Tarnen spart Blut."

Deckung gegen Sicht ist wertvoller als Deckung gegen Schuß. Hierbei spielen Untergrund (gegen Sicht aus der Luft) und Hintergrund (gegen Sicht von der Erde) die Hauptrollen. Heller Untergrund und heller Himmel als Hintergrund müssen z. B. vermieden, bewachsener Untergrund und Wald als Hintergrund z. B. aufgesucht werden. Auffallende Punkte im Gelände, wie Baumgruppen, einzelne Sträucher, Waldränder usw., können, wenn sie an der Stellung liegen, leicht zum Verhängnis werden. Sie sind willkommene Zielpunkte für die feindliche Artillerie und gute Merkmale zur Nachrichtenübermittlung für den Gegner. Im lichten Hochwald muß z. B. die Stellung aus dem gleichen Grunde möglichst weit vom Waldrande entfernt, in der Tiefe des Waldes, oder, falls die Wirkungsmöglichkeit dadurch zu sehr beschränkt wird, vor dem Walde liegen.

e) Geländeverstärkung.

Die Geländeverstärkung wird durch Feldbefestigung in Verbindung mit Tarnung erreicht.

Feldbefestigung soll die eigene Waffenwirkung erhöhen, die feindliche vermindern und so die eigene Kampfkraft erhalten. Der Erhöhung der eigenen Feuerwirkung dienen Waffenauflagen, gut ausgebaute Beobachtungsstände usw.

Die Verminderung der feindlichen Feuerwirkung wird durch zweckvolles Ausnutzen und Verstärken des Geländes sowie durch Tarnung erreicht.

Weitere Mittel zum Erhalten der Kampfkraft sind: Eingraben, Bau von getarnten Unterschlupfen oder Unterständen und möglichst getarnte Verbindungen rückwärts und seitwärts.

Alle Anlagen der leichten Feldbefestigung muß die Truppe in der Regel mit dem mitgeführten **Schanz- und Werkzeug** ausführen.

Richtiger Schanz- und Werkzeuggebrauch erleichtert die Arbeit und erhöht die Leistung.

Spaten, Kreuzhacken und Äxte handhabt man mit der einen Hand dicht am Eisen, mit der anderen am Stielende.

Beim Sägen mit der **Gliedersäge** muß ein Mann die Säge straff halten, da sie sonst einknickt.

Drahtscheren sind zum Zerschneiden von Drähten weit zu öffnen, damit der Draht tief im Winkel der Schere gefaßt wird.

Das Schützenloch für liegende Schützen (z. B. für Beobachter) Schützenmulde) entsteht durch Zusammenscharren von Erde mit Spaten, Kreuzhacke, Kochgeschirr oder den Händen. Der Schütze schafft sich eine Deckung gegen Erdsicht. Unter dem Schutz dieser Deckung hebt er im Liegen, neben sich von vorn nach rückwärts arbeitend, eine Mulde aus. Der Bodenaushub ist zunächst für Gewehrauflage und Brustwehr, später für Deckung nach den Seiten und nach rückwärts (Rückenwehr) zu verwenden.

Den Grundriß für ein **Schützenloch für knieenden Schützen** nimmt man, wenn möglich, von vornherein so groß, daß es zum Schützenloch für einen stehenden Schützen erweitert werden kann. Den anfangs ausgehobenen Boden wirft man so weit, daß man Doppelbewegen des Bodens vermeidet, also mindestens 3 m über die Armauflage.

Die Brustwehr zieht man seitlich so weit herum, daß der Schütze, gegen feindliches Schrägfeuer gedeckt, selbst nach den Seiten feuern kann. Man wirft die Brustwehr stets so niedrig wie möglich auf.

Böschungen in festem Boden hält man stets so steil wie möglich, Böschungen in geschüttetem oder losem Boden dagegen flach.

Bei Beginn des Eingrabens **außerhalb des feindlichen Feuers** sticht man die Bodennarbe so weit ab, wie die späteren Schüttungen reichen sollen, und legt sie beiseite. Mit der abgestochenen Bodennarbe tarnt man später die Schüttungen.

Verbindet man mehrere Schützenlöcher durch Gräben, so entstehen **Nester**, die durch den Einbau von Unterschlupfen verstärkt werden können.

Kriechgräben bilden die ersten gedeckten Verbindungen zwischen Schützenlöchern. Man erweitert sie, wenn möglich, zu **Verbindungsgräben.**

f) Kartenkunde.

Zuverlässiges Kartenlesen und genaue Kenntnis der Signaturen ist erforderlich, um sich in jedem Gelände nach der Karte schnell zurechtfinden zu können. Der Schütze soll außerdem lernen, sich nach der Karte ein ungefähres Bild des Geländes zu machen.

Die Naturlängen sind auf der Karte stark verkleinert. Der Maßstab der Karte ist das Verhältnis eines Zentimeters auf der Karte zur wirklichen Naturlänge. *Maßstab 1:100000 bedeutet also, daß 1 cm der Karte = 100000 cm* oder 1000 m oder 1 km in der Natur ist.

Die gebräuchlichsten Karten zeigen die Maßstäbe 1:100000 (Generalstabskarte) und 1:25000 (Meßtischblatt), in der Ostmark 1:75000.

Die Bodenformen werden auf der Karte in Bergstrichen (auf der Generalstabskarte) oder Schichtlinien (auf dem Meßtischblatt) wiedergegeben.

Dünne Bergstriche bedeuten im allgemeinen fahrbare Hänge. Mittelstarke Bergstriche zeigen noch gangbare Steigungen an, während starke Bergstriche meist nur ersteigbare Steilhänge anzeigen. Die tatsächlichen Höhenunterschiede in Metern kann man nur schätzen. Einzelne in die Karte eingetragene Höhenzahlen erleichtern diese Schätzung.

Auf einer Schichtlinienkarte kann man mit Hilfe der auf der Karte eingetragenen Höhenzahlen und mit Hilfe der Schichtlinien selbst, welche am Rande und vielfach auch innerhalb der Karte mit ihrer Höhenzahl bezeichnet sind, die Höhe jeden Punktes feststellen. Kessel sind durch einen Pfeilstrich gekennzeichnet.

Da für einige Gegenstände eine maßstabsgerechte Wiedergabe kaum lesbar wäre, z. B. Wege von 5 m Breite würden auf einer Karte 1:100000 nur 0,05 mm breit sein, hat man bestimmte, besonders deutliche Zeichen abweichend vom Maßstabe gewählt. Es werden die auf der nächsten Seite wiedergegebenen Kartenzeichen benutzt.

Jede Beschriftung der Karte geht von Westen nach Osten.

Alle Karten sind so aufgenommen, daß oben Norden, unten Süden, rechts Osten, links Westen ist.

Der Wunsch, jeden Punkt auf der Karte eindeutig nach seiner Lage zu bestimmen, hat dazu geführt, die Karten mit einem rechtwinkligen Gitternetz zu versehen.

Die nordsüdlichen Linien des auf der Karte verzeichneten Gitternetzes weisen nach „Gitter-Nord". Den Winkel zu magnetisch Nord bezeichnet man als „Nadelabweichung". Seine Größe ist auf einem Nebenkärtchen auf dem Kartenrand vermerkt. Das Ausgabejahr der Karte ist mit Rücksicht auf die Wanderung des magnetischen Pols zu beachten. Den nicht großen Unterschied zwischen Mißweisung und Nadelabweichung *(Meridiankonvergenz genannt) kann man* bei der Arbeit mit einem Taschenkompaß unberücksichtigt lassen. Ist die Nadelabweichung bekannt, so erhält man auf der Karte die Richtung nach magnetisch Nord, indem man den am oberen Kartenrand bezeichneten Punkt M mit dem der Nadelabweichung entsprechenden Teilstrich der am unteren Kartenrand verzeichneten Gradteilung verbindet.

Das Gitternetz ist auch ein wertvolles Hilfsmittel zum Abschätzen von Entfernungen auf der Karte.

Kartenzeichen für den Maßstab 1:100000.

Eisenbahnen:

mehrgleisige Haupt- und vollspurige Nebenbahn

eingleisige Haupt- und vollspurige Nebenbahn

Vollspurige nebenbahnähnliche Kleinbahn
Schmalspurige Nebenbahn

Schmalspurige nebenbahnähnliche Kleinbahn
Straßen- und Wirtschaftsbahn

Seil- und Schwebebahn

Straßen:

Fernverkehrsstraße Nr. 12 — 12

I A etwa 5,5 m Mindestnutzbreite mit gutem Unterbau, für Lastkraftwagen zu jeder Jahreszeit unbedingt brauchbar

Größere Steigungen

I B weniger fest, etwa 4 m Mindestnutzbreite, für Lastkraftwagen nur bedingt brauchbar

Wege:

II A Unterhaltener Fahrweg, für Personenkraftwagen zu jeder Zeit brauchbar, abgesehen von außergewöhnlichen Witterungsverhältnissen

II B Unterhaltener Fahrweg

III Feld- und Waldwege

IV Fußweg

Oberförsterei (Forstamt) — O.F.(F.A.)

Friedhof für Christen

Grube, Steinbruch

Kapelle — (Kp.)

Hervorragender Baum

Kirche

Bock- und Holländer Windmühle (weit sichtbar) — (M.)

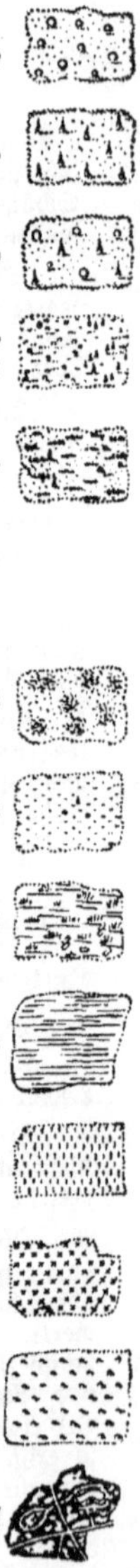

Laubwald

Nadelwald

Mischwald

Buschwerk u. Weiden-Pflanzung

Heide u. Oedland

Sand oder Kies

Wiese

Bruch mit Torfstich

Nasser Boden

Weingarten

Hopfenanpflanzung

Baumschule

Park

Innerhalb des Gitternetzes erfolgt die Bestimmung eines Punktes mit dem **Planzeiger.** Ein solcher ist zum Ausschneiden auf dem Rande jeder Karte gedruckt. Es wird nach Kilometern der Abstand des Punktes von der nächsten wage-

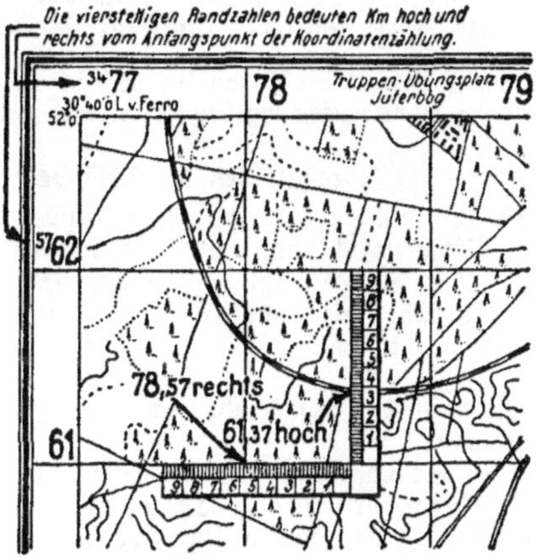

rechten Gitterlinie gemessen (Hochwert) und sein Zwischenraum von der nächsten links befindlichen senkrechten (Rechtswert). Grundsätzlich ist erst der Rechts-, dann der Hochwert anzugeben. Man braucht für jeden Maßstab einen besonderen Planzeiger.

Zielgeviertafel.

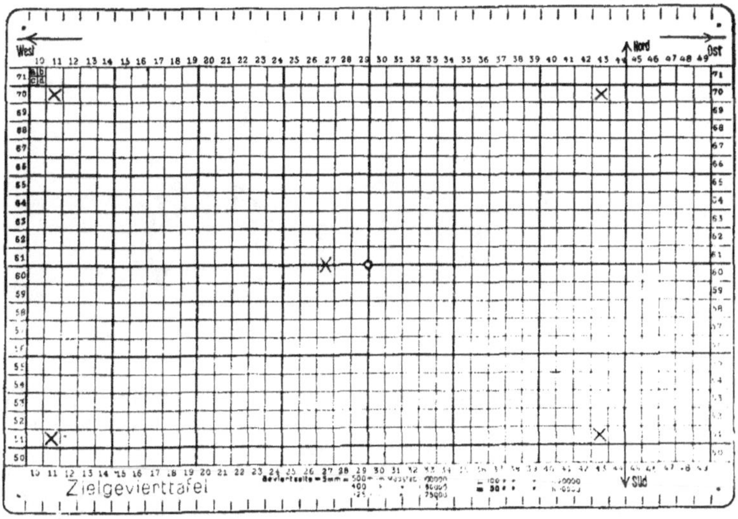

Zur Punktbezeichnung auf Karten ohne Gitternetz bedient man sich der **Zielgeviertafel.** Hierfür wird grundsätzlich im voraus bestimmt, welches von den fünf Kreuzen der Zielgevierttafel auf einen bestimmten Punkt der Karte aufgelegt ist. Es kommt dann weiter darauf an, daß die Zielgevierttafel genau den Himmelsrichtungen entsprechend auf die Karte aufgelegt wird. Dann wird der zu bezeichnende Punkt ermittelt, indem zunächst in der waagerechten (obenstehenden) Zahlenreihe und dann in der senkrechten (seitlichen) Zahlenreihe die entsprechende Zahl abgelesen wird.

Das so bezeichnete Geviert denkt man sich noch in vier Untergevierte geteilt. Die hiernach ermittelte Punktbezeichnung heißt so z. B.: Ziel 32—63 a.

g) Zurechtfinden im Gelände.

Die wichtigste Grundlage für das Zurechtfinden im Gelände ist die **Feststellung der Himmelsrichtung.** Man kann dies auf verschiedenen Wegen erreichen. Die **Sonne** steht täglich um 6,00 Uhr ziemlich genau im Osten, um 9,00 Uhr im Südosten, um 12,00 Uhr im Süden, um 15,00 im Südwesten und um 18,00 Uhr im Westen. (Sommerzeit ist zu berücksichtigen).

Dementsprechend ist die Taschenuhr ein gutes Hilfsmittel zur Feststellung der Südrichtung.

Wenn man den Stundenzeiger auf die Sonne richtet und den Winkel zwischen dem Stundenzeiger und der 12 halbiert, so zeigt diese Halbierungslinie, vormittags v o r, nachmittags n a c h dem kleinen Zeiger abgelesen, genau nach Süden.

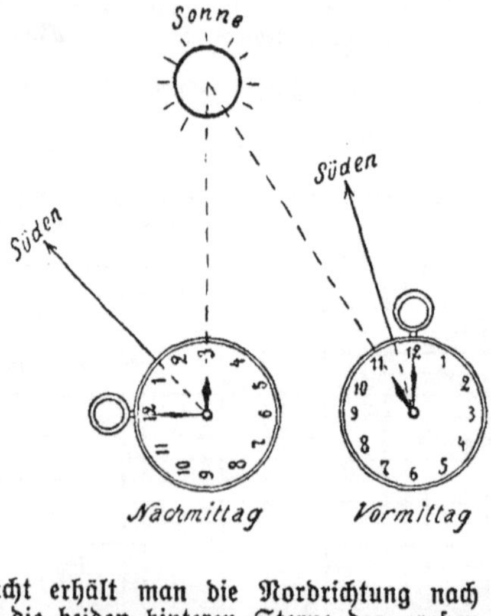

In der Nacht erhält man die Nordrichtung nach dem **Polarstern.** Verlängert man die beiden hinteren Sterne des großen Bären 6—7 mal, so trifft man auf den Polarstern (Bild auf folgender Seite).

Weitere Hilfsmittel zum Feststellen der Himmelsrichtung sind einige bekannte Tatsachen. Bei alten Kirchen steht der Turm im allgemeinen auf der Westseite, an freistehenden Bäumen wächst Moos meist an der Nordwestseite. Weinberge liegen meist an Südhängen.

Außerdem kann man sich im Gelände **nach der Karte** unterrichten.

Um einen Geländepunkt zu bestimmen, bezeichnet man seinen Standpunkt auf der Karte, wählt sich im Gelände einen gut sichtbaren, nicht zu nahen bekannten Punkt (Kirchturm) als Richtpunkt und fluchtet die Karte auf den Richtpunkt im Gelände ein. Die Karte ist dann orientiert. Visiert man nun über die Karte durch den eingezeichneten Standpunkt mit einem kleinen Lineal, Bleistift usw. andere Geländepunkte an, so muß die Linie dorthin über den gesuchten Punkt auf der Karte gehen.

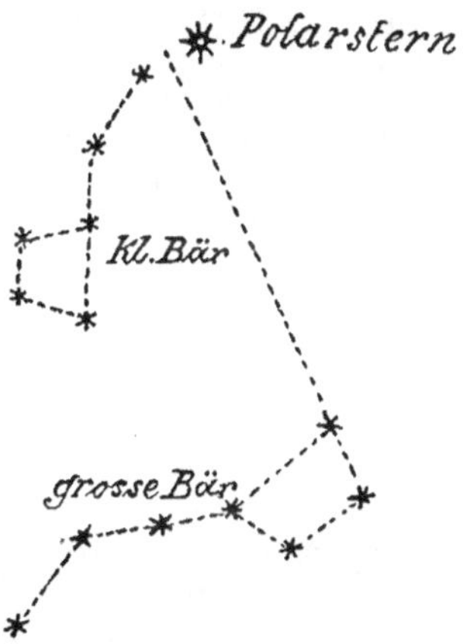

Ist der eigene Standpunkt nicht bekannt, so orientiert man die Karte mit Hilfe der Sonne oder eines der angegebenen Hilfsmittel nach Norden. Dann studiert man genau seine Umgebung auf Punkte, die auf der Karte erfahrungsgemäß leicht zu finden sind (Straßen, auffällige Geländeformen, Gehöfte auf Höhen und dergleichen) und vergleicht sie mit dem Kartenbild. In der Mehrzahl der Fälle wird man wenigstens annähernd seinen Standpunkt finden.

Auch mit Hilfe von **Karte und Kompaß** kann man sich orientieren. Die Nadelabweichung entnimmt man aus der Nebenkarte und merkt sie auf der Kompaßeinteilung an. Dann legt man die Nordsüdlinie des Kompaß auf eine nordsüdliche Gitterlinie und dreht die Karte so, daß die Nadel auf die Nadelabweichung einspielt. Die Karte ist dann eingerichtet.

Zum **Festlegen einer Marschrichtung**, wenn keine Karte vorhanden oder der gewählte Marschrichtungspunkt im Gelände nicht zu sehen ist, benutzt man den Marschkompaß.

Abmarschpunkt und Ziel werden durch eine Linie auf der Karte verbunden (Marschrichtung); dann wird die Karte nach Norden eingerichtet und in dieser Lage festgehalten. Der Marschkompaß wird mit der Anlegekante so an die Verbindungslinie gelegt, daß sein Richtungszeiger in die Marschrichtung zeigt. Unter Festhalten des Marschkompaß wird die Teilscheibe gedreht, bis die Nadel auf die Mißweisung einspielt. Am Teilring wird die Zahl (Strichzahl), auf die der Richtungszeiger zeigt, abgelesen und als „Kompaßrichtung" am Richtungszeiger eingestellt.

Will man im Gelände die Marschrichtung prüfen, so läßt man die Nadel auf die Mißweisung einspielen. Der Richtungszeiger zeigt nun in die befohlene Marschrichtung. Man visiert über Kimme und Korn des Kompasses einen Richtungspunkt an und marschiert auf ihn los. Bei Ankunft an diesen Punkt wird die Richtung nachgeprüft und für den Weitermarsch das Verfahren wiederholt.

Umgekehrt wird der Marschkompaß ebenfalls benutzt, wenn der Richtungspunkt anfangs sichtbar ist, im Laufe des Marsches aber verschwindet, z. B. bei Dunkelheit oder Nebel. Man stellt die Spiegel so, daß man die Nadel gut sehen kann. Über Kimme und Korn wird der Marschrichtungspunkt anvisiert. Dann wird der Teilkreis unter Festhalten der Visierlinie zum Richtungspunkt so gedreht, daß die Nadel auf die Mißweisung einspielt. Die am Teilkreis abgelesene Zahl, auf die der Richtungszeiger zeigt, wird als Kompaßzahl benutzt.

2. Grundbegriffe des Gefechts der verbundenen Waffen.

Die **Aufklärung** soll so schnell, so vollständig und so zuverlässig wie möglich ein Bild über den Feind beschaffen.

Luftaufklärung ist Sache der Flieger.

Ein Teil der **Erdaufklärung** ist die **Gefechtsaufklärung** der einzelnen Waffen. Sie erfolgt im wesentlichen durch **Spähtrupps**.

Die **Beobachtung** des Gefechtsfeldes von Beobachtungspunkten aus ergänzt diese Gefechtsaufklärung. Eine Gegenmaßnahme gegen die feindliche Aufklärung ist die **Verschleierung**. Sie soll dem Gegner die eigenen Maßnahmen verbergen.

Die **Erkundung des Geländes** soll Gangbarkeit, Beobachtungsmöglichkeiten, Deckungen gegen Sicht, Sperrmöglichkeiten u. dgl. feststellen und damit die Grundlage für den Einsatz der eigenen Waffen sowie für die Ausnutzung des Geländes zum Kampf geben.

Bei der **Sicherung** gegen überraschenden feindlichen Angriff aus der Luft und auf der Erde unterscheidet man die Sicherung in der Ruhe und die Sicherung in der Bewegung.

Die **Sicherung in der Ruhe** erfolgt durch **Vorposten, Gefechtsvorposten** oder **Nahsicherungen.**

Im Vorpostendienst und bei den Gefechtsvorposten, verwendet man **Feldwachen, Feldposten, Spähtrupps und stehende Spähtrupps.**

Die **Sicherung auf dem Marsche** erfolgt nach vorne durch die Vorhut, seitlich durch Seitendeckungen und beim Rückzuge nach rückwärts durch die Nachhut.

Im Rahmen der **Vorhut** und der **Seitendeckung** unterscheidet man, vom Feinde her angefangen, die **Reiterspitze**, die **Infanteriespitze**, die **Spitzenkompanie**, den **Vortrupp** und den **Haupttrupp**. Die Masse der nachfolgenden Truppe nennt man **Gros.**

Bei der Nachhut heißen die gleichen Abteilungen **Reiternachspitze, Infanterienachspitze, Nachspitzenkompanie, Nachtrupp** und **Haupttrupp.**

Der **Angriff** geht dem Gegner entgegen, um ihn niederzuwerfen und zu vernichten. Er wirkt durch Bewegung, Feuer und Stoß.

Eine marschierende Truppe, die mit baldigem Zusammenstoß mit dem Gegner rechnet, erhöht durch **Entfaltung** ihre Gefechtsbereitschaft. Sie zerlegt sich dadurch in kleinere Teile.

Beim Vorgehen zum Angriff geht die Infanterie sehr bald von der Entfaltung zur **Entwicklung** über. Hierunter versteht man das Einnehmen der **geöffneten Ordnung.**

Ergibt die Aufklärung, daß der Gegner zur Abwehr entschlossen zu sein scheint, so erfolgt eine **Bereitstellung** zum Angriff.

Das **Heranarbeiten** an den Feind erfolgt mit Feuerunterstützung der leichten und schweren Granatwerfer, der M.=G., J.=G. und der Artl.

Einbruch nennt man das Einbrechen der Schützen in die vorderste feindliche Linie.

Die **Verfolgung** erstrebt die Vernichtung des Feindes nach gelungenem Angriff bzw. Durchbruch.

Die **Abwehr** wartet den Gegner ab.

Die **Verteidigung** soll den feindlichen Angriff zum Scheitern bringen.

Das Gelände, in welchem sich eine Truppe **verteidigt**, ist ihre **Stellung.** Der wichtigste Teil jeder Stellung ist das **Hauptkampffeld.** Zu einer Stellung können außerdem **vorgeschobene Stellungen** gehören. **Gefechtsvorposten** werden vor das Hauptkampffeld vorgeschoben.

Die Linie der vordersten Verteidigungsanlagen des Hauptkampffeldes nennt man **Hauptkampflinie.**

Die Stellung wird für Aufklärung, Sicherung und Kampf in **Abschnitte** eingeteilt.

Bei feindlichem Einbruch in das Hauptkampffeld sucht man den Gegner durch Feuer zu vernichten und wirft ihn im **Gegenstoß** wieder aus dem Hauptkampffeld heraus.

Artillerie und schwere Inf.=Waffen haben in der Verteidigung **Sperrfeuer** vorbereitet, das auf Zeichen ausgelöst wird und zur Abwehr des angreifenden Feindes dient.

Man **bricht ein Gefecht ab,** um den Kampf an der bisherigen Stelle zu beenden.

3. Feuerkampf.

Man unterscheidet im Gefecht

nächste Entfernungen bis 100 m,
nahe Entfernungen bis 400 m,
mittlere Entfernungen bis 800 m

und weite Entfernungen.

Der Einzelschuß des Gewehrs hat gegen kleine Ziele nur auf nahen und nächsten Entfernungen Aussicht auf Erfolg.

Zusammengefaßtes Feuer mehrerer Schützen kann gegen kleine Ziele auch auf mittleren Entfernungen noch gute Wirkung erzielen.

Das l. M.-G. kann mit Vorderunterstützung kleine Ziele bis 1200 m, größere Ziele, wie z. B. sich ungedeckt bewegende Schützen, bis 1500 m mit Erfolg beschießen.

Gewehrschützen wie l. M.-G. können keine langen Feuerkämpfe führen. Sieger bleibt im Infanteriekampf, wer am schnellsten die größere Zahl gutliegender Schüsse auf den Gegner abgibt. Jeder Augenblick nutzlosen ungedeckten Herumliegens widerspricht der Erhaltung der Kampfkraft. Die Feuereröffnung wird daher möglichst in Deckung vorbereitet. Erst dann gehen l. M.-G. und Schützen zum Feuerüberfall in Stellung. Sobald die mit dem Feuer verbundene Absicht erreicht ist, verschwinden sie wieder in Deckung. In erster Linie wird das Ziel bekämpft, das dem eigenen Kampfauftrag am hinderlichsten ist. Jeder Schütze bekämpft das vom Gruppenführer befohlene Ziel, bei breiten Zielen den ihm gegenüberliegenden Teil des Ziels.

Die Wahl des Haltepunktes ist grundsätzlich dem Schützen überlassen. Beobachten der Einschläge und richtiges Auswerten sind besonders wichtig.

Jeder Soldat muß sich bewußt sein, daß die Munitionsfrage eine entscheidende Rolle spielt. Haushalten mit Munition ist eine Notwendigkeit. Solange es die Lage gestattet, soll bei jedem l. M.-G. eine Munitionsreserve von 200—250 Patronen zurückbehalten werden.

Im Rahmen der Gruppe führt der Schütze den Feuerkampf nach dem Befehl zur Feuereröffnung meist selbständig.

Solange das Feuer nicht freigegeben ist, darf der Schütze nur schießen, wenn sich ihm plötzlich auf nächster Entfernung ein wichtiges Ziel bietet, aber auch in diesem Falle nur, wenn der Gruppenführer sich die Feuereröffnung nicht ausdrücklich vorbehalten hat.

Kann der Einsatz der Gruppe aus der Deckung heraus zum Feuerüberfall erfolgen, so zeigt der Gruppenführer den Schützen möglichst unauffällig das Ziel. Leicht erkennbare Ziele können auch in Deckung angesprochen werden. Er bestimmt das Visier, das von den Schützen in Deckung gestellt wird. Auf das Kommando „Stellung!" „Feuer frei!" nisten sich die Gewehrschützen etwa in Höhe des l. M.-G. ein, bringen das Gewehr vor, entsichern und eröffnen sofort das Feuer.

Nachstehende Beispiele zeigen einige Möglichkeiten, wie Feuerbefehle lauten können:

a) „350 m vor uns ein Waldstück, davor Schützen!"
„Visier 450!"
„Jeder Schütze 5 Schuß!"
„Stellung!" — „Feuer frei!"

b) „250 m vor uns eine Wegegabel!"
„2 Daumenbreiten rechts der Wegegabel M.-G.!"
„Alles kurz über Deckung sehen und sofort wieder volle Deckung!"

„Visier 250!"
„Stellung!" — „Feuer frei!"

Die Feuereröffnung kann auch auf ein verabredetes Zeichen erfolgen:

Ist Eile geboten oder muß die Feuereröffnung in offenem Gelände unter feindlicher Feuerwirkung erfolgen, so werden Ziel- und Visierwahl meist dem Schützen überlassen. Das Instellunggehen und die Feuereröffnung erfolgt dann häufig auf das Kommando:

„Stellung (Stellung, Marsch! Marsch!) — Schützenfeuer!"

Verschwindet der Feind oder ist die für einen Feuerüberfall befohlene Munition verschossen, so unterbrechen die Schützen selbständig das Feuer, sichern und gehen in volle Deckung. Andernfalls wird zur Unterbrechung des Feuers „Gruppe A — Stopfen!" kommandiert, das von allen Schützen laut nachgerufen wird. Es wird ohne weiteres gesichert! Meist folgt dem Kommando „Stopfen" unmittelbar das Kommando „Volle Deckung".

4. Beobachtungs- und Meldedienst.

Man **beobachtet** das Gelände und das Verhalten schon erkannten Feindes. Die Beobachtung kann sich auch auf das Verhalten eigener Truppen erstrecken. Besonders geübt wird das Beobachten während der Fahrt.

Es kommt darauf an, rechtzeitig jede Veränderung, jede Bewegung im Feindgelände zu erkennen. Ferngläser sind hierzu besonders geeignete Hilfsmittel. Zu langes Spähen durch das Fernglas ermüdet jedoch und führt leicht zum Beschlagen der Gläser. Von erhöhten Punkten im Gelände, auch von Bäumen aus, ist der Überblick besser als von ebener Erde her.

Der Beobachter muß lernen, aus Beobachtungen richtig zu folgern.

Staubwolken auf einer Straße lassen je nach Größe und Schnelligkeit einen Wagen, Kraftwagen oder auch eine Marschkolonne vermuten.

Heftiges Bellen von Hunden, Auffliegen von Vögeln, Flüchten von Wild und ähnliches deuten auf besonderen Anlaß durch Menschen oder Tiere.

Ein wichtiger Zweig des Beobachtungsdienstes ist die Beobachtung der eigenen Feuerwirkung. An den Geschoßeinschlägen und am Verhalten des Gegners muß der Schütze zu erkennen suchen, ob das Feuer richtig liegt. Einzelne Geschoßeinschläge an gut zu beobachtenden Stellen führen jedoch leicht zu Trugschlüssen. Die zusammengehaltene Garbe des l. M.-G. und das Feuer von Gewehrschützen liegen gut, wenn etwa die Hälfte der Einschläge vor und etwa die Hälfte der Einschläge hinter dem Ziel beobachtet werden.

Vom **Melder** werden Unerschrockenheit, Findigkeit im Gelände, Ausdauer und unbedingte Zuverlässigkeit gefordert. Jeder Melder muß folgende Punkte einer ihm anvertrauten Meldung kennen:

a) die meldende Dienststelle,
b) die empfangende Dienststelle und ihren Aufenthalt,
c) den Meldeweg, insbesondere, wenn er durch verschiedene Ortschaften führt, die Namen dieser Ortschaften,

d) den wesentlichen Inhalt der Meldung,
e) seinen Verbleib nach Erledigung des Auftrages.

Herrscht über einen dieser Punkte Unklarheit, so ist der Auftraggeber danach zu fragen.

Wenn der auftraggebende Vorgesetzte nichts anderes befiehlt, wird grundsätzlich jede mündliche Meldung im Wortlaut wiederholt. Es ist besonders wichtig, daß dieser Wortlaut dem Empfänger wortgetreu übermittelt wird. Unterwegs erfragt der Melder unbefangen den Platz des Vorgesetzten, an den die Meldung gerichtet ist. Bei drohender Gefahr ruft er Truppen, an denen er vorbeikommt, den Inhalt der Meldung zu. Jeder Überbringer eines wichtigen Befehls usw. ist berechtigt, auch eine Besprechung oder Befehlsausgabe zu unterbrechen (z. B. durch Zuruf „Bataillonsbefehl"). Kehrt ein Melder zum Absender der Meldung zurück, so wiederholt er grundsätzlich noch einmal den überbrachten Wortlaut der Meldung.

Für das **Abfassen einer Meldung** gelten bestimmte Regeln. Im allgemeinen wird eine schriftliche Meldung auf einem Meldekartenvordruck ausgefertigt.

Mündliche Meldungen sollen möglichst kurz sein, damit Verstümmelungen bei der Übermittlung vermieden werden.

Jede Meldung über den Feind muß folgende Fragen beantworten:

a) W a s sehe ich?
Dabei darf nur tatsächlich selbst Gesehenes als sicher gemeldet werden. Vermutungen sind als solche zu bezeichnen.
Wesentlich ist, wie der Gegner gesehen wurde (z. B. schanzend, im Vorgehen, in Marschkolonne usw.).

b) W o sehe ich etwas?
Wenn möglich, nach der Karte zu beschreiben, sonst nach auffallenden Geländepunkten.

c) W a n n habe ich die Beobachtung gemacht?
Genaue Uhrzeit.

d) V o n w o a u s ist die Beobachtung gemacht worden?

e) W a s veranlaßt der Meldende w e i t e r?
Insbesondere ist dies anzugeben, wenn der Meldende seinen bisherigen Platz verläßt.

Bezeichnungen wie rechts, links, vor, hinter, diesseits, jenseits, oberhalb, unterhalb sind oft nicht klar. Besser ist es, die Himmelsrichtung anzugeben. Ortsbezeichnungen sind lateinisch zu schreiben und so wie auf der Karte angegeben. Ortseingang und -ausgang sind nach der Marschrichtung zu unterscheiden. Oft ist es hier zweckmäßiger, statt der Himmelsrichtung den nächsten Ort anzugeben, wohin man von dem Ortsausgang gelangt, z. B. Ausgang von B.-Dorf nach H.-Berg, anstatt Südwestausgang B.-Dorf. Vorsicht mit Abkürzungen! Alle Meldungen und Zeichnungen sollen so deutlich geschrieben oder gezeichnet sein, daß sie der Empfänger auch bei spärlichem Licht lesen kann.

Für jede Meldung, besonders aber für Meldungen über den Feind, ist es wichtig, daß die Meldung den Empfänger rechtzeitig erreicht. Eile ist also fast immer geboten. Die beste Meldung nutzt nichts, wenn sie zu spät in die Hand des betreffenden Führers gelangt.

Zur Erläuterung von Meldungen und in manchen Fällen auch um längere Meldungen zu ersetzen, verwendet man **Skizzen.** Wenige Bleistiftstriche müssen hierbei genügen, um die Örtlichkeit darzustellen und die Truppen einzutragen. Man unterscheidet Grundrißskizzen und Ansichtsskizzen. Grundrißskizzen eignen sich in allen den Fällen, in denen eine Meldung an einen Empfänger mit

Signaturen für das Skizzenzeichnen.

*Höhe in Metern

Nachstehendes Muster zeigt eine Grundrißskizze.

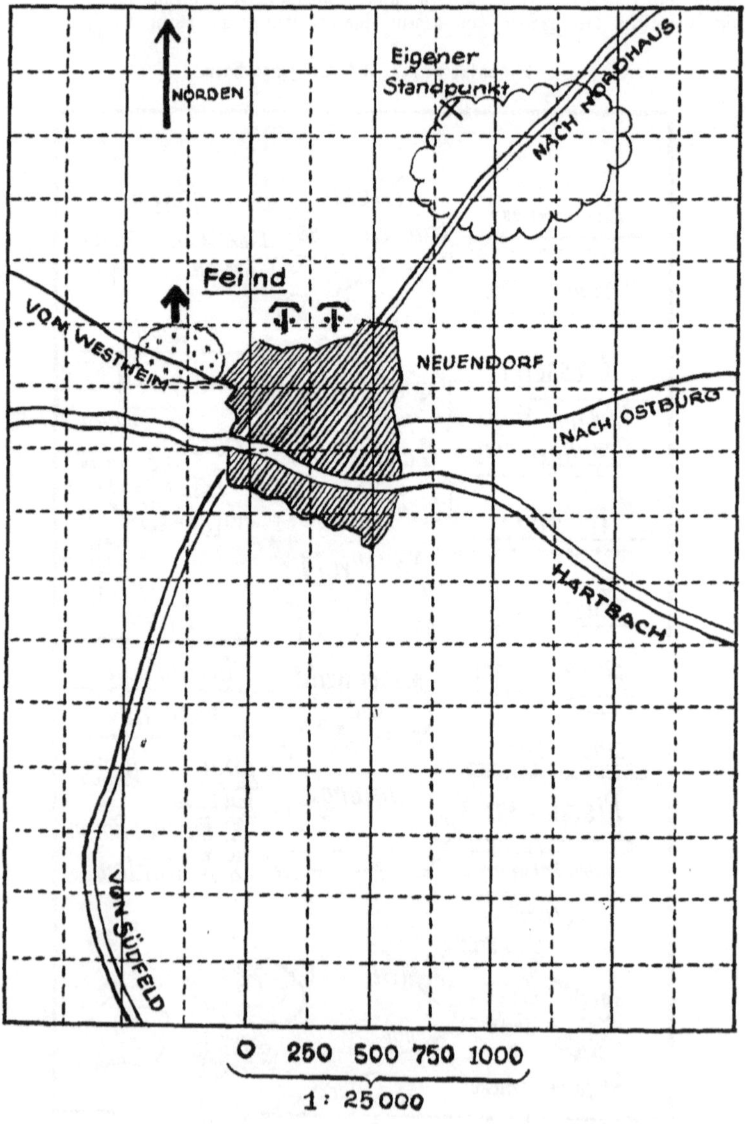

entferntem Standort gesandt werden soll, besser als Ansichtsskizzen. Ansichtsskizzen dagegen sind wertvoll, wenn man z. B. bei der Ablösung seinem Nachfolger am gleichen Standort Meldungen und dgl. übermitteln will.

Die **Grundrißskizze** (Muster siehe vorige Seite) wird, soweit es möglich, maßstabsgerecht gezeichnet. Wo dies nicht möglich ist, werden die wichtigsten Entfernungen in Zahlen eingetragen. Jede Grundrißskizze muß die Nord-Richtung enthalten. Im übrigen wird die Skizze möglichst groß gezeichnet, weil sie dadurch klarer wird. Immer ist anzugeben, in welchem Maßstab, in welchem ungefähren Maßstab oder ob die Skizze ohne Maßstab gezeichnet ist. Zum Einzeichnen des Geländes bedient man sich der auf der vorvorigen Seite aufgeführten Signaturen.

Truppen (Freund und Feind) werden entsprechend umstehender Zusammenstellung eingetragen. Dabei zeichnet man eigene Truppen aus, während feindliche Truppen meist hohl oder gestrichelt gezeichnet werden. Wenn man Farbstifte zur Hand hat, werden die Zeichen in Blau oder Rot wiedergegeben.

Muster einer richtig gezeichneten Ansichtsskizze.

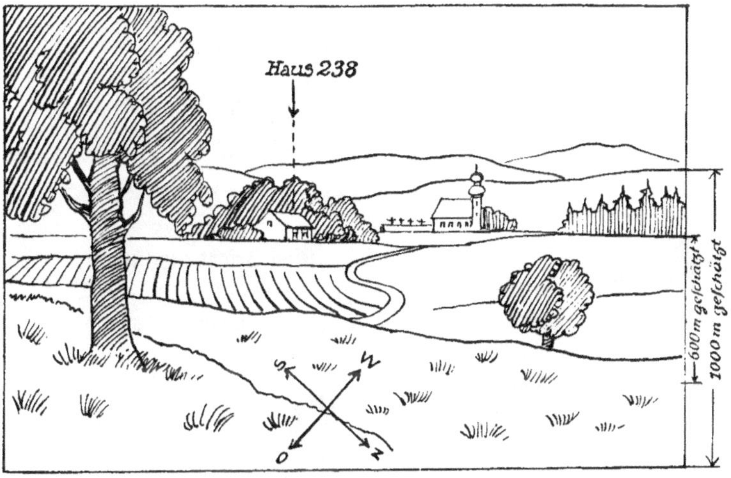

Im Gegensatz zur Grundrißskizze gibt die **Ansichtsskizze** (Muster vorstehend) das Gelände so wieder, wie es sich dem Auge des Zeichners darstellt. Für die Ansichtsskizze gelten nachstehende Grundsätze:

1. Der Vordergrund wird mit weichem Bleistift stark gezeichnet.
2. Der Hintergrund wird mit härterem Bleistift nur angedeutet.
3. Nur das Charakteristische der Landschaft und das unbedingt Notwendige wird dargestellt. Alle Einzelheiten fallen fort. (Siehe vorstehendes Muster.)
   Laubwald stellt man in bogenförmigen Umrissen und schräger Schraffur, Nadelwald in zackigen Umrissen mit senkrechter Schraffur dar. Im übrigen werden alle Einzelheiten, wie Häuser, einzelne Bäume usw. in Umrissen so gezeichnet, wie sie das Auge sieht.

Auch die Ansichtsskizze soll möglichst maßstabsgerecht sein. Im übrigen werden auch bei der Ansichtsskizze geschätzte oder gemessene Entfernungen nach der Tiefe und nach der Seite, soweit sie zum Verständnis wesentlich sind, eingetragen.

Taktische Zeichen.

Kommandobehörden und höhere Stäbe.

Heeresgruppen-Kommando.

Kommando einer Infanterie-Division.

Armee-Oberkommando.

Kommando einer Panzer-Division.

Korpskommando.

Stab eines Artillerie-Kommandeurs.

Zeichen der Luftwaffe.

Gefechtslandeplatz.

Feldflugplatz (unbelegt).

Infanterie.

Stab Inf.-Regt. 7.

Infanteriegeschütz.

Stab I. Batl. Inf.-Regt. 63.

einzelner Schütze.

Komp.-Führer 5. Komp. Inf.-Regt. 90.

Feldposten oder Spähtrupp.

7. Komp. Inf.-Regt. 13.

Feldwache.

14. (Pak)-Komp. od. Pz.-Jäger-Komp. (bei Geb.-Jägern 16. Komp.)

Beobachtungsstelle.

l. M.-G.

Schützennest.

s. M.-G.

Schützen in Entwicklung.

Pak in Feuerstellung.

Marschkolonne der Inf. (hier I. Batl. Inf.-Regt. 1 und 13. [J.G.]-Komp. Inf.-Regt. 1).

Kavallerie.

Stab einer Kavallerie-Brigade.

Stab eines Reiter-Regiments.

Stab einer Divisions-Aufkl.-Abt.

1/R.
Schwadronsführer der 1. Schwadron Reiter-Regt. 2.

Radfahrschwadron.

1./A. A. 17
1. Schwadron der Aufkl.-Abt. 17.

Reiterposten.

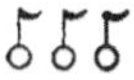
Reiterabmarsch oder Reiterspähtrupp

F.W
Reiterfeldwache.

Radfahrerfeldposten oder Radfahrerspähtrupp.

)))) → Bewegungen von Kavallerie.

Kavalleriemarschkolonne.

Artillerie.

2
Stab des Artl.-Regt. 2.

II/23
Stab der II. Abt. Artl.-Regt. 23.

Bb
Stab einer Beobachtungs-Abteilung.

1/13
1. Battr. Artl.-Regt. 13 (leichte Feldhaubitzen).

Battr. 10-cm-Kanonen.

B
Beobachtungsstelle.

Panzertruppe.

Stab einer Panzer-Brigade.

Stab eines Panzer-Regiments.

Stab einer Panzer-Abteilung.

AA
Stab einer Aufkl.-Abt. (mot.).

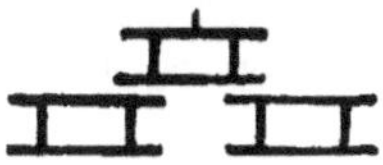
Gruppe Panzerkampfwagen.

Stab einer Panzerjäger-Abt.

Stab eines Schützenbataillons (mot.).

Stab eines Kraftradschützen-Batl.

Nachrichtenzug (mot.).

Bewegungen motorisierter Kräfte (nötigenfalls Zusatz AA = Aufkl.-Abt., Pz = Panzertruppen usw.).

Pioniere.

Stab eines Pionier-Bataillons (mot.).

Pionierkompanie.

xxxxxxx Drahtzaunhindernis.

Nachrichtentruppe.

Stab der Nachrichten-Abt. 8 (mot).

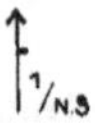

1./N. 3 Kompanieführer 1. Komp. Nachr.-Abt. 3

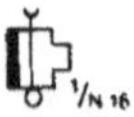

1./N. 16 1. Komp. Nachr.-(Fspr.-Kp.). Abt. 16

2./N. 16 2. Komp. Nachr.-Abt. 16 (Funkkp.).

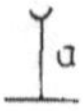

kl. Fernsprechtrupp a

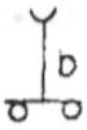

kl. Fernsprechtrupp b (mot)

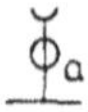

m. Fernsprechtrupp a

gr. Fernsprechtrupp b (mot)

Feldfernkabeltrupp a (mot)

Fernsprechabstecktrupp (mot)

Fernsprechbautrupp (mot)

Fernsprechbetriebstrupp (mot.)

Tornisterfunktrupp b

Tornisterfunktrupp d (ber.)

kl. Funktrupp (mot)

m. Funktrupp (mot)

gr. Funktrupp (mot.)

• Fernsprechstelle.

○ Fernsprechvermittlung.

Feldkabeleinfachleitung.

Feldkabeldoppelleitung.

Feldfernkabelleitung

Felddauerlinie (2 Doppelltg.).

∝ Blinkstelle.

○ Fernsprech-Vermittl.-Stelle mit Handbetrieb.

⊖ Fernsprech-Vermittl.-Stelle mit Wählbetrieb.

Verstärkeramt.

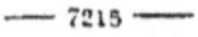

Freileitung (Zahl bedeutet Leitungsnummer).

Sp-Leitung (es sind mehrere Teilnehmer angeschlossen).

Erdkabel.

Luftkabel.

5. Aufklärungs- und Sicherungsdienst.

a) Allgemeines.

Der Aufklärungs- und Sicherungsdienst verlangt:
besonders geschickte Geländeausnutzung,
lautloses Wegräumen und Überwinden von Hindernissen,
gewandtes Erklettern von Bäumen mit und ohne Steigeisen,
scharfe Beobachtung des Geländes (Zielerkennen und Augengewöhnung),
Lesen der Karte, Verwendung des Planzeigers und des Marschkompasses,
Zusammenfassen der Beobachtungen in kurzen klaren schriftlichen oder mündlichen Meldungen (häufig mit einfachen Skizzen).

Alle im Aufklärungs- und Sicherungsdienst eingesetzten Soldaten haben neben ihren sonstigen Aufgaben auf das Vorhandensein feindlicher Kampfstoffe zu achten. Nur in Ausnahmefällen werden besondere Gasspürer oder Gasalarmposten eingeteilt.

Alle Anzeichen drohender Gasgefahr oder erkannter Geländevergiftung müssen umgehend gemeldet werden.

Im Aufklärungs- und Sicherungsdienst sind alle Mittel der List, z. B. Schwärzen der Hände und Gesichter, Umhüllen der Helme mit Gras, Zurufe in der Sprache des Feindes usw. anwendbar.

b) Spähtrupp.

Aufgabe eines **Spähtrupps** ist meist die Aufklärung des Gegners oder die Erkundung des Geländes (z. B. Gangbarkeit, Annäherungsverhältnisse, Beobachtungsstellen usw.).

Auch ohne besonderen Befehl verbinden alle im Aufklärungsdienst eingesetzten Spähtrupps, soweit es ihr Auftrag gestattet, mit der Aufklärung die Erkundung des Geländes und der Wegeverhältnisse.

Stärke und Zusammensetzung des Spähtrupps richten sich nach Lage und Aufgabe. Oft werden wenige beherzte und gewandte Leute genügen.

Der Spähtruppführer wird möglichst mit Fernglas und Kompaß, mit Uhr, Meldeblock, Bleistift, Buntstift, Signalpfeife und nachts mit einer Taschenlampe ausgerüstet. Bei fehlender Karte wird ihm eine Wegeskizze mitgegeben. Nach Möglichkeit wird der Spähtrupp das Rückengepäck ablegen. Briefe und Schriftstücke sind auf jeden Fall zurückzulassen. Mitnahme von Verpflegung und einer vollen Feldflasche kann zweckmäßig sein.

Der Spähtrupp soll sehen und melden, aber nur im Notfall kämpfen. Unvorsichtiges Verhalten gefährdet die Durchführung des Auftrages.

Den Formen des Geländes angepaßt, geht der Spähtrupp abschnittweise von Beobachtungspunkt zu Beobachtungspunkt vor. Weit ab vom Feinde sind größere, in Feindnähe kleiner werdende Abschnitte notwendig. Die einzelnen Leute des Spähtrupps gehen so nahe zusammen, daß sie ihre Beobachtungen austauschen können. Ist Feindberührung wahrscheinlich, so wird der Führer sich oft nur mit einem Teil des Spähtrupps vorpirschen. Die übrigen Schützen folgen schußbereit oder überwachen das Vorgehen.

Spähtrupps müssen bestrebt sein, schnell zu melden. Es ist falsch, wenn sie zögernd und zaudernd handeln. Sie müssen mit der gebotenen Vorsicht, aber entschlossen auf ihr Ziel losgehen.

Feindlicher Widerstand kann seitliches Ausholen der Spähtrupps unter Vermeidung des Kampfes erfordern. Ist der Auftrag ausnahmsweise nicht anders zu erfüllen, so darf auch Kampf nicht gescheut werden. Bei unerwartetem Zusammenprall mit Feind ist es fast immer richtig, unverzüglich, meist mit der blanken Waffe, anzugreifen und den Feind so zu überrumpeln.

Der Spähtruppführer muß besonders beurteilen können, ob und wann er Meldungen absendet und wann die Meldung den Empfänger erreichen kann. Die Meldung, daß ein bestimmter Geländeabschnitt usw. frei vom Feinde gefunden wurde, kann wichtig sein.

Jeder Mann des Spähtrupps muß beim Vorgehen auf den Weg achten und sich auffallende Geländepunkte einprägen. In schwierigem Gelände, bei Dunkelheit und unsichtigem Wetter kann es zweckmäßig sein, den Weg zu bezeichnen (Umknicken von Zweigen, usw.), um sich den Rückweg zu sichern. Vom Gegner erkannte Spähtrupps gehen meist auf einem anderen Wege zurück.

Bei Bewegungen und Tätigkeiten in der Dunkelheit muß möglichste Stille und Lautlosigkeit gewahrt werden, um dem natürlichen Zweck aller bei Nacht oder Nebel ausgeführten Bewegungen — Überraschung des Feindes — gerecht zu werden.

c) Gasspürer, Gasalarmposten und Luftspäher.

Alle im Aufklärungs- und Sicherungsdienst eingesetzten Soldaten achten neben ihren sonstigen Aufgaben auf das Vorhandensein feindlicher Kampfstoffe. Feststellungen über Vorbereitungen des Gegners für Gasangriffe, Anzeichen drohender Gasgefahr und erkannte Geländevergiftungen sind schnell zu melden, damit rechtzeitig Gegenmaßnahmen getroffen werden können.

Zur näheren Erkundung begaster oder vergifteter Geländes werden sodann Gasspürtrupps eingesetzt.

Aufgabe der **Gasspürer und Gasalarmposten** ist es, feindliche Gasverwendung und die Art des verwendeten Kampfstoffes sofort zu erkennen, vergaste und vergiftete Räume in ihrer Ausdehnung festzustellen und die Truppe rechtzeitig aufmerksam zu machen. Sie sind mit Gasschutzkleidung, Spürgeräten usw. besonders ausgerüstet. Die Kenntnis aller Gebiete des Gasschutzes ist Voraussetzung für den Erfolg ihrer Tätigkeit (s. Abschn. VIII, 8).

Wird feindliche Gaswirkung erkannt, so setzt sofort Gasalarm ein. Die Gasspürer oder Gasalarmposten setzen sofort beim Erkennen des Gasangriffes die Gasmasken auf und sorgen in ihrem Abschnitt für Weitergabe des Gasalarms mittels der Gasalarmgeräte. Wenn Zeit und Umstände (genügende Entfernung des Gases) es gestatten, so alarmieren sie noch vor dem Aufsetzen der Gasmasken durch den lauten, langgedehnten Ruf „Gas!"

Über die verschiedenen Gasarten, ihre Erkennungsmöglichkeiten und über ihre Abwehr vgl. Abschn. VIII, 8.

Aufgabe der **Luftspäher** ist Überwachung des Luftraumes mit Auge und Ohr nach allen Seiten, besonders in der Richtung, aus der nach Lage und Gelände feindliche Tiefangriffe am wahrscheinlichsten sind und in Sonnenrichtung. Sie sollen die Truppe rechtzeitig warnen und alarmieren.

Die Luftspäher werden möglichst mit Sonnenbrillen, Ferngläsern und Signalgerät ausgestattet, sie tragen meist keinen Stahlhelm.

Grundlage ihres Dienstes ist die Kenntnis der verschiedenen Flugzeug-Gattungen und -Typen sowie ihrer Angriffs-Formen und -Arten. Häufig machen die Sprengwölkchen von eingesetzten Flugabwehrbatterien zuerst auf das Nahen feindlicher Flieger aufmerksam. Luftspäher sind meist in unmittelbarer Nähe des Führers ihrer Einheit. Erkennen die Späher feindliche Fliegerverbände, die zum Tiefangriff ansetzen, oder den Tiefanflug mehrerer feindlicher Flieger, so warnen sie den Führer der bedrohten Einheit, damit die Flugabwehr mit M.-G. auf Zwillingssockel, M.-G. von der Schulter und mit Gewehr einsetzen kann.

Die Warnung *auf dem Marsche* erfolgt durch Zuruf oder durch Sichtzeichen oder das Signal „Fliegerwarnung". Sie gilt nur dem *Führer*. Dieser ordnet gegebenenfalls alles Weitere an.

Bei der *Rast*, in der *Unterkunft* und im *Gefecht* geht der Späh- und Warndienst i. a. auf die Bedienungen der zur Flugabwehr eingesetzten Waffen über. Falls hierdurch keine ausreichende Sicherung gegen Überraschungen aus der Luft gewährleistet erscheint, werden besondere Luftspäher aufgestellt. Sie müssen bei Tage gute Sicht nach allen Seiten, bei Nacht gute Hörmöglichkeit haben; bei ausreichender Zeit werden Horchgruben angelegt.

Die Warnung der Truppe bei der Rast und in der Unterkunft erfolgt durch vom Führer bestimmte Sichtzeichen oder das Signal „Fliegerwarnung".

d) Vorpostendienst.

Eine ruhende Truppe schiebt, sobald die Möglichkeit fdl. Einwirkung besteht, fächerförmig Sicherungen nach der Feindseite vor.

Die in einem Vorpostenabschnitt eingesetzten, meist durch schwere Inf.-Waffen verstärkten Inf.-Kompanien sind die Hauptträger der Sicherung. Von diesen Kompanien werden Feldwachen und selbständige Feldposten vorgeschoben.

Die Feldwache ihrerseits sichert sich durch Feldposten, Spähtrupps und stehende Spähtrupps.

Ein **Feldposten** besteht in der Regel aus 3 Mann, von denen einer als Führer bestimmt ist.

Der Feldposten muß guten Überblick haben und sich selbst der Sicht des Feindes entziehen. Besetzen von hochgelegenen Punkten ist für Sehen und Hören vorteilhaft. Meist ist die Aufstellung bei Tage und Nacht verschieden. Die Posten werden möglichst mit Ferngläsern und Signalmitteln ausgestattet.

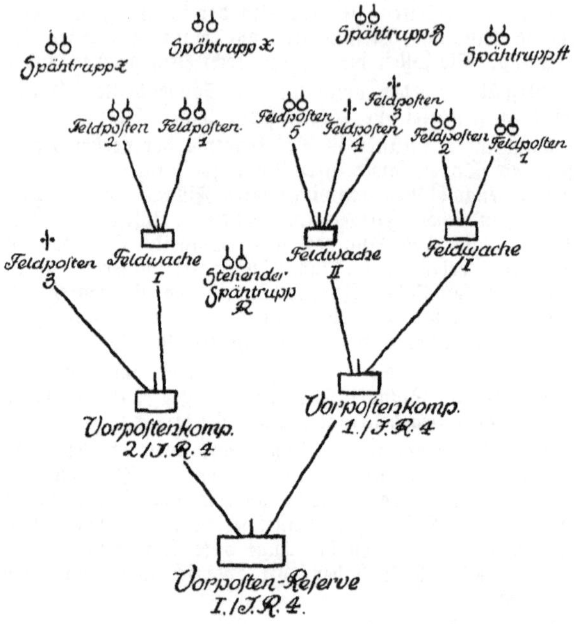

Sicherung einer Ortschaft.

e) Marschsicherungsdienst.

Die Grundsätze des Marschsicherungsdienstes sind im Kapitel VII, 2 „Grundbegriffe des Gefechts der verbundenen Waffen" enthalten.

Zur Verbindung zwischen den einzelnen Teilen marschierender Verbände, besonders innerhalb der Vor- bzw. Nachhut sind Reiter, Radfahrer oder Kraftfahrzeuge, bei kleineren Abständen auch **Verbindungsleute** oder **Verbindungsrotten** eingesetzt.

Gegen Bedrohung aus der Luft sichern sich größere Verbände, indem sie sich nach Tiefe und Breite in kleinere Teile zerlegen und damit die sogenannte **„Fliegermarschtiefe"** oder **„Fliegermarschbreite"** einnehmen.

Außerdem begleiten **Luftspäher** die Truppe. Über ihre Tätigkeit vgl. S. 176.

Erscheinen am Tage feindliche Aufklärungsflieger, so wird im allgemeinen weitermarschiert.

Wird ein feindlicher Fliegerverband im Tiefanflug oder sein Ansetzen zum Tiefangriff erkannt, so warnen die Luftspäher. Das Weitere erfolgt dann auf Anordnung der Kompanie- usw. Führer.

Die Truppe nimmt auf Befehl im allgemeinen in Straßengräben oder Bodenvertiefungen in der Nähe der Straße Deckung. Die zur Abwehr von Tiefangriffen eingeteilten Waffen gehen sofort in Stellung und nehmen das Feuer auf. Einzelne Gewehrschützen beteiligen sich jedoch ohne Befehl nicht am Abwehrfeuer.

Schema einer Marschkolonne eines verst. Inf.-Regt.

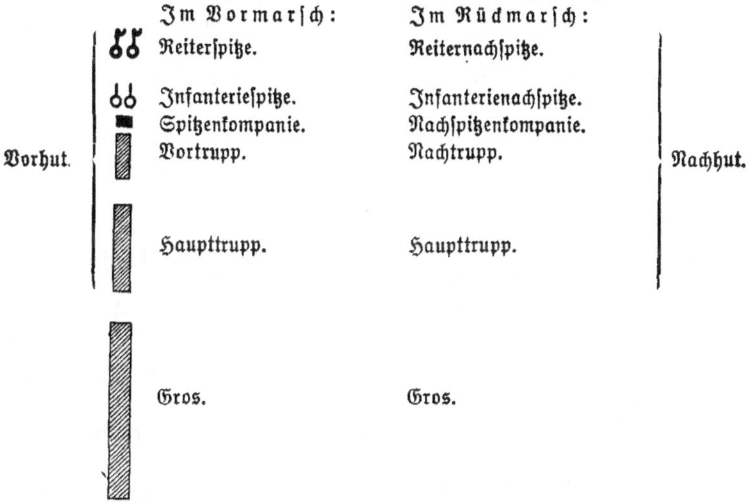

Spitzenkompanien werden nur beim Marsch größerer Verbände (vom Regt. aufwärts) eingeteilt. Andernfalls schiebt der Vortrupp eine Infanteriespitze vor.

6. Fahrzeuge im Gefecht.

Sind **mehrere Fahrzeuge** versammelt, so wird auch ein Führer der Fahrzeuge bestimmt sein, meistens ist dies der Futtermeister. Seinen Anordnungen hat jeder Fahrer unbedingt Folge zu leisten.

Aber auch **allein** muß jeder Fahrer wissen, wie er sich zu verhalten hat. Er muß immer dafür sorgen, daß sein Fahrzeug der feindlichen Erd- und Luftbeobachtung entzogen wird. Das Fahrzeug ist stets zu tarnen. Hinter jeder Deckung muß es so aufgestellt sein, daß es rasch wieder abfahrbereit ist.

Ist das Fahrzeug versteckt, so ist es Aufgabe des Fahrers, die Verbindung zu seiner Truppe aufrechtzuerhalten und seinen Bewegungen nötigenfalls auch ohne Befehl zu folgen, soweit das feindliche Feuer dies nicht verbietet.

7. Verhalten bei Dunkelheit und Nebel.

Richtiges Verhalten bei Dunkelheit, bei natürlichem und künstlichem Nebel bedarf eingehender Schulung.

Für das Verhalten im Nebel gelten im allgemeinen die gleichen Grundsätze, wie für das Verhalten bei Dunkelheit.

Auge und Ohr müssen an die veränderten Bedingungen gewöhnt werden. Der Schütze muß wissen, daß ein liegender oder stehender unbeweglicher Feind oft nur auf allernächsten Entfernungen zu erkennen ist. Lautloses Vorpirschen, Vermeiden unnötiger Körperbewegungen und Anpassen an das Gelände gewinnen in der Nähe oder angesichts des Feindes erhöhte Bedeutung.

Der Schütze selbst sieht im Liegen besser, das Ohr am Boden hört mehr als im Stehen.

Licht wird leicht zum Verräter. Das Glühen von Zigarren oder Zigaretten, das Aufleuchten von Streichhölzern und Taschenlampen ist bei Dunkelheit weithin sichtbar.

Der Schütze muß lernen:

a) Zurechtfinden nach Geländepunkten, die bei Helligkeit eingeprägt sind und nach Gestirnen, auch außerhalb der Wege,

b) den Gebrauch des Marschkompasses bei Dunkelheit und Nebel,

c) das Verhalten gegenüber feindlichen Leuchtmitteln,

d) Befestigung der Ausrüstungsstücke so, daß sie keine Geräusche verursachen.

Das **Verhalten gegenüber Leuchtkugeln und Scheinwerfern** bedarf besonderer Übung.

Werden Leuchtkugeln geschossen, so hört man zunächst den ganz eigentümlichen Knall, den ein geübtes Ohr mit nichts anderem verwechselt. Erst nach Verlauf etwa einer halben Sekunde wird das Gelände beleuchtet. Es bestehen hier also zwei Möglichkeiten:

a) rasches aber völlig geräuschloses Verschwinden sofort beim Hören des Abschusses. Bis das Gelände beleuchtet wird, muß die Abteilung verschwunden sein. Das ist das beste Mittel. Ob sich die Leute dabei hinter einem Busch usw. ducken oder hinlegen, ist gleichgültig. Im deckungslosen Gelände gibt es nur ein Mittel, das Hinlegen. Die Ausführung — sehr rasch und doch geräuschlos — ist schwierig und bedarf eingehender Übung.

b) Wird das Gelände beleuchtet, noch bevor sich die Leute hingelegt haben, so muß der Schütze regungslos erstarren oder langsam im Boden versinken. Jede rasche Bewegung ist dann fehlerhaft, weil Bewegung vom Gegner am leichtesten erkannt wird.

Ist die Leuchtkugel erloschen, so erheben sich die Leute wieder geräuschlos und setzen ihre Tätigkeit von vorher ohne Befehl fort.

Im allgemeinen macht bei Dunkelheit jeder ohne Befehl oder Kommando das lautlos nach, was der Vordermann tut.

Die höchste Aufmerksamkeit erfordert das Fahren von Kraftfahrzeugen bei Nacht. Besonders ist dies erforderlich bei Märschen im Nebel in geschlossenen Verbänden. Nachtmärsche werden mit vollem Licht, mit abgeblendetem oder gelöschtem Licht durchgeführt. Gewöhnlich fährt das Führerfahrzeug mit der vorgeschriebenen Beleuchtung, während das Schlußfahrzeug Rücklicht führt. Außerhalb der Wege erfordert das Fahren ohne Licht stets einen Erkunder zu Fuß, der vor dem Fahrzeug hergeht. Dichtes Ausschließen ist erforderlich, um ein Abreißen der Kolonne zu verhindern. Die Zeichendurchgabe erfolgt mittels farbigem Licht, wenn man genügend weit vom Gegner entfernt ist. Sonst verhält sich jedes Fahrzeug so, wie sein Vordermann. (Zeichen mittels Licht s. unter „Zeichen".)

8. Gasschutz.

Durch internationale Abmachungen ist der Gebrauch von chemischen Kampfstoffen verboten. Im Auslande ist man jedoch mit dem Ausbau der chemischen Waffe intensiv beschäftigt. Uns bleibt als Ausweg nur, uns so gut wie möglich dagegen zu schützen.

Chemische Kampfstoffe werden der Luft beigemischt, um beim Gegner Mensch und Tier kampfunfähig zu machen. Manche Kampfstoffe sind Gase, andere Flüssigkeiten, andere feste Körper, die in feinster Verteilung zur Wirksamkeit gebracht werden (Schwebstoffe).

Die **gasförmigen Reizstoffe** verursachen Tränenreiz und Schmerz in der Nase. Der feste sogenannte Blaukreuzkampfstoff, der bei der Explosion des Gasgeschosses zu feinstem Staub in der Luft verteilt wird, erzeugt Stechen und Kratzen in Nase und Rachen, Würgen im Hals bis zum Erbrechen Der Reiz verschwindet nach kurzer Zeit, wenn der Kampfstoff nicht mehr einwirkt. Vergiftungen und Dauerschäden sind selten.

Bei den **Giftstoffen** unterscheidet man erstickende und ätzende Kampfstoffe.

Von den **erstickenden Kampfstoffen** haben Phosgen und Perstoff verhältnismäßig geringe Reizwirkungen, solange die Menge nicht zu groß ist. Die Giftwirkung der sogen. Grünkreuzkampfstoffe häuft sich aber von Atemzug zu Atemzug. Beschwerden sind nicht sofort bemerkbar. Daher besteht die Gefahr, daß die Wirkung im Anfangsstadium der Vergiftung unterschätzt wird.

Der wichtigste **ätzende Kampfstoff**, der Gelbkreuzkampfstoff Lost, ist eine ölige Flüssigkeit, die leicht durch Kleider und Leder dringt und deren Dunst Haut und Augen verätzt. Auch das Einatmen des Dampfes vergiftet. Auf der Haut gibt es nach einiger Zeit Brandblasen, dann Geschwüre. Die Wirkung ist nicht gleich spürbar. Lost riecht nach Senf, das dem Lost ähnliche Lewisit nach Geranienblättern. Das Ätzgift haftet lange im Gelände und macht dieses unbetretbar. Es sinkt im Wasser unter; man sieht es also nicht auf der Oberfläche.

Die **Anwendung der Kampfstoffe** erfolgt in verschiedenartigster Weise. Kampfstoffe werden durch Artillerie-Geschosse, Minen und Fliegerbomben in Stellungen oder Ortschaften des Gegners geworfen. Auch Abblasen von Gaswolken aus Behältern kann in Frage kommen. In einem Zukunftskrieg sind Fliegerangriffe mit Gasbomben oder durch Abregnenlassen von Kampfstoff zu erwarten.

Die Vergiftung ausgedehnter Flächen kann auch durch Spreng- und Sprühgeräte, Gasminen usw. erfolgen. Die hierfür nötige Kampfstoffmenge ist groß. Ihre Wirksamkeit hängt vom Wetter, Gelände u. a. ab. Es ist berechnet worden, daß zur völligen Vergiftung von einem Quadratkilometer etwa 10 Tonnen Lost erforderlich sind.

Wichtig für den Erfolg des Gaskampfes ist Überraschung. Im Kriege wurden Angriffsziele mit Blau- und Grünkreuz beschossen, um den Gegner kampfunfähig zu machen, zur Verteidigung dagegen wurde Gelbkreuz angewandt, um unbetretbare Gebiete zu schaffen und dem Gegner das Heranführen von Ersatz zu erschweren.

Für das **Verhalten bei Kampfstoffgefahr** gelten nachstehende Regeln. Gasgefahr besteht im Kriege immer, weil Gasüberfälle meist überraschend kommen. Stets muß man auf Wetterlage, Wind und Tätigkeit des Feindes achten.

Kennzeichen des Gasangriffs sind in erster Linie der matte Knall von Geschossen und Bomben. Erfahrene kennen den Geruch der einzelnen Gifte. Verdächtig ist jeder „Apothekengeruch", sowie das Auftreten von Nebel, Dunst und Schwaden.

Das Erkennen von Kampfstoffen im Gelände kann äußerst schwierig sein. Es wird jedoch erleichtert durch folgende Umstände:

1. Viele Kampfstoffe (Lewisit, Perstoff, Phosgen, Chlorpikrin) haben einen markanten chemischen Gestank.
2. Mit Ausnahme von Lost und Phosgen in kleinen Konzentrationen üben die Kampfstoffe so starke Reize auf die Nase, Augen oder Atemorgane aus, daß man schon an den Reizerscheinungen das Vorhandensein eines Kampfstoffes erkennt.

Die größte Schwierigkeit bleibt die Feststellung von Lost:

weil Lost sehr schwach riecht,
keine Reizerscheinungen herbeiführt und
weil Lostschädigungen erst nach Stunden bemerkbar werden.

Das Feststellen von Lost kann behelfsmäßig so geschehen: Wer mit Gasmaske das vergiftete Gelände betritt, lüfte den Maskenrand wenig und schnüffle behutsam, ob ein chemischer Gestank vorhanden ist. Ist dieser Gestank vorhanden, so sucht man Pflanzen und Gegenstände der näheren Umgebung daraufhin ab, ob ölige Tropfen oder Tröpfchen an ihnen hängen oder ob sich ihre Oberfläche besonders feucht und fettig anfühlt (äußerste Vorsicht) oder man läßt die Tropfen oder Feuchtigkeit von einem Stück weißen Papier aufsaugen. Zeigen sich auf dem Papier Stellen oder Flecken, die wie Fettflecke aussehen und meist dunkel gefärbt sind, so besteht Lostverdacht. Schwenkt man das beschmutzte Papier stark hin und her und bleibt der Fleck unverändert erhalten, d. h. verdunstet die Substanz nicht, so wird die Maske kurzzeitig abgenommen und vorsichtig am Papier geschnüffelt. Läßt sich ein leicht stechender chemischer Gestank nachweisen, der an Senf oder Meerrettich erinnert, so besteht erhöhter Lostverdacht und es sind alle für diesen Fall vorgesehenen Maßnahmen zu ergreifen.

Die Gasmaske muß stets zur Hand sein. Der Schütze darf sich weder im Gefecht noch in der Ruhe von ihr trennen. Bei drohender Gasgefahr wird „Gasbereitschaft" befohlen. Die Gasmaske wird in eine Lage gebracht, die das schnelle Aufsetzen gewährleistet.

Die Maske wird auf Befehl oder bei Gasalarm aufgesetzt, abgesetzt nur auf Befehl. Als Gasalarmsignal dienen Leuchtzeichen mit Pfeifton oder aushilfsweise auf besondere Anordnung Gegenstände, die durch Anschlag tönen: Glocken, Gongs, Eisenschienen usw.

Einzelne Leute setzen die Maske selbständig auf, sobald sie Gas riechen. Vor dem Absetzen überzeugen sie sich durch Riech- und Absetzprobe, daß die Luft frei von Kampfstoffen ist.

In vergiftetem Gelände zieht man sich Hautverätzungen zu. Es wird durch Gasspürtrupps in besonderer Ausrüstung festgestellt und durch Warnungstafeln abgesperrt. Auf entgifteten Durchgängen kann es, nachdem die Gasmaske angelegt worden ist, durchschritten werden.

Wer in vergiftetes Gelände gerät, setzt die Gasmaske auf und sucht unnötige Berührung mit dem Boden und seiner Bewachsung durch Knien, Hinlegen, Anstreifen an Büschen usw. möglichst zu vermeiden.

Vor Hautverätzungen durch Giftregen feindlicher Flugzeuge kann man sich behelfsmäßig, wie bei einem Platzregen, durch Untertreten in Häusern oder unter dicht belaubte Bäume, Umhängen einer Zeltbahn oder der Gasplane schützen. Letztere müssen abgelegt werden, sobald der Angriff vorüber ist. Vergiftete Bekleidungsstücke sind sobald als möglich abzulegen und dürfen nicht vor erfolgter Entgiftung wieder angelegt werden. Vergiftete Gasplane werden vernichtet.

Nach beendeter Gasgefahr sind die Gasschutzmittel nachzusehen und sofort wieder gebrauchsfertig zu machen, Gaskranke — soweit es noch nicht geschehen konnte — ärztlicher Versorgung zuzuführen, Waffen, Munition und Gerät zu reinigen und in Stellungen, die besetzt bleiben müssen, für die Kampfführung wichtige Geländepunkte zu entgiften bzw. zu entgasen.

Die **Behandlung Gaskranker** ist Sache des Arztes! Gaskranke dürfen nicht laufen. Sie müssen unbedingt still liegenbleiben, wenn ein Wegtragen nicht möglich ist.

Soldaten, die mit ätzenden Kampfstoffen in Berührung gekommen sind, werden sobald als möglich entgiftet. Von einzelnen Flecken reinigt jeder Mann selbst seine Haut, Bekleidung und Waffen.

Von Lost getroffene Hautstellen muß man innerhalb der ersten 15 Minuten mit Chlorkalkbrei bestreichen. Dabei darf man jedoch nie Chlorkalk in die Augen bringen!

9. Luftschutz.

Auf dem Marsch, bei der Rast und in der Unterkunft erfolgt die Warnung vor feindlichen Fliegerangriffen durch Zuruf, durch vom Führer bestimmte Sichtzeichen, Sirenen oder durch das Signal „Fliegerwarnung". Die Warnung gilt stets dem Führer der Einheit; seine Anordnungen sind abzuwarten.

Nur in der Unterkunft, also bei fehlender sofortiger Einwirkungsmöglichkeit des Führers der Einheit, suchen bei „Fliegerwarnung" die nicht zur Abwehr bestimmten Leute ohne weiteren Befehl Deckung gegen Sicht und Waffenwirkung.

Für Abwehrwaffen, die ausdrücklich zur Flugabwehr bestimmt sind, bedeutet die Warnung stets „Feuerbereitschaft".

Über Luftschutzmaßnahmen größerer Verbände enthält Abschnitt VII, 2 das Nähere.

Die Tätigkeit der Luftspäher ist im Abschnitt VII, 5c geschildert.

Die wichtigste Abwehrmaßnahme des passiven Luftschutzes ist die Tarnung gegen feindliche Luftbeobachtung. Im Abschnitt VII, 1d ist das Nähere hierüber erläutert. Zum Schutz gegen Tiefflieger setzen die Komp. ihre Maschinengewehre ein. Bei Versammlungen, Rasten, in der Unterkunft und bei dichter zusammenliegenden Feuerstellungen wird ihre Wirkung durch einheitlichen Einsatz innerder Inf.-Panzerjägerkompanie oder innerhalb der Panzerjägerabteilung erhöht.

10. Abwehr von Panzerfahrzeugen.

Bei der Annäherung von Panzerfahrzeugen des Gegners muß die eigene Truppe durch Leuchtzeichen oder das Signal „Panzerwarnung“ (Straße frei) gewarnt werden.

Panzerfahrzeuge verraten sich:

a) dem Ohr durch Motoren- und Kettengeräusch, besonders beim Auftreten in größerer Zahl. Die Entfernung, auf die sie zu hören sind, hängt ab von Tageszeit, Witterung, Windrichtung, Geländegestaltung, Bodenbedeckung und vom Gefechtslärm anderer Waffen. Mit Geräuschtarnung durch Flugzeuge und Artilleriefeuer ist zu rechnen.

b) dem Auge — namentlich der Luftaufklärung — oft durch ihre Staubentwicklung, je nach Jahres- und Tageszeit, Witterung, Untergrund und Bodenbedeckung.

Für die **passive Abwehr** von Panzerfahrzeugen gilt es in erster Linie, **Geländehindernisse** auszunutzen!

Sorgfältige Geländeerkundung muß ergeben, welche Abschnitte sicher gegen Panzerfahrzeuge sind oder wo doch mit Hemmungen des Angriffs gerechnet werden kann.

Undurchschreitbar für Panzer-Kampfwagen sind Sumpf, Böschungen über 45 Grad, breite steilrandige oder sumpfige Gräben, Wasserläufe von genügender Tiefe, zusammenhängender, dichter Wald.

Steilhänge, Hohlwege, steiniges Gelände, kleinere Wasserläufe, starke Steigung, starkes Gefälle, Stangen- und Unterholz hemmen die Geschwindigkeit der Panzerfahrzeuge. Solche natürlichen, die Geschwindigkeit hemmenden Geländehindernisse können oft auch mit den Mitteln der Infanterie kampfwagensicher gemacht werden.

Wenn möglich, wird man außerdem künstliche Hindernisse schaffen.

Besonders wirksam ist es, Ortschaften durch genügend schwere Stein- und Lastwagenbarrikaden zu sperren.

Auch Hochwald kann durch Anlage von Baumverhauen auf den durch den Wald führenden Straßen und Schneisen für Panzerfahrzeuge undurchschreitbar gemacht werden.

Steilhänge lassen sich oft durch Abgraben kampfwagensicher verstärken.

Wenn viel Zeit und genügend Arbeitskräfte zur Verfügung stehen, kann der Bau nachstehender **künstlicher Sperren** durchgeführt werden:

Tief gerammte Pfähle oder Betonhöcker mit verschiedener Höhe über dem gewachsenen Boden auf Straßen und im Gelände. Sie sind wirksam, weil Panzerfahrzeuge und geländegängige Kraftfahrzeuge auf den Pfählen festfahren und damit die Bodenfreiheit verlieren.

Anlage von Minenfeldern ist die Sache der Pioniere; sie erfordert Zeit und reichlichen Einsatz von Arbeitskräften.

S-Rollen (ausziehbare Drahtrollen). Sie halten auf Straßen Panzerspähwagen auf und bilden vor kurzen Stellungsabschnitten eine vorübergehende Kampfwagensperre. Es sind 7—8 Rollen hintereinander in 3—4 m Abstand auszulegen.

Gräben mit fast senkrechten Wänden, besonders in standfestem Boden. Die Gräben müssen im allgemeinen 2,5 m breit und 1,8 m tief sein.

Fallen auf Straßen oder Wegestrecken, die nicht umgangen werden können.
Schwere Baumsperren auf Straßen und Wegen, in dichtem Wald oder an nicht zu umgehenden Stellen, die den Gegner lange aufhalten können.

Ohne **panzerbrechende Waffen,** Artillerie und überschwere M.-G. ist die Infanterie kaum in der Lage, Panzerfahrzeuge niederzukämpfen.

S.- und s. S.-Munition kann durch Bleispritzer wirken.

Französischer Panzerspähwagen.

Englischer leichter Kampfwagen.

Gut gezieltes **Feuer auf die Sehschlitze** kann durch eindringende Bleispritzer die Besatzung blenden oder außer Gefecht setzen. **Handgranaten,** möglichst als geballte Ladung unter den Panzerwagen geworfen, machen ihn mit ziemlicher Sicherheit bewegungsunfähig. Der Wurf wird aber nur einem sehr kaltblütigen, sicheren und vom Glück begünstigten Werfer gelingen.

Soweit nach diesen Ausführungen der Schütze sich an der Abwehr gegen Panzerfahrzeuge nicht beteiligen kann, nimmt er **volle Deckung** und versteckt sich so vor den Panzerfahrzeugen.

Wer sich Panzerfahrzeugen innerhalb ihrer wirksamen Schußweite durch Bewegung entziehen will, setzt sich der Vernichtung aus.

Die aktive Panzerabwehr ist in erster Linie Sache der Panzerjägerwaffen. Aber auch die Artillerie beteiligt sich daran durch Bekämpfung des Anmarsches, der Bereitstellung feindlicher Panzerkampfwagen und durch die Nahabwehr. Durch PzKw. angegriffene Infanterie beteiligt sich auf nahe und nächste Entfernungen mit allen verfügbaren Mitteln an der Bekämpfung der PzKw. und der hinter ihnen folgenden fdl. Schützen.

11. Pionierdienst der Nachrichtentruppe.

Der Pionierdienst der Nachrichtentruppe umfaßt im wesentlichen
das Legen und Beseitigen einfacher Sperren,
das Übersetzen über Wasserläufe und
die Feldbefestigung.

Für das **Legen einfacher Sperren** gegen gepanzerte Kampffahrzeuge ist das Wichtigste bereits im vorhergehenden Abschnitt gesagt.

Gegen nicht geländegängige Kraftfahrzeuge und Pferdefahrzeuge verwendet man außerdem noch

leichte Baumsperren,
Barrikaden (in Ortschaften oder Engen),
starke Drahtseile und
Flächendrahtsperren von etwa 10 m Tiefe.

Gegen Schützen und Reiter kommen noch hinzu

Drahtsperren, wie Drahtschlingen,
Drahtwalzen, spanische Reiter oder
Maschendrahtzäune.

Für das **Beseitigen einfacher Sperren** stellt man zuerst bei allen Sperren fest, ob Minen oder Ladungen in ihnen versteckt oder mit ihnen verbunden sind, oder ob die Sperren durch chemische Kampfstoffe verseucht sind. Bei Drahtzäunen und Flächendrahtsperren ist die Feststellung wichtig, ob sie mit Starkstrom geladen sind.

Beseitigen von Minen- und Starkstromsperren und Öffnen von großen Anstauungen ist Aufgabe der Pioniere.

Wie man im einzelnen Sperren beseitigt, wird dem Schützen während der Ausbildung an praktischen Beispielen gezeigt.

Als **Übersetzmittel** führen Infanterie und Pioniere Floßsäcke mit sich, die nötigenfalls auch von Nachrichtentrupps benutzt werden können.

Floßsäcke kann man schnell aufpumpen und fahrbereit machen. Sie werden fahrbereit von Mannschaften zum Wasser vorgetragen oder auf Gefechtsfahrzeugen aller Art vorgebracht. Floßsäcke eignen sich daher besonders als Übersetzmittel für überraschenden und schnellen Uferwechsel. Das Aufpumpen ist jedoch zu hören. Es muß deshalb bei ungünstigem Wind mindestens 500 m vom Feind entfernt geschehen.

Floßsäcke sind empfindlich. Aufgepumpte Floßsäcke dürfen daher nur auf der Schulter oder an den Scheuertauen getragen, nicht auf dem Boden geschleift werden. Dreibeine von Maschinengewehren und andere Geräte, durch die die Floßsäcke verletzt werden können, müssen vorsichtig verladen werden.

Späh- und Erkundungstrupps sowie andere schnell vorgeworfene kleine Abteilungen, die kein Übersetzmittel mitführen, setzen auf vorgefundenen oder selbst hergestellten, behelfsmäßigen Wasserfahrzeugen über.

Kleiner Floßsack.

Großer Floßsack mit M.-G.
(an Stelle des M.-G. auch Pak, Solokrad und Beiwagen möglich).

Als solche kommen in Frage:
Kähne, Flöße aus Rundholz, Stangen oder Tonnen, mit Stroh, Heu usw. gefüllte Wagenplanen, Schläuche von Kraftfahrzeugen.

12. Bestimmungen für Friedensübungen.

Zur Unterstützung des Leitenden sind bei allen Truppenübungen Schiedsrichter eingeteilt.

Besondere Aufgabe der **Schiedsrichter** ist es, die bei Friedensübungen fehlenden Eindrücke und Einflüsse des Krieges zur Geltung zu bringen. Hierzu schildern sie der Übungstruppe die kriegsmäßige Kampftätigkeit und Wirkung der eigenen sowie der feindlichen Waffen. Durch Mitteilungen und Entscheidungen greifen sie belehrend ein, wo das Verhalten der Truppe der Gefechtslage und der angegebenen Waffenwirkung nicht entspricht.

Die **Darstellung der Waffenwirkung** erfolgt durch:

a) entsprechende Mitteilungen und Entscheidungne an die Truppe,
b) Feuerflaggen zur Darstellung von M.-G.-, M.-W.- und Artilleriefeuer,
c) Rauchkörper zur Darstellung von M.-W.-, Artilleriefeuer und Fliegerbomben,
d) Reizwürfel zur Darstellung des Beschusses mit Luftkampfstoffen,
e) Riechwürfel zur Darstellung des Beschusses mit Geländekampfstoffen,
f) Verspritzen oder Vergießen von Übungsreiz- oder Riechstoffen,
g) Tafeln zum Bezeichnen von Sperrungen aller Art.

Nichtberücksichtigen der schiedsrichterlichen Entscheidungen gefährdet den Übungszweck und schadet der Ausbildung. Die Truppe muß im Schiedsrichter den Lehrer und Ausbilder sehen. Sie darf nicht erwarten, daß ihr in allen Fällen die erhoffte Wirkung zugestanden wird. Sie muß vielmehr verstehen lernen, daß der Schiedsrichter bei seiner Beurteilung auch die unberechenbaren Einwirkungen des Krieges berücksichtigen muß.

Außer Gefecht gesetzte Soldaten beider Parteien legen das Helmband mit der gelben Seite nach außen an Stahlhelm oder Mütze an.

Einzelne Soldaten bleiben dort liegen, wo sie die schiedsrichterliche Entscheidung trifft. Sie werden im allgemeinen auf Anordnung der Schiedsrichter friedensmäßig gesammelt, sobald hierdurch für den Feind kein unkriegsmäßiges Bild mehr entstehen kann.

Geschlossene Abteilungen bleiben dort, wo sie sind. Fußtruppen setzen die Gewehre zusammen und legen sich hin, wenn der Zustand des Bodens es gestattet.

Wird eine einzelne Waffe, z. B. eine Pak außer Gefecht gesetzt, so wird an der Waffe die Ausfallflagge gezeigt.

Für Übungen mit Panzerfahrzeugen gelten folgende Bestimmungen:

1. Die Truppen, auf welche Kampfwagen zufahren, stehen ohne besonderen Befehl auf, wenn die Wagen 50 m an sie herangekommen sind und schließen sich zu kleinen Gruppen unter Mitnahme ihrer Waffen zusammen.
2. Nach dem Einbruch der vordersten Wagen ist auf die nachfolgenden zu achten. Rückwärtige Teile stehen erst auf, wenn die Kampfwagen auf 50 m an sie herangekommen sind.
3. Schwere Waffen (auch Pak) bleiben in ihren Stellungen und zeigen die gelbe Warnflagge.
4. Das Herantreten an die Panzerkampfwagen, auch an die Attrappen, ist zu vermeiden.

Größere Übungen werden durch Signale von der Leitung aus geführt. Auf die Signale:

„Das Ganze" erstarrt jede Tätigkeit, Marschbewegungen werden eingestellt, Fahrzeuge halten, Spähtrupps ebenso;

„Offiziersruf", Offiziere begeben sich nach dem Besprechungsort;

„Marsch", die Übung geht weiter;

„Halt", die Übung ist beendet. Die Einheiten setzen die Gewehre nach Angabe ihrer Führer zusammen. Stahlhelm und Gepäck wird abgesetzt, Waffen entladen und nachgesehen, Geschützüberzüge aufgesetzt, Windschutzscheiben hochgeschraubt, alles darf ruhen.

„Abrücken in die Quartiere", die Einheiten rücken vom Gefechtsfeld ab.

Die **Organe des Leitungs- und Schiedsrichterdienstes** sind wie folgt gekennzeichnet:

Der Stab der Übungsleitung, die Leitungsoffiziere und ihre Hilfsorgane tragen Dienstanzug mit Feld- oder Schirmmütze und eine gelbe Binde am linken Oberarm der Feldbluse (Rock) und des Mantels.

Der Stab der Übungsleitung wird in größeren Verbänden durch eine gelbe Flagge mit liegendem schwarzem Kreuz kenntlich gemacht. Die im Leitungsdienst verwandten Kraftfahrzeuge sind durch ein an der Windschutzscheibe angebrachtes gelbes Abzeichen in der Größe eines Quartblattes mit liegendem schwarzem Kreuz gekennzeichnet.

Alle im Schiedsrichterdienst Verwendeten tragen Dienstanzug mit Feld- oder Schirmmütze mit weißem Band um den Besatzstreifen und eine weiße Binde am linken Oberarm der Feldbluse (Rock) und des Mantels.

Oberschiedsrichterstäbe werden durch rechteckige, Schiedsrichterstäbe durch dreieckige weiße Flaggen kenntlich gemacht. Im Schiedsrichterdienst verwendete Kraftfahrzeuge sind durch ein an der Windschutzscheibe angebrachtes weißes Abzeichen in Größe eines Quartblattes gekennzeichnet.

Alle im Leitungs- und Schiedsrichterdienst eingerichteten Fernsprechstellen werden durch eine weiße Tafel mit schwarzem „F" bezeichnet.

Zur **Darstellung fehlender einzelner Waffen und geschlossener Teile von Volltruppen** oder zur Aufstellung von Flaggentruppen werden **Flaggen** verwendet. (Siehe Bild unten.)

Die Flaggen zeigen stets die Parteifarbe.

Jede blaue oder rote Schützenflagge sowie jede blaue oder rote Reiterflagge stellt eine Gruppe oder Schützenabmarsch, jeder der anderen Flaggen eine Waffe der betreffenden Art mit Bedienung dar. Sollen die Flaggen andere Bedeutung haben, so wird dies vom Leitenden besonders angeordnet.

1. Rahmenflaggen zur Truppendarstellung

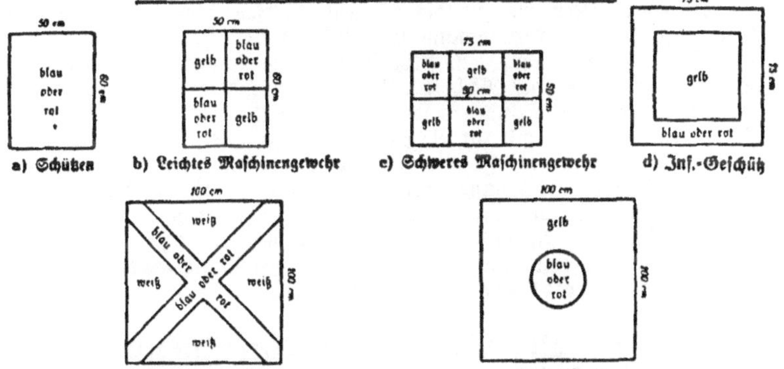

a) Schützen — b) Leichtes Maschinengewehr — c) Schweres Maschinengewehr — d) Inf.-Geschütz — e) Kavallerie zu Pferde — f) Artillerie

2. Flaggen zur Darstellung der Waffenwirkung

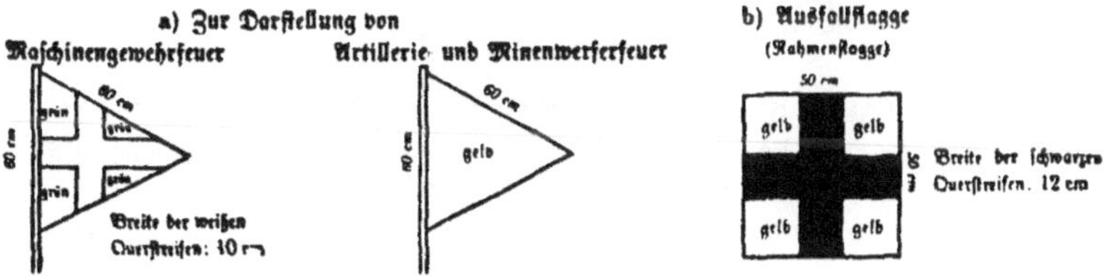

XIII. Ausbildung im Nachrichten-verbindungsdienst.

A. Pflichten des Funkers und Fernsprechers.

Der Dienst als Fernsprecher oder Funker ist besonders verantwortungsvoll. Hängt es doch oft von einzelnen Mannschaften ab, ob eine Meldung oder ein Befehl rechtzeitig und richtig übermittelt wird. Im Kriege können schwerwiegende Folgen entstehen, wenn eine einzige Nachricht zu spät oder falsch eintrifft. Der Dienst der „Führungstruppe" erfordert also ganze Kerle, die ihr Handwerk verstehen und sich ihrer Verantwortung bewußt sind.

Besonders sei hier auf die Pflichten der Geheimhaltung im Nachrichtenverbindungsdienst hingewiesen. Ein unbedachtes Wort am Fernsprecher, ein leichtfertiges, wenn auch kurzes Unterbrechen der Funkstille oder sonstige Verstöße gegen die „Funk- und Fernsprechzucht" können dem Feind die wichtigsten Führungsentschlüsse verraten und sich so auf ganze Gefechtshandlungen verhängnisvoll auswirken. Die Geheimhaltungsbestimmungen können also nicht sorgfältig genug befolgt werden. (Siehe auch Seite 224/25.)

Genauigkeit im Ausführen der für den Nachrichtenverbindungsdienst gegebenen Bestimmungen ist überhaupt unbedingt notwendig, denn in keinem anderen Dienstzweig können sich kleine Fehler so schwerwiegend auswirken wie hier.

Daneben gelten die für die übrigen Waffen bestehenden Aufgaben. Der Infanterie-Nachrichtenmann muß sich im Gefecht ebenso kriegsmäßig verhalten und ebensogut seine Waffe bedienen können wie jeder andere Schütze. Funkstellen der Nachrichtentruppe und anderer Waffen dürfen die Aufmerksamkeit des Feindes weder von der Erde noch aus der Luft auf sich ziehen. Dasselbe gilt für einzelne Fahrzeuge und Kraftfahrzeuge.

Die Pflichttreue der Funker und der einsam im schwersten Feuer ihren Dienst versehenden Störungssucher des Krieges mahnt zum Nacheifern!

Notwendig ist, daß der Soldat der Nachrichtentruppe neben der allgemein-soldatischen Ausbildung von Anfang der Dienstzeit an mit Eifer an seiner nachrichtentechnischen Aus- und Weiterbildung arbeitet. Zunächst Versäumtes ist gerade hier schwer nachzuholen.

B. Der Drahtnachrichtendienst.

Der Fernsprecher muß den Leitungsbau und den Betriebsdienst auch in anscheinenden Kleinigkeiten beherrschen. Er muß sein Gerät kennen und Störungen schnell und sicher feldmäßig beseitigen können.

I. Fernsprechtechnik.*)

1. Einführung in die elektrischen Erscheinungen und Begriffe.

Jeder Körper hat einen bestimmten **elektrischen Zustand** und ein bestimmtes Fassungsvermögen (Kapazität) für Elektrizität.

*) Näheres siehe die einzelnen Gerätbeschreibungen oder Mügge: „Kurze Elektrizitäts- und Gerätelehre für Funker und Fernsprecher", Verlag Mittler & Sohn, Berlin, 6. Auflage.

Gegenstände mit ungleichem elektrischen Zustand haben das Bestreben zum Ausgleich, zwischen ihnen herrscht „Spannung".

Die den elektrischen Ausgleich vollziehenden Elektrizitätsteilchen heißen Elektronen.

Körper mit elektrischem Unterdruck (wenig Elektronen) werden positiv, Körper mit elektrischem Überdruck (viel Elektronen) werden negativ elektrisch genannt.

Verbindet man einen elektrisch positiven, also elektronenarmen Körper durch eine Leitung mit einem negativen, also elektronenreichen, so fließt elektrischer Strom vom negativen zum positiven über. Es entsteht, solange der Stromkreis geschlossen bleibt, ein elektrischer Strom.

Jede Leitung setzt dem elektrischen Strom Widerstand entgegen. Dieser Widerstand wird größer, je länger und dünner die Leitung ist. Außerdem ist der Widerstand abhängig von der Temperatur und dem Leitungsmaterial.

Zwischen Stromstärke, Spannung und Leitungswiderstand besteht ein bestimmtes Verhältnis (Ohm'sche Gesetz), und zwar ist

$$\text{Stromstärke} = \frac{\text{Spannung,}}{\text{Widerstand,}}$$

d. h. der elektrische Strom ist um so stärker, je höher die Spannung und je kleiner der Widerstand ist.

b) Man unterscheidet in der Elektrizitätslehre folgende **Maßeinheit:**

α) für die elektrische Stromstärke = Ampère (Abkürzung 1 A),
β) für die elektrische Spannung = Volt (Abkürzung 1 V),
γ) für den elektrischen Widerstand = Ohm (Abkürzung 1 Ω),
δ) für die elektrische Leistung = Volt × Ampère oder Watt (1000 Watt = 1 Kilowatt = 1,36 PS),
ε) für die Kapazität = Farad (Abkürzung 1 F) oder Mikrofarad (1 μ F) oder cm.

Bei den verschiedenen Gegenständen unterscheidet man „Leiter", „Halbleiter" und „Nichtleiter".

„Leiter" haben geringe Widerstände, lassen also den elektrischen Strom leicht durch, „Halbleiter" mittlere und „Nichtleiter" haben hohe Widerstände, erschweren also das Durchfließen des elektrischen Stromes mehr oder weniger.

Leiter sind: Metalle (Silber, Kupfer, Bronze, Aluminium, Zink, Eisen) und Kohle.

Halbleiter: Holz, Erde, Steine, Leder, Papier. Ihre Leitfähigkeit ist von ihrem Feuchtigkeitsgehalt abhängig. Trockenes Papier z. B. isoliert, nasse Erde leitet gut.

Nichtleiter oder Isolatoren: Luft, Glas, Porzellan, Gummi.

c) **Magnetismus** und **Elektromagnetismus** spielen in der Elektrizitätslehre eine wichtige Rolle. Ein Elektromagnet ist ein Eisenstück, um das eine isolierte Leitung gewickelt ist. Fließt durch diese Leitung Strom, dann wird das Eisen für die Dauer des Stromflusses magnetisch, d. h. es zieht anderes Eisen an. Die Enden der Magnete und der Elektromagnete werden Nord-

bzw. Südpole genannt. Nord- und Südpol werden bei Elektromagneten durch den Wicklungssinn der Leitungsspule und durch die Stromrichtung bestimmt.

Auch Stromdurchflossene Leitungen, die nicht um Eisen gewickelt sind, strahlen magnetische Kräfte aus, haben also ebenfalls die Eigenschaften eines Magneten.

Wird ein Magnet oder Elektromagnet in der Nähe eines stromlosen Leitungskreises bewegt — oder umgekehrt der Leitungskreis in Nähe des Magneten, so entsteht in der Leitung ein Strom. Der Strom hört auf, wenn die Leitung oder der Magnet nicht mehr bewegt werden. Diese Stromerzeugung heißt **Magnetinduktion.**

d) Strom wird auch dann erzeugt, wenn an Stelle des Magneten ein stromdurchflossenes Leitungsstück, das ja ebenfalls magnetisch wirkt, in Nähe der bisher stromlosen Leitung bewegt wird. Statt des Bewegens genügt auch Ein- und Ausschalten oder Schwächen und Stärken des erzeugenden (primären) Stromes; denn auch hierbei wird die andere (sekundäre) Leitung von wechselnden magnetischen Kräften beeinflußt. Man nennt dies **Elektroinduktion.**

e) Die Elektroinduktion wirkt nicht nur von einer Spule auf eine andere. Sie wirkt auch auf benachbarte Windungen derselben Spule (Selbstinduktion). In jeder Windung wird also der Primärstrom geschwächt, da stets entgegengerichteter (schwächender) Strom erzeugt wird. Je mehr Windungen, um so größer ist die Schwächung, schließlich wird der Strom ganz abgedrosselt **(Drosselspule).** Diese Drosselwirkung tritt nur bei Wechselstrom ein, nicht bei Gleichstrom. **Drosselspulen lassen also Gleichstrom durch und schwächen bzw. sperren Wechselstrom (Gegensatz zum Kondensator!).**

f) **Kondensatoren haben größeres elektrisches Fassungsvermögen (Kapazität) als andere Körper.** Durch das Bestreben zum elektrischen Ausgleich werden die Elektronen in den Kondensatorbelegungen zusammengedrückt. Durch das Zusammendrängen entsteht Platz für weitere Elektronen, „das Fassungsvermögen ist erhöht“. Der Ausgleich wird durch die trennende Isolierschicht verhindert. Bei zu starkem Druck (Spannung) wird die Isolation schließlich durchschlagen und dadurch das Gleichgewicht hergestellt. **Kondensatoren lassen Wechselstrom durch, aber keinen Gleichstrom.** Kondensatoren haben also Sperrwirkung, die der der Drosselspulen entgegengerichtet ist. **Sie bilden gewissermaßen einen Widerstand für niederfrequente Ströme.** Dementsprechend wird durch Kondensatoren elektrischer Strom mit schnellem Wechsel (hoher Frequenz) besser übertragen als Strom mit langsamem Wechsel (niederer Frequenz).

2. Die wichtigsten Anwendungsformen der elektrischen Grunderscheinungen in der Fernsprechtechnik.

a) Element.

Stellt man zwei verschiedene Metalle (z. B.) eine Zink- und eine Kupferplatte) in Säurelösung, so wird das Zink negativ (elektronenreich), das Kupfer positiv elektrisch (elektronenarm). Verbindet man nun die Zinkplatte (Zinkpol) durch einen Draht mit dem Kupferstab (Kupferpol), so sucht sich durch diesen Draht der Spannungsunterschied zwischen den

Polen auszugleichen. Es fließt ein elektrischer Strom. Solange der Strom fließt, wird durch die Zersetzung des Zinks dauernd die Spannung zwischen Kupfer- und Zinkpol erneuert. Dieselbe Erscheinung tritt ein, wenn statt eines Metalls, z. B. des Kupfers, Kohle verwandt wird. Im übrigen s. S. 194 „Das Feldelement".

b) **Mikrophon.**

Das Mikrophon besteht aus vielen, zwischen zwei Kohleplatten gelagerten Kohlekörnern. Die eine Platte ist größer als die andere und dünn. Die zweite Platte ist dicker. Zwischen den Platten befinden sich die Kohlenkörner.

Wird die dünne Kohleplatte, die sogen. Membrane des Mikrophons, durch auftreffende Schallwellen in Schwingungen versetzt, so werden die Kohlekörner zusammengepreßt bzw. gelockert.

Je fester die Kohlekörner zusammengepreßt werden, um so geringer wird der Widerstand des Mikrophons gegen durchfließenden elektrischen Strom, je lockerer sie gelagert sind, um so größer wird er.

Der Strom des Elements wird daher den Schallwellen entsprechend gestärkt und geschwächt. Das Mikrophon steuert also den elektrischen Strom entsprechend den Schallwellen der Sprache.

c) **Fernhörer.**

Der Fernhörer hat die Aufgabe, die im Mikrophon erzeugten Stromschwankungen in Sprache zurückzuverwandeln. Er besteht aus einem Dauermagneten, um den der Strom des Elements geleitet wird. Über den Polen des hufeneisenförmigen Dauermagneten befindet sich ein dünnes, federndes Schallblech. Durch den um den Magneten fließenden Strom kommt zu dem schon vorhandenen Dauermagnetismus noch der durch den Strom hervorgerufene Elektromagnetismus hinzu. Entsprechend der jeweiligen Stromstärke wechselt der Magnetismus und das Schallblech wird mehr oder weniger angezogen. Es führt schwingende Bewegungen aus, die ihrerseits den Schwingungen der Membrane des Mikrophons entsprechen. Die dadurch entstehenden Schallwellen beeinflussen das Trommelfell und werden als Ton empfunden.

Die Schallwellen der Sprache werden also zunächst in Stromschwankungen und diese wiederum in Schallwellen zurückverwandelt.

d) **Wechselstromwecker.**

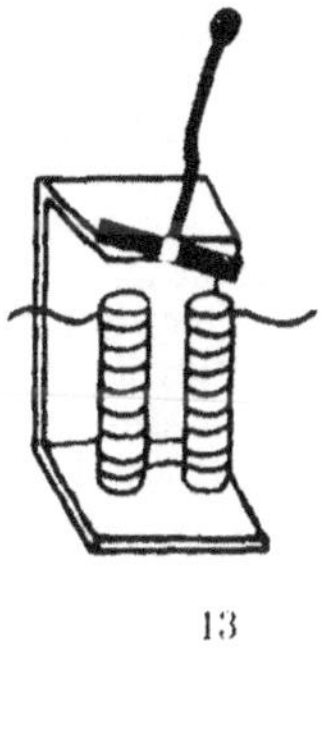

Im Wechselstromwecker ist ein Dauermagnet, dessen einer Pol gegabelt und wie ein Elektromagnet mit Leitungsdraht umwickelt ist. Bei Durchgang von Strom durch die Spule wird der Magnetismus in einem Teil des gegabelten Pols gestärkt, im anderen geschwächt. Dem gegabelten Pol gegenüber ist, in der Mitte drehbar mit dem anderen Pol verbunden, ein beweglicher Anker mit Klöppel. Fließt Wechselstrom durch die Spule, so wird der Magnetismus in den beiden Gabelteilen abwechselnd gestärkt und geschwächt. Dadurch wird der Anker mit Klöppel bewegt und bringt die Glocke zum Ertönen.

e) **Induktor.**

Zwischen den vergrößerten Polen mehrerer Hufeisenmagnete ist drehbar ein leitungsumwickeltes Eisenstück befestigt. Bei dessen Drehung wird der Leitungsdraht von magnetischen Kraftlinien geschnitten. Nach jeder halben Umdrehung wechselt der Strom in den Wicklungen die Richtung, da die Spule dann eine umgekehrte Stellung zu den auf sie treffenden magnetischen Kraftlinien einnimmt. Dadurch entsteht Wechselstrom.

f) **Sprechspule.**

Die Spannung des Elements ist nicht hoch genug, um einen Strom durch den Leitungswiderstand zur Gegenstelle zu treiben, der stark genug ist, um dort das Schallblech im Hörer anzuziehen. Die erforderliche hohe Spannung wird durch Anwendung der „Sprechspule" erreicht. Sie besteht im allgemeinen aus zwei übereinandergewickelten, voneinander isolierten Drahtspiralen. Von diesen besteht eine, die „primäre" oder „Erstwicklung", aus wenigen Windungen, um durch geringen Widerstand eine große Stromstärke des Elementstroms zu erzielen, während die „sekundäre" oder „Zweitwicklung" viele Windungen aufweist. Die primäre Spule liegt mit dem Element und dem Mikrophon in einem Stromkreis, dem sogen. „Primärkreis". Die sekundäre Spule bildet mit Leitung und Fernhörer ebenfalls einen Stromkreis, den sogen. „Sekundärkreis".

Die Wirkungsweise der Sprechspule beruht auf der „Induktion".

Der durch die primäre Wicklung mit wechselnder Stärke fließende Gleichstrom induziert in der sekundären einen Wechselstrom, der genau den Schwingungen des Mikrophonschallbleches entspricht und daher im Fernhörer die entsprechenden Schallwellen hervorruft. Der infolge der Widerstandsänderungen des Mikrophons in seiner Stärke schwankende Gleichstrom wird also in einen den Schallwellen entsprechenden Wechselstrom umgewandelt.

Durch die höhere Windungszahl der sekundären Spule wird die niedrige Spannung gleichzeitig auf eine höhere Spannung umgeformt.

3. Das Fernsprechgerät.

a) **Das Feldelement.**

Das Feldelement besteht aus einem Isolithbecher, in den ein, die negative Elektrode bildender Zinkbecher eingesetzt ist. Im Zinkbecher steht die Kohleelektrode. Sie ist mit einem, mit Braunstein gefüllten Beutel umgeben. Zwischen dem Kohlepol und dem Zinkbecher befindet sich Salmiaklösung und eine pulverisierte Versteifungsmasse (s. auch Seite 195).

Ein kleines Röhrchen gestattet das Entweichen von Gasen.

Zum **Hintereinanderschalten von Elementen** zu einer Batterie wird der Zinkpoldraht eines Elements in die Kohlepolklemme des folgenden eingeschraubt, indem er durch die unterhalb der Mutter sichtbare Bohrung gesteckt und mit der Mutter festgeklemmt wird. Dadurch wird die Spannung entsprechend der Zahl der Elemente erhöht.

Vor der ersten Benutzung müssen die Elemente angesetzt werden. Das Ansetzen besteht lediglich im Füllen mit Wasser, da die Elemente die erforderlichen Stoffe (darunter Salmiak) enthalten, die sich in Wasser lösen. Für jedes anzusetzende Element braucht man etwa $^1/_{10}$ l Wasser. Dieses wird in das Einfüllrohr des Elements gegossen, bis das Rohr gestrichen voll ist. Der Kohlebeutel saugt dann einen Teil der Lösung auf. Nach einer Stunde ist Wasser nachzufüllen. Nehmen einzelne Elemente das Wasser nur sehr schwer auf — was man sofort beim ersten Aufgießen sieht — so müssen sie ausgesondert und getrennt behandelt werden. Das Nachfüllen von Wasser geschieht dann in dem Maße, wie es von den Elementen aufgenommen wird. Es dauert unter Umständen länger als eine Stunde, bis solche Elemente die oben genannte Wassermenge aufgenommen haben.

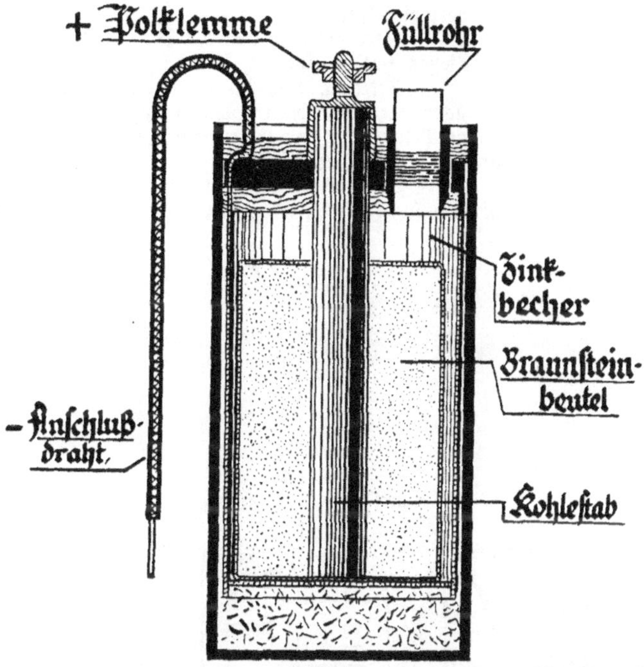

Im Verlauf von 12 Stunden ist die eingefüllte Flüssigkeit versteift. Während dieser Zeit sollen die Elemente möglichst aufrecht stehen. Dann werden sie einmal umgekippt, damit noch nicht versteifte Ansatzmasse herausläuft. Dies darf nicht vergessen werden, weil sonst die Polster und Metallteile im Elementbecher zerstört werden. Später dürfen die Elemente nicht mehr nachgefüllt werden.

Es muß darauf geachtet werden, daß der Zinkpoldraht den Kohlepol des Elements nicht berührt, weil es sonst kurzgeschlossen ist und in kurzer Zeit vollkommen unbrauchbar wird.

Jedes neu angesetzte Element muß mit dem Elementprüfer geprüft werden.

b) **Der Elementprüfer.**

Der Elementprüfer dient zum Messen eines, zweier oder dreier Feldelemente, zum Messen von Taschenlampenbatterien und Sammelbatterien bis 6 Volt; außerdem zum Prüfen von Elementen bei betriebsmäßiger Stromentnahme.

Zum Prüfen eines Elements wird die auf der Rückseite befindliche Umschalteinrichtung auf 1 EL, bei zwei Elementen auf 2 EL und bei drei Elementen auf 3 EL eingestellt. Dabei wird unter der Gradeinteilung auf der Vorderseite die entsprechende Zahl in roter Schrift sichtbar. Die Prüfspitze wird auf die Plusklemme, die Spitze der Prüfschnur auf den Minuspol gesetzt. Der Elementprüfer zeigt nun die Spannung in Volt an.

Beim Messen von 2 Elementen muß die in Volt angezeigte Spannung mit 2, bei drei mit 3 vervielfältigt werden.

Da der Widerstand des Stromkreises, den der Batteriestrom bei Fernsprechgeräten zu durchfließen hat, gering ist, so kommt der innere Widerstand der Elemente sehr in Betracht. Der Elementprüfer ist daher so eingerichtet, daß beim Drücken der Taste N ein Nebenschluß eingeschaltet wird, der zusammen mit dem Widerstand des Elementprüfers die Widerstandsverhältnisse des praktischen Betriebes schafft.

Damit nun der innere Widerstand des Elements bzw. der Batterie nicht jedesmal aus der Messung berechnet werden muß, ist auf dem Ziffern-

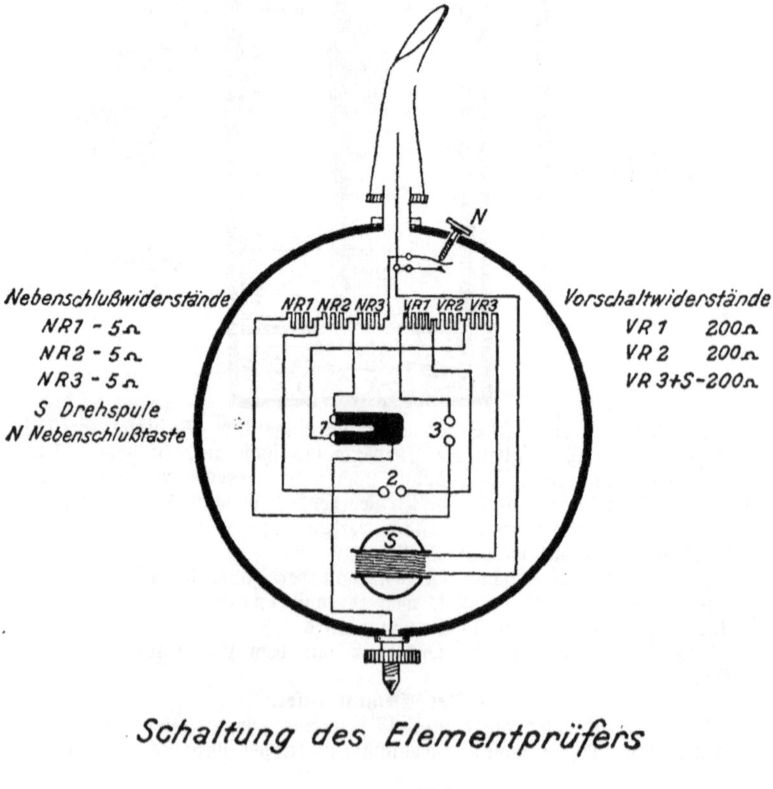

Schaltung des Elementprüfers

blatt durch einen roten Strich angegeben, wie weit die Klemmenspannung bei eingeschaltetem Nebenschluß sinken darf, wenn das Element bzw. die Batterie für den Fernsprechbetrieb noch brauchbar sein soll.

Es muß sofort nach dem Drücken der Taste abgelesen werden, weil infolge des geringen Widerstands des Prüfers bei gedrückter Taste rasch Polarisationserscheinungen im Element bzw. in der Batterie eintreten, die ein weiteres Sinken des Zeigers zur Folge haben.

Die Gebrauchsanweisung für den Prüfer steht auf dem Zifferblatt. Es ist darauf zu achten, daß der Umschalter im Ruhezustand auf „3 EL" steht. Nach einer Messung mit „1 EL" oder „2 EL" ist der Schalter daher stets wieder auf „3 EL" umzustellen.

c) **Das Feldmeßkästchen**

ermöglicht Spannungsmessungen durch Verwendung von eingebauten Widerständen bis zu 300 Volt und in Verbindung mit einer Hilfsbatterie Widerstandmessungen bis zu 10000 Ohm. Es findet Verwendung als tragbares Meßinstrument für die Untersuchung von Batterien, Apparaten, Sprechstellen und Leitungen.

Das Feldmeßkästchen enthält folgende Teile:

ein Meßinstrument mit Ohm- und Voltskala,
acht Klemmen,
drei Tasten mit zugehörigen Federsätzen,
drei Vorschaltwiderstände und einen Parallelwiderstand,
ein veränderlicher Vorschaltwiderstand, mit dem die Meßspannung der Meßbatterie auf 4 Volt einreguliert wird, so daß der Widerstandswert ohne Rechnung von der Ohmskala abgelesen werden kann. (Nur bei seit 1939 gefertigten Feldmeßkästchen),
die Verbindungsdrähte,
Kontakt- und Haltevorrichtungen für eine Taschenlampenbatterie (Meßbatterie),
zwei Anschlußschnüre als lose Zubehörteile.

Bedienung nach der im Inneren des Kastendeckels befindlichen Anweisung.

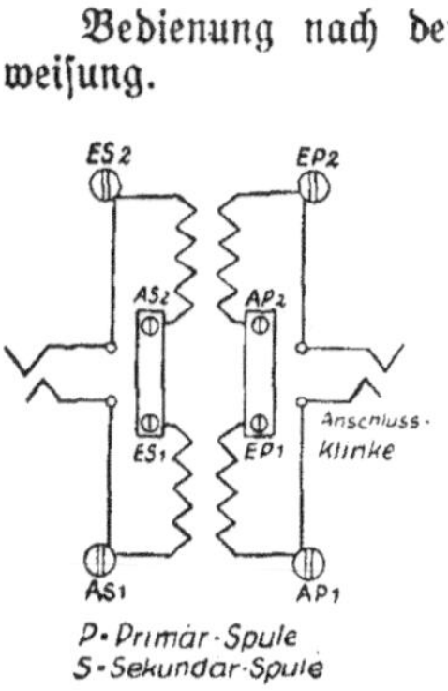

Schaltung des Übertragers (schnurlos)

Der Übertrager (schnurlos)

hat in seinem Innern zwei nicht unmittelbar, sondern induktiv miteinander verbundene Spulen von gleicher Wicklungszahl. Er wird bei Verbindung von Doppel- und von Einzelleitungen zwischengeschaltet, um zu verhindern, daß die Nachteile der mit der Erde in Verbindung stehenden Einzelleitung auf die Doppelleitung übergehen.

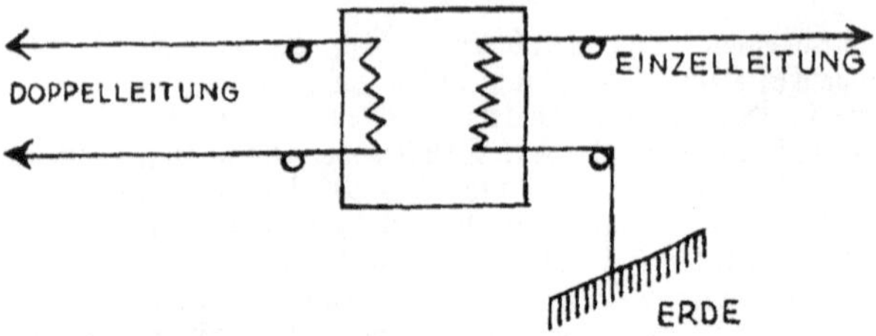

VERBINDUNG DOPPEL-EINZELLEITUNG

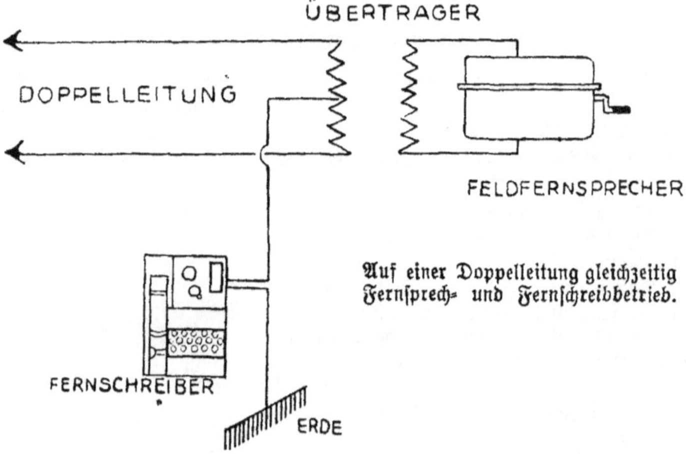

Auf einer Doppelleitung gleichzeitig Fernsprech- und Fernschreibbetrieb.

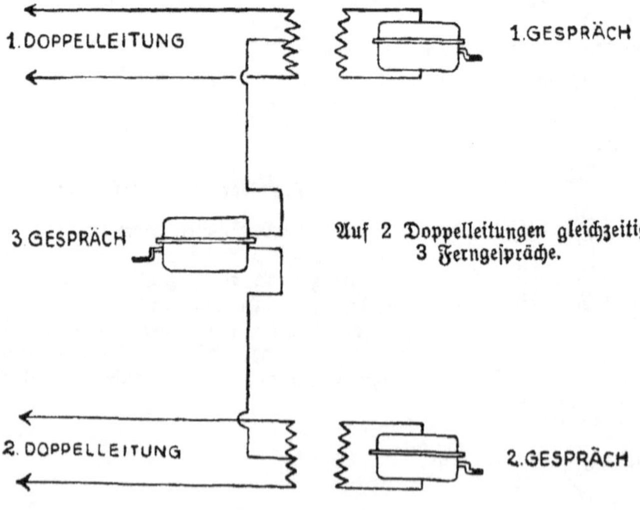

Auf 2 Doppelleitungen gleichzeitig 3 Ferngespräche.

Außerdem ermöglicht er Mehrfachausnutzung von Leitungen, die sogenannten „Kunstschaltungen" (siehe Abbildung). Diese Schaltungen sind jedoch nur anzuwenden, wenn die beiden Zweige jedes Stammes einander gleich sind. Die Schaltungen sind bei Feldleitungen im allgemeinen nur auf kürzere Entfernungen zu verwenden.

Der Feldfernsprecher 33

Grundprinzip: In der Leitung fließt Gleichstrom, der durch das Element erzeugt wird.

Wird gegen das Mikrophon gesprochen, so werden die Kohlekörner im Mikrophon den Schallwellen entsprechend mehr oder weniger zusammengedrückt. Dadurch ändert sich der elektrische Widerstand und damit auch die Stromstärke, und zwar im Rhythmus der auf das Mikrophon treffenden Schallwellen.

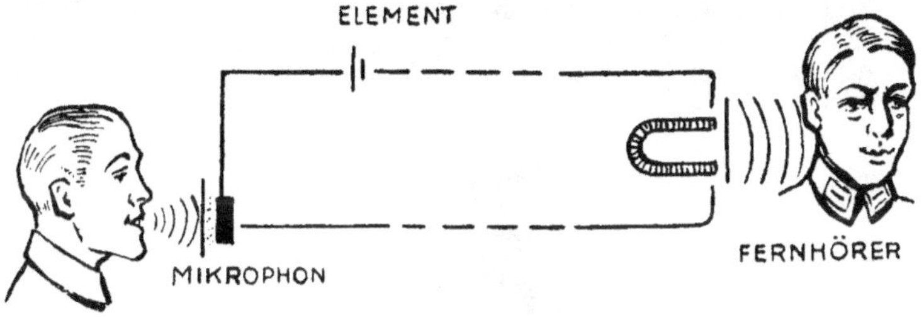

Im Fernhörer der Gegenstelle geht der so gesteuerte Strom durch den Magneten. Dieser zieht im Rhythmus der Stromschwankungen die Schallplatte (Membrane) an. Sie vibriert und erzeugt Schallwellen, die im menschlichen Ohr als dieselbe Sprache wahrnehmbar sind, wie die ins Mikrophon gesprochene. Das ist das Grundprinzip des Fernsprechers.

Für die praktische Verwendung sind aber außerdem notwendig:

1. eine Einrichtung, die den Strom des Elements abschaltet, wenn der Fernsprecher nicht in Betrieb ist, und den Strom für den Gebrauch wieder einschaltet. Dies ist beim Fernsprecher 33 die Sprechtaste im Griff des Handapparates.
2. Vorrichtungen, die den Hörer an der Gegenstelle ans Gerät rufen. Diese Vorrichtungen sind:

   der Induktor, der beim Drehen der Kurbel Wechselstrom in die Leitung schickt (siehe S. 194 Abs. e) und

   der Wechselstromwecker, der durch den vom Induktor erzeugten Wechselstrom zum Läuten gebracht wird (siehe S. 193 Abs. d)*);
3. eine Vorrichtung, die den starken, aber niedrig gespannten Mikrophonstrom in höher gespannten, schwächeren umwandelt, damit der Widerstand einer langen Leitung leichter überwunden werden kann. Dies ist die auf Seite 194 Abs. f beschriebene Sprechspule.

---

*) Durch Drücken auf die sogen. Prüftaste kann der eigene Wecker zum Ertönen gebracht und dadurch die Rufeinrichtung oder die Leitung geprüft werden.

Die im Feldfernsprecher 33 verwendete Sprechspule hat im Gegensatz zu der auf Seite 194, Abs. f beschriebenen Spule 3 Wicklungen. Durch diese besondere „Dämpfungsschaltung" wird bewirkt, daß der Mikrophonstrom auf den Fernhörer im eigenen Handapparat geschwächt übertragen wird. Auf diese Weise werden Störungen durch Lärm usw. an der eigenen Sprechstelle ausgeschaltet.

Dagegen werden die von der Gegenstelle ankommenden Sprechströme *nicht* gedämpft und können daher im Fernhörer gut aufgenommen werden.

Die beiden im Sprechstromkreis liegenden Kondensatoren bewirken, daß der ankommende Rufstrom in ihnen einen Widerstand findet und daher größtenteils über den Wecker gehen muß. Für den Sprechstrom ist der Widerstand durch die Kondensatoren dagegen nur gering.

4. eine Einrichtung, durch die das Vermitteln von Gesprächen zwischen 2 Feldfernsprechern ermöglicht wird. Dies sind die sogen. Anschlußklinken, in die bei je einem Feldfernsprecher eine Vermittlungsschnur gesteckt und so die Verbindung zwischen beiden Apparaten hergestellt wird.

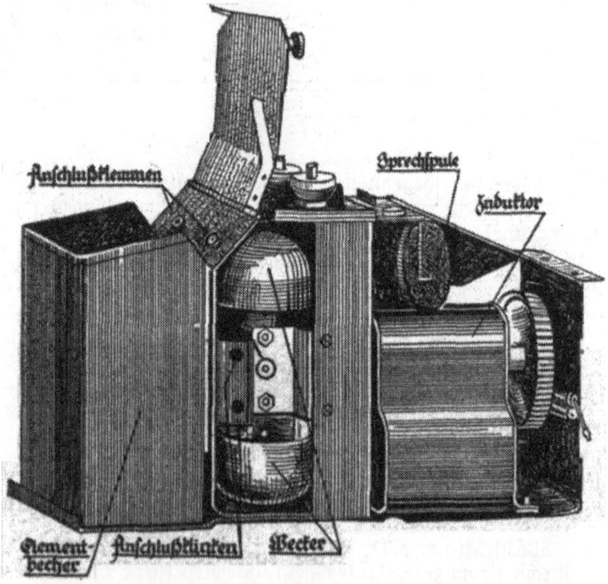

Prüfen des Feldfernsprechers 33

a) Zum Prüfen von **Induktor und Wecker** werden die Klemmen kurz geschlossen, die Prüftaste gedrückt und die Induktorkurbel gedreht. Dann muß der Wecker läuten.

b) Zum Prüfen der **Sprechstromkreise** pustet man bei gedrückter Sprechtaste ins Mikrophon. Dann muß man lautes Rauschen hören, das

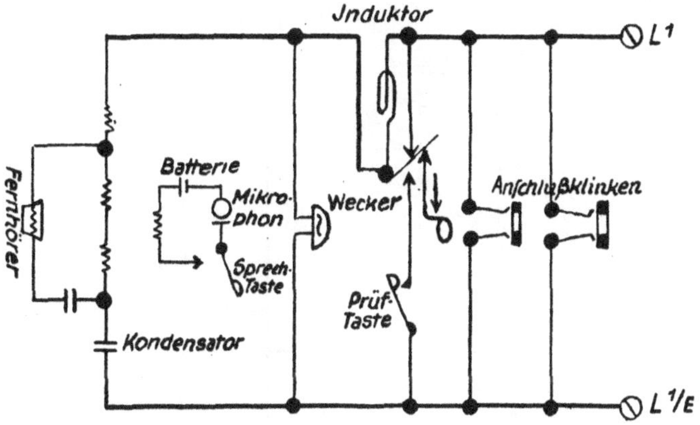

schwächer werden muß, wenn die Induktorkurbel gedreht oder die Anschlußklemmen kurz geschlossen werden, und bei losgelassener Sprechtaste ganz aussetzt.

Der Tischfernsprecher 38.

Der Tischfernsprecher 38 ist ein für Stäbe bestimmter OB.-Apparat. Er kann auch für ZB.- und SB.-Betrieb benutzt werden.

Die Leitungen werden entweder an einen besonderen Beikasten — in ihm befinden sich das Feldelement und 2 Anschlußklemmen sowie 2 Klemmen zum Anschluß eines Weckers — oder an den Tischfernsprecher selbst angeschlossen.

Es ist darauf zu achten, daß der Feldhandapparat nach Gesprächschluß auf die Gabel des Tischfernsprechers aufzulegen ist.

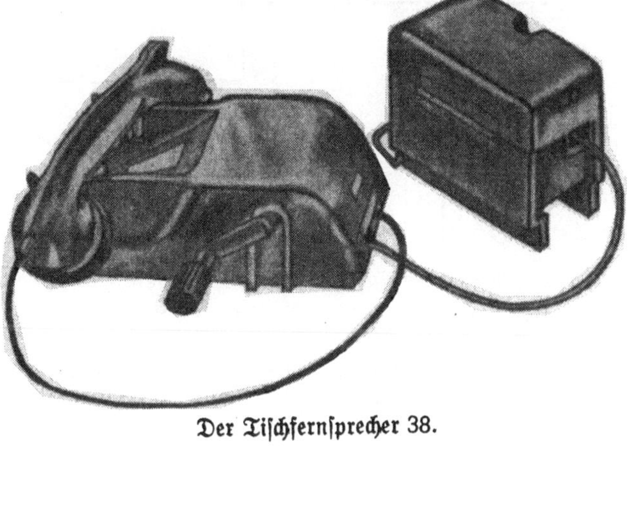

Der Tischfernsprecher 38.

Das Vermittlungskästchen.

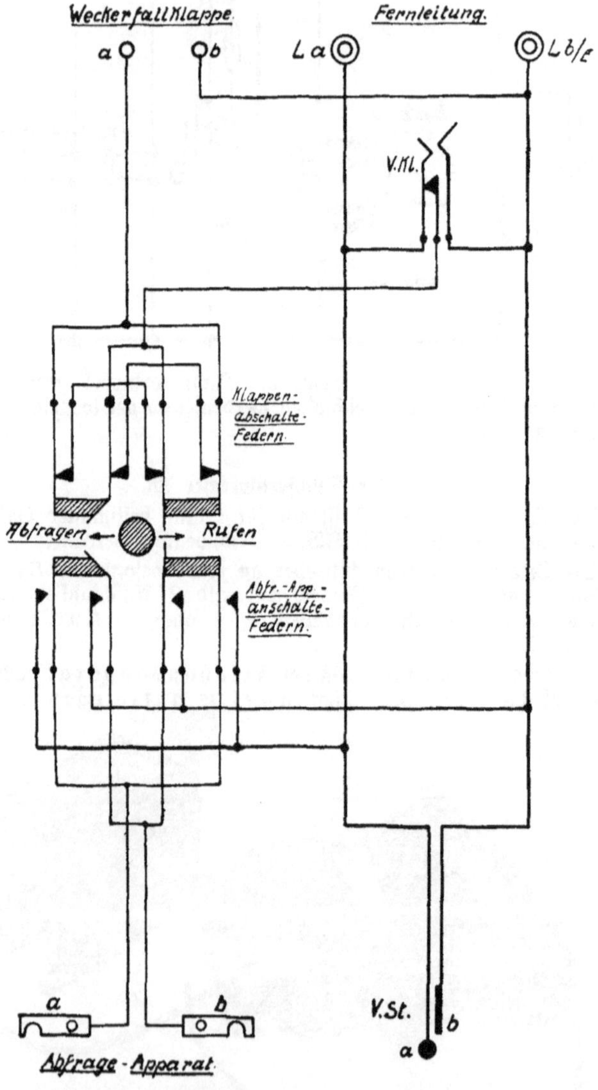

Bei dem Vermittlungskästchen wird der Anruf durch eine Weckerfallklappe angezeigt. Durch den Schalter: „Rufen — Abfragen" kann der Feldfernsprecher zum Mithören, Rufen und Sprechen des gewünschten

Teilnehmers in die Leitung gelegt werden. Der Zahl der Teilnehmer entsprechend können beliebig viel Vermittlungskästchen aneinandergeschaltet werden.

Der kleine Klappenschrank zu 10 Leitungen.

entspricht im Aufbau 10 zusammengeschalteten Vermittlungskästchen.

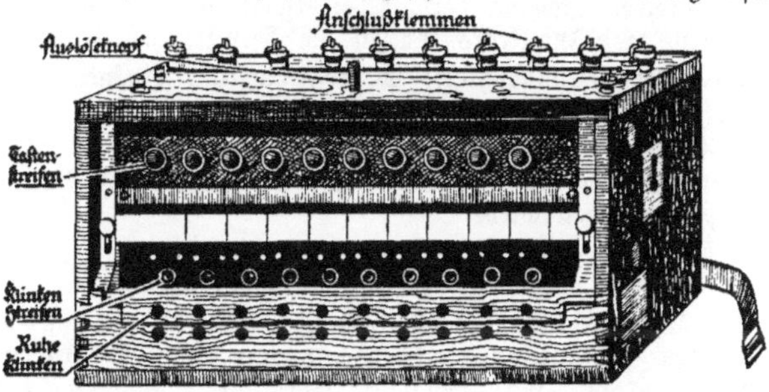

Prüfen des kleinen Klappenschrankes zu 10 Leitungen.

a) Zum Prüfen der **Stromkreise** und der **Abfragetaste** werden die Klemmenpaare kurz geschlossen und die Taste gedrückt. Beim Hinein-

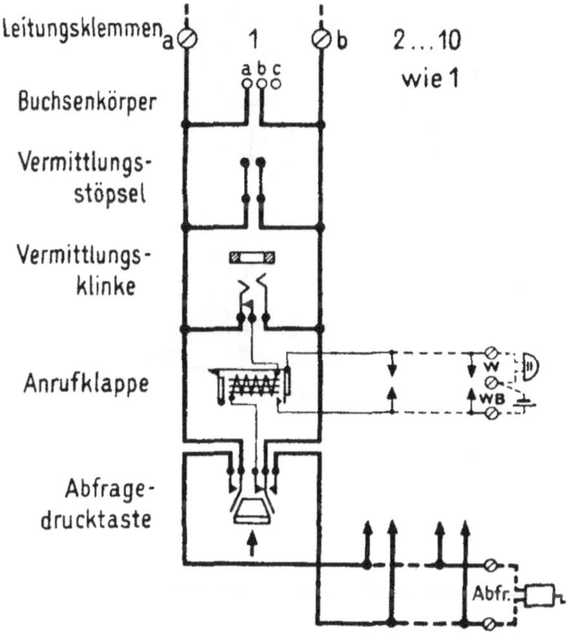

Schaltbild des kleinen Klappenschrankes zu 10 Leitungen.

pusten ins Mikrophon muß dann im Fernhörer ein verstärktes Rauschen wahrnehmbar sein, dagegen verschwinden, wenn die Induktorkurbel gedreht oder Auslöseknopf gedrückt wird.

b) Zum Prüfen der **Anrufklappen** und des **Rufstromes** wird ein Feldfernsprecher nacheinander an die Klemmenpaare angeschlossen. Bei Bedienen des Induktors müssen die betreffenden Klappen fallen.

c) Die **Vermittlungsschnüre** werden einzeln in eine Anschlußklinke des Abfrageapparats gesteckt; beim Rufen muß dann die Anrufklappe fallen.

d) Der **Gleichstromwecker** muß ansprechen, wenn der Anker einer Anrufklappe gehoben wird.

Der Klappenschrank zu 20 Leitungen.

Der Klappenschrank zu 20 Leitungen (siehe Abbildung) hat im Gegensatz zu dem Vermittlungskästchen und zum kleinen Klappenschrank zu 10 Leitungen für das Herstellen jeder Verbindung nicht eine Schnur, sondern zwei Schnüre (Schnurpaar).

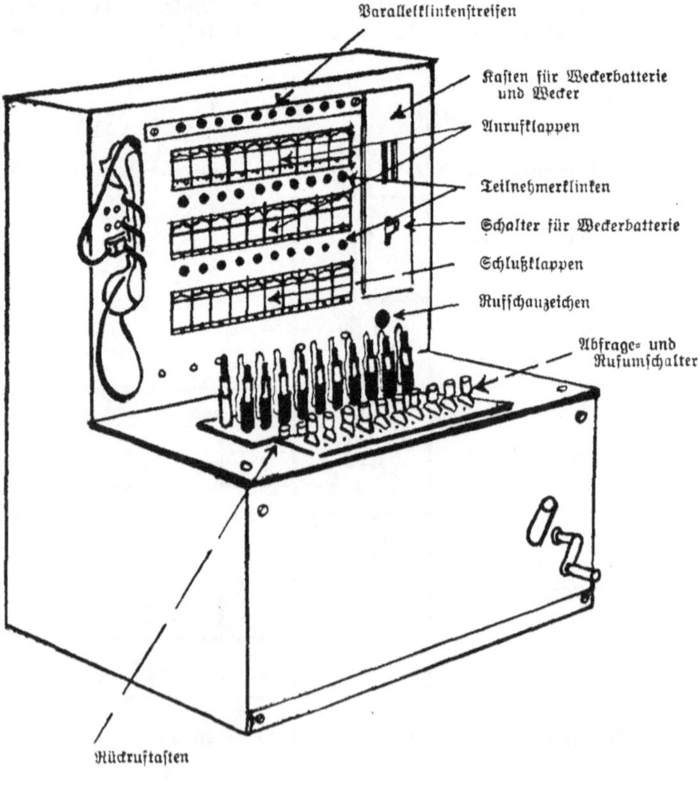

Beim Anrufen wird der rote Stöpsel eines Schnurpaares in die betreffende Klinke gesteckt und der zugehörige Abfrage- und Rufumschalter betätigt. Der Mann am Klappenschrank ist jetzt mit dem Anrufenden verbunden. Er steckt den schwarzen Stöpsel des Schnurpaares in die Klinke des gewünschten Teilnehmers und ruft diesen durch Betätigen des Abfrage- und Rufumschalters (zum Schrank hin umlegen) und Drehen der Induktorkurbel. Dann legt er den Abfrage- und Rufumschalter nach kurzer Zeit zu sich um und stellt dadurch das Zustandekommen des Gesprächs fest.

Oben hat der Klappenschrank einen Parallelklinkenstreifen für Mehrfachverbindung.

Das Prüfen und Fehlerbeseitigen geschieht ähnlich wie bei dem im folgenden beschriebenen großen Feldklappenschrank.

Der große Feldklappenschrank.

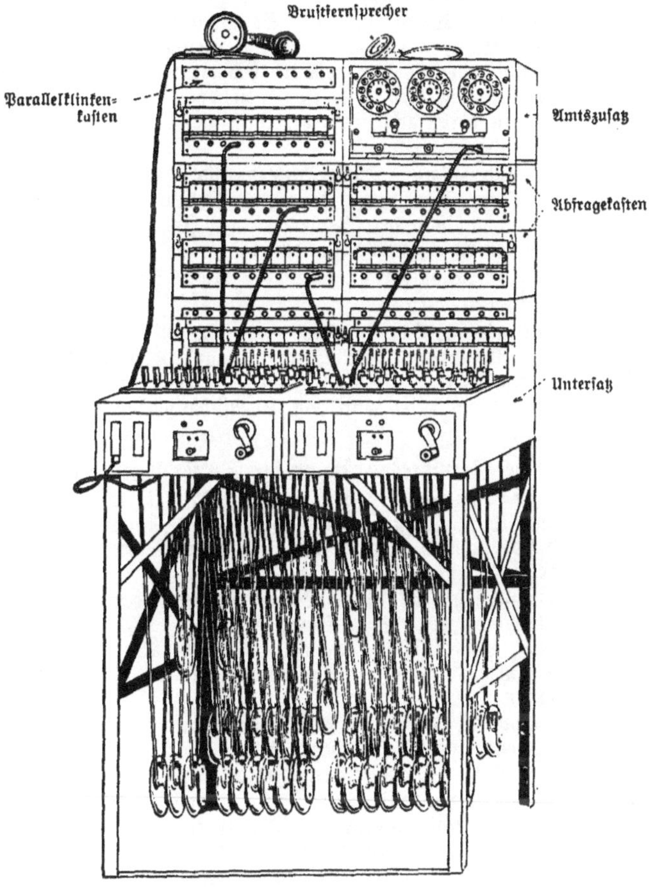

Der große Feldklappenschrank ermöglicht 53 Anschlüsse und von diesen drei Postanschlüsse. Es können aber unter Verwendung von „Vielfachfeldern" bis zu 300 Anschlüsse hergestellt werden. Der Schrank besteht aus einzelnen, austauschbaren Teilen (Baukästen).

Prüfen des großen Feldklappenschrankes.

a) Zum Prüfen der **Sprechstromkreise** und der **Abfrageschnüre** wird der Sprechrufumschalter auf „Sprechen" gestellt. Nacheinander werden die Abfrageschnüre in kurz geschlossene Leitungen gesteckt und der entsprechende Sprechrufumschalter nach rückwärts gelegt. Pustet man dann ins Mikrophon, muß im Fernhörer Rauschen hörbar sein, das bei gedrückter Mithörtaste leiser wird und, wenn Vermittlungsstöpsel gesteckt und Umschalter auf „Rufen" steht, verschwindet.

b) Zum Prüfen des **Rufstromes**, der **Schauzeichen**, des **Zuleitungskabels** und der Anrufklappen werden a- und b-Klemmen am Zuleitungskabel verbunden und eine Schnur gesteckt. Die Klappen müssen bei Drücken des Sprechrufumschalters und Bedienen des Induktors fallen außer der Klappe, in deren zugehöriger Klinke die Vermittlungsschnur steckt. Das Schauzeichen erscheint.

c) Um **Vermittlungsschnur-, Schlußklappen und Parallelklinken** zu prüfen, werden sämtliche Schnüre in den Parallelklinkenstreifen gesteckt. Die Schlußklappen müssen bei Bedienen des Induktors oder bei Rufstellung des Sprechrufumschalters fallen.

d) Der **Gleichstromwecker** ertönt, wenn der Anker einer Schluß- oder Anrufklappe gehoben wird.

e) Der **Sprechrufumschalter** in Stellung „Rufen" und die **Rückruftaste** werden geprüft, indem Klemmenpaar 1 und 2 verbunden wird und Sprechrufumschalter und Rückruftaste gedrückt werden. Der Polwechsler muß dann rufen und das Sternschauzeichen erscheinen.

Anschluß der Fernsprechgeräte an die Einrichtungen der DRP.

Der Feldfernsprecher 33 ist nur für OB- (Ortsbatterie-) Betrieb eingerichtet. An SB- (selbsttätiges Schlußzeichen) Ämter, ZB- (Zentralbatterie-) und Wählämter wird er mit Hilfe eines besonderen Geräts, des Amtsanschließers 33, angeschlossen.

Der **Amtsanschließer 33** ist ein eigener Fernsprechapparat mit Wecker und Anschlußklemmen für die Leitung. Er hat jedoch keinen Induktor und muß daher bei Anschluß an ein SB-Amt (Amt mit selbsttätigen Schlußzeichen) durch die Vermittlungsschnur an den Feldfernsprecher 33 geschlossen werden.

Der Handapparat — es ist der Handapparat des Feldfernsprechers 33 — darf während eines Gespräches mit dem Amt nicht aufgelegt werden, da beim Amt sonst das Schlußzeichen erscheint.

Der kleine Klappenschrank zu 10 Leitungen wird mit Hilfe des **Amtszusatzes zum kleinen Klappenschrank zu 10 Leitungen** mit dem Postamt verbunden. Der Schalter muß zum Rufen ins eigene Netz auf „Rufen", zum Rufen ins Postnetz auf „Abfragen" gestellt werden.

Der große Feldklappenschrank enthält zum Anschluß an Ämter mit SB-, ZB- und W-Betrieb einen besonderen Teil, den **„Amtszusatz zum großen Feldklappenschrank“.**

II. Leitungsbau.

Man unterscheidet:

a) Bau von Felddauerlinien,
b) Bau mit Feldfernkabel,
c) Bau mit Feldkabel.

Zu a):

Bau von Felddauerlinien (meist zwei Doppelleitungen aus blankem Draht an einem Gestänge, den Leitungen der DRP ähnlich) wird dort angewandt, wo die Leitungen lange bestehen bleiben sollen. Felddauerlinien sind daher besonders sorgfältig zu bauen. Es kommt mehr auf Dauerhaftigkeit als auf Schnelligkeit an.

Zu b):

Feldfernkabel (gummiisoliertes Kabel zu zwei Doppelleitungen) wird rückwärts der Divisions-Stabsquartiere bzw. Divisions-Gefechtsstände gebaut. Es wird für solche Verbindungen verwendet, die nicht als Felddauerlinien ausgeführt werden können, weil entweder die Zeit zu knapp ist oder die Leitungen voraussichtlich nicht lange liegen bleiben werden.

Zu c):

Feldkabel läßt sich schneller als Feldfernkabel bauen und abbauen und beansprucht weniger Transportraum. Im Gegensatz zum Feldfernkabel ist es nur ein Eindrahtleiter. Doppelleitungsbau ist die Ausnahme.

Feldkabelbau wird daher überall dort angewandt, wo Felddauerlinien oder Feldfernkabel nicht gebaut werden, also auf dem Gefechtsfeld, zur Stammleitung (= an der Hauptmarschstraße einer Inf.-Div. gebaute Leitung) und zu einzelnen rückwärtigen Verbindungen, die nicht lange benötigt werden.

Es gibt *schweres* und *leichtes* Feldkabel. Das letztere ist im Verhältnis zum schweren Feldkabel leicht zerreißbar und bietet größeren elektrischen Widerstand. Es eignet sich daher nicht zum Bau auf längere Strecken und für längere Zeit, ferner nicht zum Tiefbau in einem Gelände, in dem es durch Bewegungen von Pferden oder Kraftfahrzeugen leicht zerrissen werden kann.

1. Feldkabelbau.

Truppeinteilung und Aufgaben der Truppführer und Mannschaften.

Die Aufgaben der Mannschaften eines Fernsprechtrupps sind je nach den Erfordernissen verschieden. Als Anhalt wird hier die Einteilung des großen Fernsprechtrupps b (mot), des mittleren Fernsprechtrupps a und des kleinen Fernsprechtrupps a angegeben.

Zum großen Fernsprechtrupp b (mot) gehören außer dem Truppführer (Unteroffizier oder Gefreiter), 6 Mann. Hiervon rollt Nummer 1 das Kabel ab, Nummer 2 zieht es an, Nummer 3 bedient eine Drahtgabel, Nummer 4 bedient die 2. Drahtgabel, Nummer 5 ist zur Verfügung für besondere Verwendung und Nummer 6 ist der Gerätwart (früher Wagenbegleiter genannt).

Der kleine Fernsprechtrupp a hat außer dem Truppführer 3 Mann, von denen Nummer 1 Rückentragemann, Nummer 2 Anzieher, Nummer 3 Drahtgabler ist.

Der Truppführer erkundet und leitet den Bau. Er ist für zeitgerechte und sichere Bauausführung sowie für kriegsmäßiges Verhalten seines Trupps verantwortlich. Er darf dabei nicht am Trupp kleben. Hat er sich zum Erkunden von seinem Trupp entfernt, so läßt er sich durch einen geeigneten Mann vertreten.

Der Gerätwart ist für Vollzähligkeit und ordnungsmäßigen Zustand des Geräts verantwortlich. Er gibt das Gerät für den Bau aus und muß es nach Beendigung des Baues wieder abnehmen. Während des Baues führt er in der Regel das Fahrzeug nach und bringt Kabel usw. vor.

Der Bau. Man unterscheidet geschlossenen und getrennten Bau.

Bei geschlossenem Bau wird das Kabel unmittelbar nach dem Auslegen sorgfältig tief oder hoch verlegt. Bei getrenntem Bau legt ein Trupp oder Halbtrupp die Leitung aus, während sie von einem 2. Trupp oder Halbtrupp verlegt wird.

Geschlossener Bau ermöglicht sorgfältigere Ausführung, getrennter Bau gewährleistet größere Schnelligkeit.

Außerdem wird Bau von **Doppelleitungen** und **Einzelleitungen** unterschieden.

Doppelleitungsbau erfordert mehr Kräfte und Zeit als Bau von Einzelleitungen. Zudem ist die Störanfälligkeit größer und die Störungssuche schwieriger als bei Einzelleitungen. Auch ist bei guten Erden die Sprechverständigung auf Einzelleitung besser als auf Doppelleitungen. Mit Rücksicht auf die Ableitungsgefahr und das schwierige Störungssuchen ist es verboten, Doppelleitungen in Baumkronen zu verlegen.

Gespräche, die auf Einzelleitungen geführt werden, können vom Feind abgehört werden. Daher sind Feldkabelleitungen innerhalb der Gefahrenzonen (etwa 3 Kilometer Tiefe vom Feind aus gerechnet) als Doppelleitungen zu führen, wenn Abhörgefahr besteht und der Doppelleitungsbau möglich ist. Die Doppelleitung muß dann aber so gebaut werden, daß die einzelnen Leitungen keine Ableitung und daher keinen Schluß miteinander haben (Befestigen an kleinen Pflöckchen und mit Isolierrollen an der Grabenwand usw.).

Außerdem sind Doppelleitungen zu bauen bei besonders schlechten Erden und zum Vermeiden von Induktion, wenn Leitungen zwangsläufig gleichlaufend zu Starkstromleitungen oder längere Strecken neben anderen Fernsprechleitungen geführt werden müssen.

Der Bau von **Einzelleitungen** bildet die Regel. Gleichlaufende Einzelleitungen sind zum Vermeiden von Störungen möglichst weit voneinander entfernt zu führen. Starkstromleitungen sind senkrecht zu kreuzen, da sonst Induktion eintritt. Schutz vor Berührung der Leitungen ist besonders wichtig. Die Störung durch gleichlaufende Starkstromleitungen ist um so größer, je näher sie der Fernsprechleitung liegen und je länger sie parallel zu ihr laufen.

Bei Einzelleitungen ist Anlage von **guten Erden** besonders wichtig. Ist Eile geboten, so wird zunächst eine behelfsmäßige, später eine sorg-

Mastwurf.

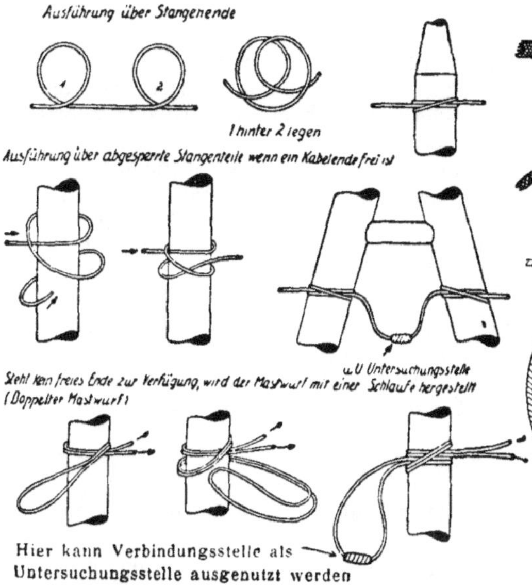

Weberknoten.

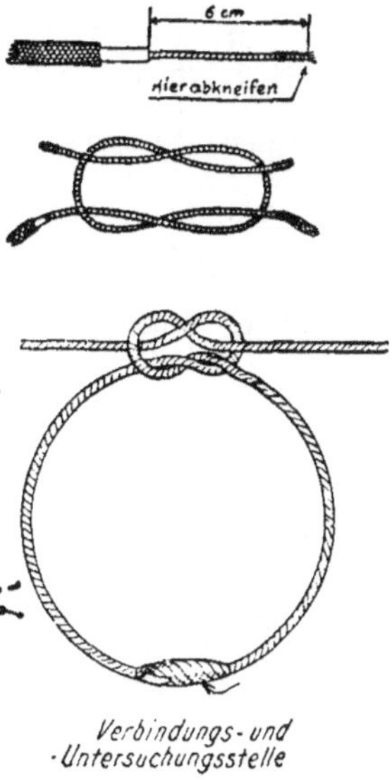

Stangenbund.

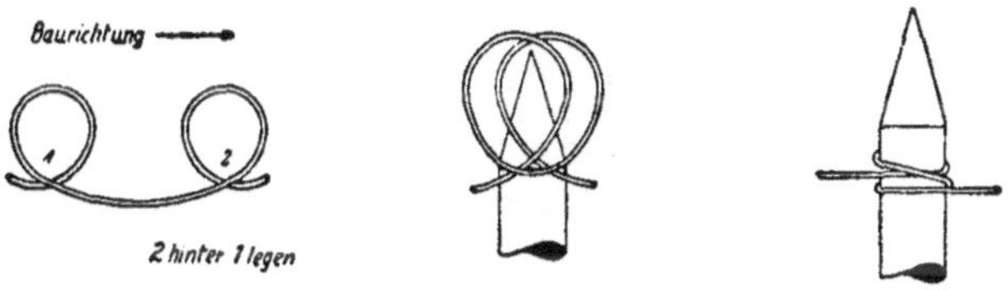

Verbinden des schweren Feldkabels mit Kabelverbinder.

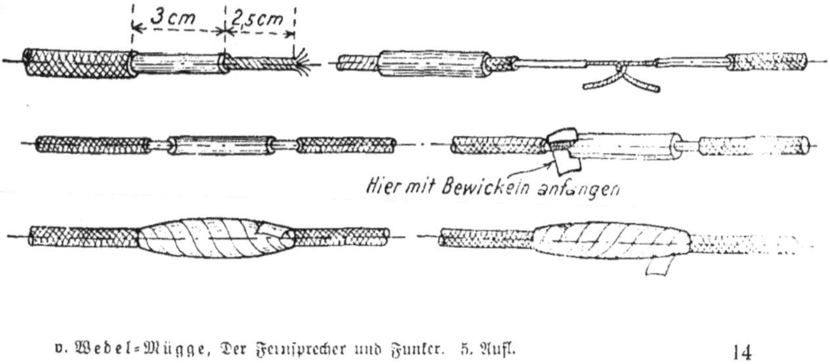

fältig ausgeführte Erde angelegt. Nur ausnahmsweise kann bei besonders guten Erdverhältnissen (leitende Verbindung mit Grundwasser) eine für mehrere Fernsprechleitungen gemeinsame Erde genügen. Sobald aber Mitsprechen auftritt, ist für jeden Anschluß eine eigene Erde anzulegen. Erdstecker und Erdleitungsrohre sind nur behelfsmäßig zu verwenden. Gute Erden müssen große metallische Oberflächen haben, in Grundwasser oder feuchtem Boden eingerichtet sein und mit dem Erdleitungsdraht gut (möglichst durch Löten) verbunden sein. Wasserleitungen und Blitzableiter eignen sich besonders gut als Erden.

Die Erden sind in Richtung der abgehenden Leitungen anzulegen. Erden mehrerer Leitungen müssen zum Vermeiden von Übersprechen weit voneinander (möglichst 50 Meter) entfernt hergestellt werden. Wenn mehrere Erden gebaut werden, so ist nicht Erdleitungsdraht, sondern Zimmerleitungsdraht oder Feldkabel zu verwenden, damit kein Übersprechen eintritt.

Der Führer der Fernsprechvermittlung, von der aus der Bau beginnt, bestimmt die **Festlegepunkte** für das Kabel in der Nähe der Vermittlung (Leitung stets ohne Zug an Vermittlung!) und den ersten Teil der Leitungsführung. Das Kabel wird zunächst an einen Feldfernsprecher angeschlossen.

Folgendes ist zu beachten:

Das Kabel wird lose ausgelegt (Bremse leicht anziehen, sonst Schlingen!).

Das Kabel ist so abzurollen, daß es leicht hoch-, bzw. tiefgebaut werden kann.

Sind Bäume an der Baustrecke, so von Zeit zu Zeit um einen Baum herumgehen!

Bei Straßenbiegungen ist das Feldkabel so auszulegen, daß die Bäume das Hineinziehen des Kabels auf die Straße oder ins Gelände verhindern (z. B. bei Linksbiegungen rechts von den Bäumen, wenn auf der Außenseite der Biegung gebaut wird).

Alle 500 Meter ist das Kabel gegen Zug abzuspannen! Bei Hochbau herunterführen und mit doppeltem Mastwurf befestigen! Nach jedem Kilometerende so abbinden, daß Untersuchung möglich!

Einzelleitungen von Starkstromleitungen mindestens 50 Meter, von elektr. Vollbahnen 500 Meter entfernt führen!

Verbindungs- und Untersuchungsstellen gegen Zug sichern (siehe Abbildung).

Nach Kilometerende Anfangsstelle anrufen, Verbindung kurz prüfen und — wenn ohne Aufenthalt des Weiterbaues möglich — ungefähren Platz angeben!

Tief ist nur zu bauen, wenn Hochbau nicht möglich ist. (Rücksicht auf den Feind, Zeit- oder Kräftemangel, keine natürlichen Auflagen und keine Stangen.)

Bei Tiefbau Kabel nicht halbhoch, sondern ganz tief, möglichst in Gräben verlegen. Mit Steinen befestigen, nicht straff spannen! Besonders gutes Kabel verwenden!

Auf der Erde verlegte Leitungen müssen ohne Spannung geführt werden.

Bei **Hochbau** auf Bäumen usw. ist großer Abstand zwischen Anzieher und Drahtgabler notwendig. Kabel unter Zug halten!

Straßen senkrecht, mindestens 4,50 Meter hoch, kreuzen!

Eisenbahnen unter den Schienen zwischen den Schwellen oder in 6 Meter Höhe kreuzen.

Bau auf Stangen.

Vor Aufrichten der Stangen Kabel mit Stangenbund befestigen! Durchhang durch Drehen beim Aufrichten der Stangen regeln!

Die Stangenabstände dürfen höchstens 50 Meter betragen.

Etwa jede 10. Stange ist nach beiden Seiten zu verankern.

Als Winkelpunkte feste Auflagen oder besonders gut verankerte Eckstangen benutzen! Stangen leicht auswärts neigen!

Bau vom Kraftwagen.

Bei Abrollen vom Kraftwagen Kabel lose auslegen!

Neben der Straße oder dicht am Straßenrand fahren! Das Kabel ist nach dem Auslegen vom Kraftwagen zu Fuß ordnungsgemäß zu verlegen.

Bei Auslegen und Hochbau von einem Kraftwagen aus „Halt" rufen, wenn Drahtgabel hängen bleibt!

2. Feldfernkabelbau.

Der Bau mit Feldfernkabel ähnelt dem mit Feldkabel. Die für Feldkabelbau gegebenen Bestimmungen sind also sinngemäß anzuwenden.

Das Feldfernkabel ist wesenlich teurer als das Feldkabel. Zum Herstellen von Feldfernkabel ist besonders wertvolles Material (hauptsächlich Kupfer und Gummi) notwendig. Es ist daher beim Bau besonders zu schonen. Störungen im Feldfernkabel sind meist nur durch Auswechseln einer ganzen Kabellänge zu beseitigen.

Das Feldfernkabel ist daher so zu verlegen, daß es Störungen möglichst nicht ausgesetzt wird.

Die Isolierung ist durch Zwischenlegen von Lappen, Pappe usw. vor Durchscheuern an scharfen Ecken zu schützen.

Besonders gefährdet ist das Feldfernkabel durch Überfahren mit Kettenfahrzeugen. Es ist daher **möglichst abseits der Wege** in kleinen Gräben zu verlegen. Umwege sind nicht zu scheuen, Ortschaften — wenn möglich — zu umgehen. Wenn Zeit vorhanden, ist das Kabel einzugraben. (Benutzen eines Pfluges kann zweckmäßig sein.)

Auf der Erde ist das Kabel **lose** zu verlegen.

Ist Eile geboten, so wird das Feldfernkabel zunächst ausgelegt und, nachdem die Verbindung hergestellt ist, sorgfältig verlegt.

Feldfernkabel darf nicht auf der Erde entlanggezogen werden. Zum unvermeidlichen Ziehen durch Durchlässe ist der Ziehkopf zu benutzen.

Zwischenschalten anderer Kabelarten ist zu vermeiden. Dadurch wird die Verständigung geschwächt.

Kupplungen sind vor Feuchtigkeit und Unsauberkeit zu schützen.

Beim Eingraben sind die Verbindungsstellen durch Rostpapier u. dgl. abzudecken.

Keine Schlingen beim Auslegen bilden! (Bremse an Verlegewagen benutzen!)

Alle 500 Meter und an Winkelpunkten Kabel festlegen!

Bei Wegkreuzungen sind Telegraphenstangen oder Bäume oder aber doppelte Stangenteile und Verbindungsstücke zu benutzen.

Hochbau.

Feldfernkabel, das längere Zeit und auf längere Strecken liegen bleiben soll, ist mit Rücksicht auf Beschädigungen (Kettenfahrzeuge, Landeseinwohner) hochzubauen. Dieser Hochbau ist ähnlich wie der Hochbau des Feldkabels, aber wesentlich sorgfältiger auszuführen mit Rücksicht auf das größere Gewicht des Kabels, das Auseinanderrecken der Gummiisolierung und die Gefahren der Beschädigungen.

Je nach Witterung und voraussichtlicher Dauer der Verbindung ist das Kabel alle 15—30 Meter abzustützen.

Kabel nicht straff ziehen, sondern ausreichenden Durchhang lassen.

Bei Verlegen an Dauerliniengestänge sind Zwischenstangen zu setzen.

Jede 4. Stange ist als Festlegepunkt zu bauen.

Für lange Zeit gebautes Feldfernkabel muß an Tragedraht aufgehängt werden.

Scheuern vermeiden (Lappen usw. unterlegen)!

Kupplung möglichst an Auflage! Wenn die Kupplung ausnahmsweise zwischen 2 Auflagen liegen muß, dann ist der Zug mit Abspannhaken aufzuheben und das Kabel durch eine Stange zu stützen.

Gestörte Kabellängen werden erst gegen neue ausgewechselt und dann in der Unterkunft instand gesetzt!

3. Felddauerlinienbau.

Eine Felddauerlinie besteht aus 2 Doppelleitungen mit blankem Bronzedraht auf Hakenstützen mit Isolatoren an leichtem Gestänge.

Die Baueinheit ist der Zug.

Jeder Zug kann täglich im Durchschnitt etwa 6—8 km Felddauerlinien bauen.

Für das **Durchführen des Baues** gelten nachstehende Regeln:

Genaue **Erkundung** muß dem Bau einer Linie vorausgehen. Der Erkundung folgt das Festlegen und Abpfählen der Linie.

Stangenlöcher werden, wo das Gelände es erlaubt, am schnellsten mit Handbaggern hergestellt. Tiefe der Löcher etwa $^1/_5$—$^1/_4$ der Stangenlänge (je nach Bodenbeschaffenheit). Abstand der Stangenlöcher etwa 50 m. Bei Benutzung des Spatens sind die Löcher zweistufig so anzulegen, daß die Stange in eine Ecke zu stehen kommt, sich nach zwei Seiten an gewachsenen Boden anlegt und gegen ihn gezogen wird. Erdbohrer nach etwa 20 cm Tiefe herausnehmen und Erdreich 1 m entfernt in Windrichtung niederlegen! Grasoberfläche stets besonders ausstechen! Sprengen der Stangenlöcher nur durch ausgebildetes Personal (bei sumpfigen, gefrorenen und felsigen Böden). Anbringung von Tiefenmarken (mit Buntstift) an den Stielen der Spaten und Handbagger ist zweckmäßig.

Die Stangen sind vor dem Aufrichten auszurüsten (Einschrauben der Isolatoren). Das Zopfende der Stange ist auf einer Unterlage hochzulegen. Das obere Loch ist mit dem Stützenbohrer 10 cm vom Zopfende entfernt vorzubohren, das zweite 25 cm darunter auf der anderen Seite der Stange. Die Isolatorstützen sind bis zum Viertkantansatz einzuschrauben.

Aufstellen der Stangen ist meist durch senkrechtes Hereinsetzen möglich. Bei schweren Stangen Stammende über das Loch legen, gegen die feste Seite ein Brett oder den Spaten halten und Stange daran herabgleiten lassen. Oberer Isolator Straßenseite, unterer Feldseite. Einrichten der Stange beim Ausfüllen des Loches! Gleich von unten an Erdreich schichtenweise gut feststampfen. Zuletzt Rasenfläche auflegen! Bei Verwendung der Handbagger müssen halbmondförmige Erdstampfer verwendet werden, um die Durchmesser der Stangenlöcher möglichst klein halten zu können.

Streben und Anker sind so anzubringen, daß sie der auftretenden Kraft des Drahtzuges entgegenwirken, also in der Winkelhalbierenden. Als Fußpunkt der Strebe ist ein flacher Stein zu benutzen! Anker aus 2—4 verzinkten Eisendrähten (je nach Beanspruchung) von 4 mm Stärke werden in $^3/_4$ Höhe der Stange um die Stange gelegt und durch Ankerhaken gesichert. Als Fußpunkt des Ankers ist ein Holzpfahl, Stangenabschnitt oder besser ein Stein auszunutzen. Befestigen des Ankers am Stein, Ausfüllen und sorgfältiges Feststampfen des Ankerloches sind wichtig. Die Ankerdrähte sind mit Hilfe eines Knebels oder der Kreuzhakenspitze seilartig zu verdrehen.

In besonderen Fällen (Platzmangel) können Spitzböcke errichtet werden.

Jede zehnte Stange (bei Überschreitung von Bodenerhebungen öfter) ist mit Blitzschutz aus 4 mm verzinktem Eisendraht zu versehen, der durch Krammen befestigt wird. Der Blitzschutzdraht überragt das Zopfende um 15 cm und wird am Fußende zu einem Ring aufgeschlossen. Bei verankerten Stangen wird der Anker nach oben durch einen Draht als Blitzschutz verlängert.

Abweiser und Prellpfähle werden an gefährdeten Punkten (Straßenkreuzung) aufgestellt und müssen mit ihrem oberen Ende mindestens 10 cm von der Stange entfernt sein, damit Stöße nicht auf die Stange übertragen werden.

Beim **Auslegen des Bronzedrahtes** ist Vorsicht geboten. Geringe Verletzungen der Oberfläche führen bereits Brüche herbei. Stets ist von der getragenen Haspel abzurollen. Jedes Schleifen auf dem Erdboden, sowie Schlingenbildung, Knicke und Verdrehungen um die eigene Achse sind zu vermeiden. Befestigen des Endes am Isolator und Hochlegen in die Isolatorenstützen mit Drahtgabel! Drahtverbindungen werden bei Bronzedraht mit Kupferhülsen ausgeführt. Behelfsmäßige Drahtverbindung durch Würgebund. Nach Möglichkeit sind durch Bäume usw. behinderte Stellen zu umgehen. Äste sind bis auf 1 m Abstand zu entfernen. (Bewegung bei Wind berücksichtigen.)

An der **letzten Stange,** die wie die **Anfangsstange** besonders zu verstärken ist, ist die Leitung abzubinden und ohne Zug an Einführungsblock oder -querträger heranzuführen. Verbindungsstelle zur Innenleitung mit Hilfe von Überführungsdosen, Einführungsisolatoren oder unmittelbar durch Anschluß von Gummischlauchleitung, Z-Draht oder Bleirohrkabel.

Kreuzungen und Platzwechsel haben den Zweck, störende Induktionsgeräusche auszuschalten. Die Strecke ist in soviel Kreuzungsabschnitte zu unterteilen, daß sowohl die a-Ader wie die b-Ader einer Leitung mit der Hälfte ihrer gesamten Drahtlänge auf der Feld- wie auf der Straßenseite verlaufen. Länge der Kreuzungsabschnitte je nach Induktionsstärke zwischen 5 und 1 km! An allen Kreuzungen und Platzwechseln sind beiderseits dieser Stellen Bezeichnungsmarken für die Adern an die Drähte anzuhängen.

Untersuchungsstellen sollen schnelle Störungssuche ermöglichen. Sie sind deshalb an leicht zugänglichen Orten einzurichten (mindestens alle 5 km, besser alle 2 km, z. B. an Kreuzungen zwischen der Linie und Straßen). Die Untersuchungsstellen sind für alle Leitungen an dieselbe Stange zu legen und als Trennstellen auszubilden. Zweckmäßig ist Kenntlichmachen der Untersuchungsstangen durch einen breiten weißen Farbring.

Auf **Starkstromschutz** ist wegen hoher Gefährdung beim Blankdrahtbau besonders zu achten. Niederspannungsleitungen sind mit isoliertem Draht oder unter Ausnutzung vorhandener Schutznetze zu kreuzen. Hochspannungskreuzungen unter Ausnutzung vorhandener geerdeter Schutznetze, sonst durch Verkabelung.

Alle **Kreuzungen** rechtwinklig zur Starkstromlinie und dicht an einem Stützpunkt. Eisenbahnen sind mit unterstem Draht 6 m über Schienenoberkante oder durch Verkablung (Durchlässe benutzen) zu kreuzen, elektrische Straßen- und Vollbahnen grundsätzlich durch Verkabelung. Straßenkreuzungen mit unterstem Draht 4,5 m über Straßenoberfläche. Der Isolatorenabstand kann dabei auf 20 cm verringert werden.

4. Behandeln und Instandhalten der Geräte.

Alle Apparate sind vor hartem Hinsetzen und Fallen, vor Nässe, Staub und Schmutz zu schützen. Sie dürfen niemals ohne Unterlage (Zeltbahn) auf den Erdboden gestellt werden. Bei Regenwetter sind sie zuzudecken. Das Verdrehen der Schnüre beim Gebrauch ist zu vermeiden. Beim Herausziehen der Stöpsel aus den Klinken darf nicht an den Schnüren gezogen werden. Sind die Apparate naß geworden, so müssen sie abgetrocknet werden; ist Wasser in das Innere gedrungen, so sind die Schrank- oder Apparateinsätze herauszunehmen und an der Luft, nicht am Feuer, zu trocknen. Auch das Innere muß gut ausgetrocknet werden.

Nach dem Trocknen sind angelaufene oder angerostete Teile sorgfältig zu reinigen. Auch sonst ist das Gerät von Zeit zu Zeit mit einem trockenen Lappen abzuwischen.

Handapparateschnüre mit Garnbeflechtung werden vorsichtig mit einem mit Benzin getränkten Lappen (feuergefährlich) gereinigt und danach in freier Luft getrocknet, bis der Geruch verschwunden ist.

Grundsätzlich sollen Apparate usw. aufrechtstehend verladen werden, damit nicht unversteifte Ansatzmasse aus den Feldelementen herausläuft.

Vor bahnmäßigem Versand und längerem Nichtgebrauch oder lagermäßiger Aufbewahrung sind angesetzte Elemente aus den Kästen zu entfernen.

Der Fernsprecher darf folgende Arbeiten an Apparaten, Klappenschränken usw. selbst ausführen:

a) Reinigen aller Teile, die nach dem Öffnen der Kästen, dem Öffnen der Batteriefachdeckel oder nach Herausnehmen der Schrank- bzw. Apparateeinsätze zugänglich sind.
b) Auswechseln der Feldelemente.
c) Auswechseln von Mikrophon- und Fernhörerkapseln.

Alle anderen Arbeiten werden nur durch Mechaniker ausgeführt.

5. Feststellen und Beseitigen von Störungen.

Jeder Fernsprecher, der eine Störung bemerkt, hat sie sofort dem Truppführer zu melden.

Fehlerhafte Apparate wechselt man sofort aus. Ist eine Klappe fehlerhaft, so legt man den Teilnehmer um oder schließt einen besonderen Apparat an und prüft nach Auswechseln die Verbindung. Nur durchgeprüftes Gerät darf als Ersatz eingebaut werden.

Ein erfahrener Fernsprecher wird meist schon bei der Meldung der Störung angeben können, ob Unterbrechung (kein abgehender Weckstrom, daher auffallend leichtes Drehen des Induktors), Ableitung (auffallend schweres Drehen des Induktors) oder Nebenschluß zu anderen Leitungen (starkes Übersprechen anderer Apparate) vorliegt. Das Fortbestehen der „Leitungsgeräusche" im Fernhörer läßt darauf schließen, daß der Fehler kilometerweit von der Stelle entfernt ist.

Genaue Auskunft gibt aber erst die Prüfung der Fernsprechstelle.

Auf größeren Fernsprechvermittlungen, auf denen ein Feldprüfschrank eingebaut ist, und auf mittleren Vermittlungen, auf denen ein Feldmeßkästchen vorhanden ist, mißt man den Widerstand der gestörten Leitungen und der zugehörigen Innenleitung mit Feldprüfschrank oder Feldmeßkästchen: durch Vergleichen des Ergebnisses mit den letzten normalen Messungen kann man auf Art und Lage der Störung schließen.

Auf allen übrigen Fernsprechstellen wird zum Prüfen ein Feldfernsprecher benutzt. Man stellt mit Induktor und Prüftaste fest, ob die Außenleitung Unterbrechung (Induktor geht leicht, Wecker schweigt oder spricht nur leise an bei Prüftastendruck) oder Ableitung (Induktor geht schwer, Wecker spricht laut an bei Prüftastendruck) hat. Ferner horcht man in die Leitung hinein. Ist das in jeder längeren Leitung hörbare luftelektrische Summen stark, so liegt der Fehler ziemlich weit entfernt, ist es schwach, so liegt er näher, fehlt es ganz, so liegt der Fehler dicht bei der Vermittlung.

Bei Doppelleitungen führt man die Prüfung sinngemäß durch.

Gestörte Leitungen legt man grundsätzlich auf einen Einzelapparat (Feldfernsprecher), da dessen Wecker leichter anspricht als viele Fallklappen. Außerdem schaltet man in die fehlerhafte Leitung einen Kopffernhörer ein, den ein Fernsprecher sich ans Ohr klemmt. Hierdurch überwacht man die Leitung besonders wirksam und erleichtert die Arbeit der Störungssucher sehr.

Ergibt die Prüfung, daß der Fehler nicht in der eigenen Fernsprechstelle steckt, so wird spätestens nach drei Minuten ein Störungsuchertrupp entsandt.

Beritten, im Kraftfahrzeug oder zu Fuß eilen die Störungssucher „sprungweise" vorwärts, verfolgen mit den Augen die Leitung und schalten sich etwa alle 200 m an. Bei langen Leitungen und schnellen Verkehrsmitteln kann man auch größere Sprünge machen.

Bei stromlosen Leitungen (Unterbrechungen) schaltet man den an La des Fernsprechers liegenden Draht an eine blankgemachte Stelle der Leitung, während man Lb des Fernsprechers mit einer behelfsmäßigen Erde — bei Doppelleitungen mit dem anderen Leitungszweig — verbindet.

Lagen dagegen die Anzeichen einer Ableitung vor (starker Stromabgang), so muß man die Leitung — bei Doppelleitungen beide Leitungen — trennen und erst die rückwärts, dann die vorwärts führende Leitung prüfen.

Reißt die Verbindung mit der Anfangstelle ab, so gehen die Störungssucher 250 m zurück und schalten sich dort an. Haben sie von dort Verständigung, so schalten sie sich 125 m weiter vorn an und grenzen so lange den Fehler ein, bis sie ihn finden. Reißt die Verbindung zur Anfang- und Endstelle ab, so bestehen zwei Fehler: jeder Fehler ist dann für sich einzugrenzen.

III. Fernsprechbetriebsdienst.

1. Allgemeine Regeln.

Buchstabiere nach der Buchstabiertafel (s. Seite 239)!

Spreche klar und deutlich und vermeide jedes unnötige Wort!

Privatgespräche sind verboten!

Besonders in Zeiten starken Verkehrs dürfen Leitungen nur so kurz wie möglich in Anspruch genommen werden.

Den Abfrageapparat des Klappenschrankes nicht zum Führen von Gesprächen benutzen!

Der Kopffernhörer ist stets an die Fernsprechapparate anzuschließen. Benutzung des Kopffernhörers verbessert den Empfang und schirmt gegen störende Außengeräusche ab.

Es empfiehlt sich, über mehrere Vermittlungen gehende Gespräche nicht erst beim Mann am Klappenschrank anzumelden, sondern sofort den Betriebsapparat (Fernanmeldung) zu verlangen.

Deutliche Handschrift, richtige Schreibweise der Abkürzungen!

Strengste Beachtung der zum Geheimhalten gegebenen Anordnungen.

Wenn Decknamen ausgegeben sind, so sind sie stets zu benutzen. Die Bedeutung der Decknamen darf nicht durch fahrlässiges Sprechen verraten werden

Nicht ungeduldig werden! „Laß' nie durch einen Fernspruch dich aus der Ruhe bringen, denk' immer an den Kernspruch des Götz von Berlichingen!“

Unbefugtes Mithören ist verboten!

Auf der Vermittlung müssen Ordnung und Sauberkeit herrschen.

2. Geheimhaltung im Fernsprechbetrieb.

(S. auch Seite 224/25.)

Gegen das Beobachten des Fernsprechverkehrs durch den Feind sind besondere Maßnahmen nötig.

Die Größe der **Gefahrzone** hängt ab von den Reichweiten der feindlichen Lauschmittel. Sie reicht im allgemeinen bis 3 km hinter die vorderste eigene Kampflinie. Leises Sprechen vermindert nicht die Möglichkeit des Abhörens durch den Feind. Nachrichten, die dem Gegner unbedingt verborgen bleiben müssen, darf man in der Gefahrzone überhaupt nicht durch Fernsprecher übermitteln. Man muß stets davon ausgehen, daß der Feind alles mithört, was zwischen Fernsprechstellen innerhalb der Gefahrzone gesprochen wird. Leitungen, die von Fernsprechstellen innerhalb der Gefahrzone kommen, dürfen niemals mit solchen außerhalb der Gefahrzone durchverbunden werden. Solche Leitungen muß die Grenzvermittlung von den nicht gefährdeten getrennt halten und mit der Bezeichnung „Gefahrzone" versehen. Eigenheiten des Bedienungspersonals, Begrüßung und Anreden selbst ohne Namensnennung sind streng verboten. Der Feind kann daraus weitgehende Schlüsse ziehen. Straffe Sprechzucht erschwert ihm dies.

Zum Schutz des Inhalts des eigenen Fernsprechverkehrs dienen **Decknamen und Geheimschrift.**

Decknamen dienen zur Bezeichnung von **Kommandobehörden, Truppenteilen und Nachrichtenstellen. Orte** und wichtige **Geländepunkte** werden mit **der** Zielgeviertafel oder durch Tarnausdrücke bezeichnet. Personennamen sind durch Angabe der Dienststellung zu tarnen, z. B. Führer (nicht Regimentskommandeur usw.). Auch wichtige Führungsabsichten sind zu tarnen.

Decknamenlisten dürfen nur die für den Verkehrsbereich unentbehrlichen Namen enthalten, damit bei Verlust dem Feind nicht die Gliederung der Division usw. bekannt wird.

Alle Benutzer des Fernsprechers müssen die Decknamen kennen und anwenden. Es ist unzulässig, daß bei einer Dienststelle, die mit dem Decknamen bezeichnet worden ist, in Klarsprache eine enthüllende Ergänzung gemacht wird, z. B. daß bei dem sich mit Decknamen meldenden Bataillon der „Bataillonsadjutant" in Klarsprache statt mit Decknamen verlangt wird. Ebenso sind offene fernmündliche Anfragen nach Truppenteilen usw. sowie Anfragen nach der Bedeutung von Decknamen verboten.

Fernsprüche geheimen Inhalts sind in der Gefahrzone verschlüsselt zu übermitteln. Ausnahmen sind nur im Kampf beim Übermitteln besonders eiliger Nachrichten unter Verantwortung und auf Anordnung der Kommandostelle in jedem einzelnen Falle zulässig.

Jeder Mann muß sich darüber klar sein, daß ein unbedachtes Wort am Fernsprecher schwere Folgen für Führung und Truppe haben kann.

3. Betriebsunterlagen.

Folgende Betriebsunterlagen müssen geführt werden:

Leitungsskizze (Übersichtlichkeit! Takt. Zeichen s. Seite 172—174).
Diensteinteilung.
Namentliches Verzeichnis der Offiziere und Beamten des Stabes mit Angabe der Unterkunft.
Decknamenliste, wenn ausgegeben.

Auf größeren Vermittlungen sind ferner zu führen:

Skizze der Leitungsführung im Gelände.
Liste über Meßergebnisse.
Liste über Störungen.
Liste über aufgenommene Fernsprüche.
Liste über beförderte Fernsprüche.
Liste über Gesprächsanmeldungen.

4. Der Führer der Fernsprechvermittlung.

Der Führer der Fernsprechvermittlung ist für den gesamten Dienst verantwortlich. Zu seinen Aufgaben gehört u. a.:

Diensteinteilung.

Besonders ist zu beachten, daß die wichtigsten Verbindungen schnell hergestellt werden, ferner daß in Zeiten starken Betriebs die geeignetsten Mannschaften für Klappenschrank und Betriebsapparate eingeteilt werden und die Ablösung geregelt wird. Bei starkem Betrieb müssen ausreichend Fernanmeldungen eingerichtet werden.

Überwachen des Betriebs auf der Vermittlung.

Verzögerungen im Befördern von Fernsprüchen und Fernschreiben sind dem Leiter des Nachrichtenbetriebes, dem Zugführer oder der Kommandobehörde zu melden.

Von Zeit zu Zeit sind die Leitungen zu messen.

Abweichungen in der Messung oder Abnahme der Verständigung — selbstverständlich auch Störungen — sind dem Zugführer sofort zu melden, damit vor Eintreten einer Störung Abhilfe geschaffen werden kann.

Ist der Zugführer nicht erreichbar, dann veranlaßt der Führer der Fernsprechvermittlung selbst Abhilfe.

Er meldet dem Zugführer, wenn dringende oder Ausnahmegespräche unberechtigterweise angemeldet werden.

Sicherstellen des Geheimschutzes. (Siehe S. 216.)

5. Der Mann am Klappenschrank.

Der Mann am Klappenschrank muß mit Ruhe gepaarte Gewandtheit besitzen und klare, knappe Ausdrucksweise sowie soldatisch-taktvolles Benehmen haben.

Er muß die Betriebsvorschrift beherrschen und die Betriebsunterlagen kennen.

Es kommt darauf an, daß der Mann am Klappenschrank stets schnell und sicher die Verbindungen herstellt.

Der Mann am Klappenschrank darf nur das sagen, was vorgeschrieben ist, und darf sich auf keine Unterhaltung irgendwelcher Art einlassen. Bei Anfragen oder Beschwerden verbindet er mit dem Führer der Fernsprechvermittlung oder — falls eine besondere Auskunft eingerichtet ist — mit dieser.

Abnehmen der Verständigung und jede Störung ist dem Führer der Fernsprechvermittlung umgehend zu melden. Ferner ist dem Führer der Fernsprechvermittlung zu melden, wenn dringende oder Ausnahmegespräche unberechtigt angemeldet werden.

6. Betriebsapparate.

Ein oder mehrere Betriebsapparate werden eingerichtet zum Heranholen von Fernverbindungen (Fernanmeldung), zum Aufnehmen und Befördern von Fernsprüchen (Aufnahme) und zum Erteilen von Auskünften (Auskunft).

7. Vermitteln von Ferngesprächen.

Die Verbindung wird hergestellt unter Wiederholen des gewünschten Anschlusses, z. B.: „Hauptmann Wagner, ich rufe." Der Mann am Klappenschrank ruft den gewünschten Teilnehmer, verbindet und überzeugt sich, ob das Gespräch zustandegekommen ist. Ist dies nicht der Fall, so meldet er nach nochmaligen Rufen: „Hauptmann Wagner meldet sich nicht."

Besteht die Verbindung längere Zeit, dann schaltet sich der Mann am Klappenschrank kurz ein und fragt, wenn er kein Sprechen hört: „Hier Vermittlung 2. Div., wird noch gesprochen?" Wenn niemand antwortet, wartet er einige Zeit und trennt dann die Verbindung.

Ist der gewünschte Anschluß besetzt, so ist zu sagen: „Besetzt, bitte später rufen!"

Wird ein Teilnehmer verlangt, der über eine andere Vermittlung zu erreichen ist, so sagt der Mann am Klappenschrank: „Ich gebe Betriebsapparat*)." Dort wird die Verbindung dann hergestellt.

Nur wenn so schwacher Betrieb herrscht, daß das Herstellen der Verbindung den Dienst am Klappenschrank nicht aufhält, darf gesagt werden: „Major Richter der 12. Div., ich rufe wieder an!" Der Mann am Klappenschrank stellt dann die Verbindung selbst her.

8. Reihenfolge der Gespräche.

Gewöhnliche Gespräche können von jedem Wehrmachtangehörigen geführt werden.

Dringende Gespräche dürfen durch Offiziere für dringende Führungszwecke, Luftschutz-, Transport-, Abwehr- und eilige Wetternachrichten geführt werden. Sie sind gewöhnlichen Gesprächen übergeordnet und unterbrechen sie auf Anfordern.

Ausnahmegespräche dürfen geführt werden durch obere Führer, Chefs der Stäbe und durch die ersten Generalstabsoffiziere der Divisionen, in Fällen dringender Gefahr auch durch andere Offiziere. Ausnahmegespräche unterbrechen auf besondere Anordnung dringende Ferngespräche. Name, Dienstgrad und Truppenteil des Sprechenden sind anzugeben.

Ein auf einer Fernleitung ankommendes Gespräch hat den Vorzug vor einem Gespräch gleichen Ranges, das von einem Teilnehmer zu einem anderen Teilnehmer derselben Vermittlung geführt wird.

9. Aufnehmen und Befördern von Fernsprüchen.

Fernsprüche sind schriftliche Nachrichten, die durch Fernsprecher durchgesprochen und auf der Gegenstelle niedergeschrieben werden.

Zum Aufnehmen von Fernsprüchen gibt der Mann am Klappenschrank den Betriebsapparat).**

Die **Urschrift jedes Fernspruchs** muß enthalten:

Absendende Stelle und nach jedem Stellungswechsel den Abgangsort, Abgangstag und -zeit,

---

*) Bei größeren Vermittlungen „Fernanmeldung".

**) Bei größeren Vermittlungen besondere „Aufnahme".

Anschrift,
Inhalt,
Namenszeichen der aufgebenden Person.

Abgangstag und -zeit — gegebenenfalls Abgangsort — sind in den Meldekartenkopf des Vordrucks einzutragen, die Anschrift hinter „An" des Meldekartenkopfes, der Inhalt darunter und unter diesem der Absender. Stimmt der Absender mit der Kommandostelle, zu der die Fernsprechstelle gehört, überein, so wird er im Meldekartenkopf unter „Absendende Stelle" geschrieben. Die besondere Angabe unter dem Inhalt unterbleibt dann.

Ist der Name der aufgebenden Person unter dem Fernspruch voll ausgeschrieben (Unterschrift), so ist er als zum Inhalt gehörig zu betrachten.

Dringende Fernsprüche werden von der aufgebenden Kommandostelle im Spruchvordruck vor dem Inhalt mit „kr" bezeichnet. Sie gehen allen anderen Nachrichten vor. Die eigenmächtige Anwendung von „kr" durch die Besatzung ist den Fernsprechstellen verboten.

Auf die Aufforderung der angerufenen Aufnahme „Kommen" wird der Fernspruch in der Reihenfolge: Kopf, Meldekartenkopf, Inhalt durchgesprochen. Der Beginn der einzelnen Teile wird durch die Bezeichnungen angekündigt.

Nachstehendes **Beispiel** zeigt die Art der Übermittlung eines Fernspruches:

Die Gegenstelle B meldet sich: „Hier Aufnahme B".
A: „Hier A, ein Fernspruch!"
B: „Kommen!"
A: „Kopf!"
„Fernspruch Nr. 3 von A an B.
Vermerk: 15 Min. durch Leitungsstörung verzögert."
„Meldekartenkopf!"
„Absendende Stelle: 1. Division.
Abgangsort: X-Dorf.
Abgangszeit: 1703.
Anschrift: An Generalkommando I. A.-K."
„Inhalt."

Der Inhalt des Fernspruchs wird in Gruppen von drei bis sechs Wörtern durchgesprochen. Der Umfang einer Gruppe ist, im Sinn zusammenhängend, so zu bemessen, daß der Aufnehmende sie nach dem Gedächtnis niederschreiben kann.

Satzzeichen sind mitdurchzugeben, Absätze zu bezeichnen. Alle Zeitangaben werden als Zeitgruppe ausgesprochen. Vor römischen Zahlen ist das Wort „römisch" einzufügen, vor arabischen das Wort „arabisch" nur dann, wenn sie mit römischen vermischt vorkommen, z. B. III./4. = „römisch III, Bruchstrich, arabisch 4".

Schwer verständliche Wörter, z. B. Eigennamen, werden buchstabiert (vergl. Tafel auf Seite 239). Kommt in einem Wort derselbe Buchstabe zweimal nebeneinander vor, so ist zwischen die beiden Buchstabiernamen „nochmal ..." zu setzen.

Um beim Übermitteln von Zahlen Irrtümer auszuschließen, können die Zahlen einzeln hintereinander genannt und schnell bis zu der gegebenen Zahl gezählt werden z. B.: „75" = sieben fünf = 1, 2, 3, 4, 5, 6, 7; — 1, 2, 3, 4, 5.

Verschlüsselte Fernsprüche werden buchstabiert in Gruppen gegeben. Bei Gruppen zu 5 Buchstaben werden zusammenhängend 3 und 2 Buchstabierwörter durchgegeben und jede neue Gruppe durch das Wort „Gruppe“ angekündigt. Die Gruppen sind zeilenweise, von links nach rechts zu geben und mit einem Zwischenraum von einem Quadrat niederzuschreiben. Zum Schluß ist zu prüfen, ob die über den Inhalt angegebene Buchstaben- oder Gruppenzahl mit der tatsächlichen übereinstimmt.

Der **Aufnehmende** wiederholt jedes Wort deutlich sprechend während des Niederschreibens. Wörter wie: „Kopf“, „Abgegangen“, „Zeit“, „Inhalt“, „Komma“, „Absatz“, „Bruchstrich“ usw. werden ebenfalls wiederholt. Was der Aufnehmende nicht verstanden hat, läßt er sich wiederholen, erklären oder buchstabieren.

Ist die Niederschrift des Fernspruchs beendet, so liest ihn der Aufnehmende mit den Worten: „Ich vergleiche“ noch einmal vor. Der Gebende stellt Irrtümer richtig und sagt nach dem Vergleich: „Hier A. Richtig. Fertig“. Der Aufnehmende antwortet: „Hier B. Fertig“. Beide geben, wenn nichts mehr vorliegt, das Schlußzeichen.

Nach dem **Befördern** füllt der befördernde Funker die Spalte „befördert“ aus. Er trägt Tag und Zeit des Schlusses des Übermittelns ein, schreibt hinter „durch“ seinen Namen.

Hierauf macht der Abfertiger die weiteren Eintragungen in die „Liste für beförderte Fernsprüche“ und übergibt den Fernspruch dem Führer der Vermittlung. Dieser prüft die Eintragungen im Kopf des Spruchvordrucks und versieht den Fernspruch unten rechts mit dem Erledigungsvermerk, Namen und Dienstgrad.

Der Aufnehmende füllt die Spalte „aufgenommen“ durch Eintragen der übermittelten Nummer des Spruches, des Tages, der augenblicklichen Zeit und seines Namens aus und macht die sonstigen Eintragungen. Hinter „von“ ist der Name der Fernsprechstelle nur dann einzusetzen, wenn der Spruch vermittelt wurde.

Der Abfertiger trägt den aufgenommenen Fernspruch in die „Liste für aufgenommene Fernsprüche“ ein, wobei die Spruchnummer unter Spalte „Lfde. Nr.“ eingetragen wird.

Der Melder überbringt den Fernspruch dem Empfänger, von dem auf dem Vordruck der Empfang zu bescheinigen ist. Der Melder muß zum Beschleunigen der Unterschrift einen Bleistift und möglichst eine Uhr bei sich führen. Der Empfangsschein ist dem Unteroffizier vom Dienst abzugeben.

Sprüche, die von einem anderen Nachrichtenmittel kommen und als Fernspruch weitergehen, erhalten eine Angabe darüber, unter „Vermerke“, z. B. „bei Divisionskommando als Taubenspruch angekommen“. Dies wird mitübermittelt.

Fernsprüche, die auf ein anderes Nachrichtenmittel übergehen, z. B. von der Fernsprechübermittlung auf die Funkübermittlung, erhalten gleichfalls eine Angabe darüber unter „Vermerke“, z. B. „An Funkstelle abgegeben zur Weiterbeförderung“. Der gleiche Vermerk wird in die „Liste für aufgenommene Fernsprüche“ unter „Bemerkungen“ eingetragen.

Fernsprüche, die zur Weitergabe an andere Stellen aufgenommen werden (Durchgangsfernsprüche), gelten für die Weitergabe als Urschrift.

Im Kopf sind demnach die Spalten „aufgenommen" und „befördert" auszufüllen.

Um einen Überblick zu haben, daß alle aufgelieferten Fernsprüche befördert und alle aufgenommenen ausgehändigt sind, hat auf den größeren Vermittlungen der Abfertiger Listen und einen Schnellhefter für Empfangsscheine zu führen.

IV. Fernschreibdienst.

1. Der Feldfernschreiber.

Der Feldfernschreiber hat eine Schreibmaschinentastatur. Durch Betätigen einer Schreibmaschinentaste wird ein entsprechend langer Stromstoß in die Leitung geschickt.

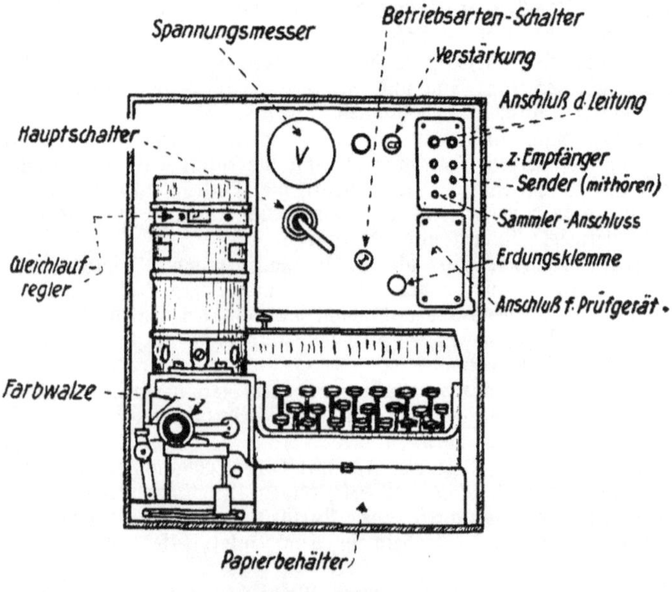

Der Feldfernschreiber.

Dieser Stromstoß kommt beim Empfänger in einen Elektromagneten, der einen Anker entsprechend lange anzieht. Der Anker drückt einen Papierstreifen gegen eine Farbwalze. Dadurch wird der Buchstabe geschrieben.

Die Schriftzüge erscheinen doppelt. Sie liegen gleichlaufend, wenn die Umlaufgeschwindigkeiten der Nockenscheibe des Senders und der Farbwalze des Empfängers gleich sind; andernfalls sind die Schriftzüge durch Betätigen des „Reglers" gleichlaufend zu stellen. Dadurch werden die beiden Umlaufgeschwindigkeiten angeglichen.

2. Fernschreibbetrieb mit Feldfernschreiber.

Wenn die Fernschreibstelle bisher nicht im Betrieb war, so wird der Schalter zunächst eine Minute lang auf „bereit" und dann auf „Betrieb" gestellt.

Der Gegenstelle wird die Durchgabe eines Fernschreibens fernmündlich angekündigt. Die Gegenstelle antwortet: „Ich gehe auf Betrieb" und macht ihr Gerät ebenso wie die anrufende Stelle betriebsbereit. Wenn der Feldfernschreiber eingeschaltet ist, stellt die anrufende Stelle die Taste fest und gibt solange „E", bis das Gerät mit dem der Gegenstelle gleichlaufend ist. Die anrufende Stelle sendet jetzt „R", stellt ihrerseits die Taste fest und gibt „E", bis die Gegenstelle den Gleichlauf der Geräte durch „KK" bestätigt. Das Fernschreiben wird jetzt wie folgt durchgegeben:

Anfangszeichen (+),
Kopf,
Meldekartenkopf,
Inhalt,
Schlußzeichen (+).

Sodann gibt die Gegenstelle die Empfangsbestätigung.

Als Satzzeichen werden verwendet:

/+ = Punkt,
/// = Komma,
+++ = Unterstreichung (vor und nach den zu unterstreichenden Buchstaben).

Andere Satzzeichen sind auszuschreiben und durch / einzuschließen. Eigene Fehler werden durch vorgestellte „NN" berichtigt.

Es können auch Fernschreibgespräche geführt werden. Hierbei werden Rede und Gegenrede in die Fernschreiber diktiert.

V. Verstärker.

1. Verstärkertechnik.

Die Verständigung auf einer Leitung kann durch verschiedene Einflüsse (Widerstand der Leitung, Ableitung, Kapazität, Selbstinduktion) geschwächt werden. Diese Schwächung nennt man Dämpfung.

Die Dämpfung kann durch Verstärker herabgesetzt und die Verständigung daher verbessert werden.

Der Hauptteil der Verstärker sind die Röhren. Sie verstärken nach dem auf Seite 270 geschilderten Prinzip. Die Röhren lassen den Strom jedoch nur nach einer Richtung durch.

Werden die Gespräche nur in einer Richtung verstärkt und sind für jede Gesprächsrichtung eine Doppelleitung (also im ganzen 4 Leitungen) verfügbar, so nennt man diese Verstärkungsart Vierdrahtverstärker. Steht für Hin- und Rückleitung nur eine Doppelleitung zur Verfügung (Zweidrahtverstärker), so muß verhindert werden, daß der aus einer Röhre kommende Strom auch durch die 2. Röhre fließt und hier störende Pfeifgeräusche hervorruft. Dasselbe gilt auch für die an den Enden einer Vierdrahtleitung befindlichen Verstärker, dagegen nicht für die Zwischenverstärker auf einer Vierdrahtleitung.

Dies schädliche Pfeifen wird durch die sogenannte „Nachbildung" verhindert. Bei der Nachbildung wird die Leitung durch Einstellen eines Widerstandes und eines Kondensators künstlich nachgebildet und dadurch ein Ausgleich innerhalb des Geräts erzielt.

Verstärker dürfen nur auf einwandfreien Leitungen eingesetzt werden, da sie die störenden Geräusche ebenfalls verstärken.

2. Bedienung des Verstärkers.

Die Fernanmeldung der Fernsprechvermittlung fordert fernmündlich bei dem Verstärkertrupp die Verstärkung der betreffenden Leitung an. Darauf werden die Leitungen im Klinkenfeld des Verstärkergestelles geschaltet. Die Klinken des Klinkenkastens werden mit den Leitungsklinken des Klappenschrankes verbunden. Sodann werden die Verbindungen zwischen den Leitungsklinken im Klinkenfeld des Verstärkergestells mit den Klinken F 1 und F 2 eines freien Verstärkers hergestellt und die Nachbildung lt. Tabelle eingestellt. Jetzt wird der Verstärker in Betrieb gesetzt und die günstigste Verstärkung bei Pfeiffreiheit geregelt.

Die bisher erwähnten Verstärker sind die Verstärker des Verstärkertrupps. Es gibt außerdem noch die sogenannten Relaisverstärker. Sie besitzen ein Relais, das den Sprechstrom immer nur nach einer Richtung durchläßt und das das eben geschilderte Pfeifen der Röhre verhindert.

Der Relaisverstärker wird neben den Klappenschrank gestellt. Der Mann am Klappenschrank verbindet die zu verstärkenden Leitungen durch die Vermittlungsschnüre mit dem Verstärker und schaltet ihn ein.

C. Funkdienst.

Der Funkverkehr überbrückt **schnell weite Räume.** Er eignet sich daher besonders zur Verbindung mit und zwischen beweglichen Verbänden und Fliegern. Darüber hinaus ist der Funkverkehr ein ausgezeichnetes Nachrichtenmittel, um bei der heutigen beweglichen Gefechtsführung Aufklärungsergebnisse — so das Erscheinen von feindlichen Panzerkampfwagen oder mot. Truppen — schnell der Führung zu übermitteln. Ferner ermöglicht er die Übermittlung von Meldungen und Befehlen in Lagen, in denen feindliche Feuerwirkung die Verwendung anderer Nachrichtenmittel ausschließen würde. Es werden also meist für die Truppe und Führung sehr wichtige Meldungen gefunkt. Dies erfordert **unbedingte Zuverlässigkeit und beste Ausbildung der Funker.**

Der Funkverkehr ist aber auch das gefährlichste Nachrichtenmittel, da Funksprüche und Funkgespräche im weiten Umkreis von jedem Empfänger aufgenommen werden können. Auch der Kurzwellenverkehr der kleinen Tornisterfunkgeräte ist infolge der Raumstrahlung bis weit in den Feind hinein **abhörbar.** Funksprüche sind daher zu schlüsseln, soweit die Geheimhaltungsbestimmungen nicht ausdrücklich Ausnahmen gestatten. Funksprechen entspricht offenem

Funken und ist daher ebenfalls nur erlaubt, soweit es die Bestimmungen zulassen. Aber auch in den Fällen, in denen Funksprechen gestattet ist, sind besondere Maßnahmen notwendig, um den Funksprechverkehr gegenüber der feindlichen Funkaufklärung zu tarnen. Besonders ist Tarnung notwendig für: Truppenbezeichnungen, wichtige Geländepunkte und für den Feind bedeutsame eigene Führungsmaßnahmen.

Aber nicht allein die Abhör-, sondern auch die **Peilgefahr** macht das Funkgerät zu dem gefährlichsten Nachrichtenmittel, dessen Bedienung daher besonders verantwortungsvoll ist. Die feindliche Funkaufklärung kann nämlich durch Peilen den Standort von Funkstellen und damit auch die Plätze der betr. Stäbe erkennen und Schlüsse auf die Führungsabsichten ziehen. Dies löst Maßnahmen der feindlichen Führung aus und bewirkt oft nicht nur die Vernichtung der betr. Funktrupps, sondern auch der Stäbe und Truppen. Es darf daher nur gefunkt werden, wenn es unbedingt nötig und von der Führung erlaubt ist. Darüber hinaus muß, wenn gefunkt wird, die Sendestärke so gering gehalten werden, daß die Gegenstelle gerade noch, der Feind aber möglichst nicht aufnehmen kann. Jedes Funken ist eine besonders wichtige taktische Handlung.

Dies Nachrichtenmittel, das die eigene Führung in kritischen Augenblicken ermöglicht und damit das Leben Eurer Kameraden retten kann, das aber bei unsachgemäßer Anwendung zur größten Gefahr wird, wird von Euch bedient, Funker! Seid Euch dieser Verantwortung bewußt!

I. Funktechnik.*)

Für die Einführung in die elektrischen Erscheinungen und Begriffe gilt das unter „Fernsprechtechnik" auf S. 190/191 Gesagte.

1. Die Kathodenröhren (auch Elektronenröhren genannt).

Kathodenröhren sind wichtige Bestandteile der Sender, Empfänger und Verstärker im Funkwesen, sowie der Fernsprechverstärker und der Lichtsprechgeräte.

In eine fast luftleere Glasröhre ragen das Minusende (Kathode) und das Plusende (Anode) eines Stromkreises. Dieser Stromkreis, der sogen. Anodenstrom, wird also in der Röhre unterbrochen.

Wird die Kathode jedoch durch einen besonderen „Heiz"strom zum Glühen gebracht, so treten an der Kathode winzige elektrische Teilchen, die auf S. 191 beschriebenen Elektronen, aus und fließen zur Anode. Der Anodenstrom ist jetzt also geschlossen und fließt. In umgekehrter Richtung fließt aber kein Strom. **Die Röhre wirkt also gleichrichtend.**

---

*) Näheres siehe die einzelnen Gerätebeschreibungen oder Mügge: „Kurze Elektrizitäts- und Gerätelehre für Funker und Fernsprecher", Verlag Mittler u. Sohn, Berlin. 6. Auflage.

Auf dem Wege von der Kathode zur Anode trifft der Anodenstrom auf das sogen. „Gitter“ (meist in Form einer Drahtspirale). Ist das Gitter positiv, d. h. elektronenschwach, so unterstützt es die Saugwirkung der Anode und der Anodenstrom wird stärker. Ist das Gitter dagegen negativ, d. h. elektronenreich, so hemmt es den Anodenstrom. Hierbei bewirken sehr geringe Änderungen der Gitterspannung erhebliche Veränderungen des Anodenstromes.

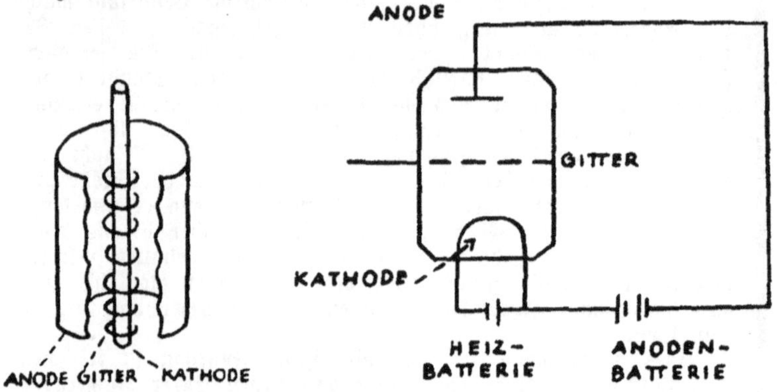

Die Röhre wirkt also verstärkend.

Ein Fernhörer oder ein Lautsprecher kann nicht durch elektrische Schwingungen (d. h. durch schnellen Wechselstrom), wohl aber durch schwankenden Gleichstrom zum Tönen gebracht werden. Die schwachen und schnellen elektrischen Schwingungen müssen also im Empfänger nicht nur verstärkt, sondern auch in langsame Gleichstromschwankungen verwandelt werden. Auch das geschieht in der Röhre. Vor das Gitter wird hierzu ein Kondensator — Kondensatoren sperren Gleichstrom, lassen aber Wechsel-

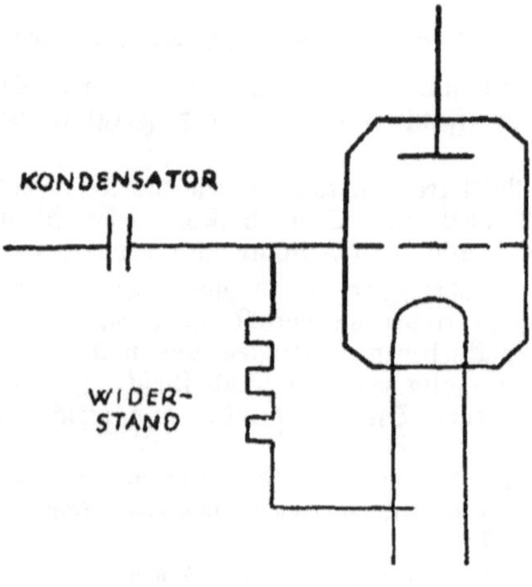

strom durch — geschaltet. Außerdem werden Gitter und Kathode durch einen Widerstand verbunden. Diese Schaltung heißt **Audionschaltung** (audire = hören); sie bewirkt, daß aufs Gitter gelangte Elektrizitätsteilchen dort angestaut werden, da sie nur langsam über den Widerstand können, und dadurch den Anodenstrom schwächen. Nach Aufhören des Schwingungszuges aber fließen sie über den Widerstand ab und lassen so wieder die alte Stärke des Anodenstroms zu. **Dies zeitweise Schwächen** des Anodenstroms bringt den Fernhörer zum Tönen.

Mehrgitterröhren

(z. B. Raumladegitter-, Schirmgitter-, Bremsgitterröhren) geben im allgemeinen größere Verstärkung und haben — je nach ihrer Bauart — besondere Aufgaben; so verhindert das Schirmgitter Entstehen von Schwingungen durch Gitter-Anoden-Kapazität.

2. Elektro-magnetische Schwingungen.

Alle Schwingungen, seien es nun die Schwingungen des Wassers (Wasserwellen), der Luft (Schall) oder die aus dem Rundfunk bekannten elektro-magnetischen Schwingungen, sie alle haben eine bestimmte Wellenlänge. Es wird aber nicht nur die Wellenlänge gemessen, sondern auch die Frequenz, d. h. die Zahl der Schwingungen in einer Sekunde. Je kleiner die Wellenlänge ist, um so höher wird die Schwingungszahl (Frequenz) und umgekehrt. **Die Wellenlänge wird in Metern, die Frequenz in Kilohertz** (kHz) **gemessen.**

Für die Zahl der Schwingungen einer Geigensaite sind verschiedene Werte, nämlich Material, Dicke, Länge und Spannung der Saite, bestimmend, für die Zahl (Frequenz) der elektromagnetischen Schwingungen sind ebenfalls verschiedene Werte maßgebend. Dies sind die Selbstinduktion und die Kapazität.

Die Selbstinduktion kann durch Verlängern oder Kürzen einer Spule, die Kapazität durch Vergrößern oder Verkleinern des Fassungsvermögens eines Kondensators (Drehkondensator) erreicht werden. Das gleiche läßt sich durch Zu- und Abschalten von Spulen und Kondensatoren bewirken.

Die Schwingungszahl (Frequenz) wird daher bei Sendern und Empfängern durch gegenseitiges Verschieben der Teile eines Drehkondensators oder durch Zu- und Abschalten von Spulen geregelt. Man nennt das **„Abstimmen“**, da es dem Stimmen eines Musikinstrumentes gleichkommt.

3. Sender.

Das Funkwesen ist in seinen Grundzügen durch die Verbreitung des Rundfunks allgemein bekannt.

Auf der Sendestelle werden mit Hilfe von Elektronenröhren elektrische Schwingungen einer bestimmten Frequenz erzeugt und durch eine Antenne ausgestrahlt. Sie treffen auf die Antenne des Empfangsgeräts und werden dort, falls der Empfänger auf die Schwingungszahl (Frequenz) des Senders eingestellt ist, wieder mit Hilfe von Elektronenröhren so geformt, daß sie durch den Fernhörer oder Lautsprecher dem menschlichen Ohr wahrnehmbar sind.

Zum **Bedienen** jedes Senders müssen erst **Antenne** und **Gegengewicht** angeschlossen werden, damit der Sender überhaupt Schwingungen ausstrahlen kann. Ferner ist notwendig, das Gerät mit den **Stromquellen** zu verbinden und die Taste anzuschließen.

Dann wird der Sender — ähnlich wie eine Geige auf die Tonhöhe — auf die gewünschte Frequenz **abgestimmt.** Bei stärkeren Sendern geschieht das Abstimmen zunächst durch einen Grobstufenschalter und dann durch die „Feinabstimmung".

Einige Sender, so die der Tornisterfunkgeräte b, f und d, können bereits in der Unterkunft vorbereitend auf 2 Frequenzen oder Frequenz-„Nummern" so gestellt werden, daß sie später wahlweise nur „eingerastet" zu werden brauchen.

Jetzt wird der Sender eingeschaltet und die **Heiz- und Anodenspannung** der Röhre geprüft. Der Zeiger muß beim Prüfen der Heizspannung auf den roten Strich, beim Prüfen der Anodenspannung auf den blauen Ausschnitt des Meßinstrumentes zeigen. Sodann muß der Antennenkreis unter gleichzeitigem Drücken der Tasche abgestimmt werden, damit die höchste Leistung erzielt wird. Hierzu wird am Knopf **„Antennenabstimmung"** gedreht, bis der Zeiger im Antennenstrommesser den größten Ausschlag hat. Durch das Betätigen der Antennenabstimmung werden zur Antenne gehörende Spulen oder Kondensatoren verändert.

Damit ist der Sender abgestimmt und betriebsbereit.

Abbildung und Bedienungsanweisung einzelner Funkgeräte.

Der 100-Watt-Sender.

1. Verbindungen.

Heizkabel und Hochspannungskabel anschließen,
„Taste" anschließen,
Antenne und Gegengewicht bzw. Fahrgestell anschließen,
Leistungsschalter auf „Klein".

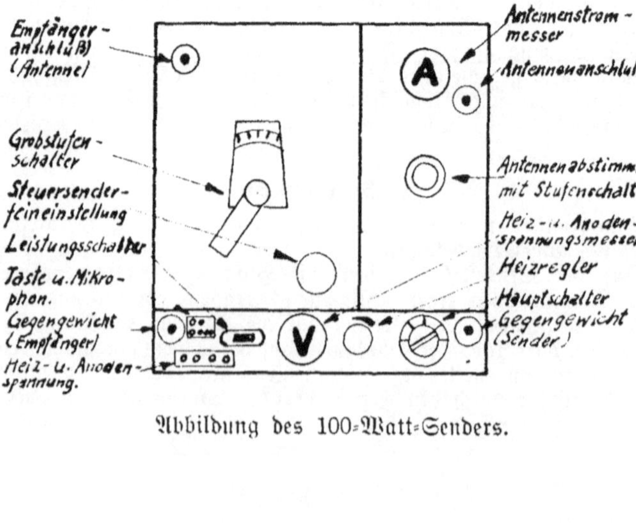

Abbildung des 100-Watt-Senders.

2. Abstimmen.

Stufenschalter stellen,
Feineinstellung stellen,
Antennenstufenschalter auf gleiche Farbe mit Stufenschalter,
Schalter auf „Telegraphie“,
Umformer anlaufen lassen,
Heizregler so betätigen, daß Voltmeter auf rotem Strich,
an Voltmeter (blauer Knopf!) Anodenspannung prüfen (1000 Volt bei gedrückter, 800 Volt bei offener Taste),
„Antennen-Abstimmung“ auf höchsten Ausschlag.

Der 30-Watt-Sender „a“.

1. Verbindungen.

Stromquellenkabel in Buchse,
Antenne und Gegengewicht anschließen,
Taste oder Mikrophon anschließen.

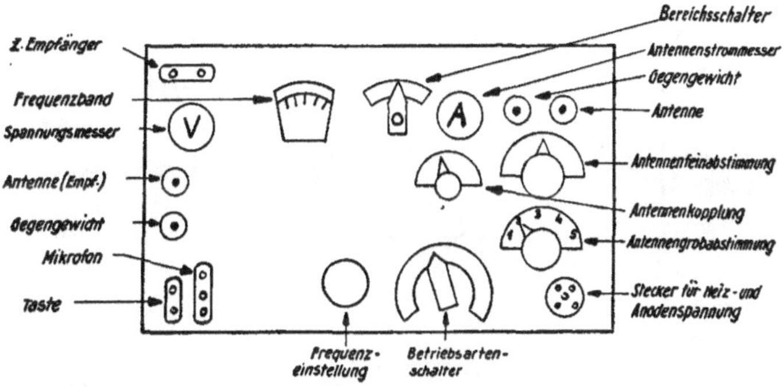

Abbildung des 30-Watt-Senders „a“.

2. Abstimmen.

Betriebsartenschalter auf „Sendebereit/Empfang“,
Bereichschalter auf Teilbereich,
Frequenzeinstellung betätigen,
Antennenkopplung auf Stufe 1,
Betriebsartenschalter auf „Tg“,
an Voltmeter Heizspannung und Anodenspannung prüfen,
Taste drücken und Antennenabstimmung „Grob“ und Antennenabstimmung „Fein“ betätigen, bis größter Ausschlag im Antennenamperemeter,
Lautstärke mit Antennenkopplung regeln.

Der 5-Watt-Sender.

1. Verbindungen.

Antenne und Erde (Gegengewicht) stecken,
Umformer mit Bleisammler und Umformer mit Sender verbinden.
Taste anschließen,
Frequenzbereich mit Grobstufenschalter einstellen,
Feinabstimmung einstellen,
Umformer einschalten.

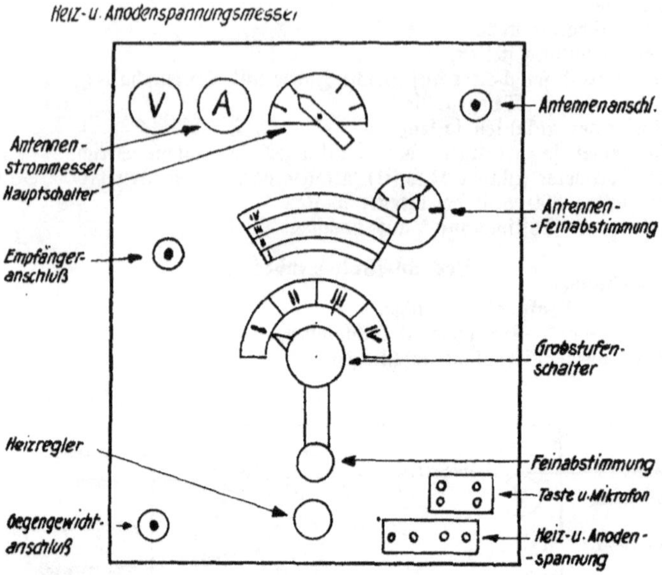

Abbildung des 5-Watt-Senders.

2. Abstimmen.

Sender auf „Tg",
Heizspannung auf roten Strich regeln,
Anodenspannung so, daß Zeiger des Voltmeters im blauen Ausschlag (Druck auf blauen Knopf),
Taste betätigen,
größten Ausschlag des Amperemeters mit „Ant.-Fein" einstellen.

Der 20-Watt-Sender.

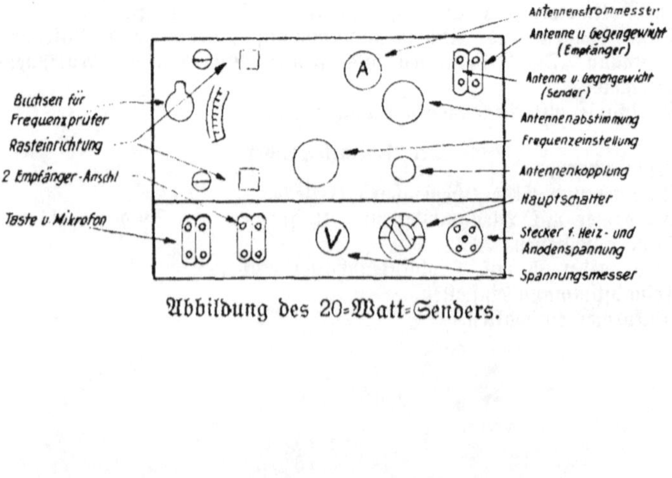

Abbildung des 20-Watt-Senders.

1. **Fertigmachen des Geräts.**
   Antenne, Gegengewicht und Stromquellenkabel anschließen,
   Taste oder Mikrofon stecken,
   Bei Wechselverkehr Verbindung mit Empfänger herstellen,
   Betriebsartenschalter auf „Telegr. Tön.",
   Nach 3 Minuten Taste drücken und Heiz- und Anodenspannung prüfen.
2. **Abstimmen.**
   Frequenz mit „Frequenzeinstellung" einstellen,
   Antennenabstimmung betätigen, bis Antennenstrom-Messer auf höchsten Ausschlag,
   Betriebsartenschalter stellen,
   Einrasten: In oberer Rast mit „Frequenzeinstellung" die Zahl I ins Fenster bringen,
   Rastschraube auf „Lose" drehen,
   Frequenz mit „Frequenzeinstellung" stellen,
   Rastschraube auf „Fest" drehen,
   Ebenso Rast II einstellen.

Der 10-Watt-Sender.

1. **Verbindungen.**
   5fach Kabel in Umformer und Sender stecken,
   Antenne und Gegengewicht anschließen,
   Taste anschließen.

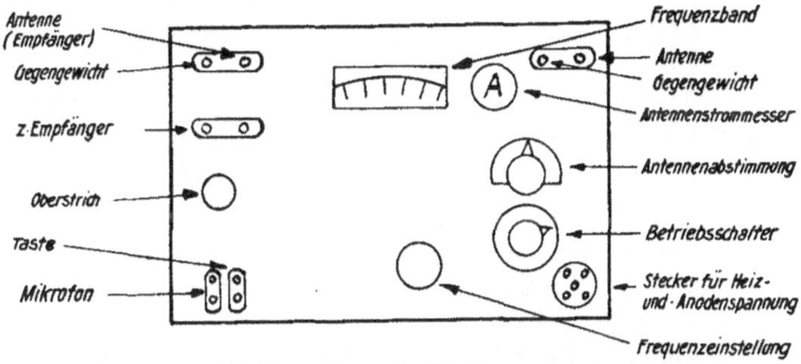

Abbildung des 10-Watt-Senders.

2. **Abstimmen.**
   Betriebsartenschalter auf „Empfang",
   Frequenz einstellen und einrasten (s. Bedienungsanweisung des 20-Watt-Senders),
   Betriebsartenschalter auf „Tn",
   Wenn genug Anodenspannung, leuchtet Lampe rechts von der Skala,
   Mit „Antennen-Abstimmung" Antennen-Amperemeter auf Höchstausschlag bringen, dabei roten Knopf „Oberstrich" drücken.

Tornisterfunkgeräte b_1, f und c.

1. **Einrasten der Frequenzen.**
   Frequenzeinstellung auf eine der bisherigen Rasten drehen (Nummer erscheint im Fenster),

Rasten mit Schraubenzieher lose stellen,
Frequenznummer mit „Frequenzeinstellung" einstellen,
Raste feststellen.

2. Verbindungen.

Stabantenne aufsetzen oder Drahtantenne ausspannen,
Antennen-Wahlschalter je nach Antennenart auf „Stab-Ant." oder „Draht-Ant.",
Gegengewicht fächerartig Richtung Gegenstelle auslegen. Karabinerhaken an Öse des Geräts befestigen und Gegengewichtsstecker in Buchse „G",
Taste oder Fernhörer oder Mikrophon stecken,
Batterie-Kabel anschließen.

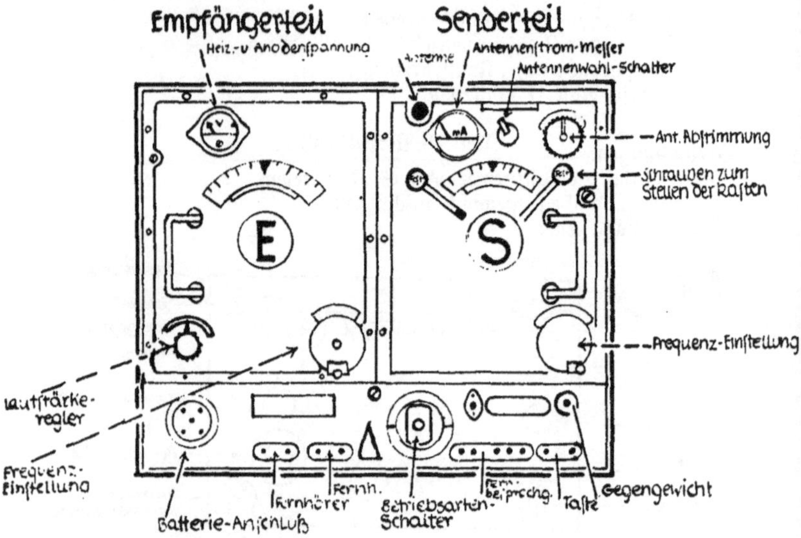

Vorderansicht der Tornisterfunkgeräte b_1, f und c.

3. Abstimmen.

Betriebsartenschalter auf „Send./Empf.",
Heizspannung prüfen (Zeiger in rotem Ausschnitt!),
Anodenspannung prüfen (blauer Ausschnitt!),
Frequenzeinstellung am Senderteil betätigen und einrasten (Rasterschraube dazu erst auf „Lose", dann auf „Fest"),
Taste drücken und größten Ausschlag des Amperemeters mit Antennenabstimmung einstellen.

Tornister-Funkgerät d_2.

1. Fertigmachen des Geräts.

Antenne und Gegengewicht stecken,
Taste, Mikrofon und Fernhörer anschließen,

Stromquellenkabel stecken,
Betriebsartenschalter auf „Empf." und Heiz- und Anodenspannung prüfen.

2. **Einstellen des Senderteils.**
Frequenz mit „Frequenzeinstellung" einstellen,
Betriebsartenschalter auf „Tg",
Mit „Ant. Abst." bei gedrückter Taste Antennenstrom-Messer auf Höchstausschlag bringen,
Rasten einstellen (siehe Bedienungsanweisung für den 20-Watt-Sender).

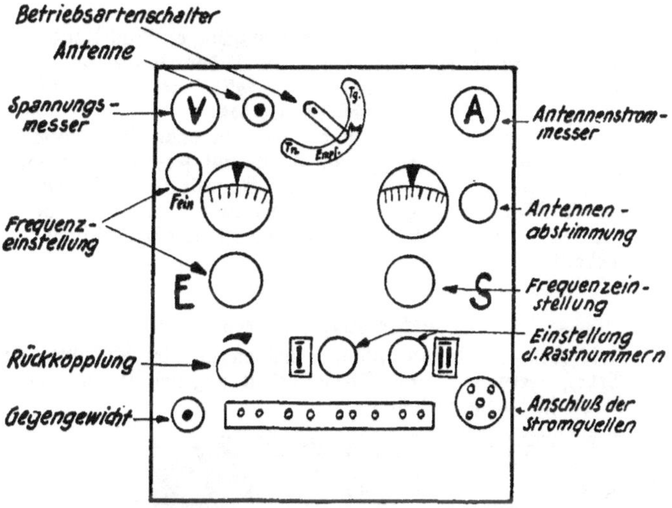

3. **Einstellen des Empfängerteils.**
Mit „Frequenzeinstellung" Frequenz stellen,
Betriebsartenschalter auf „Empf.",
Mit Drehknopf „Fein" und Rückkopplung auf Gegenstelle einstellen.

Prüfen des Senders.

Der Fehler muß zunächst am eigenen Gerät gesucht werden. Die Schuld darf nicht auf die Gegenstelle abgeschoben werden. Erst wenn das eigene Gerät eingehend geprüft ist und keine Fehlermöglichkeiten festgestellt sind, ist der Fehler auf der Gegenstelle zu suchen. Dazu ist durch Fernsprecher oder durch Entsenden eines geeigneten Offiziers, Unteroffiziers oder Mannes zur Gegenstelle mit dieser Verbindung aufzunehmen. Auf keinen Fall dürfen sich die Funker zufrieden geben, ehe der Verkehr wieder in Ordnung gekommen ist.

Schlägt das **Antennenampèremeter** aus, obwohl die Gegenstelle nicht antwortet, so ist mit in der Nähe aufgestelltem Empfänger zu prüfen, ob die richtige Frequenz eingestellt und die Abstimmung gut ist. Ferner ist nachzusehen, ob etwa die Antenne Ableitung hat und ob der Antennenaufbau der Entfernung zur Gegenstelle genügt.

Sodann sind **Heiz- und Anodenspannung** und Verbindungsschnüre, sowie fester Sitz der Stecker zu prüfen.

Sitzen die Röhren fest? Sind sie in Ordnung (Auswechseln mit Vorratsröhre)?

Der Fehler kann auch an der **Taste** liegen; sie ist durch Kurzschließen zu prüfen. Bei schlechtem Ton sind Tastkontakte und der Kollektor am Umformer zu reinigen.

Bei Versagen der Telefonie ist das **Mikrophon** zu schütteln und nötigenfalls auszuwechseln.

Wenn alles nichts geholfen hat, und Kurzschlüsse, Wackelkontakte oder Brüche nicht augenfällig festzustellen sind, so ist der Sender zur Instandsetzung zum Mechaniker zu bringen. **Keinesfalls darf das Gerät durch eigenes unsachgemäßes Prüfen beschädigt werden.**

Mindestens einmal im Jahre, und außerdem nach Röhrenwechsel und nach größeren Instandsetzungen ist das **Gerät auf Frequenzgenauigkeit zu prüfen** und die Frequenzeinstellung erforderlichenfalls zu regeln, das Gerät wird „geeicht". Dies führt am besten der Mechaniker aus. Bei den Tornisterfunkgeräten b, f und d ist eine Frequenzkontrolleinrichtung in das Gerät eingebaut.

4. Empfänger.

a) Betriebsfertig machen.

Wie bei jedem Rundfunkempfänger müssen zunächst **Antenne, Gegengewicht** (Erde), **Fernhörer** und **Stromquellen** angeschlossen werden. Alle Schalter stehen in Ausgangsstellung.

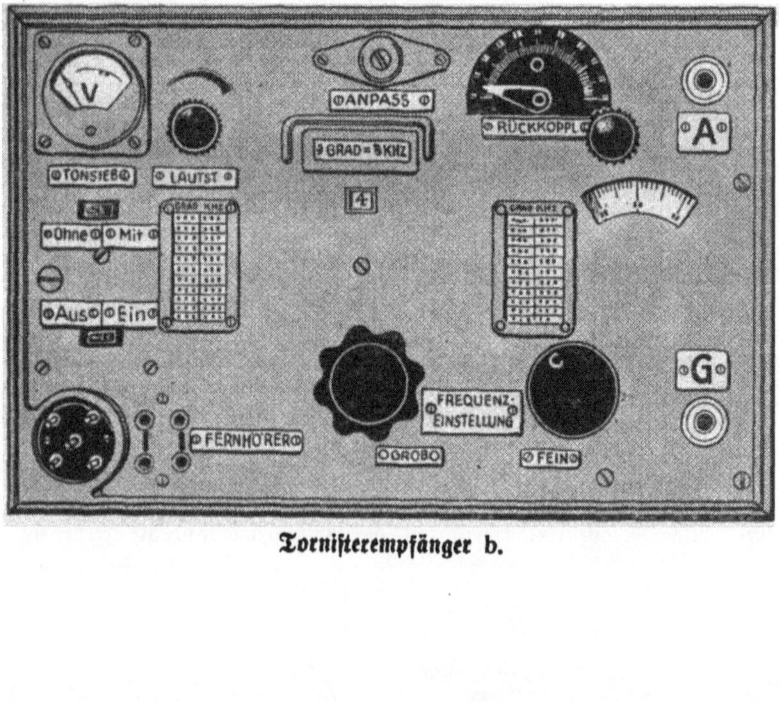

Tornisterempfänger b.

b) **Prüfen der Spannung.**

Zum Prüfen der Spannungen wird der Hauptschalter auf „Ein" gestellt und die Spannung geprüft. Das Instrument zeigt nach Einschalten die Heizspannung an. Diese hat den richtigen Wert, wenn der Zeiger im roten Feld steht, sonst ist der Sammler auszuwechseln. Die Anodenspannung wird durch Drücken des blauen Knopfes geprüft. (Zeiger muß im blauen Feld stehen.) Die Batterie ist gegebenenfalls höher zu stecken oder durch eine neue zu ersetzen. Lautstärkeregler nach rechts.

c) **Abstimmen.**

Zum Abstimmen des Empfängers auf die Schwingungen des gewünschten Senders wird zunächst die große mittlere Scheibe **„Frequenzeinstellung Grob"** betätigt, bis in einem der beiden großen viereckigen Fenster unter „KHz" die Zahl erscheint, die der gewünschten Frequenz am nächsten kommt. Die danebenstehende Gradzahl wird abgelesen. Die Gradzahl, die der genauen Frequenz entspricht, wird sodann mit Hilfe des unter dem Handgriff angegebenen Umrechnungswertes „1 Grad = . . . KHz" errechnet.

Die so gefundene Gradzahl wird jetzt mit der Scheibe **„Frequenzeinstellung Fein"** an der rechts oben am Gerät befindlichen Skala eingestellt. Der Frequenzbereich (Zahl im kleinen Fenster über der Scheibe Frequenzeinstellung Grob) und die an der Skala eingestellte Gradzahl werden für spätere Einstellung des Empfängers aufgeschrieben.

Zum Telegraphieempfang wird die **„Rückkopplung"** kurz hinter den Einsatzpunkt (erkennbar durch Knacken im Fernhörer) gestellt, bei Telephonieempfang kurz vor dem Einsatzpunkt.

Durch langsames Betätigen der Drehscheibe „Frequenzeinstellung Fein" um den abgelesenen Einstellungswert herum wird der Sender gesucht.

Die Empfangslautstärke läßt sich durch Drehen des Knopfes **„Lautst."** regeln.

Störungen bei Telegraphieempfang durch fremde Sender oder benachbarte, wechselstromführende Leitungen lassen sich bis zu einem bestimmten Grade durch Einschalten des Tonsiebes (links oben) auf „Mit" herabsetzen. Hierbei ist meist eine Nachstimmung des Empfängers erforderlich.

Das Tonsieb läßt sich nicht für Telephonieempfang verwenden.

Die mit **„Anpaß"** bezeichnete Schraube dient zur Anpassung des Empfängers an Antennen verschiedener elektrischer Größen. Sie wird durch einen Schraubenzieher oder ein Geldstück betätigt und auf größte Lautstärke eingeregelt. Bei schwachem Empfang ist dies unbedingt zu berücksichtigen.

Die **Empfänger der Tornisterfunkgeräte** sind ebenso leicht wie die handelsüblichen Rundfunkempfänger zu bedienen.

Mittelwellenempfänger „c".

1. Verbindungen.

5fach Kabel („E") in Umformer und Empfänger stecken,
Anschluß „Hochantenne" mit „Ant./Empf." des Senders verbinden,
Sender und Empfänger verbinden,
Fernhörer anschließen.

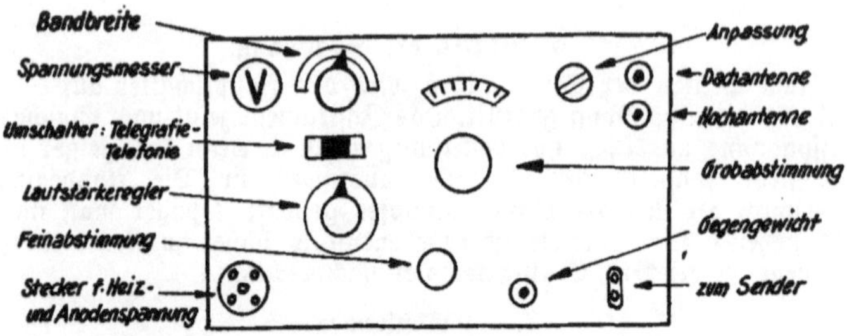

Abbildung des Mittelwellenempfängers „c"

2. Abstimmen.

Knopf „Bandbreite" auf linken Anschlag,
bei Telephonieempfang Schalter auf „Tn",
Hauptschalter auf „Ein" und größte Lautstärke,
Bereichschalter auf Bereich stellen,
Frequenzeinstellung „Grob" und dann Frequenzeinstellung „Fein" einstellen,
mit „Anpassung" und Bandbreitenregler Empfang verbessern,
bei Telegraphie Schalter auf „Tg",
bei fremden Störern auf „Tg-Tonsieb".

Ultrakurzwellenempfänger „e"

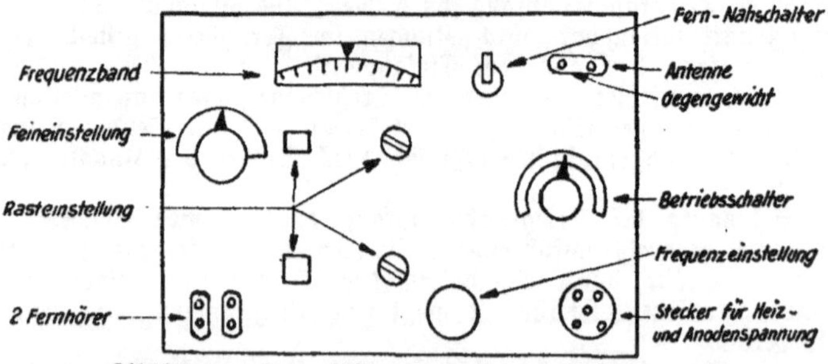

Abbildung des Ultrakurzwellenempfängers „e"

1. Verbindungen.

Umformer und Empfänger mit 5fach Kabel „E" verbinden,
Antenne und Gegengewicht anschließen,
Sender und Empfänger verbinden,
Fernhörer anschließen.

2. Abstimmen.

Feineinstellung auf „O",
Fern-Nah-Schalter auf „Fern",
Hauptschalter auf „Ein",
Skala muß beleuchtet sein (Heizspannung!) und Lampe an Fern-Nah-Schalter leuchten (Anodenspannung!),
Frequenzeinstellung einstellen und einrasten,

Feineinstellung betätigen,
Lautstärke mit Lautstärkenregler und Fern-Nah-Schalter verbessern,
Empfänger der Tornisterfunkgeräte ist unter „Sender" mitbeschrieben.

Prüfen der Empfänger.

Wenn die Gegenstelle nicht gehört wird, so ist zunächst das eigene Gerät zu prüfen. Ist die **Frequenz** richtig eingestellt? War sie richtig abgelesen?

Zum Prüfen des Empfängers ist zuerst die **Heiz-** und **Anodenspannung** nachzusehen und festzustellen, ob alle **Stecker** und **Schnüre** in Ordnung sind, die **Kontakte** der Stecker sauber sind, die Anodenbatterie richtig angeschlossen ist. Gegebenenfalls ist der **Fernhörer** auszuwechseln.

Sodann ist der **Aufbauplatz** und die **Antennenanlage** zu prüfen.

Die Antenne darf keine Ableitung haben. Genügt der Aufbau in bezug auf die Reichweite des gewünschten Senders?

Häufig liegen auch die Fehler an den **Röhren.** Sie sind zunächst auf festen Sitz zu prüfen. Beim Anklopfen in Reihenfolge Niederfrequenz-Audion muß das Klingen der Röhren zunehmen. Die Röhren sind einzeln mit einer Reserveröhre auszuwechseln.

Sind keine augenfälligen Kurzschlüsse, Brüche oder Wackelkontakte festzustellen, so muß das Gerät zum Mechaniker.

5. Stromquellen.

Als Stromquellen für Funkgeräte werden verwendet:

a) Sammler,
b) Anodenbatterien,
c) Umformer,
d) Kleinmaschinensätze und Tretsätze.

Zu a).

Die Sammler werden verwendet für die Heizspannung der Röhren und zum Betrieb von Umformern.

Es gibt Blei- und Nickelsammler.

Der Bleisammler besteht aus Bleiplatten in verdünnter Schwefelsäure. Werden die Sammler elektrisch geladen, so werden die Platten chemisch verschieden und der Sammler wirkt wie das auf Seite 192 beschriebene Element: Er kann Strom liefern. Man kann also den Strom irgendwelcher Stromquellen (z. B. Lichtnetz, elektrische Maschinen) gleichsam sammeln (Sammler).

Bleisammler dürfen nicht unter 1,8 Volt je Zeile entladen werden. Sie dürfen mit Säurelösung nicht in entladenem Zustand stehen. Die Säurelösung muß nach der angegebenen Markierung 10—15 mm über der Oberkante der Platten stehen. Die Säuredichte ist mit dem Säuremesser festzustellen. Metallteile sind einzufetten. Beim Laden sind die für den Sammler angegebenen Ladevorschriften zu beachten.

Bei den Nickelsammlern stehen die Metallplatten in verdünnter Kalilauge. Der Vorgang ist sonst derselbe wie bei den Bleisammlern.

Nickelsammler können durch Erschütterungen nicht leicht beschädigt werden und vertragen zeitweise höheren Strom als Bleisammler und dürfen auch ungeladen stehen. Auch hier sind die Angaben über das Laden der Sammler zu beachten. Nach dem Laden müssen die Zellen nach der Ladevorschrift (gilt auch für Bleisammler) solange offen stehen bleiben, bis sie entgast sind, sodann sind sie zu verschließen. Verschüttete Lauge ist restlos zu entfernen. Die Lauge ist mindestens nach $1^1/_2$ Jahren zu wechseln. Mit Rücksicht auf die Explosionsgefahr darf beim Laden kein offenes Licht vorhanden sein.

Die Kalilauge der Nickelsammler zerstört die Bleisammler, die Schwefelsäure der Bleisammler beschädigt die Nickelsammler. Daher sind beide Arten in verschiedenen Räumen zu laden und getrennt aufzubewahren.

Zu b).

Anodenbatterien sind hintereinandergeschaltete Elemente nach S. 194. Sie geben die Anodenspannung für Empfänger und Sender der Tornisterfunkgeräte

Zu c).

Bei den Umformern wird ein Elektromotor durch Sammler getrieben. Die Umformer formen den niedrig gespannten Sammlerstrom in hochgespannten Strom für die Anodenspannung der Sender der kleinen, mittleren und großen Funktrupps sowie der Sonderfunkgeräte um.

Zu d).

Kleinmaschinensätze und Tretsätze sind Ersatzstromquellen anstelle der Umformer.

Die Kleinmaschinensätze besitzen als Antrieb einen Verbrennungsmotor. Der damit festgekoppelte Generator liefert die erforderliche Heiz- und Anodenspannung.

Beim Tretsatz wird der Generator durch Fahrradpedale angetrieben. Durch das stoßweise Treten wird ein schwankender Ton hervorgerufen. Deshalb entnimmt man zweckmäßigerweise den Heizstrom aus Sammlern und nur die Anodenspannung dem Tretsatz.

Bei den Lademaschinensätzen werden die gleichen Motoren wie bei den Kleinmaschinensätzen verwendet. Die Generatoren liefern niedrigere Spannung als die Kleinmaschinensätze aber mehr Strom. Sie dienen zum Laden von Sammlern.

II. Morsen.

1. Vorbemerkung.

Die Fähigkeit, Morsezeichen gut aufzunehmen und zu geben, ist Grundbedingung für erfolgreiche Leistungen im Funkbetrieb. Die Ausbildung im Morsen beginnt daher gleich nach der Rekruteneinstellung. Ihr ist von Anfang an die größte Aufmerksamkeit zu widmen.

2. Hören.

Folgendes ist zu beachten: Leserliche Handschrift, vorschriftsmäßige Schreibweise der Buchstaben (siehe Abbildung S. 239), gut angespitzte Bleistifte.

Die aufgenommenen Zeichen umgehend, ohne nachzudenken, niederschreiben! Nicht raten! Für jedes nicht sofort verstandene Zeichen einen Punkt machen!

Keine Gruppenverschiebungen! Auf jeden Fall den Anfang der Gruppen bzw. Worte aufnehmen.

Mut nicht sinken lassen, wenn auch anfangs Schwierigkeiten bestehen. Der Erfolg kommt mit einemmal!

3. Geben.

Gutes Geben ist mindestens ebenso wichtig wie Hören.

Taste richtig einstellen! Nicht zu große Federspannung, kein zu großer Hub!

Taste so anfassen, daß Daumen und Mittelfinger am Rand, Zeigefinger über der Taste liegen. Vor allem Taste *lose,* nicht gezwungen festhalten! Nicht auf die Taste schlagen! Loses Handgelenk!

Gute *Abstände* zwischen den Zeichen und Gruppen, bzw. Worten! Die Morsezeichen müssen in sich stets kurz und rhythmisch sein.

Schreibweise der Buchstaben.

Morsezeichen und Buchstabiertafel.

a	= Anton	.–	o	= Otto	–––
ä	= Ärger	.–.–	ö	= Ödipus	–––.
b	= Bertha	–...	p	= Paula	.––.
c	= Cäsar	–.–.	q	= Quelle	––.–
d	= Dora	–..	r	= Richard	.–.
e	= Emil		s	= Siegfried	...
f	= Friedrich	..–.	t	= Theodor	–
g	= Gustav	––.	u	= Ulrich	..–
h	= Heinrich	....	ü	= Übel	..––
i	= Ida	..	v	= Viktor	...–
j	= Julius	.–––	w	= Wilhelm	.––
k	= Konrad	–.–	x	= Xanthippe	–..–
l	= Ludwig	.–..	y	= Ypsilon	–.––
m	= Martha	––	z	= Zeppelin	––..
n	= Nordpol	–.			

Sonderbuchstaben.

á oder å	· − − · −	γ	− · − · ·
é	· · − − · ·	δ	· − · − ·
ñ	− − · − −	ε	− − · −
α	· · − · ·	λ	· − − · −
β	− · · · −	π	− − · − −

Nach jedem falsch oder ungenau gegebenen Zeichen ist das „Irrungszeichen“ zu geben.

Klares, gleichmäßiges Gebetempo. Nicht schneller geben als mit Sorgfalt möglich!

III. Funkverkehr.

Im Funkverkehr sind Gewissenhaftigkeit und peinlichste Beachtung der Bestimmungen von größter Wichtigkeit. (Siehe auch Seite 241.)

Der **Funkverkehr** kann entweder durch Tasten von Morsezeichen oder durch Funksprechen abgewickelt werden.

Im Tastverkehr zu übermittelnde Funksprüche sind in der Regel zu verschlüsseln. Tasten unverschlüsselter Funksprüche und Funksprechverkehr ist nur gestattet, wenn es den Bestimmungen nach zugelassen ist (s. auch Seite 224).

Es gibt folgende **Hauptarten des Funkverkehrs:**

a) Nur zwei Funkstellen verkehren miteinander. Der Verkehr wird also auf einer Linie abgewickelt und heißt daher Linienverkehr.

b) Mehrere Funkstellen können auf einer allen gemeinsamen Welle in Verbindung mit einer bestimmten Funkstelle stehen. Es gehen also mehrere Verkehrslinien von einer Funkstelle aus. Es entsteht das Bild eines Sterns, der „Sternverkehr“.

c) Jede Funkstelle kann wahlweise mit anderen Funkstellen auf deren Wellen verkehren. Wird dieser Verkehr bildlich dargestellt, so entsteht eine Art Netz. Der Verkehr heißt also „Netzverkehr“.

Der Verkehr wird in folgender Reihenfolge abgewickelt.

1. der Anruf,
2. die Anruf-Antwort,
3. das Durchgeben der Nachricht,
4. die Empfangsbestätigung.

Ist der Empfang nicht einwandfrei, so sind Unstimmigkeiten zunächst durch Rückfragen zu klären.

Für den Verkehr gibt es Verkehrszeichen, (z. B. das Aufforderungszeichen k und das Beendigungszeichen sk, die Zeichen für Funkspruchanfang ka und für Funkspruchende ar, das Verbindungszeichen zwischen 2 Rufzeichen de und das Richtigkeitszeichen r) und Verkehrsabkürzungen, (z. B. qtr = Uhrzeit).

Der Funkverkehr findet auf bestimmten Wellen statt, außerdem werden Rufzeichen oder Decknamen ausgegeben, um die Funkstellen oder die Verkehrsbeziehungen kenntlich zu machen.

Die Wellen und Rufzeichen sind in einem Funkplan zusammengestellt. Der Funkplan und die Auszüge aus dem Funkplan sind ebenso wie die übrigen Funkunterlagen (z. B. Tarnunterlagen, Schlüsselmittel, Funkskizzen) geheim. Sie dürfen nicht in Feindeshand fallen und sind — wenn sie nicht rechtzeitig geborgen werden können — zu vernichten. Dasselbe gilt für Funkgerät und andere wichtige Aufzeichnungen, aus deren Kenntnis der Gegner Vorteil haben könnte.

Folgendes ist besonders zu beachten:

Sauber und gleichmäßig geben! Gruppenabstände halten.

Zu schnelles Geben, das entweder dem eigenen Können oder der Aufnahmefähigkeit des Funkers an der Gegenstelle nicht angepaßt ist, verzögert den Funkverkehr, da Irrtümer und damit Rückfragen die Folge sind.

Geheimhaltungsbestimmungen genau beachten! Der Funkdienst ist sehr verantwortungsvoll und kann — falsch angewandt — mehr Schaden als Nutzen anrichten. Viel Hören, wenig Senden! Möglichst geringe Sendeleistung!

Betriebsvorschrift peinlichst genau beachten. Kein Verständigungsverkehr!

Betriebsbuch, bzw. Kladde sorgfältig führen. Nur das niederschreiben, was einwandfrei aufgenommen!

Bei Störungen nicht bei der Gegenstelle, sondern bei sich selbst den Fehler suchen. Frequenzeinstellung, Abstimmung und Gerät prüfen, Antennenaufbau und Betriebsunterlagen nachsehen!

Wenn keine Fehler zu finden, Spruch blind absetzen! Fehler muß durch persönliche Verbindungsaufnahme mit Gegenstelle geklärt werden.

Bei Sprechverkehr deutliche, klare Sprache!

D. Blinken und Lichtsprechen.

Die Nachrichtenübermittlung mit Hilfe von Lichtstrahlen ist durch Tasten von Morsezeichen (Blinken) und durch Sprechverkehr (Lichtsprechen) möglich.

Im Blinkverkehr sind nur kurze Nachrichten, möglichst Signale und verabredete Zeichen zu senden. Besteht die Gefahr des Mitlesens durch den Feind, so sind Nachrichten zu tarnen.

Lichtsprechverkehr kann vom Feind nur aufgenommen werden, wenn das betr. Gerät feindwärts sendet und wenn der Gegner ein Gegengerät in der Fluchtlinie eingerichtet hat. Bei Überleiten des Lichtsprechverkehrs auf Drahtleitungen ist die Abhörgefahr durch feindliche Drahtaufklärung zu berücksichtigen.

Einrichten der Blinkstelle und Geheimhaltungsmaßnahmen.

Zwischen Blink- oder Lichtsprechstellen, die miteinander verkehren sollen, muß Sichtverbindung bestehen. Es muß verhindert werden, daß der Feind die Stelle erkennt und den Verkehr selbst aufnehmen kann. Daher soll sich die Blink- bzw. Lichtsprechstelle möglichst wenig vom Gelände abheben (niedriger Aufbau, Vermeiden von Höhenrändern und auffallenden Geländeteilen. Anpassen an die Bodenbekleidung, weitgehendstes Verdecken des Geräts und der Bedienungsmannschaft).

Senkrechte, zum Feind gerichtete Aufstellung ist zu vermeiden. Bei Wahl der Lichtstärke und Lichtart ist zu berücksichtigen, daß die Aufnahme der Zeichen gewährleistet, das Erkennen durch den Feind aber vermieden werden muß. Heller Hintergrund erschwert, dunkler erleichtert der Gegenstelle die Aufnahme.

Die feindabwärts blinkende Stelle sucht ihre Gegenstelle mit vollem Licht, während die feindwärts blinkende Stelle von Anfang an mit vorgesetzter Blende, also schwächerem Licht arbeitet. Haben sich die beiden Stellen gefunden, so setzen sie gegenseitig ihr Licht herab (s. Seite 243). Außerdem verwenden feindwärts blinkende Blinkstellen rote Lampen und feindwärts blinkende Lichtsprechstellen Rotfilter. Im Lichtsprechbetrieb ist baldigst auf unsichtbare (infrarote) Strahlen überzugehen.

Einteilung der Trupps.

Der **Truppführer** teilt den Dienst ein und ist für den Betrieb verantwortlich. Er verfügt über die Betriebsunterlagen und setzt Klartext in Signale und Tarnbezeichnungen um und umgekehrt.

Der **Beobachter und Geber.**

a) **Beim Blinken:** Er beobachtet die Gegenstelle und sagt die aufgenommenen Zeichen dem Schreiber an. Am Schluß jedes aufgenommenen Wortes sagt er „Wort" und gibt dem Zuruf des Schreibers entsprechend „Verstanden" oder „Irrung".

Ferner bedient er die Taste und wiederholt die ihm vom Schreiber zugerufenen Morsezeichen. Sind Gebefehler aufgetreten, so wird das Irrungszeichen und das zu berichtigende Wort (Signal) gegeben. Dasselbe ist der Fall, wenn die Gegenstelle das Irrungszeichen gegeben hat.

b) **Beim Lichtsprechen:** Beim Lichtsprechen bedient er das Gerät und stellt gegebenenfalls die Verbindung zwischen Lichtsprech- und Fernsprechgerät her.

Der Schreiber: Beim Aufnehmen schreibt der Schreiber das vom Beobachter Zugerufene auf und wiederholt es. Nach jedem Wort (Signal) sagt er „Verstanden" oder „Irrung".

Zum Geben sagt der Schreiber dem Geber erst das ganze Signal (Wort) und dann die einzelnen Buchstaben oder Zahlen an. Nach Beendigung eines Wortes sagt er „Wort".

Beim Lichtsprechen unterstützt der Schreiber den Beobachter.

Einteilung von Meldern ist zweckmäßig.

Oft müssen mehrere oder sämtliche Aufgaben durch eine Person versehen werden.

Beispiel für gegenseitiges Einstellen der Lichtstärke:

Blink- oder Lichtsprechstelle a (feindabwärts blinkend)	**Blink- oder Lichtsprechstelle b** (feindwärts blinkend)
Licht b zu stark.	
Gibt mit voller Lichtstärke so lange Striche, bis Licht von b nur im Fernglas mit Rotfilter zu erkennen, dann einen langen Strich.	Gibt mit bereits herabgesetzter Lichtstärke Dauerlicht. Lichtstärke wird dann weiter herabgesetzt, bis a langen Strich gibt.
Licht b zu schwach.	
Punkte, bis b mit Fernglas und Rotfilter zu erkennen, dann langer Strich.	Setzt Lichtstärke (Dauerlicht) so lange herauf, bis a langen Strich gibt.

Die Lichtstärke der feindabwärts blinkenden Stelle (a) wird dann von der feindwärts blinkenden Stelle (b) ebenfalls herabgesetzt.

Beim **Lichtsprechen** wird auf unsichtbare Strahlen übergegangen.

Beispiel für Blinkverkehr:

Anruf: k.	Anrufantwort: k.
Inhalt der Nachricht (Signale, verabredete Zeichen und kurzer Klartext). Hinter jedem Signal (Wort) kurze Pause.	Hinter jedem Wort wird ein Strich (Verstandenzeichen) gegeben.
Schlußzeichen: (sk) k.	Schlußzeichen: (sk).
Wenn eine zweite Nachricht folgen soll, statt „(sk)" = „(ar)".	(Falls eine Nachricht folgen soll, außerdem: „k".)

Bei nicht eingespieltem Verkehr wird beim Anruf das Rufzeichen der Gegenstelle, nötigenfalls auch das Rufzeichen der eigenen Stelle gegeben.

Beim **Lichtsprechverkehr** werden die Betriebszeichen durch Worte, die Rufzeichen durch Decknamen ersetzt, also z. B. „k" durch „Kommen". Durchgabe des Inhalts ähnlich wie beim Funksprechverkehr.

1. Verkehrszeichen.

Die Klammer bedeutet, daß das Verkehrszeichen als **ein** zusammenhängendes Morsezeichen zu geben ist.

Zeichen	Bedeutung	
k	Kommen	
(ar)	Verkehrsende	
(sk)		
(bt)	Trennung	
Strich	Verstanden	
(eb)	Wartezeichen	
ii	Wiederholungszeichen	
(um)	Stellungswechsel von Blinkstellen	

2. Verkehrsabkürzungen.

Abkürzung	Bedeutung	Abkürzung	Bedeutung
q b s	Blende größer!	q r p	Lichtstärke vermindern
q b u	Blende kleiner!	q j b	Nachprüfen
q z t	Empfängerstörung	n	Nein (bzw. „das Folgende wird verneint")
q r s	Geben Sie langsamer	q p r	Nehmen Sie rotes Licht
w	Gruppe, Wort	q w g	Ich nehme Rotfilter
e r	Hier	q w g ?	Nehmen Sie Rotfilter?
c	Ja	q z p	Sendestörung
q l g	Licht gut	q z c ?	Können Sie sprechen?
q l s	Licht schlecht	q z c	Ich spreche
q w o	Lichtstärke erhöhen, Empfang schlecht!	q p w	Nehmen Sie weißes Licht.

E. Allgemeine Grundsätze für das Herstellen und Betreiben der Nachrichtenverbindungen.

Die Nachrichten- (bzw. Truppennachrichten-) Verbände der übergeordneten Kommandobehörden (bzw. Truppen) stellen die Verbindungen zu und im allgemeinen auch zwischen den nachgeordneten Verbänden her.

Querverbindungen werden — soweit sie nicht vom übergeordneten Nachrichtenverband hergestellt werden — im allgemeinen nach rechts aufgenommen.

Wenige, zuverlässige Verbindungen sind besser als viele unsichere. Beschränkung auf das Wichtige ist meist notwendig.

Die Geheimhaltungsbestimmungen sind mit Rücksicht auf die Nachrichtenaufklärung des Gegners genau zu beachten (s. Seite 216 und 224/25).

Funkverkehr ist der feindlichen Aufklärung besonders ausgesetzt. Er ist daher nur anzuwenden, wenn er taktisch zulässig ist und wenn andere geeignete Nachrichtenmittel nicht vorhanden oder zu langsam sind (s. Seite 224/25).

Die besten Nachrichten sind wertlos, wenn sie die betreffende Stelle zu spät erreichen. Neben schnellster Übermittlung durch die Nachrichtenmittel ist sofortige Weitergabe an die betreffende taktische Stelle notwendig.

Wird eine Verbindung den taktischen Anforderungen entsprechend beschleunigt hergestellt und muß darunter zunächst die Sicherheit der Verbindung leiden, so ist diese baldigst herbeizuführen (bei Drahtleitungen durch sorgsames Verlegen der Leitungen oder durch Ersatz mit einer besseren Leitungsart. Schnell und sicher!)

Kommt eine Verbindung aus irgendwelchen Gründen nicht zustande oder ist sie gestört, so ist mit größter Tatkraft schnellste Abhilfe zu betreiben.

Die einzelnen Nachrichtenmittel ergänzen einander. Daher ist mit in der Nähe eingesetzten anderen Trupps Verbindung aufzunehmen. Sind mehrere Nachrichtenmittel bei einer Befehlsstelle eingesetzt, so ist der Betrieb durch den Dienstältesten einheitlich zu regeln.

Der Stab, für den das betr. Nachrichtenmittel eingesetzt ist, muß jede Änderung des Nachrichtennetzes (z. B. Störungen, Hinzukommen neuer Verbindungen) sofort erfahren.

Die Nachrichtenverbindungen dienen der Führung. Der Fernsprecher darf die Fernsprechverbindungen nur in verkehrsarmen Zeiten und nur kurz für seine dienstliche Mitteilungen benutzen, dem Funker ist Verständigungsfunkverkehr oder Verkehr in eigenen Angelegenheiten verboten.

Je mehr Vermittlungen in einer Fernsprechleitung liegen oder je mehr Funkstellen zu einem Netz oder Stern gehören, um so länger dauert meist die Nachrichtenübermittlung.

F. Begriffserläuterungen.

Siehe auch Seite 164 und 165: **„Grundbegriffe des Gefechtes der verbundenen Waffen“.**

Kommandobehörden, Hauptquartiere usw.

Kommandobehörden sind Dienststellen vom Div.-Kdo. an aufwärts, die über Truppen verfügen. Es gibt ein Heeresgruppenkdo., ein Armeeoberkommando (OK.), ein Korpskommando und ein Divisionskommando. Ferner unterscheidet man ein **Armeehauptquartier**, ein **Korpshauptquartier** und ein **Divisionsstabsquartier.** Jede Kommandobehörde kann außerdem **Gefechtsstände** und **Beobachtungsstellen** haben. Truppenbefehlshaber haben eine Stabsunterkunft, Gefechtsstände und Beobachtungsstellen.

Ein Chef des Generalstabes gehört zu Kommandobehörden vom Korpskommando an aufwärts. Ihm untersteht der betreffende Stab.

Der erste Generalstabsoffizier (Ia) bearbeitet bei allen Kommandobehörden (also vom Div.-Kdo. an aufwärts) den Einsatz. Der Ic stellt die Feindnachrichten zusammen und führt die Lagekarte.

Der Oberquartiermeister ist Bearbeiter der Heeresversorgung beim AOK.

Der Quartiermeister bearbeitet die Heeresversorgung beim Korpskommando.

Der Ib der Division ist Bearbeiter der Heeresversorgung beim Div.-Kdo.

Marschkolonne und Marschgruppe.

Eine Division marschiert — je nachdem, wieviel Straßen sie benutzt — in einer oder mehreren **Marschkolonnen.** Jede Marschkolonne besteht aus einer oder mehreren **Marschgruppen,** z. B. Marschgruppe eines verstärkten Inf.-Regts. Über Marschgliederung siehe Seite 179.

Nachrichtenführer und Truppennachrichtenoffiziere.

Die **Nachrichtenführer** sind die Fachbearbeiter bei Kommandobehörden für die Fragen der Nachrichtenverbindungen. Der Nachrichtenführer ist im allgemeinen gleichzeitig Führer des betreffenden Nachrichtenverbandes.

Truppennachrichtenoffiziere sind Fachbearbeiter für die Fragen der Nachrichtenverbindungen bei den Truppen, die über Nachrichtenzüge verfügen (z. B. beim Inf.-Regt. und bei der Art.-Abt.).

Nachrichtentruppe und Truppennachrichtenverbände.

Nachrichtenverbände sind selbständige Verbände, die den Truppenführern (im allgemeinen vom Div.-Kdo. an aufwärts) für das Herstellen, Betreiben und Unterhalten der Nachrichtenverbindungen zur Verfügung stehen.

Truppennachrichtenverbände sind in die Verbände der einzelnen Waffen eingegliedert (z. B. Inf.-Regts.-Nachrichtenzug, Art.-Abt.-Nachrichtenzug, Batls.-Nachrichtenstaffel).

Leitungsarten.

Es gibt **Feldkabelleitungen** (Einzel- oder Doppelleitungen), **Feldfernkabelleitungen** (2 Doppelleitungen in gemeinsamem Kabel) und **Blankdrahtleitungen. Felddauerlinien** sind von der Truppe gebaute Blankdrahtleitungen mit leichtem Gestänge (also Leitungen einschl. Gestänge). **Dauerlinien** sind Blankdrahtleitungen mit postmäßigem Gestänge oder für Dauerverbindungen bestimmte Kabel, z. B. Linien der Deutschen Reichspost und der Reichsbahn. Die Felddauerlinien und Dauerlinien können aus einer oder mehreren Leitungen bestehen. Die Zahl der Fernsprech- und Fernschreibverbindungen kann größer sein als die Zahl der zugehörigen Leitungen (Mehrfachausnutzung). Zeichen für die Leitungsarten s. Seite 174. Stammleitung ist die von der Inf.-Div. während des Marsches gebaute Feldkabelleitung.

IX. Das Pferd, Reit- und Fahrausbildung.

1. Körperbau des Pferdes.

Benennung der äußeren Körperteile.

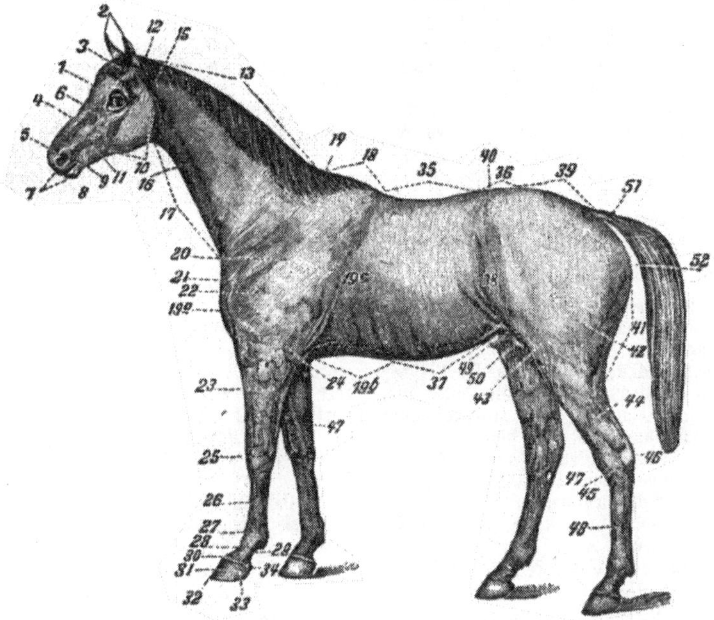

1 Stirn.
2 Ohren.
3 Scheitel.
4 Nasenrücken.
5 Nüstern.
6 Jochleiste.
7 Ober- und Unterlippe.
8 Kinngrube.
9 Maulwinkel.
10 Ganasche.
11 Backe.
12 Genick.
13 Mähnenrand des Halses.
14 Halskerbe.
15 Ohrdrüsengegend.
16 Drosselrinne.
17 Kehlrand.
18 Widerrist.
19a Vorderbrust.
19b Unterbrust.
19c Brustwand.
20 Schulter.
21 Bugspitze.
22 Oberarm.
23 Vorarm.
24 Ellenbogenhöcker.
25 Vorderknie.
26 Vorderschienbein.
27 Fesselkopf.
28 Fessel (Köthe).
29 Köthenzopf.
30 Hufkrone.
31 Huf (Seitenwand)
32 Huf (Zehenwand).
33 Huf (Trachtenwand).
34 Ballen.
35 Rücken.
36 Lende.
37 Bauch.
38 Flanke.
39 Kruppe.
40 Hüfte.
41 Hinterbacke.
42 Oberschenkel.
43 Knie.
44 Unterschenkel.
45 Sprunggelenk.
46 Hacke.
47 Kastanie.
48 Hinterschienbein.
49 Schlauch.
50 Hodensack.
51 Schweifansatz.
52 Sitzbeinspitze.

2. Pferdepflege.

Den **Stalldienst** beaufsichtigt der Futtermeister oder der älteste Unteroffizier.

Das Rauchen im Stalle und auf den Stallböden ist verboten.

Über die Tätigkeit der **Stallwache** siehe S. 50.

Das **Putzen** erfolgt in der Regel von vorn nach hinten. Man putzt im allgemeinen zuerst Vor- und Hinterhand und dann erst die Mittelhand.

Mit der Kardätsche macht man lang über das Pferd hingleitende, ruhige Striche, ohne zu stoßen oder zu hacken. Im allgemeinen muß man gut dabei aufdrücken, an den empfindlicheren Körperstellen und bei empfindlichen Pferden den Druck jedoch mäßigen. Es wird vorzugsweise mit dem Strich der Haare gebürstet; besonders in der Zeit des Haarwechsels.

Der Striegel dient in der Hauptsache zur Reinigung der Kardätsche. Im übrigen ist er nur zum Abkratzen stärkerer Schmutzkrusten zu benutzen, niemals jedoch an Körperteilen, denen das Fleischpolster fehlt, also niemals an Knochenvorsprüngen, an den unteren Gliedmaßen und am Kopfe.

Besondere Behutsamkeit und Vertraulichkeit ist beim Putzen des Kopfes notwendig.

Bei der Reinigung der Schopf-, Mähnen- und Schweifhaare erfolgt zunächst unter Auseinanderfalten der Haarbüschel das Ausbürsten des Schinnes und der losen Schuppen mit der Kardätsche. Dann werden die Haare verlesen, d. h. je ein paar Haare werden durch die Finger gezogen. Zum Schluß wird das Haar mit der Mähnenbürste oder Kardätsche, erforderlichenfalls unter Anfeuchten derjenigen Stellen, an denen die Haare nicht ordentlich liegen wollen, glatt gebürstet.

Die Reinigung der Körperöffnungen erfolgt mit einem Schwamm oder feuchtem Lappen in der Reihenfolge: Augen, Maul, Nasenlöcher, After, untere Schweiffläche, Schlauchöffnung. Nach der Reinigung jeder Körperöffnung wird der Schwamm oder Lappen möglichst ausgespült.

Die Hufe werden so lange gewaschen, bis sie völlig frei von Sand und Schmutz sind. Wenn nötig, wird der Huf zuerst mit einem entsprechend zugeschnittenen Holzstück sauber abgekratzt. Hufkratzer aus Eisen sind hierzu ungeeignet.

Nach dem Einrücken vom Dienst wird das Pferd abgezäumt, das Geschirr abgenommen, der Gurt gelockert und etwas Heu gegeben; erst nachdem die Pferde sich abgekühlt haben, wird abgeschirrt.

Durch Regen oder Schnee naßgewordene Pferde werden sofort am ganzen Körper mit Strohwischen trockengerieben und lang eingedeckt. Wenn nötig, sind Bauch, Weichen und Beine ebenfalls mit Strohwischen abzureiben. Hat es auf dem Marsche gestaubt, so sind die Augen mit einem trockenen, Nasenlöcher, Schlauch und After mit einem nassen Lappen auszuwischen.

Nach dem Absatteln sind die Pferde auf Druckschäden zu untersuchen. Auch der Hufbeschlag wird nachgesehen. Die Untersuchung ist nach einigen Stunden zu wiederholen, da Anschwellungen oft erst nach einiger Zeit hervortreten.

3. Satteln und Schirren.

a) Sattelung.

Ein gut verpaßter Sattel liegt mit seinen überall gleichmäßig auf den Rippen aufliegenden Trachten an den Schulterblättern an. Die beiden Enden der Trachten sollen dabei vom Pferdekörper etwas abgebogen sein und mit ihren oberen Kanten nirgends den Rücken klemmen, namentlich nicht am Widerrist. Zwischen Vorderzwiesel und Woilach muß so viel freier Raum sein, daß man mit der Hand hineinfassen kann, solange der Woilach noch nicht in die Kammer gezogen ist.

Der tiefste Punkt der Sitzfläche muß in der Mitte des Sattels liegen.

Der sechs- oder neunfach zusammengelegte Woilach ist so auf den Rücken des Pferdes aufzulegen, daß er vorn etwa eine Handbreit über den

Der Armeesattel 25.

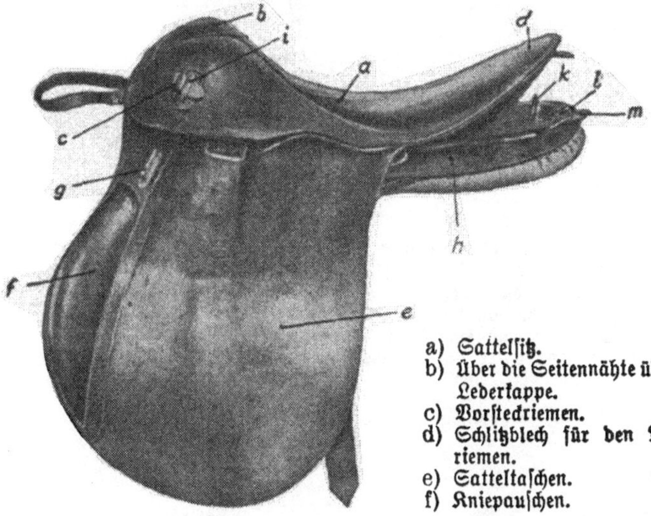

a) Sattelsitz.
b) Über die Seitennähte übergreifende Lederkappe.
c) Vorsteckriemen.
d) Schlitzblech für den Mittelpackriemen.
e) Satteltaschen.
f) Kniepauschen.
g) Kramme zum Befestigen der Packtasche.
h) Trachtenkissen.
i) Einschnitt für die obere Kramme des Vorderzwiesels.
k u. l) Packringe zum Einschnallen des Seitenpackriemens und der Hinterzeugstrippen.
m) Strippe zum Festlegen der beiden Schnallen.

Sattel hervorragt und zu beiden Seiten des Widerristes gleich tief herabhängt. Die offenen Enden des Woilachs müssen nach links unten und hinten liegen.

b) Zäumung.

Gute und schlechte Zäumung haben weitgehenden Einfluß auf die Willigkeit und damit auf das Verhalten des Pferdes im Dienst.

Bei **Zäumung auf Trense** muß die Trense so verpaßt sein, daß das Gebiß an den Maulwinkeln anliegt, ohne diese hochzuziehen. Das Schnallstück liegt auf der Mitte des Genicks, der Stirnriemen dicht unterhalb der Ohren, am Pferdekopf bequem anliegend. Die Backenstücke liegen etwa 40 mm breit hinter der Jochbeinleiste (Stirnbein). Der Kehlriemen ist soweit geschnallt, daß bei beigezäumtem Pferde zwischen ihm und dem Kehlgange die flache Hand Platz hat.

Das Kopfstück, der Kinnriemen und der Nasenriemen der Halfter sind in kleine Ringe eingenäht. Ein kleiner Verbindungssteg verhindert das Herabfallen des Nasenriemens. Dieser muß so kurz sein, daß die beiden Ringe vor den Backenstücken der Trense liegen.

Zäumung auf Trense.

a) Kopfstück.
b) Backenstücke.
c) Kehlriemen.
d) Gebiß.
e) Kinnriemen.
f) Nasenriemen.
g) Schnallstück.
h) Kleine Ringe.
i) Verbindungssteg.
k) Stirnriemen.

Der Nasenriemen soll etwa 80 mm breit über dem oberen Nüsternrand liegen. Der Kinnriemen soll nur so eng geschnallt sein, daß das Pferd noch kauen kann.

Bei **Zäumung auf Kandare** liegt das Hauptgestell des Zaumzeuges 22 so weit hinter den Pferdeohren, daß das Backenstück etwa 4 cm hinter der Jochbeinleiste entlang läuft. Danach richtet sich die Länge des Stirnriemens. Der Nasenriemen liegt 20 mm unter den Jochbeinleisten. Der Kehlriemen wird so

Zäumung auf Kandare.

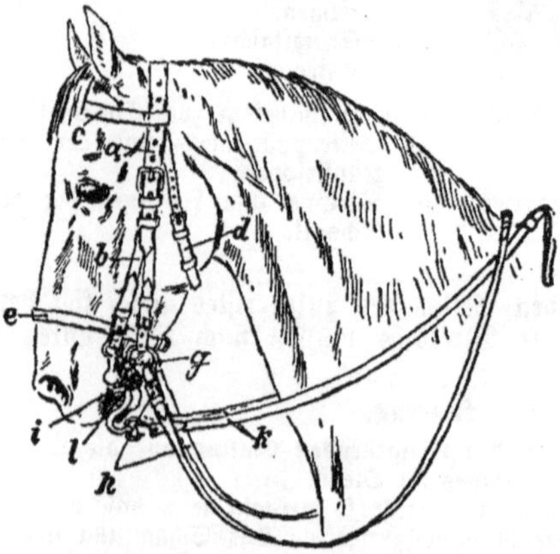

a) Kopfstück.
b) Backenstück.
c) Stirnriemen.
d) Kehlriemen.
e) Nasenriemen.
g) Trensengebiß.
h) Trensenzügel.
i) Kandare.
k) Kandarenzügel.
l) Kinnkette.

lang geschnallt, daß man bei beigezäumtem Pferde die flache Hand zwischen ihn und den Kehlgang stecken kann. Die Schnalle des Kehlriemens liegt etwa auf der Mitte des Backenknochens.

Beim Einschnallen der Kandarenzügel ist zu beachten, daß der um 25 mm kürzere in den rechten Kandarenring geschnallt wird. Das Trensengebiß liegt an den Mundwinkeln an, ohne diese hochzuziehen. Die Kandare soll so im Maule des Pferdes liegen, daß das Gebiß sich etwa in gleicher Höhe mit der Kinnkettengrube befindet und die Hakenzähne nicht berührt. Bei Pferden, die sich überzäumen, legt man das Mundstück etwas höher.

Die Kinnkettenhaken, nach außen gebogen, sollen bis auf das Mundstück reichen. Ihre richtige Biegung ist von wesentlichem Einfluß auf eine gute Zäumung. Verbogene oder verwechselte Haken (z. B. rechter Haken im linken Obergestell) führen leicht zu Verletzungen des Pferdemauls.

Die Kinnkette muß nach rechts glatt ausgedreht sein und in der Kinnkettengrube in gleicher Höhe mit dem Mundstück liegen. Sie wird unter dem Trensenmundstück mit dem letzten Gliede so in den rechten Haken eingelegt, daß dieses Glied rechts ausgedreht verbleibt und das übrigbleibende Glied auf der linken Seite außerhalb des Hakens herabhängt. Weiter überschießende Glieder werden auf beiden Seiten gleichmäßig verteilt, bei ungerader Zahl kommt die Mehrzahl auf die linke Seite. Die Wirkung der Kinnkette soll erst beim Annehmen der Kandarenzügel eintreten.

c) Beschirrung.

Sielengeschirr 25 mit Zaumzeug 22.

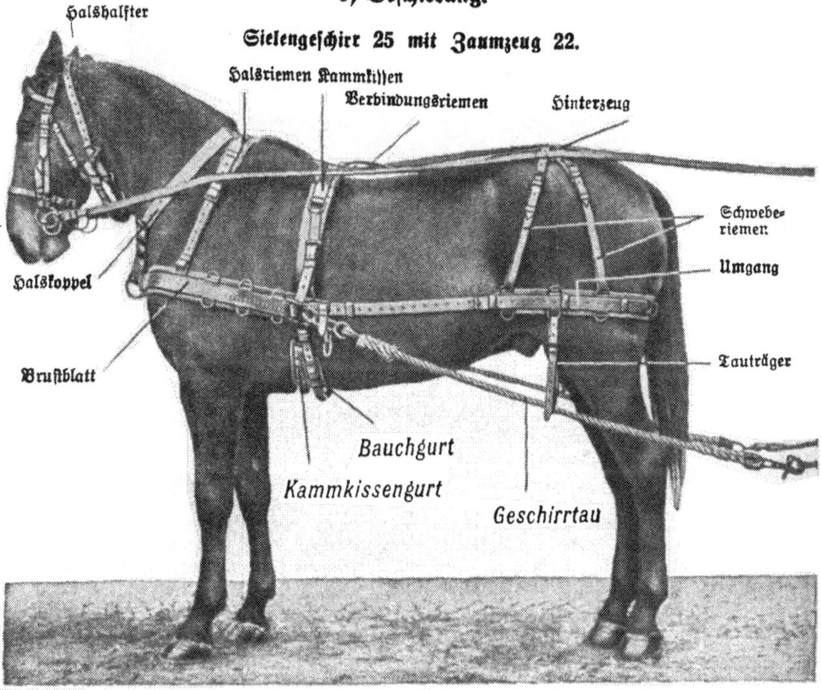

Das Brustblatt liegt richtig, wenn seine untere Kante mit dem Bug oder Schultergelenk des Pferdes abschneidet. Die innere Fläche des Brustblattes muß möglichst gleichmäßig am Pferdekörper anliegen.

Der Halsriemen muß vor dem Widerrist auf dem Mähnenkamm liegen. Der Halsriemen darf nur das Brustblatt tragen, nicht aber beim Aufhalten mitwirken. Da bei Stangenpferden der Halsriemen, wenn auch nur in beschränktem Maße, beim Tragen der Deichsel und beim Aufhalten leicht mit in Bewegung kommt, so empfiehlt es sich, den sechsfach gelegten Woilach so weit nach vorn über den Widerrist aufzulegen, daß der Halsriemen auf den Woilach zu liegen kommt.

Die Halskoppel muß durch den Ring des Brustblattes laufen und ist so kurz zu schnallen, daß das Brustblatt bei anstehenden Aufhalteketten seine Lage nicht verändert, andererseits aber bei angezogenen Zugtauen die Atmung des Pferdes nicht behindert.

Der Umgang muß möglichst wagerecht und so liegen, daß der Zug nicht gebrochen wird. Bei straffen Tauen muß man mit der Faust zwischen Umgang und Muskulatur des Oberschenkels durchfahren können. Das Pferd darf in der freien Bewegung der Gliedmaßen niemals behindert werden.

Sielengeschirr 25 mit Armeesattel 25.

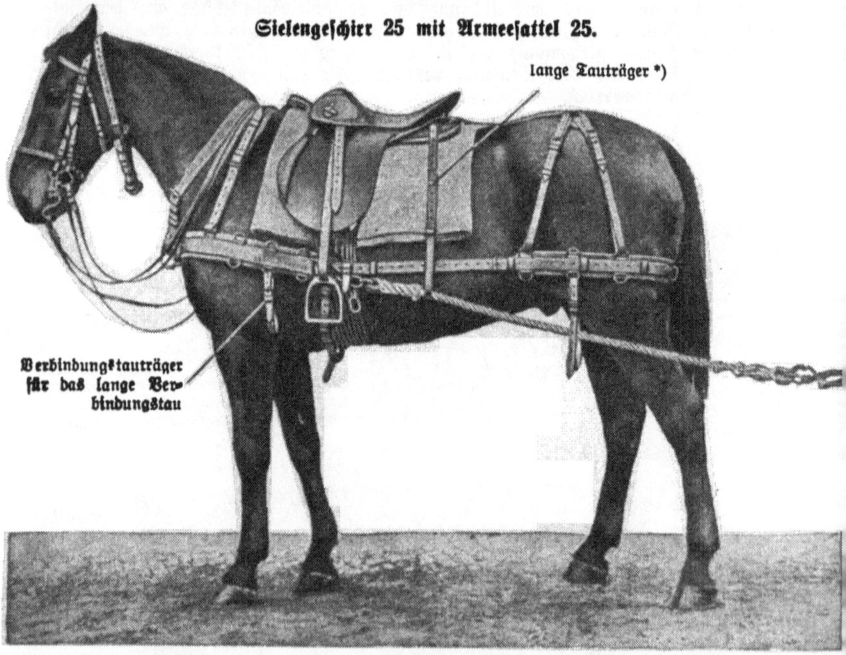

Das Hinterzeug soll mit dem vorderen Rande des Blattes etwa eine Handbreit hinter dem höchsten Punkt der Kruppe liegen. Die Schweberiemen sind so in zwei oder drei am Umgang befindliche Schnallen einzuschnallen, daß sie den Umgang in der beschriebenen Lage halten.

Nach Verpassen der Geschirre dürfen unbenutzt bleibende Enden von Schnallenstrippen keinesfalls abgeschnitten werden, damit die Geschirre jederzeit auch für größere Pferde verwendet werden können. Die Enden müssen durch Ringe und Schlaufen gezogen und zurückgeschlauft werden.

Das **Auf- und Abschirren der Pferde** wird dem Fahrer praktisch gezeigt.

d) Behandlung des Reitzeuges und der Geschirre.

Nach jedem Gebrauch ist die gesamte Pferdebekleidung baldigst zu reinigen und dabei genau zu untersuchen. Alles Schadhafte muß sofort gemeldet und vor dem

*) Neuerdings fortgefallen.

nächsten Gebrauch instandgesetzt werden. Die Eisenteile müssen daraufhin geprüft werden, ob sie nicht gesprungen, verbogen oder gebrochen sind. Sie sind mit Petroleum zu reinigen, trocken zu reiben und dann leicht einzufetten. Gebisse, Steigbügel und Taukettenringe sind zu polieren. Bei lackierten oder grau gestrichenen Teilen müssen Lackierung oder Anstrich ab und an erneuert werden. Unter keinen Umständen darf aber über rostige Stellen neu gestrichen werden. Die Untersuchung der Lederteile erstreckt sich darauf, festzustellen, ob sie nicht zu sehr abgenutzt, brüchig oder mürbe sind. Ferner ist nachzusehen, ob Schnallen, Schnürlöcher usw. ausgerissen sind. Nähte und Knoten dürfen nicht scheuern. Sind einzelne Stiche in den Nähten aufgegangen, so muß die ganze Naht erneuert werden. Leder darf beim Zusammenbiegen nicht springen. Das Einstecken oder Einschneiden von Löchern mit Messern oder sonstigen Werkzeugen an Stelle der Lochzange ist verboten, da es das Einreißen des Leders zur Folge haben kann. Das Leder wird nach dem Dienste mit einer Bürste oder einem feuchten Schwamm von Staub, Schweiß und Schmutz gereinigt. Eine übermäßige Verwendung von Wasser ist zu vermeiden. Im Gebrauch oder bei der Reinigung naßgewordenes Leder ist an der Luft, nicht aber an der Sonne oder der Heizung zu trocknen. Nachdem die Feuchtigkeit von der Oberfläche verschwunden ist, kann es leicht eingefettet werden. Das Lederöl muß in sauberen geschlossenen Behältern aufbewahrt und darf nicht mit anderen Schmiermitteln gemischt werden. Es wird auf beide Seiten des Leders mit einer Auftragebürste aufgestrichen und erzeugt dann einen matten Glanz. Blankputzen mit Guttalin oder ähnlichen Mitteln ist verboten. Hartgewordenes Leder, das durch die Behandlung mit Lederöl nicht weich wird, ist in lauwarmem Wasser einzuweichen, an der Luft zu trocknen und unter kräftigem Einreiben mit der Hand nochmals einzuölen.

Polsterungen, Sattelkissen, Woilache und Taue müssen, nachdem sie vom gröbsten Schmutz befreit sind, an der Luft getrocknet und erst dann gründlich gereinigt werden. Trockener Schmutz ist abzubürsten, Staub auszuklopfen. Hartgewordene Polster sind durch den Sattler zu ersetzen. Polsterüberzüge müssen unbeschädigt sein, zerrissene sind zu erneuern. Die Taue sind stets trocken zu halten, weil sie sonst stocken und unbrauchbar werden.

Für das **Wiederherstellen von Geschirren** gelten nachstehende Regeln:

Alle Bunde und Schnürungen sind so anzubringen, daß sie die Pferde nicht scheuern.

Für unbrauchbar gewordene Geschirrstücke der Stangenpferde sind, soweit dies möglich, Ersatzstücke von den Vorderpferden zu entnehmen und bei diesen durch Herstellungsarbeiten zu ersetzen.

Gerissene Riemen werden wieder vereinigt, indem man die Teile übereinanderlegt, sie mit mehreren Löchern versieht und verschnürt. Sind die Riemen zum Übereinanderlegen zu kurz, so muß man sich mit Aneinanderstoßen behelfen.

Unbrauchbar gewordene Riemen werden durch Halfterriemen oder Bindestränge ersetzt; brauchbare Schnallen können hierbei benutzt werden.

Zum Ersatz gerissener Taue, fehlender Ketten usw. werden vierfach genommene Bindestränge ineinandergeflochten; Tauhaken und Kettenglieder lassen sich leicht einspließen.

Ein zerrissenes Brustblatt kann durch einen Umgang mit unterlegtem Kissen für Druckschäden ersetzt werden. Zu dem Zwecke wird der Umgang mit den Schnallstrippen nach hinten um die Brust des Pferdes gelegt und der Halsriemen in einen der Ringe*) eingeschnallt.

Zerbrochene Zughaken des Brustblattes werden durch drei zopfartig miteinander verflochtene, auf dem Umgang befestigte Bindestränge ersetzt.

---

*) Beim Sielengeschirr 16 in eine der Schnallen.

An Stelle eines unbrauchbaren Kammkissens*) wird ein Bindestrang verwendet.

Halskoppel und Halsriemen werden ersetzt, indem man zwei Steigriemen zusammenschnallt und entsprechend befestigt. Bindestränge sind nur im Notfall und dann flach zusammengeflochten zu verwenden.

Gerissene oder schadhafte Taue werden durch vier Bindestränge ersetzt. Diese sind, zopfartig verflochten, durch die Schake des Tauhakens und durch den Verbindungsring der Taukette, der Länge des Taues entsprechend, zu ziehen und in sich durch Wickelbund stark zu befestigen.

Beim Fehlen des Tauhakens wird ein Bindestrang durch die Öse des Taues gezogen und neben der Zugöse des Ortscheites oder der Vorderbrade befestigt.

Fehlt eine Kinnkette, so kann ein Lederriemen als Ersatz verwendet werden.

4. An- und Ausspannen.

Zum **Führen** ergreift der Fahrer mit der rechten Hand das Backenstück des Sattelpferdes. Die Peitsche nimmt er in die linke Hand, Spitze nach vorwärts oben, den Griff dicht über der Erde.

Zum **Anspannen** führt er die Pferde an das Fahrzeug und legt die Peitsche, ohne die Pferde loszulassen, mit dem Griff nach der Sattelseite auf den Bocksitz. Dann stellt er die Pferde vorsichtig an die Deichsel und tritt an die linke Seite seines Sattelpferdes.

Auf „Anspannen!" schnallt der Fahrer die rechte Innenleine in den rechten Trensenring des Sattelpferdes. Die innere Leine des mit dem Kopfe höher gehenden Pferdes muß oben liegen, da sonst die Pferde sich gegenseitig im Maul stören.

Nun zieht der Fahrer die Aufhalteketten von innen nach außen durch den Brustring und hakt die Haken der Aufhalteketten so ein, daß die Sperriemen nicht von den doppelten Ketten eingeklemmt und durchgescheuert werden können, sondern nach außen liegen. Hierauf löst er die auf der rechten Seite des Handpferdes befestigte rechte Hälfte der Leine aus dem Leinenring, wirft sie über das Sattelpferd nach der linken Seite und spannt das Handpferd an. Die Tauhaken werden von unten nach oben in die Ösen der Endkappen gehakt und die Sperriemen durchgesteckt. Dann geht der Fahrer zur Sattelseite, löst die linke Hälfte der Leine und schnallt die Enden beider Leinenhälften zusammen. Dann steckt er sie, doppelt gelegt, von hinten nach vorn unter die Oberblattstrippe des Kammkissens. Hierauf spannt er das Sattelpferd an.

Auf das Kommando „An die Pferde!" tritt der Fahrer neben den Kopf seines Sattelpferdes und faßt dessen Leinen mit der rechten Hand etwa eine Handbreite vom Gebiß, linke Leine zwischen Daumen und Zeigefinger, rechte zwischen Mittel- und Ringfinger. Die Innenleine des Handpferdes wird mit der rechten Leine des Sattelpferdes zusammen zwischen Mittel- und Ringfinger genommen. Der Fahrer steht still.

Das **Ausspannen** geschieht in umgekehrter Reihenfolge. Nach dem Ausspannen rückt der Fahrer mit seinem Gespann eine Pferdelänge vor.

5. Reit- und Fahrausbildung.

Die Einzelheiten der Reit- und Fahrausbildung erlernt der Fahrer beim praktischen Dienst.

---

*) Beim Sielengeschirr 16 Rückenriemen.

Für handschriftliche Eintragungen.

Für handschriftliche Eintragungen.

Anhang zu den von Wedel'schen Hilfsbüchern für den Dienstunterricht

Die Kraftfahrausbildung

für mot. Truppen

mit der neuen Reichsstraßenverkehrsordnung

Richard Schröder (vorm. Ed. Dörings Erben) Verlag, Berlin W 62.

I. Teil: Kraftfahrzeugkunde.

1. Allgemeines.

Von jedem Militärkraftfahrer muß verlangt werden, daß er sein Kraftfahrzeug so kennt, wie der Soldat seine Waffe; denn sonst ist er nicht in der Lage, seine Besatzung und die durch das Kraftfahrzeug bewegte Waffe dahin zu bringen, wo es der taktische Einsatz erfordert. Der Fahrer muß sich also bei allen Störungen am Fahrzeug helfen können.

Die folgenden Seiten geben einen Überblick über die wichtigsten Gebiete der Kraftfahrzeugkunde, worüber der Kraftfahrer der Wehrmacht unterrichtet sein muß. Wer seine Kenntnisse vertiefen will, nehme den Kraftfahrdienst, welcher im gleichen Verlag erscheint*).

a) Arten der Kraftfahrzeuge.

Die Kraftfahrzeuge bewegen sich auf Rädern oder Gleisketten, bei den „Zwitterfahrzeugen" auf Rädern und Gleisketten.

Der Einfachheit halber seien die Kraftfahrzeuge nur in folgende Hauptarten unterteilt:

a) Personenwagen (Pkw), gefahren mit Führerschein Klasse 3.
b) Lastwagen (Lkw), gefahren mit Führerschein Klasse 2.
c) Krafträder (Krad), gefahren mit Führerschein Klasse 1 und 4.
d) Sonderfahrzeuge, gefahren nach Sonderausbildung.

b) Hauptteile des Kraftfahrzeuges.

1. **Das Fahrgestell**, Abb. 1, besteht aus:
   a) Fahrwerk (Rahmen, Federn, Achsen, Rädern mit Bereifung, Bremsen, Lenkung, Kühler, Kraftstoffbehälter, elektrischem Zubehör);
   b) Motor mit Anlasser, Lichtmaschine und sonstigem Zubehör (z. B. Drucklufterzeuger für die Bremsanlage);
   c) Kraftübertragung (Kupplung, Getriebe, Gelenkwelle, Achsantrieb mit Ausgleichgetriebe).
2. **Der Aufbau** ist je nach Verwendungszweck sehr verschieden (z. B. Kübelsitze oder Ladeplattform) und wird hier nicht behandelt.

2. Motoren.

a) Einteilung.

Die Wehrmachts-Kraftfahrzeuge werden z. Zt. fast nur durch Verbrennungskraftmaschinen getrieben.

*) Der Kraftfahrdienst; Hilfsbuch für den Kraftfahrer aller Waffen, von Dr. Schollwoeck und Johannis, Reg.-Bauräte an der Panzertruppenschule.

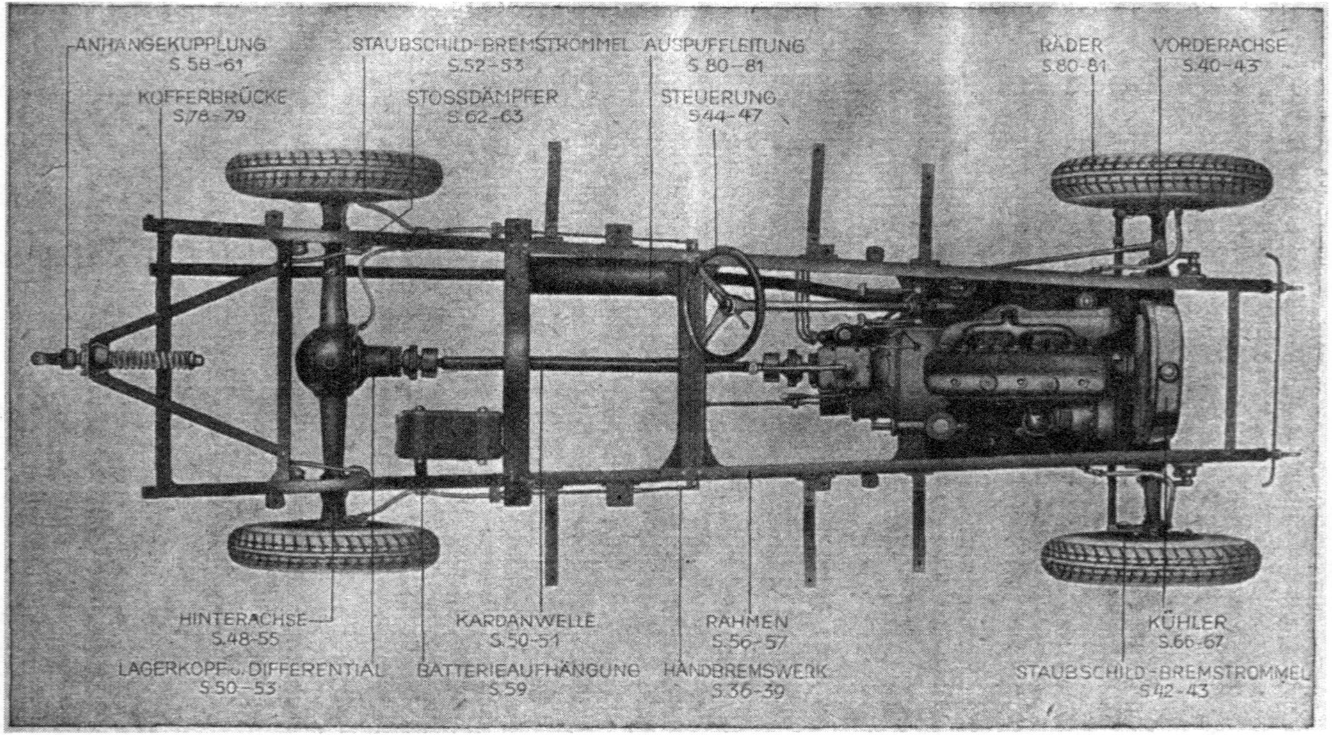
ANHÄNGEKUPPLUNG S.58-61
KOFFERBRÜCKE S.78-79
STAUBSCHILD-BREMSTROMMEL S.52-53
STOSSDÄMPFER S.62-63
AUSPUFFLEITUNG S.80-81
STEUERUNG S.44-47
RÄDER S.80-81
VORDERACHSE S.40-43
HINTERACHSE S.48-55
LAGERKOPF u. DIFFERENTIAL S.50-53
KARDANWELLE S.50-51
BATTERIEAUFHÄNGUNG S.59
RAHMEN S.56-57
HANDBREMSWERK S.36-39
KÜHLER S.66-67
STAUBSCHILD-BREMSTROMMEL S.42-43

Abb. 1. Fahrgestell.

Die Einteilung der Verbrennungs-Kraftmaschinen kann erfolgen nach der Art, wie Verbrennungsluft und Kraftstoff gemischt und entzündet werden, in Otto- (Vergaser-) Motoren und in Diesel-Motoren. Man kann die Verbrennungsmotoren auch nach anderen Gesichtspunkten einteilen. So unterscheidet man z. B. Zweitaktmotoren und Viertaktmotoren, luftgekühlte und wassergekühlte Motoren, Stern-Reihen- (Abb. 2) oder Boxer-Motoren (Abb. 3).

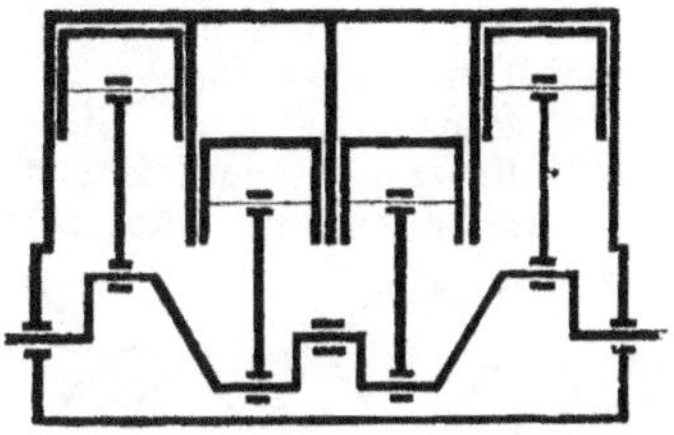

Abb. 2. Reihenanordnung.

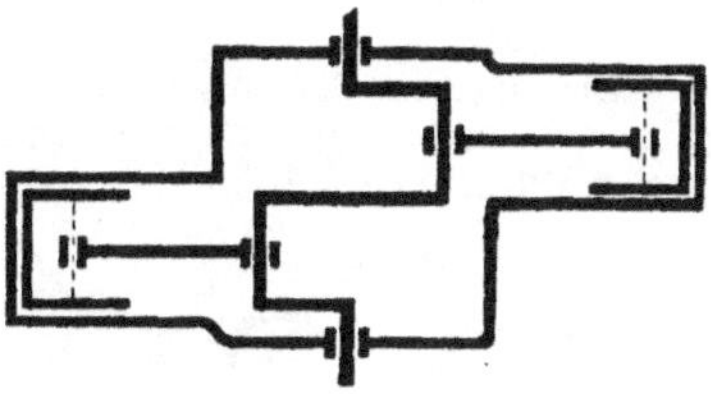

Abb. 3. Boxeranordnung.

b) Allgemeiner Aufbau des Motors.

Im Zylinder Z (Abb. 4) gleitet der Kolben K. Der Zylinder wird nach oben durch den Zylinderkopf abgeschlossen, in dem das Einlaß-Ventil EV und das Auslaß-Ventil AV angeordnet ist. Der Zylinder

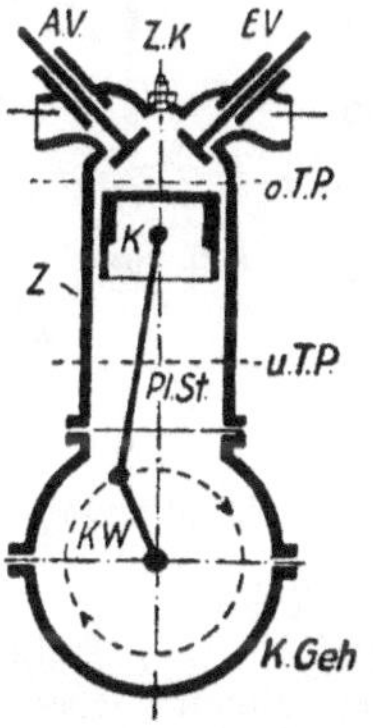

Abb. 4.

wird getragen von dem Kurbelgehäuse KGeh, in den die Kurbelwelle KW gelagert ist. Kolben K und Kurbelwelle KW werden durch die Pleuelstange PlSt verbunden. Die Pleuelstange umfaßt den Kolbenbolzen im Kolben und die Kurbelwelle am Kurbelwellenzapfen. Die Kurbelwelle treibt die Nockenwelle, mit deren Hilfe die Ventile im richtigen Augenblick geöffnet und durch Ventilfedern geschlossen werden. An einem Ende der Kurbelwelle sitzt das Schwungrad. Im tiefsten Teil des Kurbelgehäuses (Ölwanne) sammelt sich meist das Schmieröl, das durch eine Schmierölpumpe in Kreislauf gesetzt wird.

Die Stellung, in der der Kolben dem Zylinderkopf am nächsten ist, nennt man den oberen Totpunkt (o.T.P.) des Kolbens. Die Stellung, in der der Kolben vom Zylinderkopf am weitesten entfernt ist, heißt der untere Totpunkt (u.T.P.) des Kolbens. Die Bewegung des Kolbens von dem einen zu dem anderen Totpunkt nennt man einen Takt. Die Kurbelwelle macht eine volle Umdrehung, während der Kolben zwei Takte durchführt.

c) Arbeitsverfahren.

Es gibt nun Motoren, die den ganzen Arbeitsvorgang für eine Verbrennung in zwei Kurbelwellen-Umdrehungen — das sind also vier Takte — durchführen. Andere Motoren lassen den ganzen Arbeitsvorgang in nur einer Kurbelwellen-Umdrehung — das sind zwei Takte — vor sich gehen.

Viertakt.

Die meisten Motoren der Wehrmachtsfahrzeuge arbeiten im Viertakt, d. h. der ganze Arbeitsvorgang in **einem** Zylinder spielt sich während zweier Kurbelwellen-Umdrehungen — das sind vier Takte — ab. (Abb. 5.)

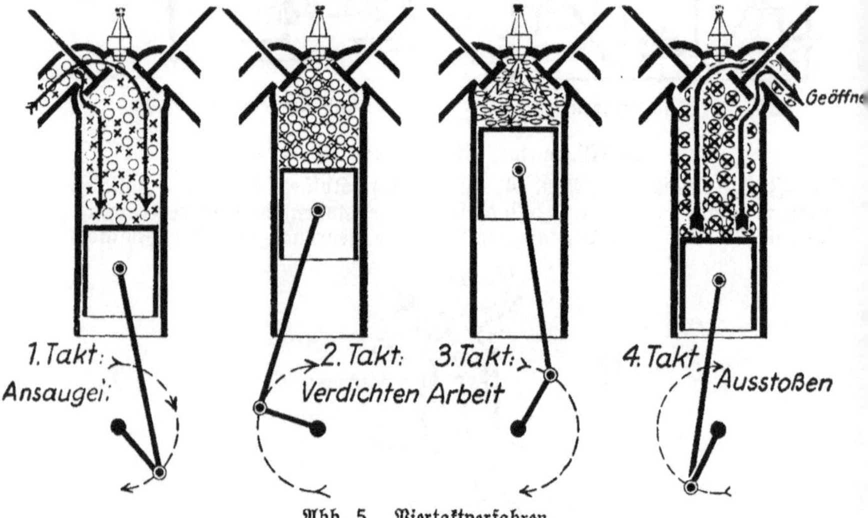

Abb. 5. Viertaktverfahren.

Die vier Takte beim Otto-Motor sind:

1. Takt. Saughub — Leertakt. Das Einlaßventil ist offen, das Auslaßventil ist geschlossen. Beim Abwärtsgehen des Kolbens vom oberen zum unteren Totpunkt saugt der Kolben Luft durch den Vergaser hindurch und das dabei entstehende zündfähige Kraftstoff-Luftgemisch durch das Einlaßventil in den Zylinder hinein.

2. Takt Verdichtungshub — Leertakt. Beide Ventile sind geschlossen. Das im Zylinder befindliche Gemisch kann vor dem hochgehenden Kolben nicht entweichen. Das Gemisch wird zusammengedrückt, verdichtet.

3. Takt. Arbeitshub — Arbeitstakt. Beide Ventile bleiben geschlossen. Ein elektrischer Zündfunke entzündet das Gemisch. Das Gemisch verbrennt (deshalb der Name Verbrennungsmotor), will sich infolge der Druckerhöhung stark ausdehnen und drückt den Kolben nach unten. Dabei wird die drückende Kraft mit Hilfe der Pleuelstange auf die Kurbelwelle übertragen.

4. Takt. Auspuffhub — Leertakt. Das Auslaßventil geht auf; das Einlaßventil bleibt geschlossen. Der aufwärts gleitende Kolben verdrängt die verbrannten Gase und schiebt sie durch das Auslaßventil in den Aus-

puffkanal. Am Schluß des vierten Taktes schließt sich das Auslaßventil, während sich gleichzeitig das Einlaßventil öffnet.

Damit beginnt ein neuer Arbeitsvorgang.

Beim Viertakt-Motor wird nur im dritten Takt, also eine halbe Kurbelwellen-Umdrehung lang, Kraft vom Motor abgegeben. Während der drei anderen Takte, also im ersten, zweiten und vierten Takt, muß der Motor von außen her getrieben werden. Dazu dient das Schwungrad des Motors. Beim Arbeitstakt wird im Schwungrad Energie aufgespeichert. Während der drei anderen Takte wird ein Teil der aufgespeicherten Energie verbraucht, um den Motor weiter zu drehen.

Zweitakt.

Der Zweitakt-Motor wickelt den Arbeitsvorgang in einer Kurbelwellen-Umdrehung oder zwei Takten ab. Man will dadurch den Anteil der Arbeit schluckenden Takte am ganzen Arbeitsvorgang verringern.

Zweitakt: 1 Arbeitstakt, 1 Leertakt;
Viertakt: 1 Arbeitstakt, 3 Leertakte.

Der Zweitakt-Motor arbeitet ohne Ventile. Dadurch braucht man auch keinen abnehmbaren Zylinderkopf mehr, sondern kann ihn mit dem Zylinder zusammen aus einem Stück gießen. Aus diesem Grunde sind die Herstellungskosten bei dem Zweitakt-Motor geringer als bei dem Viertakt-Motor. In der Wandung des Zylinders werden Schlitze für Einlaß und Auslaß angeordnet.

Das Gemisch von Luft und Kraftstoff wird beim Zweitakt nicht sofort in den Zylinder, sondern erst in den Kurbelwellenraum gesaugt und von dort durch den Überströmkanal und die Einlaßschlitze zum Zylinder gedrückt. (Abb. 6.) Man muß beim Zweitakt also gleichzeitig beachten: Vorgänge im Zylinder (**über** dem Kolben) und Vorgänge im Kurbelgehäuse (**unter** dem Kolben).

1. Takt. (Leertakt.) Kolben geht vom unteren Totpunkt zum oberen Totpunkt.

Über dem Kolben: Die obere Kolbenkante schließt beim Hochgehen die Einlaß- und Auslaßschlitze ab. Das vorher durch den Überströmkanal eingeströmte Kraftstoff-Luftgemisch kann nicht entweichen und wird verdichtet.

Unter dem Kolben: Der hochgehende Kolben erzeugt einen Unterdruck

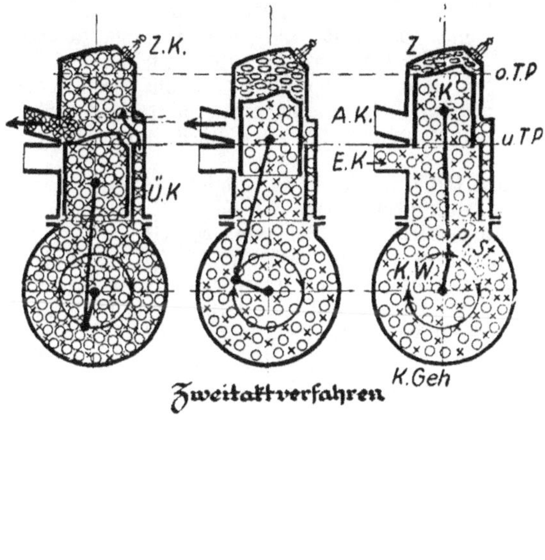

Abb. 6. Zweitaktverfahren

im Kurbelgehäuse. Wenn die untere Kolbenkante den Einlaßkanal freigibt, wird Gemisch aus dem Vergaser herausgesaugt und füllt das Kurbelgehäuse.

2. Takt. (Abb. 6.) Arbeitstakt. Kolben geht vom oberen Totpunkt zum unteren Totpunkt.

Über dem Kolben: Der elektrische Funke springt an der Zündkerze über und entzündet das Gemisch. Bei der Verbrennung entsteht höherer Druck im Zylinder. Der Kolben wird unter Arbeitsabgabe nach unten gedrückt. Kurz vor der tiefsten Stellung des Kolbens werden die Einlaß- und Auslaßschlitze freigegeben. Das aus dem Kurbelgehäuse einströmende frische Gemisch drängt (spült) die Verbrennungsgase aus dem Zylinder hinaus.

Unter dem Kolben: Der heruntergehende Kolben schließt mit seinem unteren Rand den Einlaßkanal ab und beendet dadurch das Ansaugen ins Kurbelgehäuse hinein. Die obere Kolbenkante gibt aber noch nicht den Überströmkanal frei. Das im Kurbelgehäuse eingefangene Gemisch wird nun beim Hinuntergehen des Kolbens im Kurbelgehäuse vorverdichtet. Wenn der Kolben so tief gekommen ist, daß der Überströmkanal geöffnet wird, dann strömt das vorverdichtete Gemisch aus dem Kurbelgehäuse durch den Überströmkanal in den Zylinder. (Abb. 6.)

Damit beginnt der Kreislauf von neuem.

Beim Zweitakt geht der gesamte Arbeitsvorgang also tatsächlich in zwei Takten bei nur einer Kurbelwellen-Umdrehung vor sich. Es sind hierbei ähnlich wie beim Viertakt auch deutlich vier verschiedene Teile des Arbeitsvorganges zu erkennen. Man konnte sie dadurch in zwei Takte zusammendrängen, daß man gleichzeitig die Oberseite des Kolbens nachverdichten läßt, während die Unterseite ansaugt, ferner dadurch, daß auf der Oberseite des Kolbens Arbeit abgegeben wird, während mit der Unterseite des Kolbens vorverdichtet wird, und schließlich dadurch, daß während eines Teiles des Hubs gleichzeitig die Verbrennungsgase aus dem Zylinder herausgeschoben werden und frisches Gemisch einströmt.

Das Zweitakt-Verfahren findet man zurzeit bei der Wehrmacht nur bei kleinen Krafträdern.

Die Hauptteile des Motors sind:

Der **Zylinder** ist ein genau rund gearbeitetes Rohr, dessen eines Ende durch den Zylinderkopf, dessen anderes durch den auf- und abgehenden Kolben abgeschlossen ist. (Abb. 4.) In dem Raum zwischen Kolben und Zylinderkopf spielt sich der ganze Arbeitsprozeß ab, dieser Teil wird besonders heiß und muß daher sorgfältig gekühlt werden. Sein Material besteht aus Spezialgußeisen. Zwischen Zylinderkopf und Zylinderblock ist die Zylinderkopfdichtung, die aus Asbest und Kupfer hergestellt ist, angeordnet.

Der **Kolben** (Abb. 8) ist ein topfähnlicher Körper, der das Zylinderrohr durch die Kolbenringe nach der Gehäuseseite hin abdichtet und bei seiner hin- und hergleitenden Bewegung Arbeit an die Pleuelstange abgibt. Im Mantel des Kolbens befinden sich mehrere Nuten, in denen die aus Sondergußeisen hergestellten Kolbenringe sitzen. Diese bilden die Abdichtung des Zylinderrohres. Der unterste Kolbenring ist meist als Ölabstreifring ausgebildet. Der Kolben ist der am stärksten beanspruchte Teil, er wird aus einer Spezialgußlegierung (Leichtmetall) hergestellt. Quer durch den Kolben ist der zylindrische Kolbenbolzen gesteckt, der in den Wandungen des Kolbens, den Kolbenaugen, gelagert ist.

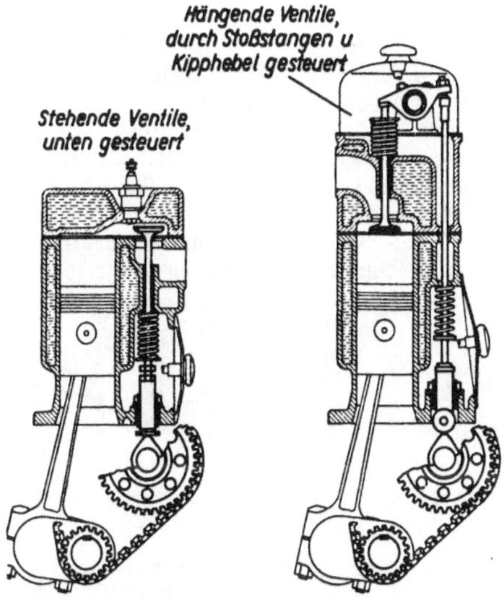

Abb. 7. Schnitt durch Zylinder u. Steuerung

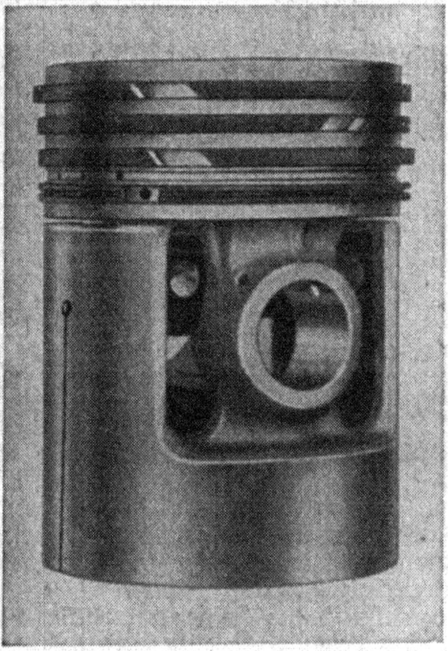

Abb. 8. Leichtmetall-Kolben.

Die **Pleuelstange** (Abb. 10) verbindet den hin- und hergehenden Kolben mit der sich drehenden Kurbelwelle. Der geschlossene Kopf der Pleuelstange umfaßt den durchgesteckten* Kolbenbolzen. Mit dem zweiteiligen

Pleuelstangenfuß umschließt sie den Hubzapfen der Kurbelwelle. Das Pleuellager muß den vom Kolben kommenden Druck aufnehmen und an den Hubzapfen der Kurbelwelle abgeben.

Die **Kurbelwelle** ist ein recht schwieriges Werkstück (Abb.9). Die von den Pleuelstangen ausgeübten stoßartigen Drücke versuchen die Kurbelwelle zu verbiegen und zu verwinden. Es ist daher ein sehr zäher Werkstoff (vergüteter Stahl oder zähes Spezialgußeisen) notwendig. Die Kurbelwelle besteht aus den Lagerzapfen, Kurbelarmen und den Kurbelzapfen. An dem zur Kupplung gerichteten Lagerzapfen schließt sich meist

Abb. 9. Kurbelwelle.

Abb. 10. Kurbelgehäuse, Pleuelstange und Kurbelwelle mit Schwungrad.

ein Flansch an, an dem das Schwungrad befestigt wird. Jeder Lagerzapfen der Kurbelwelle ruht in einem der Hauptlager im Kurbelgehäuse des Motors. Jeder Kurbel- oder Hubzapfen wird umfaßt vom Pleuellager und dem Pleuelstangenfuß.

Die in den Lagern gleitenden Zapfen der Kurbelwelle müssen ständig geschmiert werden. Den Hauptlagern wird meist das Schmieröl mit Hilfe einer Schmierölpumpe zugeführt. Ebenso werden Hubzapfen und Pleuellager durch Bohrungen in den Kurbelarmen vom Hauptlager aus mit Schmieröl versorgt.

Das **Schwungrad** (Abb. 10) dient als Kraftspeicher und mildert das stoßartige Drehen der Kurbelwelle. Abbildung 10 zeigt ein Schwung-

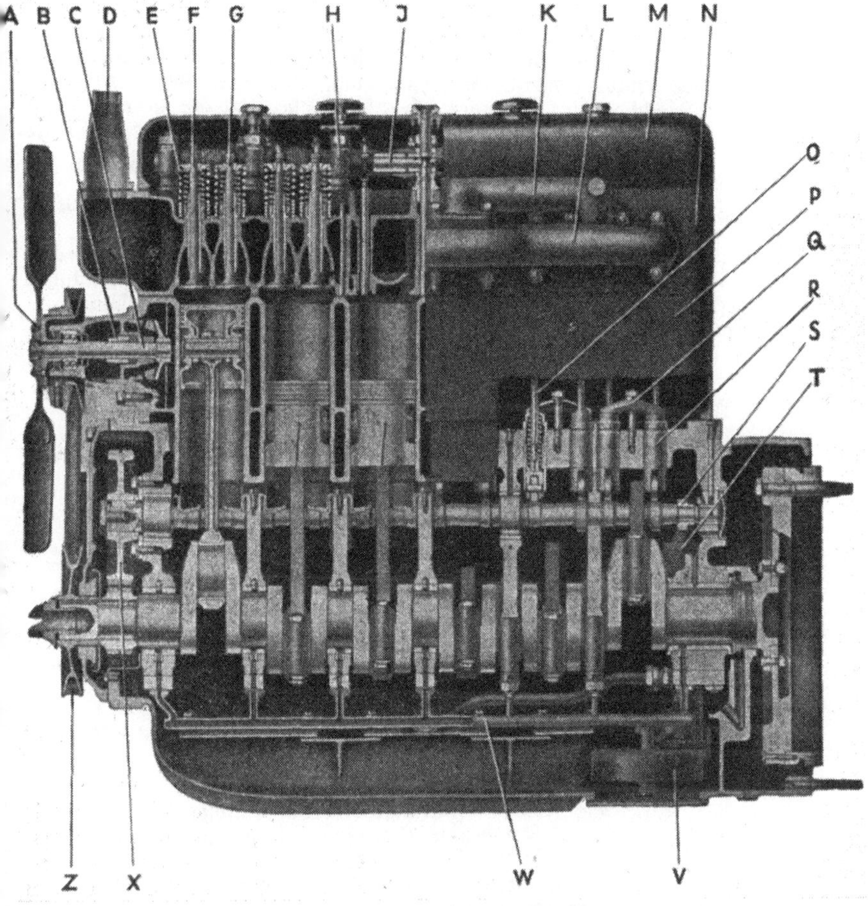

Abb. 11. Längsschnitt eines Reihen-Motors.

A Ventilator, B Stopfbuchse, C Kühlwasserpumpe, D Kühlwasserabflußstutzen, E Ventilfeder, F Federteller, G Ventil, H Schwing- (Kipp-) Hebellager, J Kipphebelwelle, K Ansaugrohr, L Auspuffrohr, M Gehäusedeckel für Kipphebel, N Zylinderkopf, O Stößelstangen, P Gehäusedeckel für Ventilstößel, Q Federgehäuse, R Federführung, S Nockenwelle mit Abtrieb für Schmierölpumpe, T Schmierölpumpenwelle, V Ölpumpe, W Druckölschmierleitung, X Zahnrad zur Nockenwelle, Z Ventilatorantrieb.

rad mit aufgeschrumpftem Zahnkranz, in welchen das kleine Zahnrad (Ritzel) des Anlassers eingreift, wenn der Motor angelassen wird.

Das **Kurbelgehäuse** (Abb. 10) umschließt, wie das Wort schon andeutet, die Kurbelwelle. Bei den meisten neuzeitlichen Motoren besteht das Kurbelgehäuse aus zwei Teilen, dem Ober- und Unterteil (auch Ölwanne genannt). Das Kurbelgehäuseoberteil ist meistens mit dem Zylinderblock zusammengegossen und gibt so das tragende Gerüst für den ganzen Motor. In diesem Gerüst sind untergebracht: die Kurbelwelle, die Nockenwelle, die Steuerräder und die Schmierölpumpe; alle übrigen Teile des Motors, wie z. B. Zylinderkopf, Ölwanne, Vergaser, Zündapparat, Lichtmaschine, Anlasser, Ventilator usw. sind an diesem Gerüst befestigt. Die Aufhängung des Motors im Fahrgestell erfolgt mit Hilfe von Tragarmen, die an das Kurbelgehäuseoberteil angegossen oder angeschraubt sind.

Im tiefsten Teil der Ölwanne sammelt sich das Schmieröl; es wird dort von der Schmierölpumpe abgesaugt. An der tiefsten Stelle des Ölsumpfes befindet sich die Ölablaßschraube, aus der man beim Ölwechsel das alte Öl ablaufen läßt. Neues Öl wird stets durch den Öleinfüllstutzen eingefüllt. Am Verschluß des Öleinfüllstutzens ist ein Meßstab angebracht, der mit Marken zur Kontrolle des Ölstandes versehen ist.

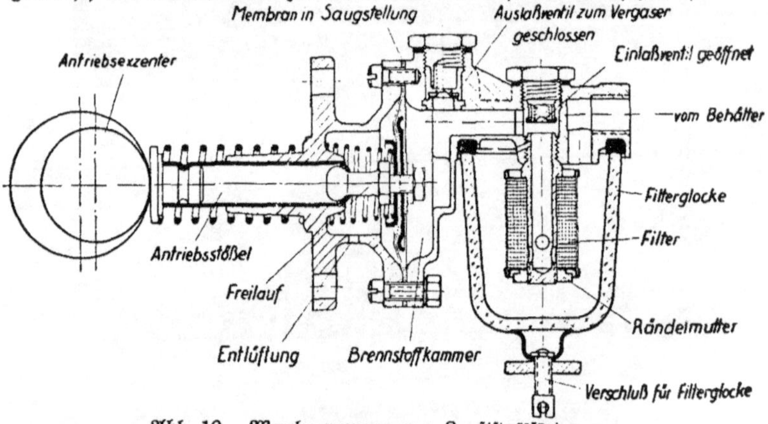

Abb. 12. Membranpumpe zur Kraftstofförderung.

Zur **Steuerung** des Viertaktmotors gehören folgende Teile: die Nockenwelle (Abb. 11) mit den zugehörigen Zahnrädern auf der Kurbel- und Nockenwelle, die Stößelführung und die Stößel mit Stößeleinstellschrauben und Gegenmuttern, das Ventil mit Ventilführung, Feder und Federteller, bei manchen Motoren noch Stoßstangen und Schwinghebel. Die Nockenwelle, welche mit der halben Drehzahl der Kurbelwelle umläuft, betätigt durch die Stößel die Ventile.

Die Kraftstofförderung und Reinigung erfolgt durch die Membranpumpe (Abb. 12) und die in ihr eingebauten Siebe aus dem Brennstoffvorratsbehälter.

Der Vergaser hat die Aufgabe, den ihm als Flüssigkeit zugeführten Kraftstoff in feinste Tröpfchen aufzulösen und mit der vom Motor angesaugten Verbrennungsluft eng zu mischen. Alle Vergaser arbeiten nach dem Prinzip der Blumenspritze. Der durch das Blasrohr hindurchgejagte Luftstrom saugt im Steigrohr den Kraftstoff hoch und zerstäubt ihn (Abb. 13). Jeder Vergaser hat folgende Teile (Abb. 14): 1. Schwimmergehäuse mit Schwimmer und Schwimmernadel. Wenn die Kraftstoffmembranpumpe das Schwimmergehäuse vollpumpt, steigt der Schwimmer hoch und verschließt mit Hilfe der Schwimmernadel die Zuflußöffnung.

2. Die Kraftstoffdüse, aus der der Kraftstoff durch die Saugwirkung der vorbeiströmenden Luft herausgerissen wird. 3. Die Luftdüse. 4. Die Drosselklappe zur Regelung der angesaugten Kraftstoffluftmenge. Bei fast geschlossener Drosselklappe wird wenig Gemisch angesaugt und der Motor läuft nur langsam.

Die **Zündung** muß das in den Zylinder gesaugte und dort verdichtete Kraftstoffluftgemisch im richtigen Zeitpunkt zur Entzündung bringen. Der

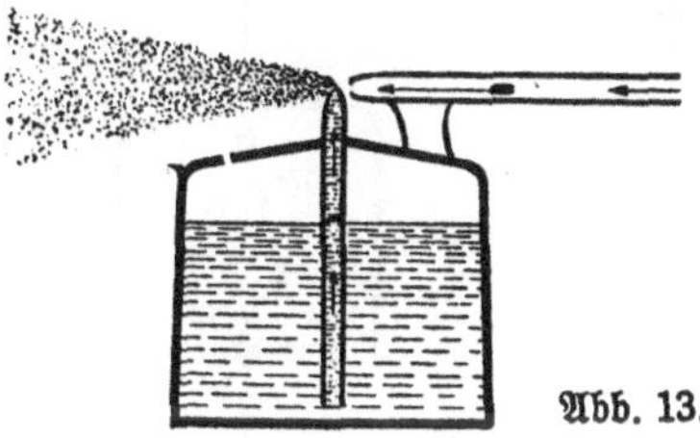

Abb. 13. Zerstäuber.

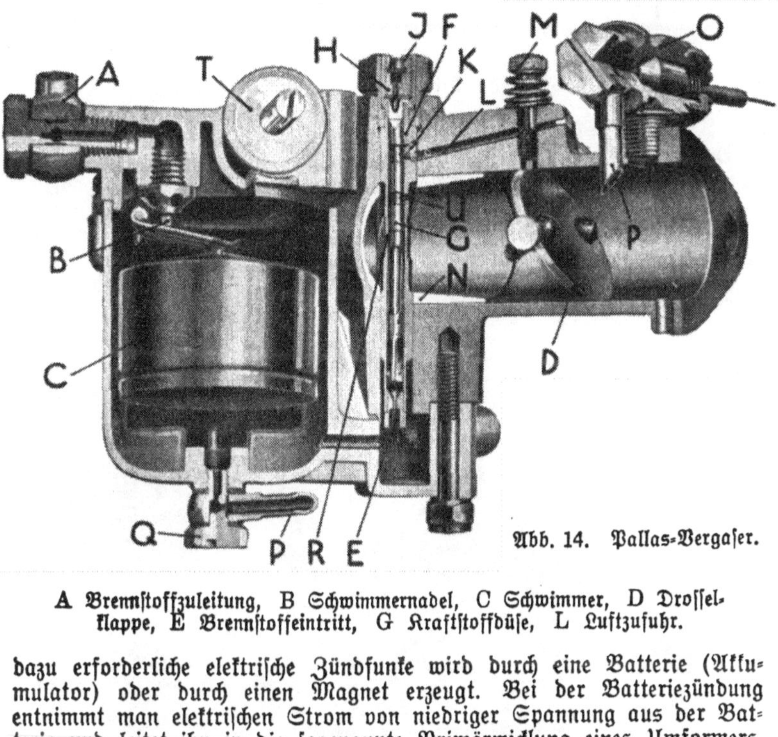

Abb. 14. Pallas-Vergaser.

A Brennstoffzuleitung, B Schwimmernadel, C Schwimmer, D Drosselklappe, E Brennstoffeintritt, G Kraftstoffdüse, L Luftzufuhr.

dazu erforderliche elektrische Zündfunke wird durch eine Batterie (Akkumulator) oder durch einen Magnet erzeugt. Bei der Batteriezündung entnimmt man elektrischen Strom von niedriger Spannung aus der Batterie und leitet ihn in die sogenannte Primärwicklung eines Umformers. In dem Umformer, den man im Kraftfahrzeug die Zündspule nennt, wird in der Sekundärspule der erforderliche, hochgespannte Strom erzeugt. Der hochgespannte Sekundärstrom entsteht in dem Augenblick, in dem mit Hilfe eines Unterbrechers der Primärstrom unterbrochen wird.

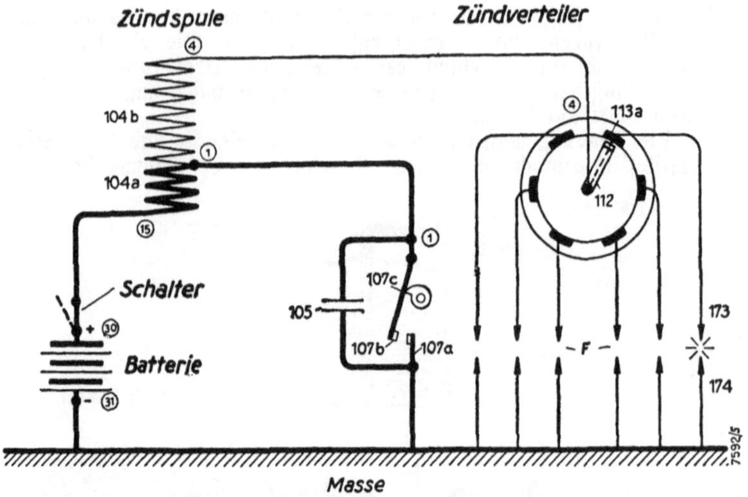

Abb. 15. Arbeitsweise der Batteriezündung.

In der obenstehenden Abbildung (Abb. 15) ist der Aufbau der Batteriezündung dargestellt. Der Primärstrom kommt von der Batterie, geht in die Primärwicklung der Zündspule und von dort über den Unterbrecher zur Masse. Der in der Sekundärwicklung erzeugte hochgespannte Strom fließt der Zündkerze zu. Wenn es sich um einen mehrzylindrigen Motor handelt, muß der Zündfunke immer zu **dem** Zylinder geleitet werden, der zum Zünden an der Reihe ist. Deshalb führt bei mehrzylindrigen Motoren das Hochspannungskabel nicht sofort zur Zünd-

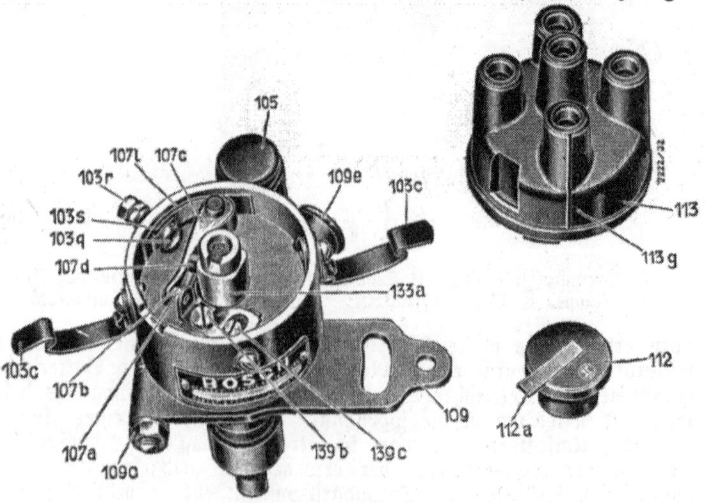

Abb. 16. Unterbrecher.

kerze, sondern erst zum Zündverteiler, der den Zündstrom immer gerade auf den richtigen Zylinder schaltet.

Der Unterbrecher (Abb. 16) wird meist in den Verteilerkopf mit eingebaut. Die Befestigungsschraube leitet den von der Primärwicklung kommenden Primärstrom auf den Kontaktbock und den Gegenkontakt am Amboß. Amboß und Schraube sind gegen Masse isoliert. Der Gegenkontakt sitzt auf dem Hammer, der sich auf dem Zapfen drehen kann. An dem zweiten Ende des Hammers sitzt das Schleifstück. Wenn der Nocken des Nockenringes am Schleifstück vorbeiläuft, wird der Hammer bewegt und dabei die Kontakte geöffnet. Im ersten Augenblick des Hammerhebens wird der von der Batterie kommende Strom unterbrochen und dabei der Zündfunke erzeugt.

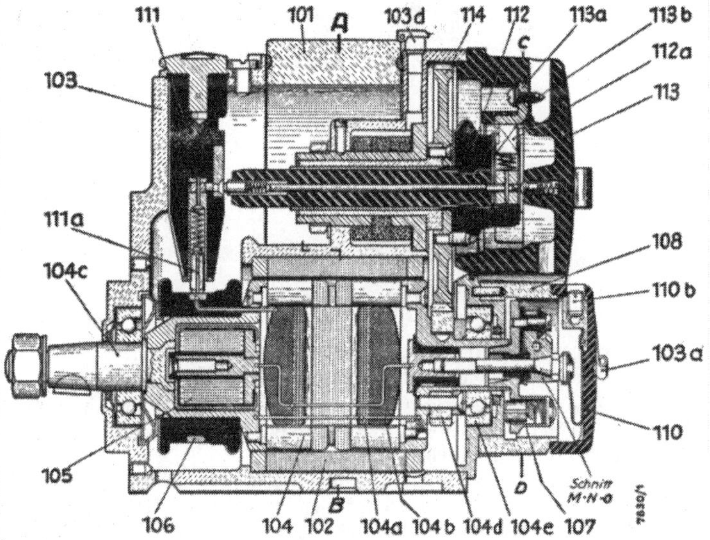

Abb. 17. Magnetzünder (Schnitt).

Während bei der Batteriezündung der niedrig gespannte Strom fertig von der Batterie bezogen wird, muß dieser Primärstrom bei der **Magnetzündung** mit Hilfe eines Stromerzeugers erst hergestellt werden. Der Primärstrom wird dann genau wie bei der Batteriezündung in einem Umformer zu hochgespanntem Sekundärstrom verwandelt. Man braucht also einmal alle diejenigen Teile, die von der Batteriezündung bekannt sind, nämlich Umformer, Unterbrecher und Verteiler. Außerdem muß an die Stelle der Batterie ein anderer Stromerzeuger treten. Alle diese Teile sind in dem Magnetzünder (Abb. 17) zusammengefaßt.

Den Primärstrom erzeugt man dadurch, daß die Primärspule zwischen den Polen eines Dauermagneten gedreht wird. Der Primärstrom fließt durch die Welle des Stromerzeugers zum Unterbrecher. Wenn der Unterbrecher abhebt, entsteht in der Sekundärwicklung, die über die Primärwicklung gewickelt ist, der hochgespannte Zündstrom. Die Welle mit den aufgewickelten Spulen nennt man den Anker des Stromerzeugers.

Der Anker trägt an seinem einen Ende einen Schleifring, an dem der Zündstrom durch eine mit Federdruck anliegende Kohle abgenommen und zum Verteiler weitergeleitet wird.

Die **Zündkerze** (Abb. 18) entzündet durch den an den Elektroden überspringenden Zündfunken das Gemisch. Das Wesentliche an der Zündkerze ist die Funkenstrecke vom Zündstift (in der Mitte der Kerze) bis zu den im Gewindekörper sitzenden Elektroden. Die Entfernung soll je nach Vorschrift 0,4 bis 0,6 mm betragen. Der Zündstift muß durch einen Isolator gegen den Gewindekörper gesichert sein.

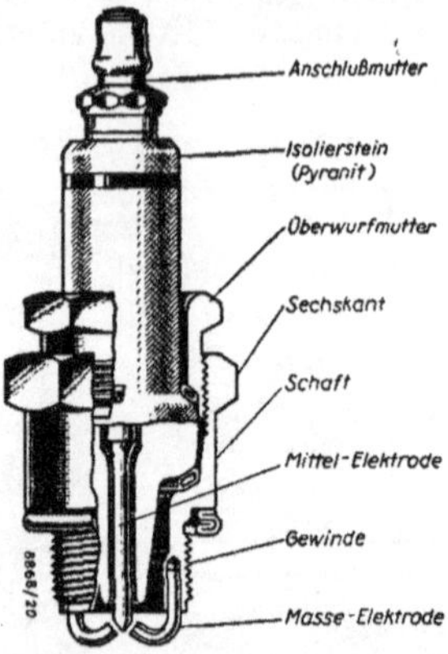

Abb. 18. Zündkerze.

Zur **elektrischen Ausrüstung** gehören:
die Batterie, die Lichtmaschine, der Anlasser.

Die **Batterie** ist ein Speicher für elektrische Energie, mit ihrer Hilfe kann der Anlasser getrieben, die Batteriezündung, Scheinwerfer und andere Stromverbraucher gespeist werden.

In der Kraftfahrzeug-Batterie finden wir die braunen, positiven Platten aus Bleisuperoxyd und die grauen, negativen Platten aus Blei in verdünnter Schwefelsäure. (Abb. 19.) Zwischen den Platten liegt je eine dünne Isolationsscheibe (Plattenscheider), damit sich die entgegengesetzt geladenen Platten nicht berühren und dabei Kurzschluß machen können. Die Platten stehen meist in rechteckigen Behältern aus Hartgummi, den Zellen. Mehrere Zellen zusammengefaßt ergeben die Batterie.

Die Spannung einer gut aufgeladenen Zelle beträgt etwa 2,4 Volt. In stark entladenem Zustand sinkt die Spannung einer Zelle bis 1,8 Volt. Mit dem Säureprüfer wird die Spannung geprüft. In gut geladenem Zustand beträgt das spezifische Gewicht der Säure 1,24, in entladenem Zustand 1,14. Entladene Batterien müssen sofort neu aufgeladen werden.

Die **Lichtmaschine** liefert Gleichstrom. Von einer gewissen Drehzahl des Motors ab versorgt sie die Stromverbraucher des Kraftfahrzeuges und ladet gleichzeitig die Batterie auf, die bei stillstehendem und langsam laufendem Motor als Stromlieferant gedient hat.

Die Lichtmaschine soll bei denkbar ungünstigen Verhältnissen Strom liefern. Bei langsam laufendem Motor wird die Lichtmaschine langsam gedreht, bei schnell laufendem Motor schnell. Die Stromerzeugung ist entsprechend der wechselnden Drehzahl eine ganz verschiedene. Die Strom-

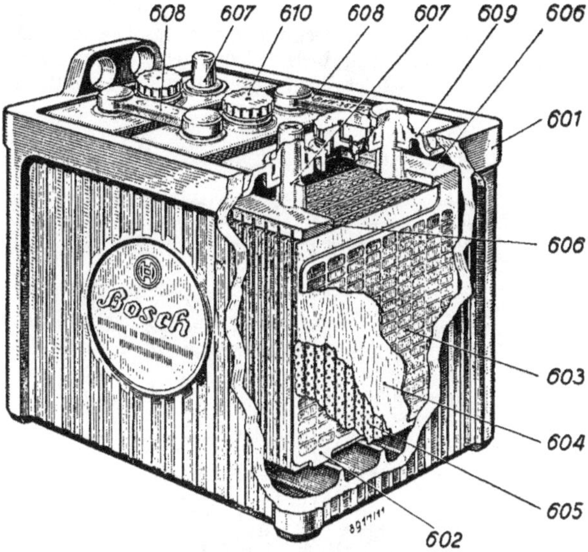

Abb. 19. Batterie (aufgeschnitten)

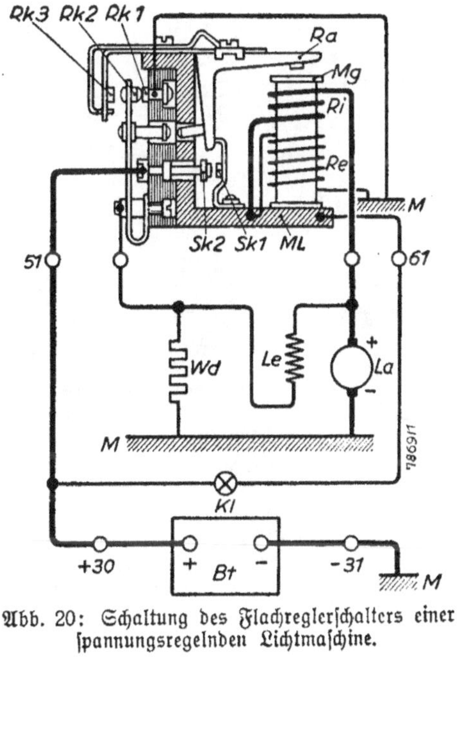

Abb. 20: Schaltung des Flachreglerschalters einer spannungsregelnden Lichtmaschine.

verbraucher aber brauchen immer Gleichstrom von bestimmter Spannung. Die bei der Wehrmacht meist verwendete spannungsregelnde Lichtmaschine (Abb. 20) hat zur Bewältigung dieser schwierigen Aufgabe einen Regler und einen Schalter. Der Regler sorgt dafür, daß die erzeugte Spannung

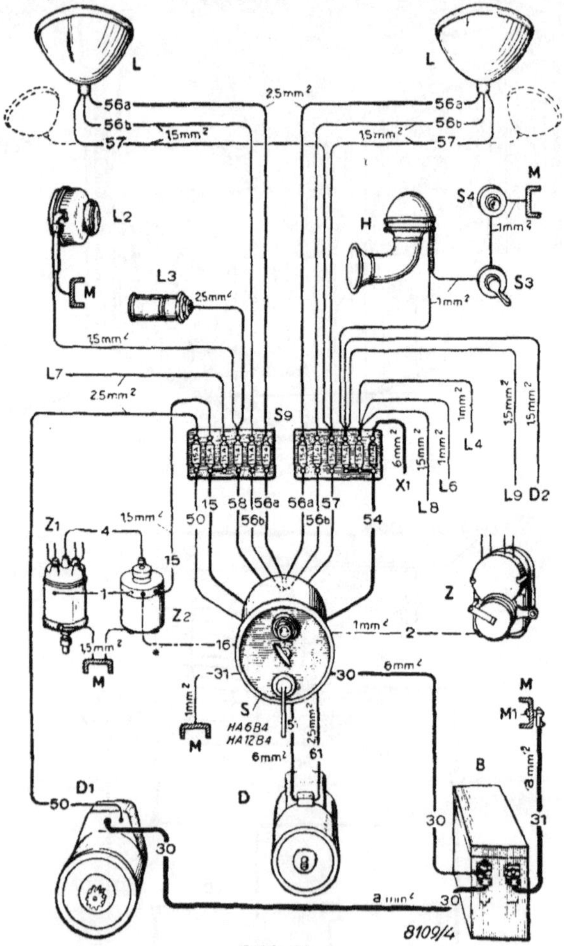

Abb. 21.
Schaltplan der Stromverbraucher eines Kraftfahrzeuges.

einen zulässigen Höchstwert nicht überschreitet. Der Schalter schaltet die Lichtmaschine erst dann auf die Verbraucher ein, wenn die erforderliche Mindestspannung erreicht ist. Regler und Schalter sind bei der Bosch-Lichtmaschine (spannungsregelnde) im Flachregler vereinigt, der sich unter dem viereckigen Blechschutzkasten der sonst zylindrischen Lichtmaschine befindet.

Der **Anlasser** ist ein kleiner Elektromotor, der durch den Batteriestrom gespeist wird und den Motor anwerfen soll.

Als weitere Stromverbraucher kommen die Scheinwerfer, Lampen, Signalhorn, Winker, Scheibenwischer usw. in Frage. Alle müssen bei stillstehendem und langsam laufendem Motor von der Batterie, bei normaler Fahrt von der Lichtmaschine versorgt werden. Die Gesamtanordnung, wie die Verbraucher angeschlossen sind, ergibt sich aus dem Schaltplan des Fahrzeuges. (Abb. 21.) Es ist für jeden Kraftfahrer von Vorteil, wenn er die Führung der einzelnen Kabel gut kennt und vor allem weiß,

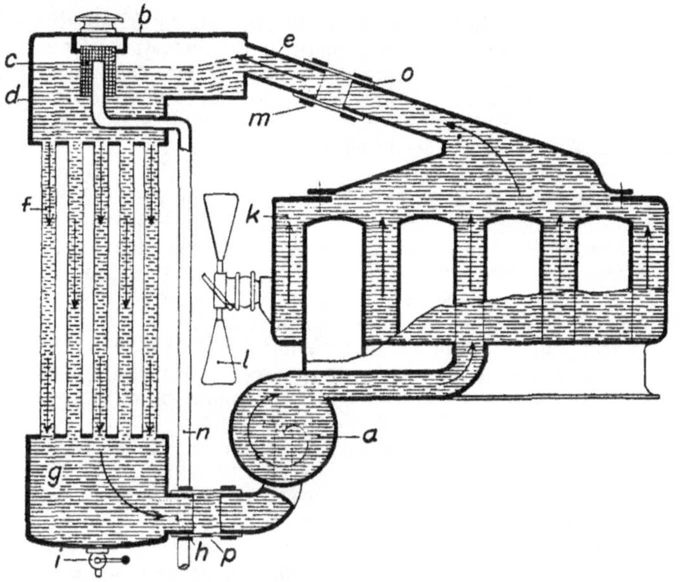

Abb. 22. Motor mit Pumpenkühlung.

wo die Sicherungen für die einzelnen Stromkreise sitzen. Falls die Sicherungen nicht beschriftet sind, empfiehlt es sich, dies nachzuholen, damit man im Bedarfsfall sofort Bescheid weiß.

Kühlung.

Jeder Verbrennungsmotor muß gekühlt werden, damit die den Verbrennungsraum begrenzenden Teile nicht zu heiß werden.

Man wendet Luftkühlung oder Flüssigkeitskühlung an.

Bei Luftkühlung werden die durch Wärme besonders gefährdeten Teile des Motors mit großen Kühlrippen versehen, außerdem ist meistens ein Gebläse angeordnet, das durch die Kurbelwelle angetrieben wird. Dadurch vergrößert man die Kühlfläche und die Kühlwirkung. Beispiel: Fast alle Motorräder, luftgekühlte Krupp-Vierzylinder.

Bei flüssigkeitsgekühlten Motoren werden die heißen Stellen des Motors von der Kühlflüssigkeit (meist Wasser) umflossen. Das Wasser nimmt dabei Wärme auf, dehnt sich aus, wird leichter und steigt im Kühlersystem empor. Das Wasser hat also von selber das Bestreben, bei der Wärmeaufnahme nach oben zu steigen. Abkühlendes Wasser zieht sich zusammen, wird dabei schwerer und möchte nach unten sinken.

Motoren mit Thermosiphon-Kühlung benutzen nur die Gewichtsveränderung des im Motor heiß werdenden und im Kühler abkühlenden Wassers, um den Kühlwasserkreislauf aufrechtzuerhalten.

Motoren mit Pumpen-Kühlung unterstützen den Kreislauf des Kühlwassers noch durch die Arbeit einer kleinen Kreiselpumpe. (Abb. 22.)

Der Kühler liegt im Fahrwind. Zur Verstärkung der Kühlwirkung saugt ein vom Motor getriebener Windflügel Luft durch den Kühler hindurch.

Die günstigste Kühlwassertemperatur ist etwa 80 bis 85 Grad Celsius. Bei kälterem Motor ist die Leistung schlechter und der Kraftstoffverbrauch höher. Bei höherer Temperatur besteht die Gefahr der Verdampfung des Kühlwassers und Überhitzung der Zylinderköpfe. Im Winter muß man durch teilweises Abdecken des Kühlers die Kühlwirkung verringern. Die Abdeckung erfolgt durch Kühlerhaube oder durch Kühlerjalousie. Es gibt auch Apparate, die die Kühlwassertemperatur selbsttätig regeln, die Thermostaten.

Die **Schmierung** soll alle aufeinander gleitenden oder sich irgendwie gegeneinander bewegenden Teile des Motors mit Schmieröl versehen. Das Schmiermittel soll die Reibung zwischen den aufeinander arbeitenden Teilen vermindern und die entstehende Reibungswärme abführen.

Bei den neuzeitlichen Kraftfahrzeugen richtet man es nach Möglichkeit so ein, daß alle Teile selbsttätig geschmiert werden.

Die meist übliche Druckumlaufschmierung drückt das Schmieröl mit Hilfe einer Zahnradpumpe durch ein sinnreiches Kanalsystem zu den Schmierstellen, von wo das Schmieröl in die Ölwanne zurücktropft. Andere Schmierstellen, wie z. B. die Zylinderrohre, werden dadurch geschmiert, daß die Kurbelwelle und Pleuelstange Öl gegen die Zylinderwandungen schleudern (Spritzschmierung). Zweitaktmotoren führen den Zylindern und Kolben das Schmieröl von oben mit dem Kraftstoff zusammen zu (Gemischschmierung).

Einige Stellen des Motors sind schlecht zugänglich und brauchen auch nur wenig Schmierung, z. B. die Kühlwasserpumpe und der Ventilator. Diese müssen hin und wieder von Hand abgeschmiert werden.

Jedem Kraftfahrzeug wird eine genaue Schmiervorschrift mitgegeben. Darin sind alle Schmierstellen aufgezählt, die zu verwendenden Schmiermittel vorgeschrieben und gesagt, wie oft zu schmieren ist. Die Schmiervorschrift seines Fahrzeugs muß jeder Fahrer genau kennen und befolgen. Keine einzige Schmierstelle darf vergessen werden.

An den meisten Motoren finden wir **Reiniger** für Luft, Kraftstoff und Schmieröl. Da die Wehrmachtsfahrzeuge häufig in Kolonne und außerdem in staubigem Gelände fahren müssen, ist die vom Motor angesaugte Verbrennungsluft staubdurchsetzt. Die Luft muß durch ölbenetzte Kupferwolle hindurch. Dabei bleiben die Staubkörnchen am Öl hängen, wie die Fliegen am Fliegenfänger. Wenn die klebrige Öloberfläche mit Staub besetzt ist, kann sie keinen neuen Staub mehr abfangen. Deshalb Luftreiniger täglich säubern!

Das Schmieröl bringt von den Schmierstellen feine Metallteile, die durch Reibung gelöst wurden, und Schmutzkörperchen mit. Alle diese Teile müssen abgefangen werden, ehe das Öl neu in den Kreislauf geschickt wird. Dazu dient der Ölreiniger. Er ist wöchentlich zu säubern!

Diesel-Motoren.

In den letzten Jahren haben sich bei den größeren Kraftfahrzeugen die Diesel-Motoren stark durchgesetzt. Das Heer hat für seine Lastwagen den „Einheit-Dieselmotor" entwickelt, der im Viertakt arbeitet.

Der Viertakt-Dieselmotor (Abb. 23) hat an der Stelle des Vergasers die Einspritzpumpe und das Einspritzventil. Die elektrische Zündanlage fehlt beim Diesel-Motor. Der Arbeitsvorgang während der vier Takte ist folgender (vgl. Viertakt beim Otto-Motor auf S. 4).

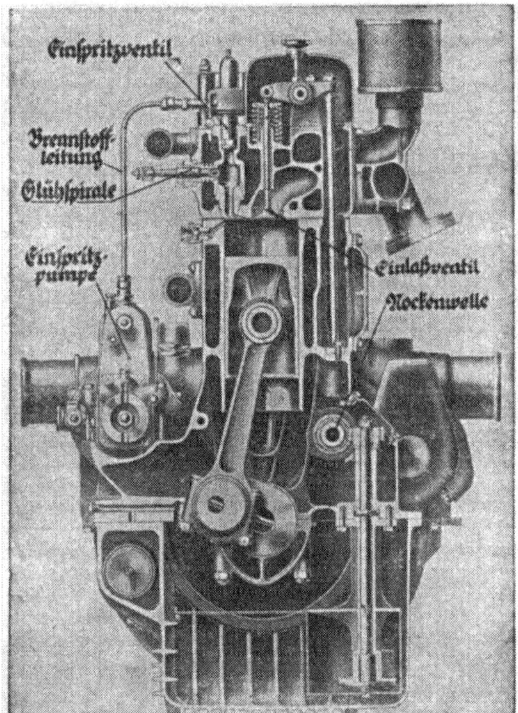

Abb. 23. Dieselmotor (Schnitt).

1. Takt. Ansaugen. Einlaßventil auf. Auslaßventil zu. Luft ohne Kraftstoff wird angesaugt. Der Vergaser fehlt; es entsteht beim Ansaugen kein Kraftstoffluftgemisch.

2. Takt. Verdichten. Beide Ventile geschlossen, nur die Luft wird verdichtet, und zwar so stark verdichtet, daß sie dabei etwa 500 Grad C heiß wird.

3. Takt. Arbeitstakt. Im gleichen Zeitpunkt, in dem sonst der Zündfunke die Verbrennung einleitete, wird fein zerstäubtes Gasöl unter hohem Druck in den Zylinder gespritzt. Das Gasöl entzündet sich von selber an der heißen Luft im Zylinder und verbrennt. Dabei Arbeitsabgabe.

4. Takt. Ausschieben. Auslaßventil auf; Einlaßventil zu. Die Verbrennungsgase werden aus dem Zylinder herausgeschoben.

Das Neue am Diesel-Motor ist eigentlich nur die Einspritzpumpe und das Einspritzventil. Beide sind sehr empfindlich gegen Schmutz. Deshalb muß das Gasöl erst durch einen Kraftstoff-Reiniger gehen, ehe es zur Einspritzpumpe gelangt.

Sonder-Bauarten.

Es gibt bei der Wehrmacht noch einige Sonderbauarten, die sich hauptsächlich durch die Stellung der Zylinder unterscheiden. Z. B. hat

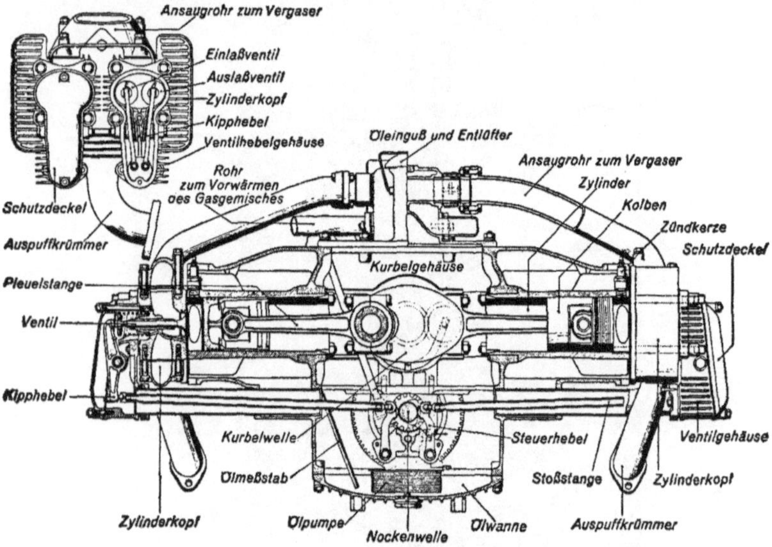

Abb. 24. Krupp-Boxer-Motor.

der Krupp-Boxer-Motor vier liegende Zylinder, je zwei Zylinder an jeder Seite. Der Horch-V 8-Motor stellt zwei Reihen von je vier Zylindern Vförmig gegeneinander.

3. Kraftübertragung.

Die einzelnen Teile der Kraftübertragung (Kupplung, Getriebe, Gelenkwelle, Achsantrieb, Treibachse) müssen die vom Motor abgegebene Kraft auf die treibenden Räder übertragen. Abb. 25 zeigt die Anordnung bei Hinterachs-Antrieb. Vorderrad-Antrieb kommt für Wehrmachtsfahrzeuge kaum in Frage, da dieser Antrieb weniger geländegängig ist. Die beste Geländegängigkeit erreicht man bei einem Räderfahrzeug, wenn alle Räder getrieben werden (Allrad-Antrieb).

Die **Kupplung** (Abb. 26) überträgt die Kraft vom Motor zum Getriebe. Sie muß ausrückbar sein, da kein Verbrennungsmotor unter Belastung anlaufen kann. Die Kupplung wird in der Regelstellung durch Federkraft so angepreßt, daß die Kraftübertragung erfolgt. Durch Treten des Kupplung-Pedals oder durch Ziehen des Kupplung-Hebels wird die

Kupplung gelöst, d. h. die Kraftübertragung unterbrochen. Die Kupplung befindet sich meist im Innern des Schwungrades.

Das **Getriebe** hat die Aufgabe, das Übersetzungsverhältnis zwischen Motor und den Treibrädern zu verändern und außerdem den Wagen nach rückwärts zu bewegen. Ein einfaches Getriebe mit drei Vorwärts-

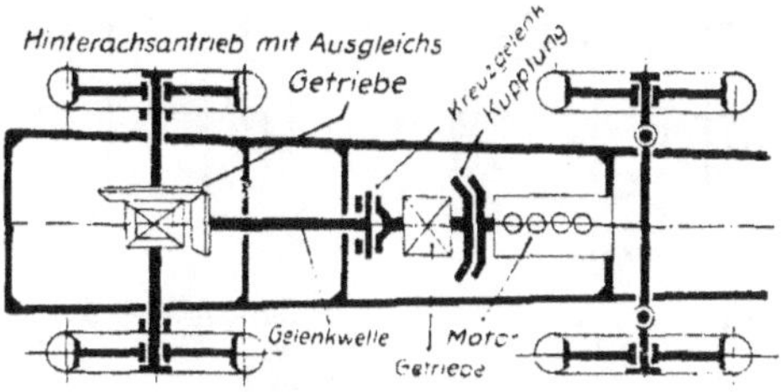

Abb. 25. Hinterachsantrieb.

gängen und 1 Rückwärtsgang zeigt Abb. 27. In dem Getriebekasten liegen vier Wellen:

der letzte Teil der Kupplungswelle, die Hauptwelle,
die Vorgelegewelle, die Rücklaufwelle.

Kupplungswelle und Hauptwelle liegen in einer Flucht, sind aber nicht direkt miteinander verbunden. Am Ende der Kupplungswelle ist ein Zahnrad befestigt, das ständig in das größte Zahnrad der Vorgelegewelle eingreift und dabei die Vorgelegewelle mitdreht. Auf der Hauptwelle

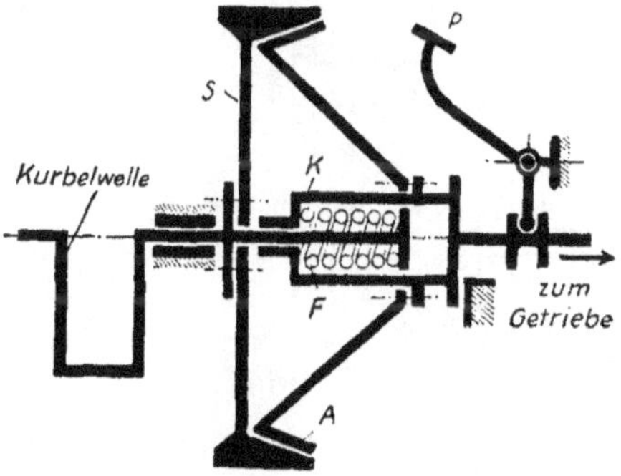

Abb. 26. Kupplung.

sitzen zwei seitlich verschiebbare Zahnräder; diese Zahnräder gleiten in Nuten der Hauptwelle und übertragen so jede Drehbewegung auf die Hauptwelle. In der ersten Abbildung oben links ist die Leerlaufstellung gezeigt. Die Kraft geht von der Kupplungswelle zur Vorgelegewelle. Da aber keines der Schieberäder in Eingriff mit den Gegenzahnrädern steht, kann die Kraft nicht auf die Hauptwelle übertragen werden.

Die **Gelenkwelle** dient bei Wagen mit Hinterachsantrieb dazu, die Antriebskraft von dem dicht am Motor liegenden Getriebe bis zur Hinter-

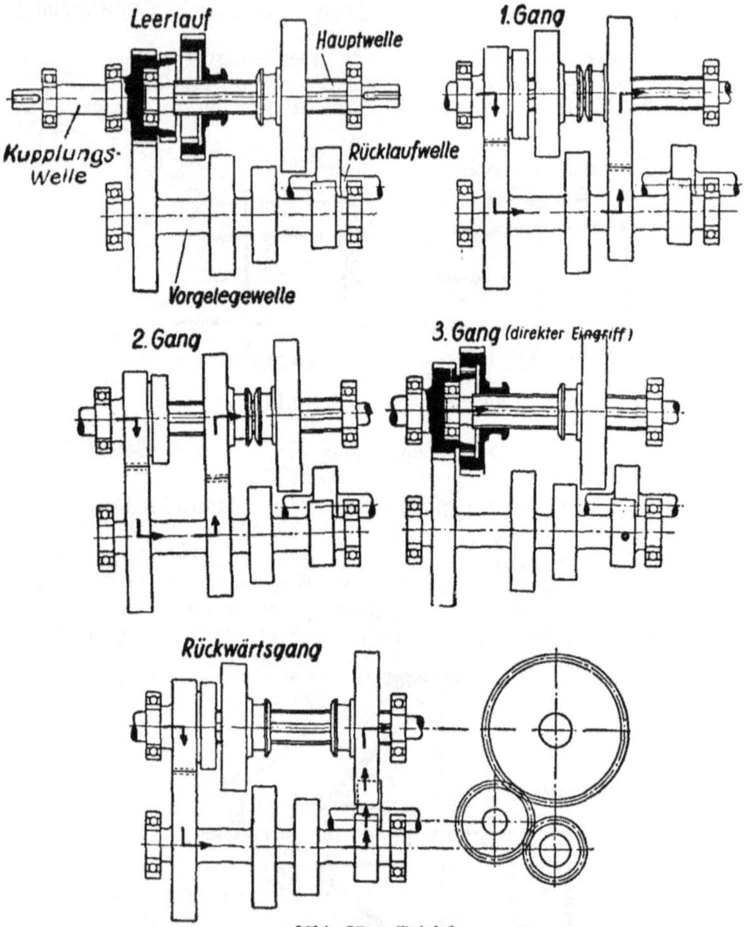

Abb. 27. Getriebe.

achse zu übertragen. Sie heißt deshalb Gelenkwelle, weil sie entweder an ihrem vorderen, manchmal an beiden Enden mit einem Gelenk versehen ist.

Wie Abb. 28 zeigt, ist das Getriebe fest im Rahmen des Wagens aufgehängt, während sich die Hinterachse bei Durchfederungen gegenüber dem Fahrgestell bewegt. Die Mittellinie der Gelenkwelle bleibt also nicht in einer bestimmten Richtung zum Rahmen, sondern muß Knickbewegungen um ein am Getriebe sitzendes Gelenk machen können. Wenn der Motor mit dem angeflanschten Getriebe auf Gummipolstern im Rahmen ruht, wie das heute vielfach üblich ist, kann sich das Getriebe auch noch gegenüber dem Rahmen bewegen. In solchen Fällen ist das Vorhandensein eines Gelenkes doppelt wichtig.

Zum Antrieb der **Hinterachse** sitzt auf dem hinteren Ende der Gelenkwelle entweder ein Kegelrad oder eine Antriebsschnecke, um die Kraft an das Ausgleichgetriebe weiterzugeben und dabei gleichzeitig eine Untersetzung (Drehzahl ins Langsame übertragen) durchzuführen.

Die Pkw. sind meist mit Kegelradantrieb ausgerüstet. Das Kegelrad treibt das am Ausgleichgetriebe befestigte Tellerrad. Die dabei üblichen Untersetzungen sind 1:4 bis 1:6.

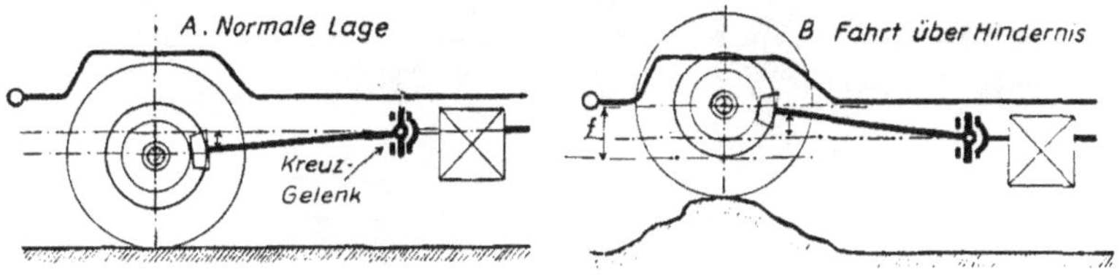

Abb. 28. Gelenkwelle.

Wenn das Untersetzungsverhältnis noch größer werden soll (z. B. 1:10), verwendet man den Schneckenantrieb, der außerdem den Vorteil des geräuschlosen Arbeitens für sich hat. Die Schnecke muß sehr sorgfältig geschmiert werden.

Ausgleichgetriebe.

Wenn ein Kraftwagen eine Kurve durchfährt, müssen die außen in der Kurve laufenden Räder einen größeren Weg zurücklegen, als die innen laufenden Räder. (Abb. 29.) Würde die Hinterachse aus einem Stück sein, so müßten sich das Außen- und das Innenrad immer gleich schnell drehen. Bei Kurvenfahrt würde also wenigstens eines der

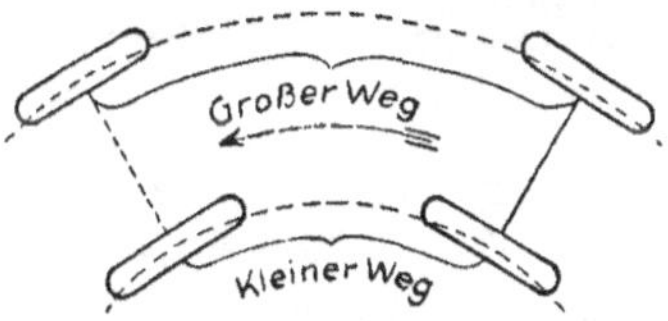

Abb. 29. Durchfahren einer Kurve.

Räder rutschen und dabei die Bereifung ganz unnötig abnutzen. Diesen Übelstand beseitigt das Ausgleichgetriebe (Differential). Das Wort „Ausgleichgetriebe" deutet schon an, daß es ausgleichen soll, und daß es das Außenrad in der Kurve auf Kosten des Innenrades schneller dreht. Hierbei ist es notwendig, statt einer Hinterachse aus einem durchlaufenden Stück eine Hinterachse aus zwei Teilen, den sogenannten Halbachsen, anzuwenden. Die eine Halbachse treibt das rechte, die andere Halbachse das linke Hinterrad.

Abb. 30 zeigt ein Kegelrad-Ausgleichgetriebe.

Der **Vorderachs-Antrieb** hat auf der Straße fahrtechnisch (Kurvenfahrt) Vorteile und gestattet durch Fortfall der Gelenkwelle eine gedrängte, billige Ausführung. Da der Vorderachs-Antrieb im Gelände aber weniger gut geeignet ist, kommt er als Allein-Antrieb für Wehrmachtsfahrzeuge nicht in Frage.

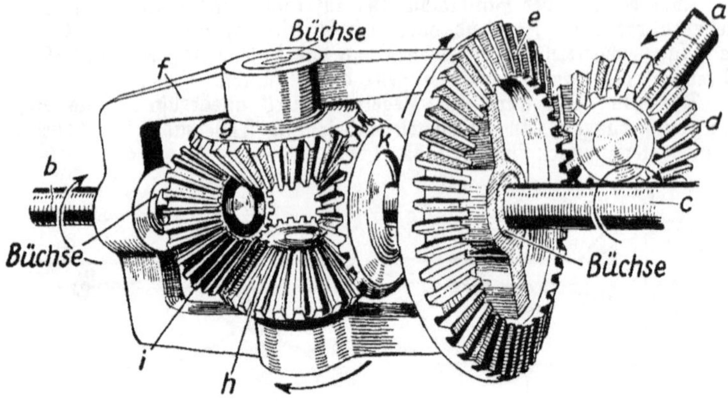

Abb. 30. Ausgleichgetriebe.

Mehrachs-Antrieb.

Dagegen ist die Vereinigung von Vorderrad-Antrieb mit Hinterrad-Antrieb (Allrad-Antrieb) sehr vorteilhaft für die Geländegängigkeit. Hierbei muß je ein Ausgleichsgetriebe in Vorder- und Hinterachse und ein drittes Ausgleichgetriebe zwischen Vorder- und Hinterachse vorhanden sein.

Nicht ganz so geländegängig wie die allradgetriebenen Wagen sind die dreiachsigen Wagen, bei denen beide Hinterachsen angetrieben werden.

4. Fahrwerk.

Zum Fahrwerk rechnet man: Rahmen, Federn, Achsen, Lenkung, Räder, Bereifung und Bremsen.

Der **Rahmen** ist das tragende Gerüst für den ganzen Wagen. Alle anderen Teile des Wagens sind irgendwie in den Rahmen eingehängt oder an ihm befestigt.

Der Rahmen soll möglichst steif sein. Er soll aber auch leicht sein. Diesen sich widersprechenden Forderungen versuchte man auf verschiedenen Wegen nachzukommen.

Für die besonders hoch beanspruchten Wagen der Wehrmacht wird meist ein Kastenrahmen, verwendet. Mehrere Querträger (Traversen), die manchmal X-förmig angeordnet sind, verbinden die Längsträger.

Der Rahmen ruht auf den **Federn.** (Abb. 31.) Die Federn sollen in erster Linie die von der Bereifung noch nicht aufgeschluckten Fahrbahnstöße abfangen und nach Möglichkeit vom Rahmen abhalten.

An den **Achsen** sind einmal die Räder und außerdem die Federn be-

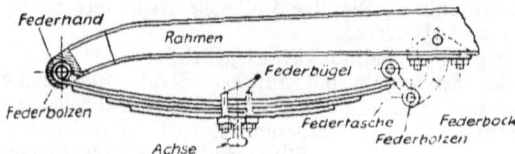

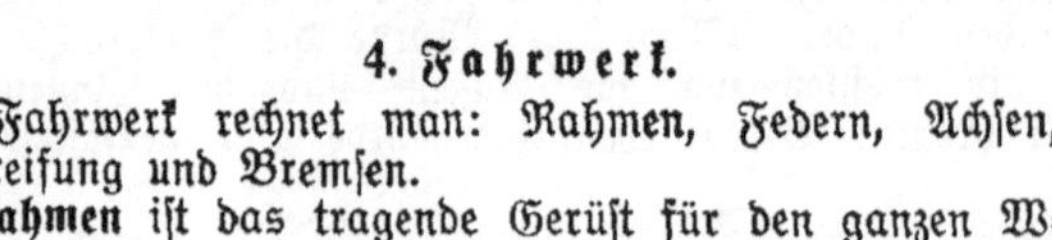

Abb. 31. Federn.

festigt. Die Achsen müssen heftige Stöße aushalten und dabei das Wagengewicht tragen. Man verwendet deshalb sehr hochwertiges Material für die Achsen.

Wir unterscheiden am Fahrzeug der Regelbauart die Vorderachse mit den gelenkten Rädern und die Hinterachse mit den antreibenden Rädern. An Wagen mit drei Achsen (sechs Rädern) werden meist zwei Achsen dicht zusammengerückt als Hinterachsen verwendet.

Für die **Lenkung** des Kraftfahrzeugs verwendet man die in Abb. 32 dargestellte Achsschenkellenkung.

Durch Drehen am Lenkrad i wird der Lenkstockhebel k bewegt. Diese Bewegung verstellt die Lenkstange e und damit die beiden Vorderräder.

Die **Räder** bestehen aus der Radnabe, den Radspeichen und der Felge. In letzter Zeit verwendet man vielfach statt der Radspeichen auch Radscheiben, die sich zwar leichter reinigen lassen, aber gegen seitliche Stöße nicht so fest sind. Mit Rücksicht auf bequemen Reifenwechsel faßt man den Speichenkranz mit der Felge zu einem Stück zusammen, das an der Nabe angeschraubt wird. Die Nabe bleibt bei Reifenwechsel auf der Achse.

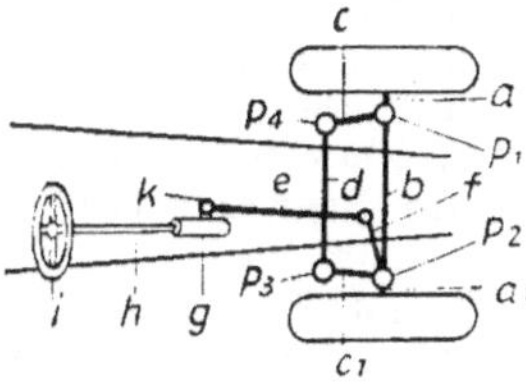

Abb. 32.

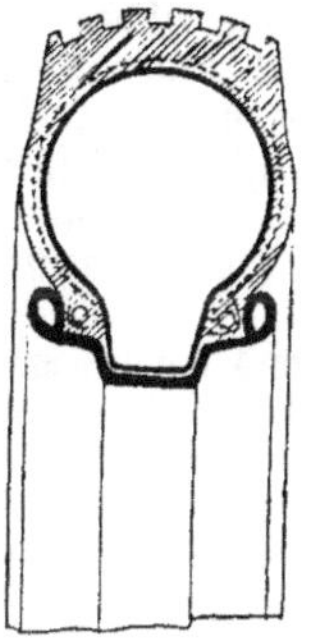

Abb. 33. Tiefbettfelge.

Die Form der Felge richtet sich nach der Art der benutzten Bereifung und danach, wie man die Bereifung aufziehen will. Die Tiefbettfelge (Abb. 33) in Verbindung mit Drahtseilreifen wird bei Pkw. und Krad verwendet. Für die sehr unhandlichen Luftreifen der Lastwagen bevorzugt man Flachbettfelgen. Bei Lastwagenrädern ist meist die Felge abnehmbar. Nabe und Speichenkranz bleiben dann beim Reifenwechsel auf der Achse.

Vollgummi-**Reifen** und Vollgummi-Reifen mit Luftkammern gibt es nur noch selten. Wagen mit Vollgummi-Reifen dürfen höchstens mit 25 km/St. Geschwindigkeit fahren.

Für schnelle Fahrzeuge kommt die Luftbereifung in Frage. Zu einer vollständigen Luftbereifung gehört der Luftschlauch mit Ventil, der Reifen und das Felgenband.

Der Luftschlauch aus weichem, sehr elastischem Gummi soll die hineingepumpte Luft festhalten. Um die Schläuche unempfindlich gegen Einschnitte von Nägeln, Scherben, aber auch gegen Schußverletzungen zu machen, wird bei manchen Wehrmachtsfahrzeugen in den Schlauch eine kleine Menge Spezialflüssigkeit getan. Diese Flüssigkeit erstarrt, sowie sie durch das frische Loch hindurchquillt.

Der Reifen ist aus mehreren Gewebelagen aufgebaut, die die äußere Gummihülle, die verstärkte Lauffläche und die im Rand eingebetteten Stahlseile tragen.

Das Felgenband aus Gewebe soll verhindern, daß der Schlauch auf dem Metall der Felge aufliegt.

Die Bereifung hat schon bei vernünftiger Fahrweise sehr große Beanspruchungen auszuhalten. Wenn aber ein Fahrer noch unnötig scharf anfährt und bremst, wenn die Kurven zu schnell genommen werden oder wenn die Bereifung beim Anhalten am Bordstein entlangschleift, bei allen Fällen unvernünftiger Fahrweise kann die beste Bereifung vorzeitig zerstört werden, was mit Rücksicht auf die Rohstoff-Einschränkung in Deutschland ganz besonders zu bekämpfen ist.

Jeder sorgfältige Fahrer muß **täglich** vor Antritt der Fahrt den Luftdruck seiner Reifen prüfen. Denn nur mit dem vorgeschriebenen Luftdruck kann der Reifen richtig arbeiten. Auch die Reservereifen sind täglich zu prüfen, damit man im Bedarfsfall nach dem Reifenwechsel nicht erst noch Luft aufpumpen muß.

Die Oberfläche der Reifen ist täglich genau nachzusehen. Oft kann man einen eingefahrenen Nagel aus der Laufdecke entfernen, ehe er sich aufrichten und den Schlauch durchstechen konnte. Wenn sich irgendwelche Schäden zeigen, Reifen zum Vulkanisieren geben, ehe die Schäden größere Ausmaße annehmen.

Die besseren Reifen pflegt man auf die Vorderräder zu legen. Eine Reifenpanne der gelenkten Vorderräder kann ein ungewolltes Zur-Seite-Lenken und einen schweren Unfall zur Folge haben.

Nach der Straßenverkehrsordnung muß jedes Fahrzeug (Kraftfahrzeug) zwei voneinander unabhängig arbeitende Bremsen haben, von denen die eine feststellbar sein muß.

In allen neuzeitlichen Kraftwagen ist als Hauptbremse die Fußbremse (Bremspedal neben Gaspedal) vorhanden, die nur so lange wirksam ist, wie man auf das Bremspedal tritt. Eine Rückholfeder bringt das Bremspedal in seine Anfangstellung zurück und hebt dabei die Bremswirkung auf. Die Fußbremse wirkt auf alle Räder des Wagens. Sie hat die Aufgabe, die Geschwindigkeit des Wagens zu verringern oder ihn ganz anzuhalten.

Die Handbremse als Hilfsbremse dient in erster Linie dazu, den stillstehenden Wagen nicht weiterrollen zu lassen. Mit Hilfe einer Sperrklinke, die in ein Zahnsegment eingreift, bleibt sie in der jeweils gezogenen Stellung stehen; sie ist also feststellbar. Da sie nur kleinere Bremskräfte auszuüben hat, wirkt sie oft nur auf zwei Räder oder auf das Getriebe und damit auf die Hinterräder.

An einem Wagen mit Allrad-Bremse (d. h. alle Räder werden gebremst) muß die Bremswirkung an allen Rädern gleich stark sein, damit der Wagen beim Bremsen weiter geradeaus fährt. Wenn z. B. die Räder auf der linken Seite stärker als auf der rechten Seite gebremst werden, will der Wagen nach links herumschleudern. Bei den Gestänge-Bremsen ist das Einstellen einer gleichmäßigen Bremswirkung auf alle Räder nicht ganz einfach.

In dieser Hinsicht ist die Öldruckbremse im Vorteil. Die in Abb. 34 dargestellte Ate-Lockheed-Bremse betätigt mit dem Bremspedal einen Pumpenkolben, der die Bremsflüssigkeit durch Leitungen zu den Bremstrommeln preßt. In jeder Bremstrommel ist statt des Spreiznockens ein Bremszylinder mit zwei Kolben (Abb. 35) angeordnet. Wenn die Bremsflüssigkeit, ein Spezialöl, zwischen die beiden Kolben tritt, gehen die Kolben auseinander und pressen dabei die Bremsbacken gegen die Bremstrommeln. Wenn der Flüssigkeitsdruck aufhört, zieht eine Rückholfeder

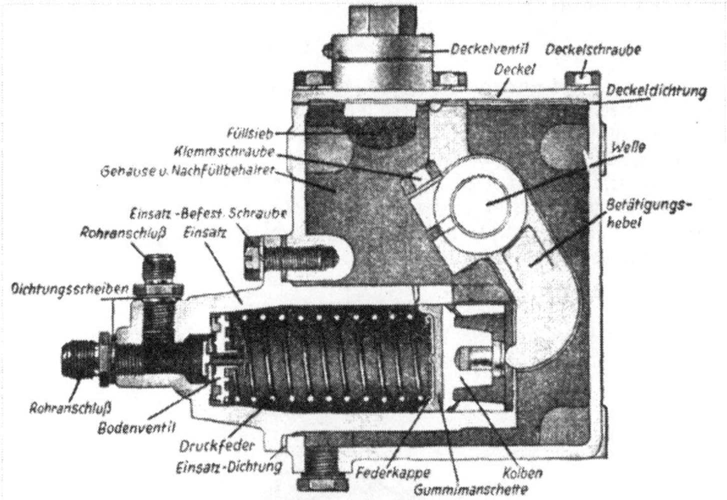

Abb. 34. Öldruckbremse.

Abb. 35. Bremszylinder mit Bremsbacken.

die Bremsbacken in die Ruhestellung zurück. Da sich der Flüssigkeitsdruck nach allen Richtungen gleichmäßig ausbreitet, werden alle Bremsen gleich stark betätigt.

Wenn die Körperkraft des Fahrers zum Bremsen nicht mehr ausreicht (z. B. bei großen Lastwagen), läßt man durch das Bremspedal eine größere Kraft steuern, die dann auf die Bremsen wirkt. So wird bei der Druckluftbremse aus einem Vorratsbehälter Druckluft entnommen, die die Kraft zum Betätigen der Bremsen hergeben muß. Eine vom Motor getriebene Druckluftpumpe ergänzt ständig den Druckluftvorrat.

5. Das Kraftrad (Krad).

Als Krad bezeichnet man jedes Landfahrzeug, das durch Maschinenkraft getrieben wird, auf zwei Rädern läuft und nicht an Geleise gebunden ist. Zum Führen der Krafträder, auch der Beiwagenmaschinen, ist der Erwerb des Führerscheines Klasse I erforderlich.

(Führerschein 4 für Krafträder mit weniger als 250 ccm Hubvolumen.)

Ähnlich wie beim Kraftwagen können die einzelnen Teile des Kraftrades in folgende Hauptgruppen zusammengefaßt werden:

Motor, Kraftübertragung, Fahrwerk.

a) Motor.

Als Kraftrad**motoren** werden hauptsächlich einzylindrige oder zweizylindrige (Abb. 36) Motoren mit Luftkühlung eingebaut. In der

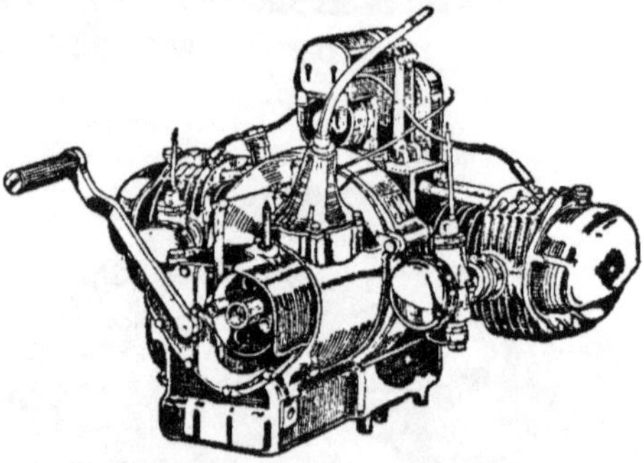

Abb. 36. Zweizylinder-Krad-Motor.

Gruppe der Kleinkrafträder (200 ccm Hubvolumen und weniger) überwiegt der Zweitaktmotor, der in der Herstellung billig ist und wenig Wartung erfordert. Bis 350 ccm Hubvolumen ist Zweitakt und Viertakt gleich stark vertreten. In der Gruppe der schweren Krafträder, die bisher in erster Linie für die Wehrmacht eingesetzt werden, gibt es überwiegend nur Viertaktmotoren.

Die Kraftstoffzufuhr erfolgt durch natürliches Gefälle aus dem über dem Motor angeordneten Kraftstoffbehälter.

Als Vergaser finden hauptsächlich Kolbenschieber-Vergaser Verwendung.

Zum „Gasgeben" benutzt man nicht ein Gaspedal, sondern einen Drehgriff oder Hebel am rechten Lenkergriff.

Zur Erzeugung des Zündfunkens wird sowohl Batteriezündung als auch Magnetzündung genommen.

Viertaktmotoren werden meist mit Druckumlauf-Schmierung versorgt, Zweitaktmotoren arbeiten mit Gemisch-Schmierung.

Zum Anwerfen des Motors ist kein Anlasser vorhanden. Dazu dient der Kickstarter, ein Fußhebel. Durch schnelles Durchtreten wird der Motor in Drehung gebracht und angeworfen.

b) Kraftübertragung.

Die Kupplung ist wie beim Kraftwagen zwischen Schwungrad und Getriebe angeordnet. Sie wird aber im allgemeinen nicht durch ein Kupplungspedal, sondern durch einen Handgriff am linken Lenkergriff bedient.

Die Kraftradgetriebe enthalten meist drei oder vier Vorwärtsgänge. Auf den Rückwärtsgang hat man verzichtet, weil das Rückwärtsfahren mit einem zweirädrigen Fahrzeug nur selten von Menschen beherrscht wird. Es gibt Getriebe mit Schieberädern und solche mit Schaltmuffen.

Die Kraftübertragung vom Getriebe zum Hinterrad wird durch eine Kette oder Kardanantrieb übernommen. Bei Kettenantrieb wird die Kette ganz gekapselt, um gegen Verschmutzung und dadurch eintretende Abnutzung geschützt zu sein und um die Geräuschbildung zu verringern.

c) Fahrwerk.

Die Kraftradrahmen werden entweder aus Stahlrohren oder gepreßten Stahlblechen hergestellt. Sie sollen möglichst verwindungssteif sein. Diese Forderung ist besonders wichtig für Beiwagenmaschinen.

Als Räder dienen kräftige Drahtspeichenräder, bei denen Nabe, Speichen und Felge fest miteinander verbunden sind. Vorder- und Hinterrad sind gleich und können gegeneinander vertauscht werden. Wenn man Reifen wechseln will, zieht man die Radachse (Steckachse) aus dem Rahmen und hat das Rad ohne weitere Montage zur Hand.

Die Bremsen sind meist als Innen-Backen-Bremsen ausgeführt. Als Hauptbremse dient ein Fußhebel, als Hilfsbremse ein Handhebel am rechten Lenkergriff.

II. Teil: Pflege und Wartung der Kraftfahrzeuge.

1. Allgemeines.

Die Einsatzbereitschaft und Kriegstauglichkeit der Kraftfahrzeuge hängt von der richtigen, sachgemäßen Pflege ab (vgl. die Waffen bei den Soldaten!).

Kleine Mängel sind jederzeit sofort abzustellen, damit größere Schäden vermieden werden können.

Regelmäßige Prüfung der Kfz. nach H. Dv. 488/6 soll in vierteljährlichem Abstand vorgenommen werden.

a) Reinigung.

Die Reinigung der Kfz. soll nur im Waschraum oder **vor** der Fahrzeughalle — mit kaltem Wasser und Schwamm — vorgenommen werden; scharfer Strahl ist zu vermeiden (Lackbeschädigung!). Strahl nicht auf Fensterschächte, Werkzeugkasten und Sammler richten. Aufbau mit Leder nachreiben. Lederpolster mit lauwarmem Wasser, Leder und Seife reinigen. Stoffpolster klopfen, mit Bürste oder Staubsauger reinigen. Nasses Verdeck zum Trocknen aufspannen.

Fahrgestell und Motor mit Bürste reinigen. Lichtmaschine, Unterbrecher, Vergaser und Sammler zudecken. Verölte Teile mit Waschpetroleum abwaschen — nur Pinsel ohne Metallteile verwenden (Kurzschlußgefahr). Besonderes Augenmerk auf gute Reinigung sämtlicher Schmierstellen legen. Luftfilter am Vergaser ist besonders nach Geländefahrten mit Brennstoff auszuwaschen und neu mit Öl zu tränken.

b) Schmierung.

Kontrolle der **Motorschmierung** durch Ölstands- und Öldrucküberwachung. Prüfen des Ölstandes mittels Ölmeßstab: Erst Herausnehmen des Ölmeßstabes, Reinigen mit Lappen, Wiedereinstecken, nach Wiederherausnehmen den Ölstand nach den eingekerbten Marken feststellen. Feststellung des Öldruckes durch Beobachten des Öldruckmessers am Armaturenbrett (bei Druckschmierung). Höhe des Öldruckes nach Firmenangabe beachten.

Ölwechsel muß in regelmäßigen Abständen nach Firmenangabe vorgenommen werden, und zwar nach folgenden Arbeitsgängen:

Ölwechsel soll nur bei warmem Motor, am besten nach längerer Fahrt, vorgenommen werden (Öl dünnflüssig!).

Erst Ölablaßschraube am unteren Teil des Kurbelgehäuses mittels passendem Steckschlüssel entfernen. — Öl in einen Behälter auslaufen lassen — Motor mittels Handkurbel durchdrehen, damit alles Öl abläuft. — Ölablaßschraube wieder anbringen und zirka 1—2 Liter Spülöl einfüllen. — Kein Petroleum zum Spülen verwenden! — Motor wieder etwas laufen lassen, dabei Öldruckmesser beobachten und Spülöl wieder ablassen, — abtropfen lassen. — Frischöl in vorgeschriebener Menge auffüllen.

Motorzubehörteile.

Kühlerwindflügel und Wasserpumpe werden mit Fett durch Anziehen der Staufferbuchsen geschmiert (1—2 Umdrehungen).

Die Fettschmierung der Lager bei Lichtmaschine, Magnetzünder und Anlasser bedarf während des normalen Betriebes keiner Wartung. Falls bei Magnetzünder Klappöler vorhanden, muß hier Öl aufgefüllt werden; Verteilerwelle wird durch Nachziehen der Fettbuchse geschmiert.

Kraftübertragungsteile.

Bei der **Kupplung** bedarf im allgemeinen nur das Kupplungsdrucklager der regelmäßigen Schmierung (Schmierstelle am Kupplungsdruckring). Graphitringe sind nicht zu schmieren.

Wechselgetriebe.

Öl im Getriebegehäuse muß bis zu den unteren Gewindegängen der Öleinfüllschraube reichen — Getriebeöl. Ölwechsel wie bei Motor sinngemäß.

Gelenkwelle.

Trockengelenke (Hardyscheiben) dürfen nicht geschmiert werden. Kardangelenke sind mit Öl oder Fett regelmäßig nach Firmenangabe zu schmieren.

Öleinfüllschrauben bei Ölschmierung am Gelenkgehäuse entfernen.

Achsantrieb.

Ölstand an Öleinfüllschraube prüfen. Ölwechsel mit Getriebeölwechsel vornehmen (wie bei Motorschmierung).

Räder.

Radlager müssen regelmäßig mit Fett aufgefüllt werden (nach Firmenangabe).

Lenkung.

Im Lenkgehäuse ist regelmäßig Öl aufzufüllen. Weitere Schmierstellen sind an Achsschenkelbolzen, Spur- und Lenkstangenbolzen, Lenkstockhebel und an Lenksäule.

Bremsen.

Öl-Schmierstellen an: Hand- und Fußbremshebel, Bremsquerwellenlager, Bremsgestänge, Bremshebel und Bremsnocken am Bremsträger vorsichtig durch (Bremsbeläge nicht verölen!) einige Tropfen Öl. Bremsbowdenzüge ölen!

Federn.

Schmierstellen sind an den Federbolzen und Gleitlagern. Blattfedern in regelmäßigen Abständen entlasten und zwischen den einzelnen Federblättern schmieren.

An Einzelschmierstellen mit Fettschmierung sind Schmiernippel. In diese wird das Fett mit der Fettpresse eingedrückt, bis an den offenen Stellen das alte Fett ausgepreßt und neues Fett austritt.

Bei verschiedenen Fahrzeugen werden Einzelschmierstellen durch Zentraldruckschmierung mitgeölt. Bei Zentraldruckschmierung mit Fußbetätigung ist der Vorratsbehälter rechtzeitig mit Schmieröl aufzufüllen. Hierbei ist der Stössel der Ölpumpe mehrmals und kräftig (in zirka 30 Sek. Abstand) durchzutreten, bei richtigem Arbeiten muß an allen angeschlossenen Schmierstellen Öl austreten. Die Schmierung soll während der Fahrt nach den Angaben der Firma (allgemein nach zirka 50—100 km) betätigt werden.

c) Regelmäßige Unterhaltungsarbeiten.

Am Motor.

Das Ventilspiel ist mit Ventillehre zu prüfen und gegebenenfalls neu durch die Werkstatt einzustellen.

Motorzubehör.

Vergaser.

Reinigen der Brennstoffsiebe, Schwimmergehäuse, Düsen.

Zündung.

Prüfen der Unterbrecherkontaktabstände mittels Lehre (ungefähr 0,4 mm bei Magnetzünder, 0,6 mm bei Batteriezündung).

Unterbrecher und Verteiler reinigen. Zündkerzen herausnehmen und reinigen, Elektrodenabstand prüfen, Kerzentype nach Firmenangabe prüfen.

Anlasser.

Ritzelabstand von Schwungradzahnkranz prüfen (allgemein 3 mm).

Kühlung.

Ventilatorriemen spannen, Kühler von Fremdkörpern reinigen, Kühlwasser öfter ablassen, Schlamm ausspülen, Kesselsteinansätze gegebenenfalls durch chemische Reinigungsmittel entfernen. Gebrauchtes Kühlwasser ist frei von kesselsteinbildenden Bestandteilen und soll nach Möglichkeit wieder verwendet werden, besonders im Winter nach Beigabe von Frostschutzmitteln.

An der Wasserpumpe ist die Stopfbuchse zur Dichtung nachzuziehen.

Kraftübertragungsteile.

Kupplung.

Das Kupplungsspiel ist nach Angabe der Firma einzustellen, es beträgt im allgemeinen 20—30 mm am Fußhebel gemessen. Radbefestigungsschrauben nachziehen (auch Reserveräder!).

Felgen entrosten und mit Anstrich versehen.

Reifen auf vorgeschriebenen Druck nach Firmenangabe bringen, Laufdecke auf Fremdkörper, Verletzungen und Profilabnutzung untersuchen.

Lenkung.

Toten Gang auf zulässiges Maß prüfen. (20° bei schnellen Fahrzeugen, 30° bei langsameren schweren Fahrzeugen höchstens zulässig).

Schraubenverbindungen der Lenkung müssen nachgezogen und durch Splinte gesichert sein.

Bremsen.

Die Bremsen müssen gleichmäßig ziehen. Dies wird bei mechanischen Bremsen durch sorgfältiges Einstellen der Ausgleichsvorrichtung im Bremsgestänge erreicht, bei Öldruckbremsen durch Entlüften der Ölleitung an den Bremszylindern und Nachstellen der Exzenterschrauben der Bremsbacken.

Zur Prüfung der gleichmäßigen Einstellung der Bremsvorrichtungen ist das Fahrzeug aufzubocken oder auf die Hebebühne zu bringen. Bei Luftdruck ist der richtige Bremsluftdruck nach Angabe der Firma einzuregulieren.

Federn.

Federn sind auf Bruch einzelner Federblätter und ausgeschlagener Bolzen zu untersuchen und bei Blattfedern regelmäßige Schmierung vorzunehmen.

Elektrische Ausrüstung.

Bei Bleisammlern ist der Säurestand ständig zu überwachen (allgemein 10—15 mm über Plattenoberkante, bei Kradbatterien 7—10 mm).

Ladezustand mit Aerometer prüfen (und Voltmeter bei gleichzeitiger Stromentnahme).

Die Anschlußklemmen müssen mit säurefreiem Fett gefettet sein.

Bei Leitungen auf Wackelkontakte und Scheuerstellen prüfen und diese beseitigen.

Beleuchtung.

Sämtliche Lampen prüfen!

Bilux-Lampe richtig einsetzen! Abdeckschirm nach unten.

Ebenso sind sämtliche übrigen elektrischen Apparate wie Winker, Hupe, Scheibenwischer, Klarsichtscheibe usw. auf einwandfreies Arbeiten zu untersuchen.

2. Zeitliche Einteilung der technischen Arbeiten.

a) Täglich auszuführende Arbeiten.

Motor Ölstand prüfen. Bremse, Lenkung, Lampen und Winker, Reifen und Luftdruck auf Verkehrssicherheit prüfen. Kühlwasserstand, wenn nötig, ergänzen, Brennstoffvorrat ergänzen, Kupplungspedal auf richtiges Spiel nachsehen. Bei Zentralschmierung Pumpenstössel vor der Fahrt und nach zirka 50—100 km betätigen. Luftfilter reinigen und mit Öl tränken.

b) Wöchentlich oder nach etwa 500 km auszuführende Arbeiten.

Gründliche Außen- und Innenreinigung des Fahrzeugs. Wasserpumpe abschmieren, nötigenfalls Stopfbuchse nachziehen. Radbefestigungsschrauben nachziehen. Kupplungsdrucklager, Gelenke des Lenkgestänges, Fußhebelwerk und Bremsquerwellenlager schmieren.

c) Monatlich oder nach je 2000—2500 km auszuführende Arbeiten.

Motorölwechsel, Vergaser reinigen, Ventilspiel prüfen, Ventilatorriemen nachspannen, Verteiler schmieren, Unterbrecherkontakte prüfen, wenn nötig reinigen, nachstellen. *Zündkerzen reinigen und Elektrodenabstand berichtigen.* Ölstand im Getriebe und Ölstand im Ausgleichgetriebe prüfen evtl. nachfüllen. Kugellager auf Achsschenkeln und Lenkgehäuse mit Fett füllen. Batterie auf Säurestand und Ladezustand nachsehen. Kardangelenke einschließlich Schiebeprofil schmieren.

d) Vierteljährlich oder nach zirka 5000 km auszuführende Arbeiten.

Bremsgestänge bzw. Seilzüge gangbar machen und ölen. Batterie prüfen und reinigen, Klemmen einfetten. Kabelanschlüsse und elektrische Leitungen nachsehen. *Federn entlasten und absprühen. Rahmen und Kotflügelunterseiten absprühen.* Stoßdämpfer nachsehen, Ölstand prüfen.

e) Nach zirka 8000 km auszuführende Arbeiten.

Getriebeöl und Ausgleichsgetriebeöl wechseln.

f) Nach zirka 15000 km auszuführende Arbeiten.

Motorölfilter auswechseln und Ölsiebe reinigen. Bereifung abnehmen, Felgen entrosten und neu streichen. Federn ausbauen, entrosten, auf Brüche, untersuchen und neu einfetten.

3. Behandlung neuer Fahrzeuge.

Leistung und Lebensdauer neuer Fahrzeuge hängt in erster Linie von der richtigen Behandlung während der Einfahrzeit ab. Außer den bereits unter 1 und 2 aufgeführten Arbeiten ist bei neuen Fahrzeugen folgendes besonders zu beachten:

a) Wartung.

Ölwechsel ist rechtzeitig vorzunehmen nach Angabe der Firma. Beim Motor: Erstmalig nach zirka 500 km, dann nach 1000 km, weiterhin nach je 1500 km bis 2000 km. Beim Wechselgetriebe und evtl. Zusatzgetriebe: Erstmalig nach zirka 2500 km, bei Achsantrieb wie bei Wechselgetriebe. Nachziehen von Schraubenverbindungen, besonders der Zylinderkopfschrauben. Befestigungsschrauben der Federn, des Lenkgestänges und des Aufbaus am Fahrgestell, sowie die Radbefestigungsschrauben. Öfteres Entleeren und Reinigen des Brennstoffbehälters, Vergasers und der Reiniger (mehr Verunreinigungen durch Abblättern im Brennstoffbehälter bei fabrikneuem Zustand). Öftere Kontrolle des Ventilspieles mit Ventillehre. Öftere Kontrolle der Keilriemenspannung für Ventilatorenantrieb, Kühlwasserpumpe und evtl. Lichtmaschine.

b) Einfahren.

Geschwindigkeitsbeschränkung für die einzelnen Gänge (Höchstgeschwindigkeit nach Angabe der Firma) beachten. Motor soll nur mit mittlerer Drehzahl laufen und soll nicht „übertourt“ und zu stark angestrengt werden.

Anfahren: Motor erst im Leerlauf anlaufen lassen, nach kurzer Zeit 2 bis 3 Sekunden lang auf höherer Drehzahl bringen (Bildung von Ölnebel im Kurbelgehäuse, Schmierung der Kolbenlauffläche im Zylinder). Anfahren erst bei richtiger Betriebstemperatur des Motors und Öles. Ständige Kontrolle des Öldruckes und Ölstandes im Motor, Wechselgetriebe und Ausgleichgetriebe. Nicht im Gelände fahren! Beim Einfahren *nach Möglichkeit nicht den Fahrer wechseln.* Lastkraftwagen nicht überlasten (möglichst nur $^1/_2$ zulässige Nutzlast aufladen). Nach Beendigung der Einfahrzeit evtl. vorhandene Drosselvorrichtungen entfernen.

III. Teil: Fahrausbildung.

Das Fahren eines Kraftfahrzeuges.

Die Fahrausbildung erfolgt in den Fahrschulen durch einen Fahrlehrer, welcher durch praktische Unterweisung am Fahrzeug und Unterricht über Kraftfahrzeug, Gesetzeskunde und Verkehrsbestimmungen, sowie Unfallverhütung den Fahrschüler so weit ausbildet, daß er einer Prüfung durch den Militärkraftfahrsachverständigen (M.K.S.) unterzogen werden kann. Nach bestandener Prüfung erhält der Soldat den Militärführerschein und ist erst dann berechtigt, ohne Fahrlehrer ein Kraftfahrzeug zu fahren. Es gelten für den Militärkraftfahrer folgende Sonderbestimmungen:

Sonderbestimmungen für Militärkraftfahrer.

Zum Führen von Fahrzeugen der Wehrmacht berechtigt nur der Militärführerschein. Er gilt nur für die Dauer des Dienstverhältnisses und ist auch für Zivilkraftfahrzeuge der gleichen Klasse gültig.

Bei Antritt der Fahrt darf der Fahrer nicht unter der Wirkung von Alkohol oder Rauschgift stehen. Auch während des Fahrdienstes ist jeder Alkoholgenuß untersagt. Der Führer darf während der Fahrt nicht rauchen.

Während der Fahrt sind vom Fahrer weder Ehrenbezeigungen zu erweisen, noch Grüße zu tauschen.

Der Kraftfahrzeugfahrer darf eine Fahrt nur mit einem schriftlichen Fahrbefehl ausführen.

Abgesehen von Erkrankungsfällen usw. darf er die Führung des Fahrzeuges nur mit ausdrücklicher Genehmigung des die Fahrt anordnenden Vorgesetzten einem anderen Führer überlassen.

Pflicht aller Kraftfahrzeugfahrer ist es, kranke und schwerverletzte Personen, die sie hilflos auf der Straße vorfinden, unentgeltlich nach dem nächsten Krankenhaus usw. zu befördern.

Kraftfahrzeuge von Vorgesetzten, die als solche kenntlich sind, dürfen nur überholt werden, wenn Befehl oder Lage, z. B. dringliche Meldung, dies erfordern.

Für die Beachtung der Verkehrsvorschriften ist der Kraftfahrzeugfahrer verantwortlich. Erhält er einen widersprechenden Befehl, so muß er den Vorgesetzten auf die Vorschrift aufmerksam machen. Besteht dieser auf seinen Befehl, so übernimmt er damit die straf- und vermögensrechtliche Verantwortung.

Die Insassen dürfen den Fahrer weder zum Schnellerfahren noch zum Genuß geistiger Getränke auffordern. Jede Unterhaltung mit ihm während der Fahrt ist zu unterlassen.

Transportmannschaften dürfen anderen Verkehrsteilnehmern kein Zeichen zum Überholen geben. Sie sind vor Antritt der Fahrt in diesem Sinne zu belehren.

Gelände- und Gleiskettenfahrzeuge, die nach einer Geländefahrt die Straße stark beschmutzen würden, sind vor dem Verlassen des Geländes von großem Schmutz zu reinigen. Auf öffentlichen Straßen trotzdem noch abfallende größere Schmutzstücke sind sofort zu beseitigen.

Als Erkennungszeichen, sich überholen zu lassen, gilt: Vorwärts- und Rückwärtsbewegung des ausgestreckten Armes in Schulterhöhe auf der linken Fahrzeugseite durch den Kraftfahrzeugfahrer oder den Beifahrer nach Weisung des Kraftfahrzeugfahrers. Es genügt auch ein deutliches Einhalten der äußersten rechten Seite der Fahrbahn.

1. Verhalten vor der Fahrt.

a) Untersuchung auf Betriebssicherheit.

Ölstand und Öldruck überwachen, Motor auf gleichmäßigen Lauf bzw. auf außergewöhnliche Geräusche abhören. Betriebsstoff (Brennstoff und Kühlwasser) nachsehen, Kupplung prüfen.

b) Verkehrssicherheit.

Bei Lenkung toten Gang und Sicherung der Gestängeverbindung prüfen.

Radbefestigung prüfen, Bereifung auf Luftdruck, Profile und Beschädigung prüfen.

Elektrische Anlage prüfen, ob Abblendvorrichtung, Schluß- und Stopplicht, Hupe, Winker und Scheibenwischer in Ordnung sind. Nummerschilder auf Sauberkeit und Beleuchtung prüfen. Ladung muß der St.V.O. entsprechen. Der Kraftfahrzeugaufbau muß einwandfrei und sicher mit dem Fahrgestell befestigt sein.

c) Mitzuführende Papiere.

Truppenausweis, Führerschein, Kraftfahrzeugschein, Fahrtennachweis, Fahrbefehl; evtl. zweckmäßig 1 Umschlag mit Formblätter für Unfallmeldung und Skizze, Kradfahrer haben zwei Verbandspäckchen mitzuführen.

2. Verhalten während der Fahrt.

a) Fahrweise.

Für den Kraftfahrer gelten die Vorschriften der Straßenverkehrsordnung und die zusätzlichen militärischen Bestimmungen (s. unten).

Außer diesen ist zu beachten: Beim Anfahren ersten Gang einschalten, weich einkuppeln (ruckartiges Anfahren vermeiden), linken Fuß weg vom Kupplungshebel, daneben setzen, Kupplung beim Fahren nicht schleifen lassen. Wird Gas weggenommen, so wird zweckmäßig der Fuß sofort auf Fußbremse leicht aufgesetzt (Verringerung der Bremsreaktionszeit). Die Wahl des Ganges ist nach der jeweiligen Geschwindigkeit des Fahrzeuges vorzunehmen. Für jeden Gang eine bestimmte Fahrgeschwindigkeit zum Schalten sich festlegen. Weich bremsen, Räder nicht zum Blockieren bringen.

Während des Bremsens nicht auskuppeln, Bremswirkung des Motors ausnutzen, bei Bergabfahrt zum Bremsen denselben Gang wählen, wie zum Aufwärtsfahren erforderlich war. Auskuppeln erst kurz vor Stillstand des Fahrzeuges beim Anhalten. Nie ruckartige Lenkbewegung machen.

Vor Kurven allmählich Gas wegnehmen, Geschwindigkeit entsprechend vermindern, Lenkrad allmählich einschlagen, überziehen vermeiden, beim Anfahren an der Kurve langsam Gas geben. Bei schlechten Straßenstellen Geschwindigkeit entsprechend vermindern. Bei lockerem oder schmierigem Untergrund Räder nicht mahlen lassen. Ruhig fahren, langsam Gas geben und wegnehmen, Schonung der Bremsen.

b) Pflege während der Fahrt.

Fahrzeug während der ersten 10 Minuten langsam fahren, kontrollieren, ob rote Kontrollampe erlischt. Quietschen der Reifen in Kurven vermeiden, mit Vollgas möglichst wenig fahren, hohe Geschwindigkeit nur wenn dringend erforderlich (ab und zu Gas wegnehmen). Motor nicht quälen, zurückschalten; Rupfen der Kupplung vermeiden. Bei Störungen untersuchen, ob Schaden behoben werden kann, oder ob das Kraftfahrzeug abzuschleppen ist, wenn Weiterfahrt nicht ohne größeren Schaden möglich ist. Bei außergewöhnlichen Geräuschen Ursache feststellen. Während der Fahrt sorgfältig Öldruck und Kühlwassertemperatur beobachten.

3. Nach der Fahrt.

Betriebsstoffvorräte ergänzen, Öl, Brennstoff, Kühlwasser. Fahrzeug reinigen, Beseitigen der während der Fahrt aufgetretenen Störungen, Abstellen in der Fahrzeughalle, Ölauffangblech unter Motor stellen, Gang herausnehmen, Handbremse lösen. Schilder anbringen („Fahrtbereit", „nicht Fahrtbereit"). Fahrbefehl und Fahrzeugschlüssel auf Schirrmeisterei abgeben.

4. Winterbetrieb.

a) Die Vorbereitungen

für den Winterbetrieb sind rechtzeitig bereits im Herbst zu beginnen.

Im allgemeinen sind im Fahrzeug ab Oktober Kühlerschutzhauben mitzuführen und bei entsprechender kalter Witterung anzubringen; ebenso Gleitschutzmittel (Schneeketten oder Schneekufen). Vorhandene Sandkästen sind mit Sand oder Kies aufzufüllen; zweckmäßig sind auch Schneeschippen im Fahrzeug mitzunehmen, Klarsichtscheibe einbauen, Scheibenwischer in Ordnung bringen.

Reifen mit abgenutzten Profilen gegen solche mit griffigen Profilen austauschen.

Dem Kühlwasser ist Frostschutzmittel beizugeben. Bei der Wehrmacht wird für Sommer- und Winterbetrieb nur Einheitsöl verwendet. Ausnahmsweise kann bei andauernden tiefen Temperaturen Winteröl gegeben werden. Die Bleisammler sind in gut geladenen Zustand zu halten, damit die Frostgefahr verringert wird (Säure konzentrierter und weniger frostempfindlich), und weil der Sammler im Winter durch größere Anlaßschwierigkeiten des Motors stärker belastet wird.

b) Inbetriebnahme der Kraftfahrzeuge im Winter.

Kühlwasser soll nur angewärmt eingefüllt werden (zu heißes Wasser kann Beschädigung am Zylinder hervorrufen); vorher abgelassenes Kühlwasser wieder verwenden (Frostschutzmittel!).

Öl in heißem Wasser anwärmen und auffüllen.

Vergaser und Ansaugrohr vorwärmen durch heißfeuchte Tücher, damit ist bessere Vergasung des Kraftstoffes zu erreichen.

Zündkerzen anwärmen (mit Kraftstoff füllen und abbrennen).

Kupplungshebel durchtreten, Zündung einschalten und Anlasser betätigen, vorher Motor einige Male von Hand durchdrehen zur Verringerung der Reibungswiderstände im Motor und Entlastung des Sammlers. Anlasser nicht zu lang betätigen.

Motor im Leerlauf 5—10 Minuten laufen lassen zur gleichmäßigen Erwärmung; Drehzahl so einstellen, daß rote Lampe nicht mehr aufleuchtet.

Für die Fahrt Kühlerschutzhaube nach Außentemperatur einstellen.

c) Fahrbetrieb im Winter (auf vereisten und verschneiten Strecken).

Gleitschutzmittel (Schneeketten) nur bei Schnee auflegen (auf schneefreien Straßen abnehmen). Auf vereisten und verschneiten Wegen keine scharfe Lenkbewegung machen (Schleudergefahr). Bremsen vorsichtig betätigen, öfteres kurzes Anziehen und wieder Lösen. Nie ruckartig Gas geben und Gas wegnehmen, Luftdruck wird zweckmäßig etwas vermindert (größere Auflagefläche, größere Bodenhaftung). Geschwindigkeit verringern; Schnee kann bis 20—25 cm Höhe durchfahren werden; leichte Schneewehen mit Schwung durchfahren. Bei Festsitzen im Schnee alte Spur zurück und evtl. neu anfahren, Räder nicht durchdrehen lassen (Sand, Kies, Reisig, Decken usw. vorwerfen, Antriebsachsen belasten). Bei Eis keine Ketten auflegen, Überholen vermeiden, besonders vorsichtig fahren, wenig schalten (Schleudergefahr).

d) Abstellen.

In Hallen: Kühlwasser ablassen (Aufbewahren zur Wiederverwendung), Schilder anbringen „Kühlwasser abgelassen", „nicht Fahrtbereit", Öl ablassen, Brennstoffhahn schließen, Vergaser und Leitung entleeren durch Verbrauchen (Laufenlassen des Motors). An Brennstoffreiniger evtl. Wassersäcke entfernen. Räder bei nassem Hallenboden auf Stroh, Reisig oder Decken stellen (Gefahr des Festfrierens).

Im Freien sind die Fahrzeuge an windgeschützten Stellen aufzustellen. Bei längerem Halt sollen die Motoren stündlich durch kurzzeitiges Laufenlassen angewärmt werden.

5. Verhalten bei Unfällen.

Bei eingetretenen Unfällen sind folgende Punkte zu beachten:

Grundsätzlich.

Ruhe und Beherrschung, Kopf nicht verlieren, überlegt handeln und möglichst wenig sprechen. Niemals eine Erklärung über die Schuldfrage abgeben. Unter keinen Umständen Zahlung an einen Beteiligten der Gegenseite leisten.

Falls die Straße versperrt ist, andere Verkehrsteilnehmer warnen.

Anhalten und Hilfe leisten.

Ist jemand mit oder ohne eigenes Verschulden verletzt, so ist diesem zuerst Hilfe zu leisten. Ist die Überführung zu einem Arzt erforderlich, so muß dies selbst vorgenommen werden. Der Verletzte ist vorsichtig und vor allem stoßfrei in gestreckter Lage mit leicht gehobenem Kopfe zu befördern.

Beweismittel sammeln. — Zeugen feststellen.

Name und Wohnung der Zeugen ermitteln. Wichtig ist, den Standort, den die Augenzeugen während des Unfalls hatten, festzuhalten. Unwesentlich ist das Urteil der Zeugen, bedeutungsvoll ist, was die Zeugen tatsächlich gesehen und gehört haben.

Stellungnahme der Gegenseite.

Gesteht die Gegenseite die Schuld ein, so sind nach Möglichkeit Zeugen hinzuzuziehen, die nachher das Eingeständnis beweisen können.

Feststellung der Unfallbeteiligten.

Die am Unfall beteiligten Personen, Kraftfahrzeuge und sonstige Fahrzeuge sind genau festzustellen.

Die beschädigten Kraftfahrzeuge.

Die Schäden am eigenen und an den fremden Fahrzeugen sind sorgfältigst zu ermitteln. Es ist Augenmerk auf die Beschaffenheit der Bereifung, auf die Sichtverhältnisse (Verschmutzung der Windschutzscheibe), Beeinträchtigung der Sicht der Winker durch Ladegut oder Planen; bei Blendung auf falsch eingesetzte Biluxlampen, nachts bei Radfahrern auf Vorhandensein oder Verschmutzung der Rückstrahler und dergl. zu legen.

Soweit keine Menschenleben dadurch in Gefahr sind und die Verkehrsverhältnisse es zulassen, alles stehen lassen, bis die Unfallaufnahme durch M. K. S. oder Polizei vorgenommen wird. Wurden verletzte Personen unterdessen weggebracht, so ist deren genaue örtliche Lage unmittelbar nach dem Unfall festzuhalten. Das Hinzuziehen eines Polizeibeamten wird empfohlen.

Unfallzeichnung.

Von dem Grundriß des Unfallortes ist eine Zeichnung anzulegen. In dieser ist einzutragen, an welcher Stelle der Zusammenstoß erfolgte. Von Bedeutung ist auch die Örtlichkeit, an der die einzelnen beschädigten Fahrzeuge zum Stehen kamen, ferner der genaue Standort parkender Fahrzeuge und ihre Größe, soweit sie die Sichtverhältnisse der beteiligten Fahrzeugführer beeinträchtigt haben können. Ferner ist der genaue Verlauf der Fahrspur, Bremsspur bzw. Rutschspur der linken und rechten Räder in der Zeichnung einzutragen. Als Bezugspunkte für die Eintragung der Entfernungen sind hauptsächlich bauliche Teile, wie Laternenmast, Schild der Straßenbahnhaltestelle, Haus, Zaun, Bürgersteigkante, Straßenbahnschienen und dergl. zu verwenden. Stehen zur Vermessung Bandmaß oder Maßstab nicht zur Verfügung, so kann mit Schrittlängen, deren genaue Länge nachher festgestellt werden kann, gearbeitet werden.

Die Fahrbahn.

Ferner ist die genaue Fahrbahnbeschaffenheit festzustellen, beispielsweise Beton-, Asphaltdecke, Kopfsteinpflaster, Kleinpflaster, Sandweg, Glatteis, Fahrbahn in trockenem, staubigem, nassem oder schlüpfrigem Zustande und dergleichen.

Die Sicht.

Von Bedeutung ist auch die Uhrzeit, da davon auch die Sichtverhältnisse abhängig sind. Auf wieviel Meter waren Personen zu erkennen? War es neblig, regnete es, war Schneetreiben? Beleuchteten fremde Lichtquellen die Unfallstelle? War Schattenwirkung vorhanden oder trat durch die untergehende Sonne eine Blendwirkung ein?

Das Lichtbild.

Wenn die Möglichkeit besteht, Lichtbilder aufzunehmen, so müssen die Aufnahmen von verschiedenen Seiten aus durchgeführt werden.

Verhalten der Insassen.

Die Insassen des militärischen Kraftfahrzeuges müssen den Kraftfahrzeugführer bei der Feststellung des Sachverhaltes unterstützen, sich gegenüber der Gegenpartei unbedingt jedes Urteils enthalten.

Meldung.

Der Fahrer muß seiner Dienststelle spätestens am folgenden Tage eine Unfallmeldung nach vorgeschriebenem Muster vorlegen. Die sofortige Verständigung der eigenen Dienststelle ist besonders bei schweren Unfällen notwendig, damit durch Entsendung eines W.K.S. die Ermittlungstätigkeit sofort an Ort und Stelle aufgenommen werden kann.

Jeder Unfall, selbst der kleinste ist sofort der Dienststelle zu melden.

6. Das Fahren im Gelände.

Für das Fahren im Gelände ist grundsätzliche Voraussetzung die richtige Geländebeurteilung und die Kenntnis der Leistung des Kraftfahrzeuges. Das notwendige Maß der Fahrfertigkeit im Gelände muß das Maß der Fahrfertigkeit beim Führen eines Kraftfahrzeuges auf der Straße wesentlich überschreiten.

Als allgemeine Richtlinie für das Fahren im Gelände können nachfolgende Gesichtspunkte gelten. Schwer befahrbare Hindernisse müssen rechtzeitig erkannt und nach Möglichkeit umfahren werden. Dies führt sicherer zum Erfolg, spart Zeit und der Fahrer setzt sich nicht der Gefahr des Steckenbleibens aus. Auf den bei dem Kraftfahrzeug gegebenen Überhang, Bauch- und Bodenfreiheit ist bei der Festlegung des gewählten Weges sorgfältigst Rücksicht zu nehmen. Die Geschwindigkeit wird durch die Bodenverhältnisse bestimmt, ebenso wo vorwiegend mit Schwung oder Kraft zu fahren ist.

a) Steigungen.

Starke Steigungen werden je nach Bodenbeschaffenheit und Länge mit Schwung oder vorwiegend mit Kraft gefahren. Wird die Steigung mit Kraft gefahren, so soll für die Steigung der bei 1/2 bis 2/3 Gas ausreichende Gang schon vor der Steigung gewählt werden. Kurze Steigungen mit losem Untergrund, wie Sand, losem Kies, können im allgemeinen mit Schwung gefahren werden. Dabei sollen vorhandene Spuren ausgenützt und möglichst wenig Lenkbewegungen ausgeführt werden. Steigungen von größerer Länge mit schlechtem Untergrund müssen zumeist mit Kraft und Schwung überwunden werden. Dabei ist zu beachten, daß mit dem für die Steigung richtigen Gang bei höchstmöglicher Drehzahl Schwung zu nehmen ist. Zwecks Erzielung eines möglichst großen Schwunges kann mit einem größeren Gang angefahren werden, sobald aber der niedere Gang gewählt wird, muß blitzschnell geschaltet werden. Bei Steilhängen mit großem Fahrwiderstand kann beim Herunterschalten zuweilen auf das Zwischengasgeben verzichtet werden. Dabei ist sehr weich und mit Gefühl zu kuppeln, damit unter allen Umständen Mahlen und Durchrutschen vermieden wird. Versagt in derartigen Fällen die Fahrkunst, so kann durch kurzzeitige Minderung des Reifendruckes oder durch zusätzliche Belastung der Treibachse das Haftvermögen erhöht und somit Erfolg erzielt werden. Mißlingt der Versuch, eine Steigung zu nehmen, so ist vor der Wiederholung mit eingelegtem Rückwärtsgang in der gleichen Spur rückwärts zu fahren.

b) Im Sande.

Beim Fahren in losem Sande und Schnee soll mit größtmöglichem Gang gefahren werden. Bei zu kleinem Gang ist die Gefahr des Mahlens der Räder gegeben. Auch hier sind nach Möglichkeit vorhandene festgefahrene Spuren zu benutzen. Auf die Bodenfreiheit des Kraftfahrzeuges muß dabei Rücksicht genommen werden. Beim Befahren scharfer Krümmungen auf sandigem Wege darf die Lenkung nicht so weit wie auf fester Fahrbahn eingeschlagen werden, da die gegen die schräg gestellten

Räder wirkende Schubkraft das Kraftfahrzeug bereits stark aus seiner Richtung drücken.

c) Furchen und Gräben.

Einschnitte, Furchen und Gräben werden, wenn sie flache Ränder haben und nicht tief sind, in spitzem Winkel an- und durchfahren, weil hierdurch die Stoßwirkung gemildert wird. Handelt es sich um tiefere Einschnitte, so ist unter rechtem Winkel langsam heranzufahren und, falls Beschaffenheit der Ränder und die Bauchfreiheit des Kraftfahrzeuges es zulassen, in dieser Richtung hindurchzufahren, erst wenn die Vorderräder die tiefste Stelle durchlaufen haben, ist Gas zu geben. Dabei ist auf die übermäßige Belastung der Radfederung Rücksicht zu nehmen. Wenn die Ränder sehr steil sind, werden auch tiefere Einschnitte unter spitzem Winkel befahren. Mit Rücksicht auf die Gefahr des Aufsitzens des Kraftfahrzeugs wird die schädliche Verwindung des Fahrgestells in Kauf genommen. Oft empfiehlt sich auch das Abtragen der scharfen Ränder mittels Spaten.

d) Wasserdurchfahrt.

Wegen der Störungsgefahr für Vergaser und die elektrische Einrichtung des Kraftfahrzeugs sind Wasserdurchfahrten möglichst zu vermeiden. Werden aber Wasserstellen durchfahren, so ist vorher Tiefe, Untergrund, Ein- und Ausfahrmöglichkeit zu erkunden. Um die Bildung von Bugwellen zu vermeiden, ist mit möglichst geringer Geschwindigkeit zu fahren. Da der Untergrund fast durchweg weich ist, so ist plötzliches Gasgeben wegen der Durchrutschgefahr zu vermeiden. Ragt das Auspuffrohr in das Wasser, so ist darauf zu achten, daß der Motor nicht abgewürgt wird, da sich sonst beim Anlassen Schwierigkeiten ergeben können.

e) Das Kradfahren.

Der Kradfahrer muß den Lenker kräftig festhalten, Füße auf die Fußrasten, Knie an den Tank drücken und Gleichgewicht vorwiegend durch Gewichtsverlagerung und nicht durch Lenkbewegung halten.

Auszug aus der St.V.O.-Straßenverkehrsordnung

(vom 13. 11. 1937.)

A. Allgemeine Vorschriften.

§ 1.

Grundregel für das Verhalten im Straßenverkehr

Jeder Teilnehmer am öffentlichen Straßenverkehr hat sich so zu verhalten, daß **der Verkehr nicht gefährdet werden kann**; er muß ferner sein Verhalten so einrichten, daß kein anderer geschädigt oder mehr, als nach den Umständen unvermeidbar, behindert oder belästigt wird.

§ 2.

Verkehrsregelung durch Polizeibeamte und Farbzeichen

(1) Den Weisungen und Zeichen der Polizeibeamten ist Folge zu leisten; sie gehen allgemeinen Verkehrsregeln und durch amtliche Verkehrszeichen angezeigten örtlichen Sonderregeln *vor*.

(2) Die Zeichen der Polizeibeamten zur Regelung des Verkehrs bedeuten:

1. Winken in der Verkehrsrichtung: „Straße frei“.

2. Hochheben eines Armes:
für Verkehrsteilnehmer
in der vorher gesperrten Richtung: „Achtung",
in der vorher freien Richtung: „Anhalten",
für in der Kreuzung Befindliche: „Kreuzung frei machen".
3. Seitliches Ausstrecken eines Armes oder beider Arme:
quer zur Verkehrsrichtung: „Halt",
in der Verkehrsrichtung: „Straße frei".

Diese Zeichen gelten auch, wenn sie nicht mehr in der vorgeschriebenen Weise gegeben werden, solange der Beamte seine Grundstellung beibehält.

(3) Werden Farbzeichen verwendet, so bedeutet:
Grün: „Straße frei",
Gelb:
für Verkehrsteilnehmer
in der vorher gesperrten Richtung: „Achtung",
in der vorher freien Richtung: „Anhalten",
für in der Kreuzung
Befindliche: „Kreuzung freimachen",
Rot: „Halt".

(4) Auf das Zeichen „Straße frei" kann abgebogen werden, nach links jedoch nur, wenn dadurch der freigegebene Verkehr von entgegenkommenden Fahrzeugen und von Schienenfahrzeugen nicht gestört wird. Einbiegende Fahrzeuge haben auf die Fußgänger, diese auf die einbiegenden Fahrzeuge besondere Rücksicht zu nehmen.

(5) Bei dem Zeichen „Kreuzung frei machen" haben die Fahrzeuge, die sich in der Kreuzung befinden, die Kreuzung zu verlassen.

(6) Während des Zeichens „Halt" dürfen Fußgänger auf Gehwegen einbiegen.

§ 4.

Verkehrsbeschränkungen.

(1) Die Verkehrspolizeibehörden können die Benutzung bestimmter Straßen aus Gründen der Sicherheit oder Leichtigkeit des Verkehrs durch polizeiliche Anordnungen beschränken oder verbieten. Die Anordnung ist durch Aufstellung der amtlichen Verkehrszeichen zu treffen.

(2) Beschränkungen der Geschwindigkeit unter 40 Kilometer je Stunde dürfen nur für einzelne Straßen, nicht für ganze Ortschaften angeordnet werden.

§ 6.

Maßnahmen zur Hebung der Verkehrszucht auf den Straßen.

(1) Wer die Verkehrsvorschriften nicht beachtet, ist auf Vorladung der Verkehrspolizeibehörde oder der von ihr beauftragten Beamten verpflichtet, an einem Unterricht über das Verhalten im Straßenverkehr teilzunehmen.

(2) Der Reichsführer ϟϟ und Chef der Deutschen Polizei im Reichsministerium des Innern kann durch allgemeine Anordnungen bestimmen, daß Verkehrsteilnehmer, welche die Verkehrsvorschriften nicht beachtet haben, durch polizeiliche Verfügung besonderen Maßnahmen unterworfen werden.

Fahrzeugverkehr.

§ 9.

Fahrgeschwindigkeit.

(1) Die Fahrgeschwindigkeit hat der Fahrzeugführer so einzurichten, daß er jederzeit in der Lage ist, seinen Verpflichtungen im Verkehr Genüge zu leisten, und daß er das Fahrzeug nötigenfalls rechtzeitig anhalten kann. Das gilt besonders an unübersichtlichen Stellen und Eisenbahnübergängen in

Verkehrszeichen

1 Warnzeichen

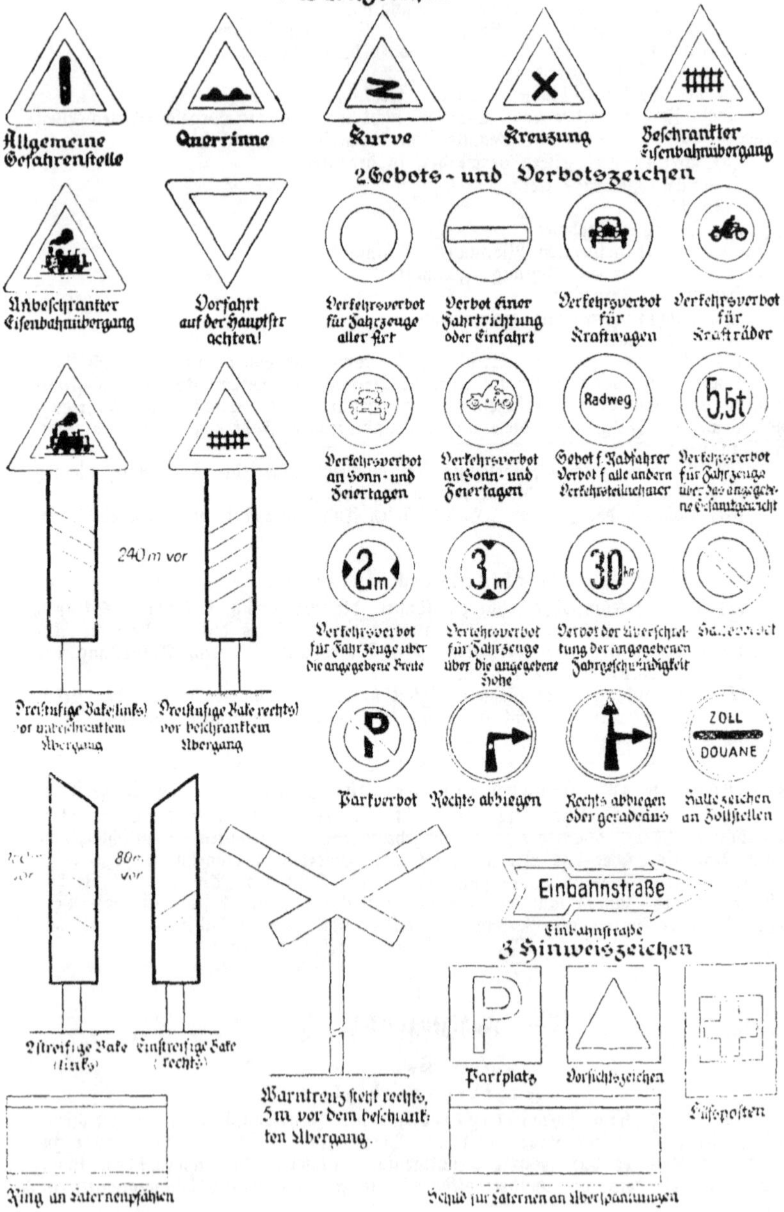
Allgemeine Gefahrenstelle
Querrinne
Kurve
Kreuzung
Beschrankter Eisenbahnübergang
2 Gebots- und Verbotszeichen
Unbeschrankter Eisenbahnübergang
Vorfahrt auf der Hauptstr achten!
Verkehrsverbot für Fahrzeuge aller Art
Verbot einer Fahrtrichtung oder Einfahrt
Verkehrsverbot für Kraftwagen
Verkehrsverbot für Krafträder
Radweg
5,5t
Verkehrsverbot an Sonn- und Feiertagen
Verkehrsverbot an Sonn- und Feiertagen
Gebot f. Radfahrer Verbot f alle andern Verkehrsteilnehmer
240 m vor
2m
3m
30
Verkehrsverbot für Fahrzeuge über die angegebene Breite
Verkehrsverbot für Fahrzeuge über die angegebene Höhe
Verbot der Überschreitung der angegebenen Fahrgeschwindigkeit
Dreistufige Bake (links) vor unbeschranktem Übergang
Dreistufige Bake rechts) vor beschranktem Übergang
ZOLL
DOUANE
Parkverbot
Rechts abbiegen
Rechts abbiegen oder geradeaus
Haltezeichen an Zollstellen
80 m vor
Einbahnstraße
Einbahnstraße
3 Hinweiszeichen
Parkplatz
Vorsichtszeichen
Hilfsposten
2streifige Bake (links)
Einstreifige Bake (rechts)
Warnkreuz steht rechts, 5 m vor dem beschrankten Übergang.
Ring an Laternenpfählen
Schild für Laternen an Überspannungen

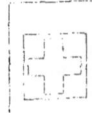

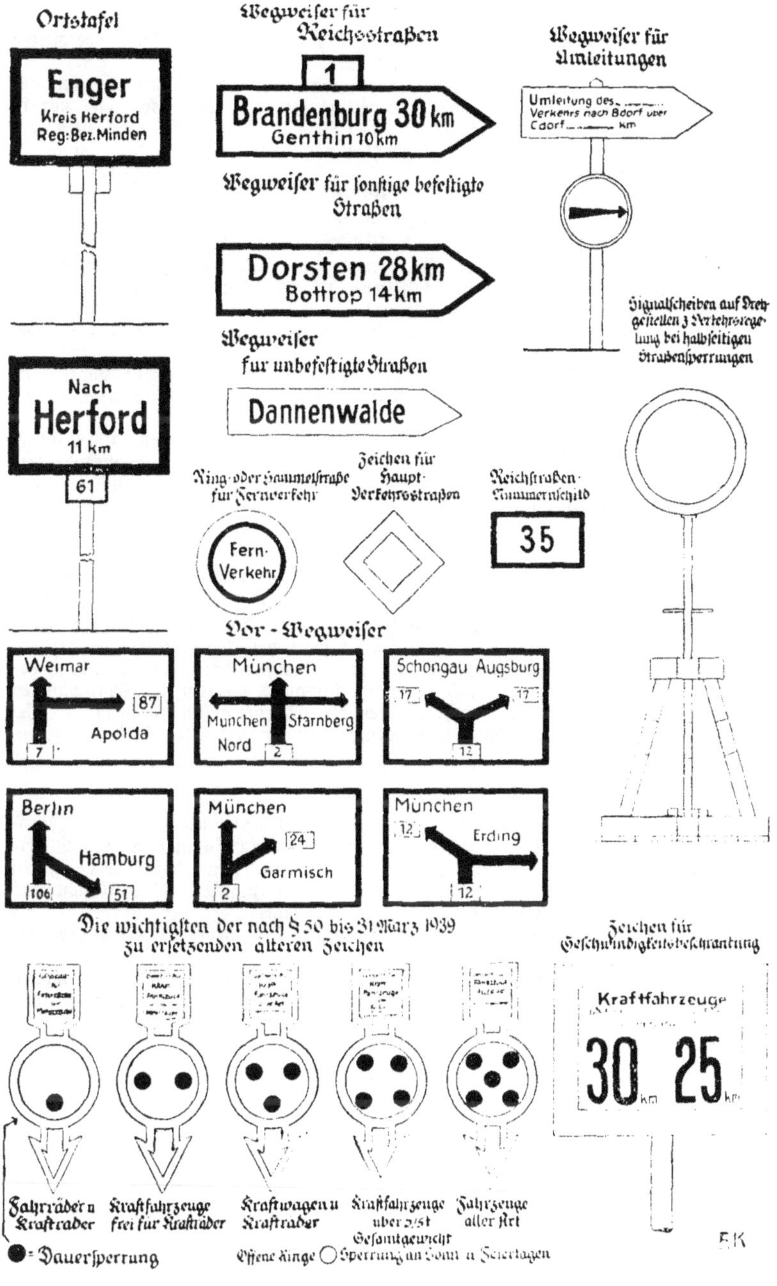
Ortstafel
Enger
Kreis Herford
Reg.-Bez. Minden
Wegweiser für Reichsstraßen
1
Brandenburg 30 km
Genthin 10 km
Wegweiser für Umleitungen
Umleitung des ...
Verkehrs nach Bdorf über
Cdorf ... km
Wegweiser für sonstige befestigte Straßen
Dorsten 28 km
Bottrop 14 km
Wegweiser für unbefestigte Straßen
Dannenwalde
Signalscheiben auf Dreigestellen z. Verkehrsregelung bei halbseitigen Straßensperrungen
Nach
Herford
11 km
61
Ring- oder Sammelstraße für Fernverkehr
Fern-Verkehr
Zeichen für Haupt-Verkehrsstraßen
Reichsstraßen-Nummernschild
35
Vor-Wegweiser
Weimar
87
Apolda
7
München
München Nord
Starnberg
2
Schongau
Augsburg
17
17
12
Berlin
Hamburg
106
51
München
24
Garmisch
2
München
12
Erding
12
Die wichtigsten der nach § 50 bis 31. März 1939 zu ersetzenden älteren Zeichen
Zeichen für Geschwindigkeitsbeschränkung
Kraftfahrzeuge
30 km
25 km
Fahrräder u. Krafträder
Kraftfahrzeuge frei für Krafträder
Kraftwagen u. Krafträder
Kraftfahrzeuge über 5,5 t Gesamtgewicht
Fahrzeuge aller Art
● = Dauersperrung
Offene Ringe ○ Sperrung an Sonn- u. Feiertagen
EK

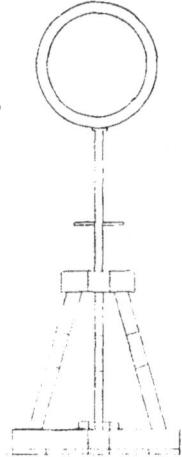

Schienenhöhe. Wer in eine Hauptstraße (§ 13) einbiegen oder diese überqueren will, hat mäßige Geschwindigkeit einzuhalten.

(2) Wenn an Haltestellen von Schienenfahrzeugen die Fahrgäste auf der Fahrbahn ein- und aussteigen, darf nur in mäßiger Geschwindigkeit und nur in einem solchen Abstand vorbeigefahren werden, daß die Fahrgäste nicht gefährdet werden; nötigenfalls hat der Fahrzeugführer anzuhalten.

§ 10.

Ausweichen und Überholen.

(1) Es ist rechts auszuweichen und links zu überholen. Während des Überholens dürfen Führer eingeholter Fahrzeuge ihre Fahrgeschwindigkeit nicht erhöhen. An unübersichtlichen Straßenstellen ist das Überholen verboten. Diese Vorschriften gelten auch für Einbahnstraßen.

(2) Ist ein Ausweichen unmöglich, so hat der umzukehren, dem dies nach den Umständen am ehesten zuzumuten ist.

(3) Jeder für nur eine Verkehrsart bestimmte Weg und jede unbefestigte Fahrbahn neben einer befestigten (Sommerweg) gelten beim Ausweichen und Überholen als selbständige Straßen.

(4) Schienenfahrzeugen ist rechts auszuweichen; sie sind rechts zu überholen. Wenn der Raum zwischen Schienenfahrzeug und Fahrbahnrand dies nicht zuläßt, darf links ausgewichen und links überholt werden. In Einbahnstraßen dürfen Schienenfahrzeuge rechts oder links überholt werden.

§ 11.

Anzeigen der Fahrtrichtungsänderung und des Haltens.

(1) Wer seine Richtung ändern oder halten will, hat dies anderen Verkehrsteilnehmern rechtzeitig und deutlich anzuzeigen; das gilt nicht für Fußgänger auf Gehwegen. Das Anzeigen befreit nicht von der gebotenen Sorgfalt.

(2) Soweit für Kraftfahrzeuge und für Straßenbahnen zum Anzeigen der Richtungsänderung und des Haltens die Anbringung mechanischer Einrichtungen vorgeschrieben ist, haben die Fahrzeugführer diese Einrichtungen zu benutzen. Bei vorübergehenden Störungen sind die Zeichen in anderer geeigneter Weise zu geben.

§ 12.

Warnzeichen.

(1) Der Fahrzeugführer hat gefährdete Verkehrsteilnehmer durch Warnzeichen auf das Herannahen seines Fahrzeugs aufmerksam zu machen. Es ist verboten, Warnzeichen zu anderen Zwecken, insbesondere zum Zwecke des eigenen rücksichtslosen Fahrens, und mehr als notwendig abzugeben. Die Absicht des Überholens darf durch Warnzeichen kundgegeben werden.

(2) Die Abgabe von Warnzeichen ist einzustellen, wenn Tiere dadurch unruhig werden.

(3) Als Warnzeichen sind Schallzeichen zu geben; an deren Stelle können bei Dunkelheit Leuchtzeichen durch kurzes Aufblenden der Scheinwerfer gegeben werden, wenn diese Zeichen deutlich wahrgenommen und andere Verkehrsteilnehmer dadurch nicht geblendet werden können.

§ 13.

Vorfahrt.

(1) An Kreuzungen und Einmündungen von Straßen hat der Benutzer der Hauptstraße die Vorfahrt. Hauptstraßen sind:

a) Reichsstraßen (einschließlich Ortsdurchfahrten), gekennzeichnet durch die Nummernschilder und durch das Schild „Ring- oder Sammelstraßen für Fernverkehr",
b) Hauptverkehrsstraßen, gekennzeichnet durch ein auf der Spitze stehendes Viereck,
c) ferner an einzelnen Kreuzungen und Einmündungen: Straßen, bei denen

auf den einmündenden oder kreuzenden Straßen auf der Spitze stehende Dreiecke „Vorfahrt auf der Hauptstraße achten!" angebracht sind.

(2) Bei Straßen gleichen Ranges hat an Kreuzungen und Einmündungen die Vorfahrt, wer von rechts kommt; jedoch haben Kraftfahrzeuge und durch Maschinenkraft angetriebene Schienenfahrzeuge die Vorfahrt vor anderen Verkehrsteilnehmern. Untereinander stehen Kraftfahrzeuge und Schienenfahrzeuge hinsichtlich der Vorfahrt gleich.

(3) Die Vorfahrtregeln der Absätze 1 und 2 gelten nicht, wenn durch Weisungen oder Zeichen von Polizeibeamten oder durch Farbzeichen eine andere Regelung im Einzelfall getroffen wird.

(4) Will jemand die Richtung des auf derselben Straße sich bewegenden Verkehrs kreuzen, so hat er die ihm entgegenkommenden Fahrzeuge aller Art, die ihre Richtung beibehalten, auch an Kreuzungen und Einmündungen, vorfahren zu lassen. Hierbei gelten Straßen mit mehreren getrennten Fahrbahnen als dieselben Straßen.

(5) Die auf anderen Vorschriften beruhenden Vorrechte von Schienenbahnen an Wegübergängen bleiben unberührt.

§ 14.

Fahrzeuge in Kolonnen.

Wenn Lastfahrzeuge außerhalb geschlossener Ortschaften in Kolonnen fahren, so dürfen diese Kolonnen bei Lastkraftwagen nicht länger als 50 Meter, bei Lastfuhrwerken nicht länger als 25 Meter sein. Zwischen solchen Kolonnen müssen mindestens die gleichen Abstände gehalten werden.

§ 15.

Anfahren und Halten.

(1) Der Führer eines Fahrzeugs hat so zu halten, daß der Verkehr nicht behindert oder gefährdet wird.

(2) Das Halten von Fahrzeugen ist nur auf der rechten Seite der Straße in der Fahrtrichtung zulässig. Soweit auf der rechten Seite Schienengleise verlegt sind, darf links gehalten werden.

(3) Auf Einbahnstraßen darf rechts und links gehalten werden.

§ 16.

Parken.

(1) Das Parken (Aufstellen von Fahrzeugen, soweit es nicht nur zum Ein- oder Aussteigen und Be- oder Entladen geschieht) ist nicht zulässig:

1. an den durch amtliche Verkehrszeichen ausdrücklich verbotenen Stellen,
2. an engen und unübersichtlichen Straßenstellen sowie in scharfen Straßenkrümmungen,
3. in einer geringeren Entfernung als je 10 Meter vor und hinter Straßenkreuzungen oder -einmündungen und den Haltestellenschildern der öffentlichen Verkehrsmittel; die Entfernung wird bei Straßenkreuzungen und -einmündungen gerechnet von der Ecke, an der die Fahrbahnkanten zusammentreffen,
4. an Verkehrsinseln,
5. vor Grundstückseinen- und -ausfahrten,
6. auf den mittleren von drei oder mehr voneinander getrennten Fahrbahnen einer Straße,
7. soweit es sich nicht um Schienenfahrzeuge handelt, innerhalb des Fahrraums der Schienenbahnen.

(2) Außer dem für das Parken in den Straßen zugelassenen Raum sind öffentliche Parkplätze nur die durch das amtliche Parkplatzschild von den Verkehrspolizeibehörden bezeichneten Flächen.

§ 17.

Ein- und Ausfahren.

(1) Beim Fahren von Fahrzeugen in ein Grundstück oder aus einem Grundstück hat sich der Fahrzeugführer so zu verhalten, daß eine Gefährdung des Straßenverkehrs ausgeschlossen ist.

(2) Die Anbringung von privaten Hinweiszeichen, durch die Grundstücksein- und -ausfahrten für Verkehrsteilnehmer auf der Straße kenntlich gemacht werden, ist unzulässig.

§ 19.

Ladung der Fahrzeuge.

(1) Die Ladung eines Fahrzeugs muß so verstaut sein, daß sie niemanden gefährdet oder schädigt oder mehr, als unvermeidbar, behindert oder belästigt. Die Betriebssicherheit des Fahrzeugs darf durch die Ladung nicht leiden; das gilt auch bei Beförderung von Personen für deren Unterbringung und für ihr Verhalten während der Fahrt.

(2) Die Breite der Ladung darf nicht mehr als 2,50 Meter betragen. Das seitliche Herausragen von einzelnen Stangen und Pfählen, von waagerecht liegenden Platten und anderen schlecht erkennbaren Gegenständen ist unzulässig.

(3) Ragt die Ladung nach hinten heraus, so ist deren äußerstes Ende durch eine rote, mindestens 20×20 Zentimeter große Flagge, bei Dunkelheit oder starkem Nebel durch mindestens eine rote Laterne kenntlich zu machen. Flaggen und Laternen dürfen nicht höher als 125 Zentimeter über dem Erdboden angebracht werden; ist dies an der Ladung selbst nicht möglich, so sind geeignete Vorkehrungen zur Anbringung in der vorgeschriebenen Höhe zu treffen.

(4) Die Länge von Fahrzeug und Ladung zusammen darf 22 Meter, die Höhe 4 Meter nicht überschreiten.

(5) Die Vorschriften über die zulässige Breite und Höhe der Ladung gelten nicht für land- und forstwirtschaftliche Erzeugnisse.

§ 20.

Verlassen des Fahrzeugs.

(1) Beim Verlassen des Fahrzeugs hat der Fahrzeugführer die nötigen Maßnahmen zu treffen, um Unfälle und Verkehrsstörungen zu vermeiden.

(2) Für Fuhrwerke gilt besonders § 32, für Kraftfahrzeuge § 35.

§ 24.

Beleuchtung der Fahrzeuge.

(1) Bei Dunkelheit oder starkem Nebel müssen an Fahrzeugen und Zügen nach vorn ihre seitliche Begrenzung durch weiße oder schwach gelbe Laternen und nach hinten ihr Ende durch rote Laternen oder rote Rückstrahler erkennbar gemacht werden; dies gilt nicht für abgestellte Fahrzeuge, wenn sie durch andere Lichtquellen ausreichend beleuchtet sind. Die zur Kenntlichmachung nach vorn bestimmten Beleuchtungseinrichtungen dürfen auch nach hinten kein rotes Licht zeigen. Die seitliche Begrenzung eines Fahrzeugs wird ausreichend angezeigt, wenn die zur Fahrbahnbeleuchtung bestimmten Lampen etwa in gleicher Höhe und in gleichem Abstand von der Fahrzeugmitte angeordnet und von dem äußeren Fahrzeugrand nicht mehr als 40 Zentimeter zur Fahrzeugmitte hin entfernt sind. Bei einem Zuge muß die seitliche Begrenzung eines Anhängers erkennbar gemacht werden, wenn er mehr als 40 Zentimeter über die Begrenzungslampen der vorderen Fahrzeuge herausragt. Die Anbringung von Lampen unter dem Fahrzeug zur Kenntlichmachung der seitlichen Begrenzung ist verboten.

(2) Unberührt bleiben für Fahrräder die Vorschriften des § 25.

(3) In Bewegung befindliche Fahrzeuge müssen bei Dunkelheit oder starkem Nebel Lampen führen, die ihre Fahrbahn beleuchten und andere Verkehrsteilnehmer nicht blenden.

(4) Diese Vorschriften gelten nicht für Fahrzeuge, die von Fußgängern mitgeführt werden und nicht breiter als ein Meter sind.

(5) Für die Beleuchtungseinrichtungen an Kraftfahrzeugen und Fahrrädern gelten die Vorschriften der Verordnung über die Zulassung von Personen und Fahrzeugen zum Straßenverkehr (Straßenverkehrs-Zulassungs-Ordnung) vom 13. November 1937.

Kraftfahrzeuge.

§ 33.

Benutzung der Beleuchtungseinrichtungen.

(1) Führer von Kraftfahrzeugen haben die Scheinwerfer rechtzeitig abzublenden, wenn die Sicherheit des Verkehrs auf oder neben der Straße, insbesondere die Rücksicht auf entgegenkommende Verkehrsteilnehmer, es erfordert. Diese Verpflichtung besteht gegenüber Fußgängern nur, soweit sie in geschlossenen Abteilungen marschieren. Beim Halten vor Eisenbahnübergängen in Schienenhöhe ist stets abzublenden.

(2) Als Standlicht können die seitlichen Begrenzungslampen verwandt werden. Wenn die Fahrbahn durch andere Lichtquellen ausreichend beleuchtet ist, darf mit Standlicht gefahren werden.

(3) Suchscheinwerfer dürfen nur vorübergehend und nicht zum Beleuchten der Fahrbahn benutzt werden.

(4) Die Kennzeichen von Kraftfahrzeugen sind nach den Vorschriften der Verordnung über die Zulassung von Personen und Fahrzeugen zum Straßenverkehr (Straßenverkehrs-Zulassungs-Ordnung) vom 13. November 1937 zu beleuchten.

§ 35.

Verlassen des Kraftfahrzeugs.

Der Führer eines Kraftfahrzeugs hat beim Verlassen des Fahrzeugs zur Verhinderung der unbefugten Benutzung die üblicherweise hierfür bestimmten Vorrichtungen am Fahrzeug in Wirksamkeit zu setzen.

Fußgängerverkehr.

§ 38.

Marschierende Abteilungen.

(1) Geschlossen marschierende Abteilungen dürfen auf Brücken keinen Tritt halten. Marschmusik ist auf Brücken untersagt. Längere Abteilungen müssen in angemessenen Abständen Zwischenräume zum Durchlassen des übrigen Straßenverkehrs freilassen.

(2) Bei Dunkelheit oder starkem Nebel muß an geschlossenen Abteilungen nach vorn ihre seitliche Begrenzung und nach hinten ihr Ende durch Laternen (nach vorn weiß oder schwach gelb, nach hinten rot) erkennbar gemacht werden. Der linke und der rechte Flügelmann des ersten und des letzten Gliedes müssen je eine Laterne tragen; die Kennzeichnung kann auch durch voran oder hinterher marschierende Laternenträger erfolgen. Die Kenntlichmachung durch voranfahrende Fahrzeuge ist nur zulässig, wenn das Nachfolgen einer geschlossenen Abteilung Führern von entgegenkommenden Fahrzeugen erkennbar gemacht wird. Gliedert sich eine zu beleuchtende Abteilung in mehrere deutlich voneinander geschiedene Einheiten, so ist jede in der angegebenen Weise kenntlich zu machen. Daneben ist die zusätzliche Kenntlichmachung durch Rückstrahler (nach vorn weiß oder schwach gelb, nach hinten rot) zulässig. Die Vorschriften dieses Absatzes gelten nicht, wenn geschlossene Abteilungen durch andere Lichtquellen ausreichend beleuchtet sind.

(3) Schulklassen sollen die Gehwege benutzen. Bei Benutzung der Fahrbahn gelten sie als marschierende Abteilungen und sind bei Dunkelheit oder starkem Nebel nach Abs. 2 zu sichern.

§ 45.

Geltungsbereich.

Diese Verordnung ist auf den gesamten Straßenverkehr anzuwenden, soweit nicht für den Verkehr auf Kraftfahrbahnen oder für einzelne Verkehrsarten, insbesondere für stellenweise über Straßen geführten Schienenverkehr, Sonderrecht gilt. Sie enthält zusammen mit der Verordnung über die Zulassung von Personen und Fahrzeugen zum Straßenverkehr (Straßenverkehrs-Zulassungs-Ordnung) vom 13. November 1937 (Reichsgesetzbl. I S. 1215) die ausschließliche Regelung des Straßenverkehrs.

§ 48.
Sonderrechte.

(1) Wehrmacht, Polizei, Feuerwehr im Feuerlöschdienst, der Grenzaufsichtsdienst sowie die ꟸ-Verfügungstruppen und ꟸ-Wachverbände sind von den Vorschriften dieser Verordnung befreit, soweit die Erfüllung ihrer hoheitlichen Aufgaben es erfordert. Das gleiche gilt für die Feuerwehr, die Technische Nothilfe und den Reichsarbeitsdienst beim Einsatz im Katastrophenschutz.

(2) Geschlossene Verbände der Wehrmacht, der Polizei, der ꟸ-Verfügungstruppen und ꟸ-Wachverbände, des Reichsarbeitsdienstes und der NSDAP und ihrer Gliederungen, Leichenzüge und Prozessionen dürfen nur durch die Polizei und Fahrzeuge im Feuerlöschdienst unterbrochen oder sonst in ihrer Bewegung gehemmt werden.

(3) Für Fahrzeuge der Polizei und Feuerwehr, die sich durch besondere Zeichen bemerkbar machen, ist schon bei ihrer Annäherung freie Bahn zu schaffen. Alle Fahrzeugführer haben zu diesem Zweck rechts heranzufahren und vorübergehend zu halten.

§ 49.
Strafbestimmung.

Wer Vorschriften dieser Verordnung oder zu ihrer Ausführung erlassenen Anweisungen vorsätzlich oder fahrlässig zuwiderhandelt, wird mit Geldstrafe bis zu 150 Reichsmark oder mit Haft bestraft.

§ 50.
Inkrafttreten und Übergangsbestimmungen.

(1) Diese Verordnung tritt am 1. Januar 1938 in Kraft.

Inhaltsverzeichnis.

Druck Ernst Knoth in Melle i. H.

www.ingramcontent.com/pod-product-compliance
Lightning Source LLC
Chambersburg PA
CBHW032149080426
42735CB00008B/635
* 9 7 8 1 7 8 3 3 1 1 1 8 7 *